زندگی و ایمانِ مسیحی

زندگی و ایمانِ مسیحی

مسیحیت به چه دلیل معقول است؟

ان. تی. رایت

مترجم: میشل آقامالیان

انتشارات ایلام ۲۰۱۵

طرح روی جلد: اندی ساوُتن

حروف‌چینی و صفحه‌آرایی: نادر فرد

شابک: ۹-۰۱-۹۰۸۱۹۶-۱-۹۷۸

Simply Christian

Why Christianity Makes Sense

N. T. WRIGHT

Translated into Persian by: Michel Aghamalian

First published in Great Britain in 2006 by Society for
Promoting Christian Knowledge.

Elam Publications
P.O. Box 75, Godalming
Surrey, GU8 6YP
United Kingdom

publications@elam.com
www.kalameh.com

ISBN 978-1-908196-01-9

ما بـــرای زندگی روحانی خلق شـــده‌ایم، امّا غرق در خودکاوی می‌شـــویم. برای شور و شعف خلق شـــده‌ایم، امّا کام‌جویی پیشه می‌کنیم. برای عدالت خلق شـــده‌ایم، امّا برای انتقام‌گیـــری هیاهو به راه می‌اندازیـــم. برای رابطه خلق شـــده‌ایم، امّا فقط بر خواست‌های خود پای می‌فشـــاریم. برای زیبایی خلق شده‌ایم، امّا به احساسات بسنده می‌کنیم. ولی عزیزان، آفرینش جدید آغاز شـــده، و خورشید در حال برآمدن است. مسیحیان خوانده شده‌اند تا هر آن چیزی را که به بی‌سامانی و تباهی دنیای حاضر برمی‌گردد، پشت سر، در قبر عیسی واگذارند. زمان آن رسیده تا در قدرت روح‌القدس، با ظهور در نقش شایسته و کاملاً انســـانی خود، عاملان و مُنادیان و ناظرانِ روز جدیدی باشیم که در حال دَمیدن است. در یک کلام، مسیحی بودن یعنی همین: رفتن از پِی عیسی به دنیای جدید، دنیای جدید خدا، که عیسی باب آن را بر ما گشوده است.

فهرست مطالب

مقدمهٔ مترجم

دربارهٔ یکی از شـطرنج‌بازان معاصـر ارمنی می‌گوینـد که چه در شـطرنج و چه در تخته‌نرد، بازیگر قابل و ماهری بود. منتها یک اشکال عمده داشـت: فراموش می‌کرد کدام بازی چه شیوه‌ای اقتضاء می‌کند! به ایـن ترتیب، اغلب وقتـی تخته‌نرد بازی می‌کرد، در سـکوت، نگاه متفکرانه‌اش را بـه مهره‌ها می‌دوخت، و تا تـاس می‌ریخت حریف را به جان می‌آوَرْد! در مقابل، شـطرنج که بازی می‌کرد، تا نوبتش می‌شد، مهرهٔ خود را به‌سـرعت جا به جا می‌کرد و یکریز برای حریف کُرکُری می‌خواند (کُرکُری خواندن و غیره معمولاً از رفتارهای معمول در بازی تخته‌نرد اسـت و سـکوت و تفکر و طرح نقشـه از خصوصیات بازی شطرنج!)

امّا اسقف تام رایت، نویسندهٔ برجستهٔ این کتاب، چنین نیست! وقتی کتاب‌های قطـور و چندجلدی خود را برای مخاطبانِ دانشـگاهی‌اش می‌نویسـد، در نقش یک الاهیدانِ کامل‌عیار است ـ کتابنامه‌های چندین صفحه‌ای، ارجاعات و پانویس‌های مفصل و مطول، اسـتدلالات فشرده و جملات پیچیـده، کلمات یونانی و عبـری و آلمانی، و در یک کلام، تمام آنچه مقتضیات این نوع آثار اسـت. امّـا زمانی که برای خوانندگان غیردانشـگاهی می‌نویسد، *واقعاً* این دسـته از مخاطبان را در نظر دارد. هرچند، همان‌گونه که هیچ اثـری از خصوصیات ذهنیِ پدیدآورنده‌اش تهی نیست، در آثار غیردانشگاهیِ تام رایت هم، تفکر چندوجهی و نگاه چندلایه‌ای‌اش به مسائل محسوس است، و عموماً خواندن کتاب‌های او، بدون تأمل و تحمل ممکن نیسـت. کتاب حاضر نیز، اگرچه عموماً برای خوانندگانِ ناآشـنا به مبانی مسـیحیت به نگارش درآمده، همانند کتاب «ساده‌ای» چون **مسیحیت چیست**، نوشتهٔ ویلیام میلر، نیست. با این حال،

بخش‌هایی از آن آسان‌تر از بخش‌های دیگر است و به قول معروف، ثقل و سنگینی بحث همه جا یکسان نیست.

بدون شک، تا به حال کتاب‌های بسیار مفید و آموزنده‌ای دربارهٔ اصول و موضوعات ایمان مسیحی به فارسی ترجمه شده یا به نگارش درآمده است. امّا آنچه کتاب حاضر را، لااقل به نظر نویسندهٔ این سطور، از سایر این آثار متمایز می‌گرداند، دو ویژگی عمده است. اولاً، نویسنده پرداختی نسبتاً جامع به موضوعات دارد و از آنجا که ذهنش به‌عنوان الاهیدان و فیلسوف و رَجُل سیاسی، درگیر فضای دینی و فکری و سیاسی دنیای معاصر است، در اغلب بحث‌های خود، تمام این قلمروها را در نظر می‌گیرد و با اقتدار تمام نشان می‌دهد که مسیحیت در تمام این قلمروها سخنی برای گفتن دارد. کافی است به بحث او دربارهٔ «عدالت» در همان آغاز کتاب نگاهی بیندازید. ثانیاً، از آنجا که نویسنده از یک سو کاملاً به اعتقادات تاریخی مسیحی معتقد است، و از سوی دیگر الاهیدانی نوجو و خلاّق است، در همان حال که ایمان کهن مسیحی را رها نمی‌کند، به توضیح و تبیین‌های سنتی نیز قانع نیست و اغلب به موضوعات آشنا برای مسیحیان، پرتوی نو می‌افکند (به‌عنوان مثال می‌توانید نگاهی بیندازید به بحث او در باب معنی «آسمان» در همین کتاب). این پرتو نو، هم محصول پژوهش‌های آکادمیک در زمینهٔ کتاب‌مقدس است، و هم محصول تعهدی خالصانه به ایمان کلیسا و وقفی مؤمنانه به خداوند کلیسا - عیسای مسیح. تأمل در ابعادی که بدین‌ترتیب آشکار یا احیاء می‌شوند، به‌طور حتم ما را به نتایجی بسیار سازنده و دگرگون‌کننده راهبر خواهد بود. (برای مثال، اگر به جای پرواز روح از عالمِ فرش به عالمِ عرش، بر مفهومِ کتاب‌مقدسی «آفرینش جدید» متمرکز شویم، الاهیاتِ ما ابعاد اجتماعیِ بسیار سازنده‌تری خواهد داشت.)

عده‌ای از نویسندگان سرشناس مسیحی، این کتاب را با **مسیحیت ناب**، اثر کلاسیکِ ادیب و نویسندهٔ ناموَر مسیحی، سی. اس. لوئیس، مقایسه کرده‌اند. حتی عنوان انگلیسی این کتاب، یعنی Simply Christian، ظاهراً تقلیدی معنی‌دار از عنوان انگلیسی کتابِ

مسیحیت ناب یعنی Mere Christianity است. همان‌گونه که خوانندگان آشنا به زبان انگلیسی می‌دانند، این دو عنوان از کلماتی تقریباً مشابه و هم‌معنی تشکیل شده‌اند Simply (صرفاً) و Mere (صِرْف)؛ Christian (مسیحی) و Christianity (مسیحیت).

با این وصف، این دو کتاب با وجود برخی تشابهات، کتاب‌هایی متفاوتند که در دو فضای تاریخی مختلف و از دو نگاه متفاوت، به نگارش درآمده‌اند. ولی نیّت هر دو، کمابیش یکسان است: هر دو می‌خواهند به مخاطبان خود نشان دهند که مسیحیت *به چه دلیل معقول است؟* (عنوان فرعی کتاب حاضر). جای شکر و سپاس است که چندی قبل **مسیحیت ناب**، به همت آقای نادر فرد ترجمه گردید و امروز برای مسیحیان فارسی‌زبان هم امکان مطالعهٔ هر این دو کتابِ بسیار مفید فراهم است.

همزمان با ترجمهٔ این کتاب، اطلاع یافتم که نویسنده در ادامهٔ این اثر، کتاب دیگری به چاپ سپرده که موضوع محوری آن شخصیت مسیحی است. این کتاب در انگلستان تحت عنوانِ **تولد دوبارهٔ فضیلت**[1] و در آمریکا تحت عنوان **پس از ایمان آوردن: به چه دلیل شخصیت مسیحی مهم است؟**[2] به چاپ رسیده است.

به هر روی، امیدوارم خواندن کتاب ارزنده‌ای که در دست دارید، توأم با برکات الاهی باشد و لااقل پاسخ برخی از سؤال‌های خود را در صفحات آن بیابید. امّا بیش از هر چیز، دعا می‌کنم تا ایمانی که در صدد فهم آن هستید، به جای موضوع «تحقیق»، به موضوع «زندگی‌تان» تبدیل شود.

کشیش میشل آقامالیان
تهران، زمستان ۲۰۱۰

1 Virtue Reborn; 2 After You Believe: Why Christian Character Matters?

دربارهٔ نویسنده

دکتـــر نیکلاس توماس رایت[1] (متولد ۱۹۴۸)، بـــه اختصار ان.تی. رایت[2] اسقفِ کلیسای آنگلیکنِ دارْم در انگلستان است. تام رایت، مردی اســت بســیار فرهیخته، با دو مدرک دکترا، یکی در فلسفه و دیگری در الاهیات؛ وی به مدت چندین دهه در دانشــگاه‌های برجســته‌ای چون آکسفورد، مگیل و هاروارد تدریس، و سخنرانی‌ها و موعظه‌های متعددی ایراد کرده است. او را به جرئت می‌توان یکی از برجسته‌ترین الاهیدانان و صاحب‌نظرانِ عهد جدید در جهان دانســت که با ده‌ها عنوان کتابی که به نگارش درآورده، جایگاه خود را در مقامِ نویسنده‌ای نوجو، ژرف‌کاو و تأثیرگذار، در دنیای مسیحیت تثبیت کرده است. از جمله آثار او می‌توان به شاهکارِ حجیم سه جلدی وی اشاره کرد که بخشی است از پروژه‌ای که کار نگارش آن هنوز ناتمام اســت. از این مجموعه تا به حال این سه مجلد به چاپ رســیده‌اند: *عهد جدید و قوم خدا*، *عیسی و پیروزی خدا*، *رستاخیزِ پسر خدا*. تا جایی که مترجم اطلاع دارد، ایشان کار نگارشِ جلد چهارم این مجموعه را که به اندیشـــه و الاهیات پولس اختصاص دارد، به‌تازگی تمام کرده‌اند. در ضمن، دکتر تام رایت از صاحب‌نظرانِ جنبش جدیدی در زمینهٔ درکِ آرا و اندیشـــه‌های پولس است به نام چشم*انداز نو دربارهٔ پولس* (هرچند به نظر نمی‌رســـد که وی با عبارتِ «چشم‌انداز نو»، چندان موافق باشـــد.) اسقف رایت، در عین حال، دانش وسیعی در زمینهٔ تاریخ دارد؛ همچنین موســیقی‌دان اســت و قطعاتی را با موضوع رســتاخیز عیسای مسیح تصنیف کرده اســت. وی همچنین در مجلس اعیانِ انگلســتان عضویت دارد و به فراخور مقام اســقفی و دیدگاه‌های

1 Nicholas Thomas Wright; 2 NT Wright

الاهیاتیِ جامع خود، در عرصهٔ سیاست نیز، فردی آگاه به مسائل روز است و چشم خود را بر فجایعِ غمبار انسانی و سلطه‌گری‌های زورگویان و مصادیقِ بی‌عدالتی نمی‌بندد و در برخورد با این‌گونه معضلات، از اعلام پیام انجیل و اقدام مطابق آن، باکی ندارد. کتاب حاضر، چهارمین اثری است که بوسیلهٔ اینجانب از تام رایت به فارسی ترجمه شده است. سه اثر قبلی او که پیشتر ترجمه شده‌اند، عبارتند از *پیروی از عیسی*، *رستاخیز عیسای مسیح*، و *کتاب‌مقدس و اقتدار خدا*.

مقدمه

مسافران بر دو نوعند. مسافران نوع اول مسیرِ کُلیِ مقصد را در پیش می‌گیرند و دوست دارند راه خود را با خواندنِ علایم و پرس‌وجو کردن از این و آن کشف کنند. مسافران نوع دوم، می‌خواهند مسیر خود را پیشاپیش بخوبی شناسایی کنند و بدانند که جادهٔ روستایی از چه نقطه‌ای به اتوبانِ چندبانده وصل می‌شود، و چقدر طول می‌کشد تا قسمت‌های مختلف مسیر را طی کنند و غیره.

علاقه‌مندان به کنسرت نیز اغلب همین‌طور هستند. برخی از آنها ترجیح می‌دهند که خود را به دستِ موسیقی بسپارند و آن را مووْمان [قطعه][1] به موومان، بدون اطلاع قبلی از مراحل آن، دنبال کنند. برخی دیگر بیشتر از این لذت می‌برند که توضیحات برنامه را از پیش در اختیار داشته باشند و در حالی که تصویری کُلی در ذهن دارند، به اجرای قسمت‌های مختلف گوش بسپارند.

خوانندگانِ کتاب هم کمابیش به همین دو گروه تقسیم می‌شوند. گروه اول ممکن است از خواندن این مقدمه صرف‌نظر کنند و یکراست به سراغ فصل اول بروند. گروه دوم ممکن است پیشاپیش خواهان دانستن مقصد باشند، اینکه موسیقی چگونه شکل می‌گیرد. مقدمهٔ حاضر برای همین دسته از خوانندگان به نگارش درآمده است.

هدف من در این کتاب آن بوده که توضیح بدهم مسیحیت کلاً دربارهٔ چیست و به این ترتیب، مسیحیت را به کسانی که خارج از دایرهٔ ایمان هستند، توصیه کنم و به کسانی که داخلِ این دایره‌اند، توضیح بدهم. البته، این کار بسیار دشوار است، و من هم تظاهر نمی‌کنم که به همهٔ موضوعات لازم پرداخته‌ام. حتی نتوانسته‌ام به همهٔ پرسش‌هایی که ممکن است یک نفر انتظار طرح‌شان را در چنین کتابی داشته باشد، اشاره‌ای کنم. در واقع، کوشیده‌ام تا به موضوع کتاب

---

1 Movement

طرح بخصوصی بدهم و از همین رو کتاب را به سه بخش تقسیم کرده‌ام.

نخست، به بررسی چهار موضوع پرداخته‌ام که در دنیای امروز می‌توان از آنها به «پژواک‌های یک صدا» تعبیر کرد. اینها عبارتند از: اشتیاق برای عدالت، جستجو برای روحانیّت، گرسنگی برای روابط، و لذت بردن از زیبایی. به اعتقاد من، هر یک از اینها، انگشت اشاره به سوی چیزی در ورای خود می‌گیرند، اگرچه صرفاً با اتکاء به آنها چیز زیادی دربارهٔ جهان دستگیرمان نمی‌شود جز آنکه جهان را مکانی غریب و مُهیج می‌یابیم. **بخش اول** این کتاب، که شامل چهار فصل است، به موومانِ آغازین یک سمفونی می‌ماند: یعنی همین که تِم‌های آن را شنیدید، شگرد کار در این خواهد بود که آنها را به ذهن بسپارید و در همان حال به موومان‌های دوم و سوم گوش بدهید که ملودی‌های متفاوت آنها، آرام‌آرام به ملودی‌های آغازین می‌آمیزند و «پژواک‌هایی» از نوع متفاوت ایجاد می‌کنند. به بیان دیگر، **بخش اول**، پرسش‌هایی را مطرح می‌کند که در مباحثِ بعدی، لااقل تا حدی - هرچند نه همواره به صورت مستقیم - به آنها پاسخ گفته می‌شود. تنها درخواستی که از خوانندگان دارم این است که صبورانه **بخش‌های دوم** و **سوم** کتاب را بخوانند و منتظر باشند تا ببینند که مطالب کتاب در نهایت چگونه به هم می‌آمیزند.

بخش دوم کتاب، به طرح اعتقاد مسیحی دربارهٔ خدا می‌پردازد. مسیحیان معتقدند که یک خدای حقیقی و زنده وجود دارد، و این خدا، که خود را با اقداماتش در عیسی آشکار کرده است، همان خدایی است که یهودیان را دعوت کرد تا عاملان او باشند و نقشهٔ او را برای نجات و نوسازیِ جهان پیش برند. از همین رو، پیش از اینکه دو فصل را به عیسی و روح‌القدس اختصاص بدهیم، یک فصل کامل (فصل ششم) را صرف آن می‌کنیم تا نگاهی بیندازیم به داستان و امیدهای قوم اسرائیلِ کهن. کم‌کم با مطالعهٔ این بخش از کتاب، متوجه می‌شویم صدایی که در **بخش اول**، گوش به پژواک‌های آن سپرده بودیم، قابل تشخیص می‌شود. بنابراین، آنچه تشخیص این صدا را برای ما ممکن می‌سازد،

عبارت است از: تعمق دربارهٔ خدایی که مشتاقِ سامان بخشیدن به جهانِ خود است، تعمق دربارهٔ انسانی به نام عیسی که پادشاهیِ خدا را اعلام کرد و بر صلیب مُرد و از مرگ برخاست، و تعمق دربارهٔ روح‌القدس که همچون تندبادی زورآور در جهان و در زندگی انسان‌ها به وزش درمی‌آید.

این مطالب طبعاً به **بخش سوم** رهنمون می‌شوند. در **بخش سوم**، توضیح می‌دهم که پیروی از عیسی، نیرو یافتن از روح‌القدس، و مهم‌تر از همه پیش بُردنِ نقشهٔ خدای خالق، در عمل به چه معناست. عبادت (که شامل اجرای آیین‌های کلیسایی است)، دعا، و کتاب‌مقدس سبب می‌شوند که کلیسا را نه یک «ساختمان»، و نه حتی یک تشکیلات، بلکه مشارکتِ تمام کسانی بدانیم که به خدایی که در عیسی می‌یابیم، ایمان دارند و سخت برای پیروی از او می‌کوشند.

بطور خاص به بررسی این سؤال خواهم پرداخت که *هدف* از وجود کلیسا چیست. مقصود از پیرویِ عیسی، صرفاً این نیست که مطمئن باشیم بعد از پایان این زندگی، به جای بهتری خواهیم رفت. البته، آیندهٔ ما بعد از مرگ، در جای خود موضوع بسیار مهمی است، امّا آنچه امید مسیحی ما را شکل می‌دهد، ذاتاً بگونه‌ای است که بر زندگیِ فعلی ما اثر می‌گذارد. ما در این زندگی، هم‌اینجا و هم‌اکنون، خوانده شده‌ایم تا ابزارِ آفرینشِ جدید خدا باشیم. منظور از آفرینشِ جدید، دنیای سامان‌یافته‌ای است که خدا از هم‌اکنون پِی آن را به دست عیسی گذاشته است و پیروان عیسی نه فقط باید از برکات این جهانِ نو بهره‌مند شوند، بلکه باید عاملانِ استقرار آن باشند. این موضوع، نگاهی نو در قبال موضوعات گوناگون، بویژه دعا و رفتار مسیحی، به ما می‌بخشد؛ و به یاری همین نگاه نو، همچنانکه کتاب به بخشِ نتیجه‌گیری می‌رسد، شاهد بازگشتِ «پژواک‌های» **بخش اول** می‌شویم، منتها این بار این پژواک‌ها، به جای آنکه نشانه‌های خدایی باشند که احتمال شناخت او برای شخص وجود دارد، تبدیل می‌شوند به اَرکان دعوت مسیحی، دعوتی که ما را به فعالیّت برای استقرار پادشاهی خدا در جهان فرامی‌خواند.

نگارش این کتـــاب، کاری هیجان‌انگیز بوده اســـت، بخصوص که محتویات آن بر آزموده‌های شخصی نویســـنده استوار است و از همین روســـت که باید بگویم، ترتیب مطالب این کتاب وارونه اســـت. منظور اینکه، زندگی مسیحیِ من به عبادت و دعا و خواندن کتاب‌مقدس گذشته اســـت (اغلب هم گیج و سَردرگم شده و مســـائل را غلط فهمیده‌ام، امّا به راه خود ادامه داده‌ام). بنابرایـــن، به معنایی باید گفت که من از **بخش سوم** شـــروع کرده‌ام. باید اضافه کنم که قســـمت عمدهٔ زندگیِ حرفه‌ای من، صرف تحقیق دربارهٔ زمینهٔ تاریخی و الاهیاتیِ زندگی عیســـی شده اســـت، و این به موازات آن بوده که کوشـــیده‌ام شخصاً از عیسی پیروی کنـــم. بنابراین، **بخش دوم**، تبلورِ تحقیق و تفحصِ چندلایه‌ای من در این زمینه اســـت. ولی در ضمن تلاش برای پیروی از عیســـی، دریافته‌ام که موضوعاتِ مربوط به **بخش اول**، ضرورت و اهمیت بیشـــتری یافته‌اند. بارزترین مثال آنکه، هرچه بیشـــتر دربارهٔ عیسی آموخته‌ام، بیشتر به شور و اشـــتیاقِ خدا برای سامان بخشیدن به جهان پِی برده‌ام. همچنین به این نتیجه رســـیده‌ام که مطالب و موضوعاتی کـــه طی تحقیقات خود دربارهٔ عیسی، با آنها روبه‌رو شـــده‌ام – همان «پژواک‌های یک صدا» در **بخش اول** – جزو آن دسته از مسائلی هستند که دنیای پسامدرن، پسامسیحی، و اکنون پَساسکولار، گریزی از آنها ندارد – یعنی اینها، علایم و نشانه‌هایی هستند که انگشت اشارهٔ خود را به سوی چیزی می‌گیرند که در قلمرویی نامعلوم، و فراتر از دیدرَسِ فرهنگ معاصر ماست.

من در این کتاب، به توضیح دربـــارهٔ وجوهِ افتراقِ فرقه‌های مختلف مسیحی نپرداخته‌ام، بلکه به تشریح اعتقاداتی پرداخته‌ام که بین همهٔ آنها مشترک است. بنابراین، این کتاب نه بر اساس دیدگاه‌های «آنگلیکن‌ها» به نگارش درآمده و نه بر اساس دیدگاه‌های «کاتولیک‌ها»، «پروتستان‌ها» یا «اُرتدوکس‌ها»، بلکه به بیان اعتقادات و دیدگاه‌هایی می‌پردازد که می‌توان گفت به یک‌کلام، مسیحی هستند. همچنین کوشیده‌ام تا گفتنی‌های خود را تا جای ممکن روشـــن و به دور از حشو و زواید بیان کنم تا کسانی که برای نخستین بار به سراغ این موضوعات می‌آیند، خود را در جنگلی از

مفاهیمِ فنی گرفتار نیابند. در دنیای امروز، مسیحی بودن به هیچ روی کار آسانی نیست. امّا زمانی می‌رسد که باید، به ساده‌ترین شکل ممکن، شرح داد که مسیحیت کلاً دربارهٔ چیست، و به گمانم اکنون وقت این کار برای من رسیده است.

در فاصلهٔ نگارشِ پیش‌نویس این کتاب و حک و اصلاح و آماده‌سازی آن برای چاپ، سعادت آن را یافتم که شاهد تولد دو نوهٔ دلبندم باشم. بنابراین، این کتاب را به ژوزف[1] و اِلا-روت[2] تقدیم می‌کنم، ضمن آنکه امیدوارم و از خدا می‌خواهم تا نسلِ آنها گوش خود را به روی صدایی که در بخش اول کتاب، به تعقیب پژواک‌های آن خواهیم پرداخت، باز کنند و عیسایی را که در بخش دوم، ملاقات خواهیم کرد، بشناسند و برای آفرینشِ جدیدی که در بخش سوم به بررسی آن خواهیم پرداخت، زندگی و خدمت کنند.

1 Joseph; 2 Ella-Ruth

زندگی و ایمانِ مسیحی

†

بخش اول

†

پژواک‌های یک صدا

فصل اول

سامان بخشیدن به جهان

دیشـــب خوابِ معنی‌دار و جالبی دیدم، امّا حیف که از خاطرم رفته. بیدار که شـــدم، کُلیّات آن سایه‌وار از ذهنم گذشت، همان‌قدر که فهمیدم خوابی خارق‌العاده و پُرمعنی بوده است، امّا دریغا که دیگر رفته بود! اگر بخواهم نقل‌قولِ ناقصی از تی. اس. الیوت[1] کرده باشم، باید بگویم: معنی نزد من بود، ولی تجربهٔ منتهی به آن، دیگر نبود.

شـــور و اشـــتیاق ما برای عدالت، اغلب چنین است. رویای عدالت را می‌بینیـــم. در عالمِ رویا، یک دَم، بارقه‌ای می‌بینیم از دنیایی هم‌ســـاز و دَمســـاز، دنیایی به‌سامان، دنیایی که ایّامش بر کامند، دنیایی که جوامعِ آن عملکردی مفید و منصفانه دارند، دنیایـــی که در آن نه فقط می‌دانیم چه کنیم، بلکه به دانســـتهٔ خود براستی عمل می‌کنیم. امّا بعد، بیدار می‌شویم و دوباره واقعیت جلوی چشـــم‌مان قد راست می‌کند. امّا موقع دیدنِ این خواب، چه صدایی می‌شنویم؟

انگار چیزی که می‌شـــنویم، خودِ صدا نیســـت، بلکه پژواک‌های آن اســـت: یعنی انعکاس‌های صدایی مُقتدر و آرام و شـــفابخش که دربارهٔ عدالت سخن می‌گوید، دربارهٔ سامان‌یافتن و درست شدنِ جهان، دربارهٔ صلح و دربارهٔ امید و کامرانی و کامروایی برای همهٔ انسان‌ها. می‌خواهیم برگردیم و دوباره گوش خود را به آن بســـپاریم، ولی دیگر بیدار شده‌ایم و آن رویا، رفته اســـت. از عده‌ای می‌شنویم که این، خواب و خیالی بیش نیســـت، و ما هم بی‌رغبت به باور کردن حرف‌شان نیستیم، اگرچه با این کار، اتهامِ بدبینی را به جان می‌خریم.

---

1 T. S. Eliot

امّا دوباره، یکسر این صدا در گوش‌مان نجوا می‌کند، و ما را به سوی فکری می‌خوانَد و می‌کشد و می‌بَرَد، اینکه: شاید، شاید با همهٔ بعید بودنش، براستی چیزی به نام عدالت و سامان‌یافتنِ جهان وجود داشته باشد. ما به شاهپرک‌هایی می‌مانیم که سعی دارند به طرف نور پرواز کنند. همهٔ ما می‌دانیم که چیزی به نام عدالت وجود دارد، امّا هرچه به سوی آن بال می‌کشیم، به آن نمی‌رسیم.[۱]

این را براحتی می‌توان آزمود. سری بزنید به یک مدرسه، یا به محلی که بچه‌ها بازی می‌کنند. اگر بچه‌ها در سنی باشند که بتوانند با هم حرف بزنند، دیر یا زود خواهید دید که یکی از آنها به دیگری یا به معلمش می‌گوید: «این *انصاف* نیست!»

لزومی ندارد به بچه‌ها یاد بدهید که چه چیزی منصفانه است و چه چیزی نیست. هر انسانی، درکی ذاتی و غریزی از مفهومِ عدالت دارد. به قول معروف، آگاهی به آن، در خون‌مان است![۲]

از دوچرخه می‌افتید و پای‌تان می‌شکند. به بیمارستان می‌روید و پای‌تان را گچ می‌گیرند. مدتی با چوبِ زیربغل، لِی‌لِی‌کنان راه می‌روید و کم‌کم، با احتیاط پای‌تان را زمین می‌گذارید و دوباره بطور عادی راه می‌روید. طولی هم نمی‌کشد که کُل ماجرا را فراموش می‌کنید. به این ترتیب، به زندگیِ عادی خود بازمی‌گردید. واقعاً چیزی هست به نام درست کردن، تعمیر کردن، یا به عبارتی، روی غلتک انداختن. پای شکسته را می‌توان جوش داد و اسباب‌بازی یا تلویزیون خراب را می‌توان درست کرد.

آیا بی‌عدالتی را هم می‌توان چاره کرد؟

در این زمینه، از تلاش دریغ نمی‌شود. تا بخواهید دادگاه و دادسرا و قاضی و وکیل داریم. من زمانی در جایی از لندن زندگی می‌کردم که

---

۱ حافظ می‌گوید: کس ندانست که منزلگه معشوق کجاست/ آن‌قدر هست که بانگ جرسی می‌آید. (مترجم)

۲ در انگلیسی می‌گویند: توی استخوان‌های‌مان است. در فارسی، گاه در باب امور و مفاهیمی که انسان علمِ بلاواسطه و غریزی به آنها دارد، می‌گویند: *با شیر اندر شود، با جان به دَر شود.* (مترجم)

به‌نحو آزاردهنده‌ای پُر از مظاهرِ عدالت و مُجریان آن بود - واضعان قانون، مجریان قانون، قضات دیوان عالی کشور، ستادفرماندهی پلیس، و به فاصلهٔ چند کیلومتر، بقدری وکیل وجود داشت که تعدادشان برای ادارهٔ یک رزم‌ناو کفایت می‌کرد (هرچند اگر مسئولیت رزم‌ناو به آنها سپرده می‌شد، بقدری با هم بحث می‌کردند که احتمالاً کشتی مدام دور خودش می‌چرخید!) در کشورهای دیگر نیز تشکیلاتی چنین مفصل برای وضع و اجرای قانون وجود دارد.

با این حال، انگار عدالت از لای انگشتان‌مان فرومی‌لغزد، طوری که این دَم و دستگاهِ عریض و طویل، در اجرای عدالت، گَهگاه موفق، و اغلب ناکام است. به این ترتیب، بی‌گناهان محکوم می‌شوند و مُجرمان برای خود آزاد می‌چرخند و دُم‌کلفت‌ها و کسانی که با رشوه، گریبان خود را از چنگال عدالت خلاص می‌کنند، سزای خلاف‌کاری‌های خود را نمی‌بینند. البته، این اتفاق همیشه نمی‌افتد، ولی آن‌قدر تکرار می‌شود که به چشم آید و برای ما ایجاد سؤال کند. عده‌ای لطمهٔ سختی به دیگران می‌زنند و خنده‌کنان سراغ کار خود می‌روند. زیان‌های واردشده به قربانیان، همیشه هم جبران نمی‌شوند. گاه، قربانیان تا آخر عمر مجبور می‌شوند تا بسوزند و با غم و درد و تلخی بسازند.

همین اتفاق در مقیاسی وسیع‌تر نیز تکرار می‌شود. کشوری به کشور دیگر یورش می‌برد و کسی به آن نمی‌گوید بالای چشمت ابروست. پولدارها از قدرت پول خود استفاده می‌کنند و پول روی پول می‌گذارند، و فقیران که دست‌شان از همه جا کوتاه است، روز به روز تنگ‌دست‌تر و بیچاره‌تر می‌شوند. اکثر ما سر می‌خارانیم و از خود می‌پرسیم که چرا چنین است، امّا در همان حال، به خرید محصولاتی می‌رویم که عوایدشان به جیب شرکت‌های همین سرمایه‌داران سرازیر می‌شود.

البته نمی‌خواهم آیهٔ یأس بخوانم، چون براستی چیزی به اسم عدالت در دنیا وجود *دارد* و گَهگاه خودی نشان می‌دهد. مثلاً، حکومتگرانِ وحشی و مستبد، از تخت به زیر کشیده می‌شوند. آپارتاید ملغاء می‌گردد و گاه رهبرانی فرزانه و خلاّق بر مصدر کار می‌نشینند و مردم از کارهای

نیکو و عادلانه‌شـــان پیروی می‌کنند. جنایتکارانِ حیوان‌صفت گاه به دام می‌افتند و به پای میز محاکمه کشـــیده و محکوم می‌شـــوند و به سزای اعمال ننگین خود می‌رسند. برای معضلاتِ جدی اجتماعی، گاه تدابیری درخشان اندیشـیده می‌شـــود. طرح‌های جدید، نورِ امید را در دل فُقرا می‌افروزد و سیاســـتمداران در رسیدن به صلحی استوار و پایدار کامیاب می‌شـــوند. امّا درســـت موقعی که فکر می‌کنیم اوضاع روبه‌راه است و می‌توان نفسی راحت کشید ... کار خراب می‌شود.

ما می‌توانیم برخی از مشکلات دنیا را چاره کنیم، لااقل بطور موقت، ولی بخوبی می‌دانیم که مشکلاتی هست که نه می‌خواهیم و نه می‌توانیم کاری برای حل آنها انجام دهیم.

از کریسمس ســـال ۲۰۰۴ چندی نگذشته بود که زلزله‌ای اتفاق افتاد و مـــوجِ حاصل از آن در دریا، به اندازهٔ کُلِ تلفات ارتش آمریکا در جنگ ویتنـــام، قربانی گرفت. در دنیا، و در کرهٔ *خاکیِ* ما، چیزهایی هســـت که سبب می‌شود حتی وقتی نمی‌توانیم تقصیر آنها را به پای کسی بنویسیم، بگوییم: «این درســـت نیســـت!». یک صفحهٔ تکتونیک کاری را می‌کند که صفحات تکتونیـــک می‌کنند و زلزله‌ای که در نتیجهٔ حرکت آن ایجاد می‌شود، نه تقصیر یک کاپیتالیستِ شـــریر بین‌المللی است، و نه تقصیر یک مارکسیســـتِ نوپا، و نه تقصیر یک بنیادگرای مذهبیِ بمب به دست. این بلای طبیعی، صرفاً *اتفاقی اســـت که افتاده*. امّا در آیینهٔ همین اتفاق، دنیایی را می‌بینیم مُتألم و نظم‌باخته که در قبال اتفاقات ناگواری که در آن رخ می‌دهد، کاری از دست ما ساخته نیست.

لازم نیســـت دور برویـــم، از تجربهٔ خـــود مثال مـــی‌آورم. من پیرو معیارهای والای اخلاقی هستم. دربارهٔ آنها فکر کرده‌ام. موعظه کرده‌ام، و حتی، باورتان می‌شود، *کتاب* نوشته‌ام. امّا کماکان معیارهای خود را نقض می‌کنم. اگر بخواهیم مرزی میان عدالت و بی‌عدالتی، یعنی امور درســـت و نادرست رسم کنیم، این خط را نه بین «خود» و «دیگران» بلکه درست از وســـط خودمان باید بکشیم. فیلسوفان باســـتان، به‌خصوص ارسطو، این موضوع را به مثابه خدشـــه‌ای در نظامِ هستی می‌دانستند، چیزی که

معمایی است در سطوح متعدد. همهٔ ما (از برخی جزئیات که بگذریم) می‌دانیم چه باید کنیم، ولی همه‌مان، لااقل گاهی اوقات، به دانستهٔ خود عمل نمی‌کنیم.

آیا این عجیب نیست؟

از یک طرف، همهٔ ما نه فقط در این احساس شریک هستیم که چیزی به نام عدالت وجود دارد، بلکه تشنهٔ عدالت‌ایم، یعنی از صمیم قلب مشتاق چاره‌شدن نابسامانی‌های جهان هستیم، چون احساسی از بی‌سامانی و نظم‌باختگی، ما را به تنگ و به جان می‌آورد و گاه بر ما بانگ می‌کشد - ولی پس از هزار سال تلاش و تقلای انسانی و تفحص و عشق و اشتیاق و انزجار و امید و گله‌گزاری و فلسفه‌ورزی، ما هنوز نتوانسته‌ایم «عدالت» را بهتر از جوامع روزگارانِ کهن اجرا کنیم. چه توضیحی برای این وجود دارد؟

فریاد عدالت‌خواهی

در سالیان اخیر، دنیا شاهد چنان اعمالِ نکبت‌باری بوده که رگِ عدالت‌خواهیِ ما را جنبانده است. گاه می‌گویند که سطح اخلاق در پنجاه سال گذشته، تنزل کرده است. امّا واقعیت این است که در هیچ دوره‌ای، مردم تا این اندازه اخلاق‌مدار و نسبت به امور اخلاقی حساس نبوده‌اند. امروزه مردم واقعاً دلنگرانِ اصلاحِ نابسامانی‌های جهان هستند.

در طی جنگ جهانی اول، ژنرال‌های مُقتدر، در حالی که خودشان به دور از میدان نبرد، در ناز و نعمت زندگی می‌کردند، میلیون‌ها سرباز را در جبهه‌های جنگ به کُشتن دادند. وقتی آثار شاعرانی را می‌خوانیم که اسیر این جنگ شده بودند، در پسِ شگفت‌زدگیِ رقت‌انگیز آنها، خشمی عمیق نسبت به حماقت و، بله، بی‌عدالتیِ این جنگ و مسائل آن، احساس می‌کنیم. سؤال این است که اصلاً چرا باید چنین جنگی درمی‌گرفت؟ چگونه می‌توان آثار و تبعات آن را اصلاح کرد؟

ملغمه‌ای خطرناک از مُشتی ایدئولوژی، میلیون‌ها نفر را روانهٔ اتاق‌های گاز ساخت. مایه‌هایی از تعصبات مذهبی، عقاید منحرفِ فلسفی، ترس

از انســان‌هایی که با مــا «تفاوت» دارند، معضلاتِ اقتصــادی، و نیاز به یافتن گروهی بلاگردان که بتوان تقصیر همهٔ نابسامانی‌ها را به گردن‌شان انداخــت، تمام اینها را، مردی با اســتعداد درخشــان در عوام‌فریبی، به هم آمیخــت و حرف‌هایی را به خورد مردم داد کــه لااقل برخی از آنها دوست داشتند بشنوند. هم او، بر آن بود تا راهِ به‌اصطلاح «پیشرفت» را با قربانی‌های انسانی هموار سازد. کافی است اسمی از هیتلر یا هولوکاست ببریم تا بلافاصله این ســؤال در اذهان شکل بگیرد: چرا این اتفاق افتاد؟ پس عدالت کجا رفته؟ دســت ما چگونه به آن خواهد رســید؟ چطور می‌توانیم نابسامانی‌ها را اصلاح کنیم؟ و، مهم‌تر از همه اینکه چه کنیم تا این اتفاقاتِ هول‌انگیز بار دیگر تکرار نشوند؟

امّا کاری از دســت ما ساخته نیست، یا لااقل این‌طور به نظر می‌رسد. در واقع، هیچ‌کس مانع کُشتار ارمنیان به دست ترک‌های عثمانی در فاصلهٔ ۱۹۱۵ تا ۱۹۱۷ نشد (بد نیست بدانیم که هیتلر با اشاره به همین موضوع، همکارانش را به کشــتارِ یهودیان تشویق می‌کرد.) در سال ۱۹۹۴، قبایلِ موســوم به توتســی‌ها و هوتوها در رواندا، یکدیگر را به وحشیانه‌ترین شکل تکه و پاره کردند، و هیچ‌کس نتوانست از این فاجعه ممانعت کند. دنیا پس از فاجعهٔ هولوکاســت که به دست نازی‌ها[1] شکل گرفت، اعلام داشت: «این اتفاق دیگر هیچ‌وقت تکرار نخواهد شد!» امّا نسل‌کشی‌های دیگری اتفاق افتاد، و ما به این نتیجهٔ هولناک رسیدیم که برای ممانعت از این وحشیگری‌ها براستی کاری از دست‌مان ساخته نیست.

ســپس، نوبت بــه آپارتاید رســید و جمعیت کثیــری در آفریقای جنوبی، برای مدت‌های مدید مورد بی‌عدالتی‌های گســترده قرار گرفتند. در کشــورهای دیگر هم، نظیر ایــن بی‌عدالتی‌ها رخ داده اســت، ولی این کشــورها بسرعت توانســته‌اند صدای مخالفان را در گلو خفه کنند. لحظه‌ای فکــر کنید به آن همــه بی‌عدالتی که در حــقِ «بومیان آمریکا [سرخ‌پوســتان]» صورت گرفت: خاطرم هست جوان که بودم، من هم

---

۱ نازیسم، ترکیبی است از دو واژهٔ «ناسیونالیسم (ملیّت‌گرایی)» و «سوسیالیسم». (مترجم)

مانند بقیهٔ همسالانم، وقتی فیلم به قول معروف «وِسترِن» نگاه می‌کردم که مضمون آن جنگ‌های «گاوچرانَ‌ها با سرخپوستان» بود، تردیدی نداشتم که «گاوچرانها» آدم‌خوب‌ها هستند و سرخپوستان، آدم‌بدها! از آن زمان تا به حال، چشمان دنیا به روی زشـتیِ نژادپرستی و تعصبات‌نژادی باز شده است؛ امّا خلاص شدن از دسـت چنین ذهنیت‌های تعصب‌آمیزی به این می‌ماند که بادکنکِ پُری را برداریم و فشـار بدهیم؛ هرگوشه را که فشار می‌دهیم، گوشهٔ دیگری از بادکنک برجسته می‌شود! در خصوص مسـئلهٔ آپارتاید، جهان یکصدا شـد و گفت: «دیگر بس است!» امّا آنچه لااقل بخشی از نیرویِ اخلاقی دنیا را در نبرد با آپارتاید تأمین کرد، همان اسـت که روان‌شناسـان به آن می‌گویند *فرافکنی* - یعنی محکوم کردنِ دیگری به‌خاطر کاری که خودمان انجام می‌دهیم. سـرزنش دیگران در آن سَـر دنیا به‌خاطر کارهایی که ما در خانه چشـم به روی ارتکاب آنها بسته‌ایم، کار دشواری نیست و تازه باعث می‌شود از پایبندی خود به امور اخلاقی رضایتی عمیق، ولی کاذب، احساس کنیم.

اکنون دنیا شـاهد اَشکالِ جدیدی از شـرارت است: مادی‌گرایی و کاپیتالیسم گسـترده و تهی از احساس مسـئولیت، و بی‌اعتنا به مصالح انسان‌ها، اَز یک سو، و بنیادگراییِ مذهبیِ دوآتشه و بی‌فکر از سوی دیگر. همان‌گونه که در کتاب معروفی آمده اسـت، امروز دنیا شاهدِ «مُخاصمهٔ جهادگران و مک‌دونالد» است. (اینکه ممکن است شکلی انسان‌دوستانه از کاپیتالیسـم یا صورتی معقول از بنیادگرایی وجود داشته باشد، ربطی بـه بحث حاضر ما ندارد.) این نکته، مـا را به بحثِ چند لحظه پیش‌مان برمی‌گرداند. حتماً لازم نیسـت که در رشـتهٔ اقتصادِ کَلان مدرک دکترا داشـته باشـیم تا بفهمیم که وقتی ثروتمندان لحظه به لحظه پولدارتر و تنگدستان فقیرتر می‌شوند، لابد جایی از کار دنیا به‌شدت خراب است.

وانگهی نباید فراموش کرد که همهٔ ما دوست داریم زندگی خانوادگیِ شـاد و امنی داشته باشیم. دکتر جانسن، خطیبِ قرنِ هجدهم، گفته است که هدف انسان از تمام تلاش‌ها و مُجاهداتش، تأمینِ «سعادت در منزل» است. ولی متأسفانه در دنیای غرب، و بسیاری از دیگر نقاط جهان، مردم

زندگیِ خانوادگی خود را نابود و خانه‌شان را خراب می‌کنند. هنرِ ظریفِ عطوفت - یعنی مهربانی و بخشایندگی و نازک‌بینی و ملاحظه‌کاری و سخا و گشاده‌دستی و فروتنی و عشق، این مفهومِ خوبِ قدیمی‌نما، - امروز کهنه شده است. طنز قضیه در این است که امروز همه طالب «حقوق» خود هستند، ولی در این مطالبهٔ سرسختانه، خود را از یکی از اساسی‌ترین «حقوق» خود محروم می‌سازند، یعنی از «حق»، یا لااقل می‌توان گفت، از اشتیاق و امید، برای داشتن جایی آرام و باثبات و امن و عطوفت‌آمیز که در آن بتوان اقامت و زندگی کرد و آموخت و به شکوفایی رسید.

بار دیگر مردم این سؤال را مطرح می‌کنند: چرا وضع خانواده‌ها چنین است؟ واقعاً *باید* همین طور باشد؟ آیا می‌توان این نابسامانی‌ها را اصلاح کرد و اگر می‌توان، راه آن چیست؟ چگونه می‌توان دنیا را از این وضع نجات بخشید؟ آیا راهی برای نجات *ما* هست؟

در اینجا نیز بار دیگر، خود را در برابر این سؤال می‌یابیم: آیا عجیب نیست که وضع به این شکل است؟ آیا این عجیب نیست که همهٔ ما می‌خواهیم نابسامانی‌ها را اصلاح کنیم، ولی از دست هیچ کدام‌مان کاری برنمی‌آید؟ و آیا عجیب‌تر از همه این نیست که من، خود، می‌دانم چه باید بکنم ولی اغلب آن را به جا نمی‌آورم؟

صدا یا رویا؟

برای توضیح پژواکی که به گوش‌مان می‌رسد، یعنی دعوت به عدالت، یا رویایِ مربوط به دنیایی سامان‌یافته (به همراه ما ساکنانش)، سه توضیح اساسی وجود دارد:

می‌توان گفت که این پژواک، خواب و خیالی بیش نیست؛ در واقع، تجسمِ خیال‌پردازی‌های دوران کودکی‌مان است، و باید بیاموزیم که در دنیا، آن‌طَور که هست زندگی کنیم. اگر همین مسیر را پیش بگیریم و جلو برویم به ماکیاولی و نیچه خواهیم رسید، یعنی دو فیلسوفی که از دنیای قدرتِ بی‌لگام سخن گفته‌اند، دنیایی که در آن تا می‌توان باید چاپید و قاپید و جز یک گناه در آن وجود ندارد: گیر افتادن!

یا، در مقامِ توضیح می‌تـــوان گفت که این رویا از دنیایی به‌کل متفاوت سرچشمه می‌گیرد، از دنیایی که منزلگه اصلی ماست، دنیایی که همه چیز در آن بسامان و درست است، دنیایی که در این زندگی، فقط در رویا می‌توانیم گریزی به آن بزنیم، و امیدوار باشـــیم که ســـرانجام روزی، برای همیشه به ســـاحت آن فرار کنیم. ولی این دنیا، تأثیری بر دنیـــای فعلی ما ندارد، جز آنکه جهانیان گَهگاه درباره‌اش رویا می‌پردازند. متأسفانه این طرز نگاه، زمام دنیا را به دستِ غداره‌کشـــانِ بی‌صفت می‌سپارد، و دل ما را خوش می‌کند به اینکه حتی اگر برای اصلاح این وضع کار چندانی از دســـت‌مان برنیاید، بالاخره، یک روز و در جایی، دنیای بهتری در انتظارمان است.

یا، می‌تـــوان توضیح داد که علت این رویاهـــا، و اینکه در ضمیرمان خاطره‌ای از پژواکِ یک صدا وجود دارد، این اســـت که کسی با ما سخن می‌گوید، کســـی در گوشِ جان‌مان نجوا می‌کند - کسی که بسیار به فکر دنیای حاضر ما و وجود ماســـت؛ کســـی که ما و دنیای ما را برای هدفی آفریده که بی‌تردید شامل عدالت است، یعنی سامان یافتنِ جهان، سامان یافتنِ *وجودِ خودمان*، و رهایی و نجات جهان در پایان کار.

برخی از ادیان بـــزرگ جهان، همین موضع آخر را اختیار کرده‌اند، و بنابراین جای شگفت نیست که به یکدیگر ارتباط دارند. می‌توان گفت که نوعی ارتباط خویشاوندی بین آنها برقرار است. یهودیت دربارهٔ خدایی سخن می‌گوید که خالق جهان است و اشتیاقِ تند و تب‌دار برای عدالت را در آن سرشـــته است، چراکه چنین اشتیاقی در درجهٔ نخست متعلق به خود اوســـت. مسیحیت می‌گوید که همین خدا در زندگی و فعالیت‌های عیســـای ناصری، اشـــتیاق خود را به معرض نمایش گذاشته است. (در واقع، «تجلی این اشتیاق»[۱] در معانی مختلف آن، از ویژگی‌های مسیحیت

---

۱ توضیحاً باید گفت که در اینجا نویســـنده از جناس لفظی اســـتفاده کرده است، زیرا در زبان انگلیســـی کلمهٔ Passion هم به معنی شور و اشتیاق اســـت و هم (معمولاً با "P" بزرگ) به معنی «رنج‌های مســـیح» و «نمایش‌های» مربوط به آن، چیزی شـــبیه به تعزیه‌خوانی‌های شیعیان به مناسبت شهادت‌های مذهبی. این نوع نمایش‌ها عمدتاً در کشورهای آمریکای لاتین باب است و در قرون وسطی اجرای آن در اروپا رواج بیشتری داشته است. (مترجم)

است). با وجود تفاوت‌هایی که میان ادیان توحیدی وجود دارد، همه در این نکته همداستانند که اگر ما فکر می‌کنیم صدایی شنیده‌ایم، از آن روست که واقعاً آن را شنیده‌ایم! دچار اوهام و خیالات نشده‌ایم و راه‌هایی هست که به یاری آنها می‌توانیم به منبع این صدا بازگردیم و با آن ارتباط ایجاد کنیم و به آنچه می‌گوید، در زندگی واقعی، و در وجودِ خود، جامهٔ حقیقت بپوشانیم.

اشک‌ها و لبخندها

هدف من از نگارش این کتاب، توضیح معتقداتِ مسیحیت و ترغیب خوانندگان به قبول آنهاست. مسیحیت دربارهٔ زندگیِ واقعی است، زیرا مسیحیان معتقدند که در عیسای ناصری، صدایی که فکر می‌کنیم شنیده‌ایم، همچون ما انسان شد، زندگی کرد و مُرد. مسیحیت دربارهٔ عدالت است، زیرا مسیحیان نه فقط اشتیاقِ عمیق یهودیت را برای عدالت به میراث برده‌اند، بلکه ادعا می‌کنند که در عیسی این اشتیاق تجسم یافت، و با کارهایی که او کرد، و بر اثر آنچه بر او گذشت، نقشهٔ خالق برای نجات جهان و سامان دادنِ دوبارهٔ آن، به جریان افتاد. نتایج این کار شامل حال ما نیز می‌شود، زیرا ما هم جزئی از جهان هستیم. همان‌طور که دیدیم، اشتیاق برای عدالت، یا لااقل احساسی که در قلب انسان به او می‌گوید نابسامانی‌ها باید اصلاح شوند، بخشی از هستی انسان را تشکیل می‌دهد و نتیجهٔ زندگی او در جهان است.

برای توضیح مطلب مثالی می‌زنیم. یونانیان باستان حکایتی دربارهٔ دو فیلسوف داشتند. اولی وقتی صبح از خانه بیرون می‌آمد، از تَه دل می‌خندید و قهقهه می‌زد. دنیا بقدری برای او جای مضحک و خنده‌داری بود که نمی‌توانست جلوی خنده‌اش را بگیرد. دومی همین‌که از خانه خارج می‌شد، هق‌هقِ گریه سر می‌داد و مثل ابر بهار اشک می‌ریخت. دنیا برای او مکانی چنان اندوهناک و غم‌افزا بود که نمی‌توانست گریه نکند. از یک نظر می‌توان گفت که هر دوی آنها حق داشتند. کُمدی و تراژدی، هر دو، حکایت از بی‌سامانیِ وضع موجود دارند. در مورد اول،

این بی‌سامانی نتیجهٔ آن است که چیزی بدون ارتباط منطقی با وضعیت موجود اتفاق می‌افتد و باعث خنده می‌شود. در مورد دوم، این بی‌سامانی نتیجهٔ آن است که امور، روال صحیح خود را طی نکرده‌اند و به جان و مال انسان‌ها لطمه خورده است. خنده و گریه، بخوبی نمایانگر ذاتِ انسانی ماست. سوسمارها در ظاهر چنین می‌نماید که گریه می‌کنند، ولی واقعاً اندوهگین نیستند. می‌توان یک رایانه را طوری برنامه‌ریزی کرد که لطیفه‌ای بگوید، ولی این لطیفه خودِ رایانه را نمی‌خندانَد.

اولین نسل از مسیحیان وقتی داستان عیسی را تعریف کردند - و این کار را به شیوه‌های مختلف انجام دادند، چون هدف‌های مختلفی را دنبال می‌کردند - هرگز *نگفتند* که عیسی خندید، و فقط یک بار به گریهٔ او اشاره کردند. با این حال، داستان‌هایی که دربارهٔ عیسی نقل کرده‌اند، پیوسته و به یک اندازه به اشک‌ها و لبخندهای او اشاره دارند.

عیسی همیشه به مهمانی‌هایی می‌رفت که مردم تا دل‌شان می‌خواست می‌توانستند بخورند و بنوشند. عیسی غالباً برای بیان مقصود خود، از صنعتِ مبالغه استفاده می‌کرد. مثلاً می‌گوید تو قصد داری خسی را از چشمِ برادرت درآوری غافل از اینکه آلواری به چشم داری! او به شاگردانش، بخصوص آنهایی که نقش رهبری داشتند، لقب‌های طنزآمیزی می‌داد (مانند «پطرس» که به معنی «صخره [یا سنگی] است»؛ نام یعقوب و یوحنا را هم گذاشته بود: «پسران رعد»). هر جا که عیسی پا می‌گذاشت، مردم به هیجان می‌آمدند چون معتقد بودند که خدا اقدامات خود را آغاز کرده و عملیات جدیدی برای رهایی و نجات آنها در شُرُف انجام است و بزودی بی‌سامانی‌ها اصلاح خواهند شد. این افراد مانند دوستانی بودند که در آغاز تعطیلات دور هم جمع می‌شوند و می‌گویند و می‌خندند، چون موسمِ طرب در راه و وقت، وقتِ بزم است.

همین طور هم، عیسی به هر جا که می‌رفت با جمع کثیری روبه‌رو می‌شد که سخت سیه‌روز بودند. بیماران، دل‌شکستگان، شکّاکان، امیدباختگان، کسانی که می‌خواستند بیم‌ها و تردیدهای خود را در زیر

حجابِ غوغاسالاری و خشونت پنهان کنند، و کسانی که از دین ابزاری برای فرار از واقعیتِ تلخ ساخته بودند. عیسی بسیاری از این افراد را شفا داد، امّا نه به این طریق که صرفاً چوبِ جادو را تکان دهد. او در دردهای آنها شریک شد. دیدنِ فردی جذامی و فکرِ روزگار سختی که بر او گذشته بود، دل عیسی را به درد می‌آوَرْد. او در کنار مزار یکی از دوستان نزدیکش گریست. هرچه داستان زندگی او به پایان خود نزدیک‌تر می‌شد، اندوه و اضطراب او فزونی می‌گرفت، چنانکه ابتدا جانِ او متألم و در عذاب بود و طولی نکشید که همین عذاب و تألم به سراغ جسمش آمد.

موضوع به این ختم نمی‌شد که عیسی *به* دنیا بخندد یا *به حال* آن بگرید. او *با* دنیای جدیدی که در شُرُفِ تولد بود، جشن می‌گرفت، با دنیایی که در آن همهٔ چیزهای نیکو و دوست‌داشتنی، بر شرارت و نگون‌بختی چیره می‌آمد. او *با* دنیای موجود همدردی می‌کرد، دنیایی مغروق در خشونت و بی‌عدالتی و وقایعِ دردناک، همان دنیایی که بخوبی برای او و کسانی که ملاقات‌شان می‌کرد، آشنا بود.

از همان آغاز مسیحیت در دو هزار سال پیش، پیروان عیسی همواره گفته‌اند که عیسی اشک‌های دنیا را برداشت و در مرگ خود، همان مرگِ وحشتناک و ناعادلانه‌ای که برای تحقق نقشهٔ نجات الاهی ضرورت داشت، آنها را به اشک‌های خود تبدیل کرد. همچنین، او شادی و خوشیِ دنیا را برداشت و به آن تولد جدیدی بخشید، و این اتفاق همان زمان افتاد که عیسی از مرگ برخاست و آفرینش جدید خدا را افتتاح کرد. دو نکته‌ای که عنوان کردیم، دامنهٔ گسترده‌ای دارند و من تا **بخش دوم**، خیال ورود به آنها را ندارم. امّا از همین اشاره می‌توان فهمید که چرا ایمان مسیحی اشتیاق برای عدالت، یعنی اشتیاق برای سامان یافتن و اصلاحِ نابسامانی‌ها را توصیه می‌کند. همچنین بر اساس همین نکات می‌توان گفت که در وجود عیسی، خدا در این اشتیاقِ عمیق برای عدالت سهیم شده و اسباب تحقق آن را فراهم کرده است تا اینکه در پایان، همهٔ اشک‌ها زدوده شوند و دنیا سرشار از عدالت و شور و شعف شود.

مسیحیان و عدالت

شاید عده‌ای بگویند: «ظاهراً پیروان عیسی چندان توفیقی در گسترش عدالت نداشته‌اند. نظر شما چیست؟ دربارهٔ جنگ‌های صلیبی چه می‌توان گفت؟ دربارهٔ دادگاه‌های تفتیش عقاید در اسپانیا چه دارید بگویید؟ فکر نمی‌کنید که کلیسا خیلی بیش از سهم خود، مرتکبِ بی‌عدالتی شده است؟ دربارهٔ کسانی که در کلینیک‌های مخصوص سقط جنین بمب‌گذاری می‌کنند، چه؟ دربارهٔ بُنیادگرایان مسیحی که می‌گویند بزودی جنگ آخرزمان فرا می‌رسد و در این اثنا هر بلایی دل‌شان خواست بر سر محیط‌زیست می‌آورند، چه دارید بگویید؟ به نظر شما، مسیحیان بیش از آنکه بخشی از راه‌حل باشند، بخشی از مشکل نبوده‌اند؟

هم «بله» و هم «نَه».

بله: از همان روزهای اول مسیحیت، همواره کسانی وجود داشته‌اند که به نام عیسی دست به کارهای وحشتناکی زده‌اند. همچنین مسیحیانی بوده‌اند که در کمال آگاهی، دست به اعمال ننگینی زده‌اند، ولی ادعا هم نکرده‌اند که عیسی بر این اعمال صحه می‌گذارد. این حقیقت هرچه هم تلخ باشد، دلیلی برای فرار از آن وجود ندارد.

همچنین، باید گفت نه: هرگاه به کارهای پلیدی که مسیحیان مرتکب شده‌اند، نگاه می‌کنیم (صرف‌نظر از اینکه چه ادعایی دربارهٔ حمایت الاهی کرده باشند)، با مروری بر این اقدامات، لااقل می‌توانیم بگوییم که آنها درک نادرست و مشوّشی از سرشت و ماهیت مسیحیت داشته‌اند. ایمان مسیحی مستلزم آن نیست که تمام کارهای پیروان عیسی را در طول تاریخ تأیید کنیم. عیسی خود به پیروانش دعایی را تعلیم داد که در یکی از عبارات آن، طلب بخشایش از خدا وجود دارد. بدون شک عیسی می‌دانست که ما به این عبارت نیاز می‌یابیم.

همچنین باید گفت که امروزه یکی از بزرگ‌ترین معضلات در زمینهٔ اعتبار ایمان مسیحی، این است که بسیاری از مردم، هنوز مسیحیت را با «دنیای غرب» مترادف می‌دانند (و البته این عبارتِ عجیبی است، چون «دنیای غرب» در عین حال شامل استرالیا و زلاندنو است که هر دو در

منتهاالیه شرقی کرهٔ زمین واقعند!). البته منظور مردم از «غربِ مسیحی»، به‌طور خاص اروپا و آمریکا و فرهنگ‌هایی است که از بطنِ مستعمرات این کشورها در گذشته، نشو و نما یافته‌اند. در نتیجه، (همان‌گونه که اخیراً نیز شاهد بودیم) وقتی «غرب» با کشوری وارد جنگ می‌شود، بویژه موقعی که از بد حادثه مردم این کشور عمدتاً مسلمانند، از این جنگ به جدالِ «مسیحیان» علیه «مسلمین» تعبیر می‌شود. واقعیت این است که اکثر مردم غرب اصلاً مسیحی نیستند و امروزه اکثر مسیحیان جهان در «غرب» زندگی نمی‌کنند. در واقع، امروزه اکثریت مسیحیان جهان یا در آفریقا زندگی می‌کنند یا در کشورهای آسیایِ جنوب‌شرقی. همچنین باید اضافه کرد که اکثر دولت‌های به‌اصطلاح «غربی» هیچ تلاشی به عمل نمی‌آورند تا تعلیمات عیسی را در جوامع خود به اجرا درآورند، و تازه بسیاری از آنها این را جزو افتخارات خود می‌دانند. ولی با وجود این حقایق، مردم کماکان دو را با دو جمع می‌زنند و می‌گویند پنج! به عبارتی، به‌خاطر اقدامات غرب، «مسیحیت» را سرزنش می‌کنند. از دنیای به‌اصطلاح مسیحی کماکان اخبار بدی در جهان منتشر می‌شود که قسمت اعظمِ آن درست است.

در واقع، یکی از دلایلی که من این کتاب را با بحث دربارهٔ «عدالت» آغاز کرده‌ام، همین است. نکتهٔ مهمی که باید ملاحظه، و بیان شود، این است که پیروان عیسی، همچنانکه وی در دعا به ما آموخت، خود را متعهد می‌دانند تا ارادهٔ خدا را «بر روی زمین، چنانکه در آسمان است» به اجرا درآورند. و این بدان معناست که اشتیاقِ عمیق خدا برای اجرای عدالت، همچنین باید اشتیاقِ عمیقِ ما پیروان عیسی باشد. اگر مسیحیان اعتقادشان به عیسی را بهانه کنند و بخواهند از زیر این وظیفه و تبعاتِ مُخاطره‌آمیزِ آن شانه خالی کنند، با این کار یکی از عناصرِ محوریِ ایمان‌شان را ترک خواهند کرد. اینجاست که بوی خطر به مشام می‌رسد.

همچنین نباید از تعریف داستان‌هایی که بسیاری از بدبینانِ دنیای غرب، کمر به زدودنِ‌شان از خاطره‌ها بسته‌اند، خجالت بکشیم. نباید فراموش کنیم که وقتی تجارت برده در اوج خود بود، و بسیاری به استناد

اشـــاراتِ کتاب‌مقدس به بردگان، ایـــن کار را توجیه می‌کردند، گروهی از مسیحیانِ سرســـپرده، به رهبریِ دو مردِ فراموش‌نشدنی، یعنی ویلیام ویلبرفورث[1] در انگلســـتان و جان وولمان[2] در آمریکا، اتحادی تشـــکیل دادند و پایان بخشیدن به این تجارت شوم را وجهۀ همت خود قرار دادند. از پیوســـتنِ برده‌داری به صفحات تاریخ دیری گذشته بود، امّا تبعیض و تعصباتِ نژادی همچنان سایۀ شوم خود را بر ایالات متحده گسترده بودند. در این زمان، مارتین لوتر کینگ، با الهام از رویایِ مســـیحی خود، دست به اعتراضی صلح‌آمیز امّا کاملاً مؤثر زد. در وجود ویلبرفورث، اشـــتیاقی عمیق برای اجرای عدالتِ خدا به ســـود بردگان شعله می‌کشید، اشتیاقی که ویلبرفورث ارتقاء موقعیت سیاســـی خود را فدای آن کرد. اشـــتیاقِ مارتین لوتر کینگ[3] به اجرای عدالت در مورد آمریکاییانِ آفریقایی‌تبار نیز به بهای جانش تمام شـــد. مُجاهدات و مبارزاتِ خستگی‌ناپذیر این افراد مستقیماً و صریحاً از وفاداری‌شان به عیسی سرچشمه می‌یافت.

بـــر همین وجه، زمانی که رژیم آپارتایـــد در آفریقای جنوبی در اوج قدرت بود (و بســـیاری هم در تأیید و توجیه آن، از کتاب‌مقدس شـــاهد می‌آوردند کـــه کیفیّت زندگی هر نـــژاد با دیگری فـــرق دارد)، مبارزۀ طولانیِ رهبرانی مانند دزموند توتو[4] ســـبب شـــد تا تغییـــری بزرگ، با حداقـــل خونریزی، صـــورت بگیرد. (خوب به خاطـــر دارم که در دهۀ ۱۹۷۰، سیاســـتمداران و مفسرانِ اخبار، تردیدی در این نداشتند که تغییر در وضعیت آفریقای جنوبی، فقط با توســـل به خشونتی گسترده ممکن خواهد بود.) با این حال، دزموند توتو و بسیاری دیگر از رهبران مسیحی، مدت‌های مدید به دعا و مطالعۀ کتاب‌مقدس با رهبران کلیساها و مقامات دولتـــی پرداختند، و با به خطر انداختن جان خود، چهرۀ کریه آپارتاید را افشاء کردند و با اســـتقبال از مُخاطراتی مشابه، با رهبرانِ سیاهپوستان و پیروان‌شان که تنها راه مبارزه با آپارتاید را توسل به خشونت می‌دانستند، مخالفت ورزیدند.

1 William Wilberforce; 2 John Woolman; 3 Martin Luther King Jr.; 4 Desmond Tutu

بارها پیش آمد که توتو در آتشِ کینه‌ورزیِ هر دو طرف گرفتار شـد و مـورد بی‌اعتمادی و تنفرِ آنها قرار گرفت. امّا در دولتی که پس از رژیمِ آپارتاید بر سـر کار آمد، وی به ریاست کمیسیونِ خارق‌العاده‌ای گماشته شد که دنیای سیاسـت نظیر آن را تا امروز ندیده است: یعنی **کمیسیونِ حقیقت و مصالحه در آفریقای جنوبی**. این کمیسیون عهده‌دار این وظیفهٔ طولانی و دردناک بوده که حافظه و افکار عمومیِ کُل کشور را شفا بخشد و بستری فراهم سـازد تا تمام کسانی که از آپارتاید صدمه خورده‌اند، با ابراز اندوه و عصبانیت خود، در مسـیر شفا و احیاء قرار گیرند. امّا واقعاً چه کسـی می‌توانسـت در دههٔ ۱۹۶۰ یا حتی دههٔ ۱۹۸۰ چنین چیزی تصـور کند؟ ولی آنچه به ذهنی خطور نمی‌کرد، اتفاق افتاد و آن هم فقط به همت کسـانی که اشتیاقِ عمیق خود را برای عدالت، با وفاداری خود به عیسی درآمیختند.

باید این داسـتان‌ها، و بسیاری داستان‌های مشابه را، مدام بازگو کرد، چون بروشنی نشـان می‌دهند که جدی گرفتن پیام مسیحیت، اغلب چه نتایجی به همراه دارد. گاه برخی از کسـانی کـه این پیام را جدی گرفته و به تبع آن، فریاد اعتراض سـر داده‌اند، به مخمصه افتاده و حتی به‌طرز فجیعی به قتل رسیده‌اند. در قرن بیستم عدهٔ کثیری از مسیحیان به شهادت رسیدند، اما این شـهیدان نه به دلیل اصول ایمان خود، بلکه به این دلیل شهید شدند که با الهام از ایمان‌شان، به سود عدالت پا به میدان گذاشتند. در اینجـا می‌توان از دیتریش بونهافر[1] یاد کرد که در اواخر جنگ جهانی دوم، به دسـت نازی‌ها کشته شـد. همچنین می‌توان از اُسکار رومرو[2] یاد کرد که چون در حمایت از اقشـار محروم جامعهٔ السـالوادور سخن می‌گفت، ترور شد. و باز هم جا دارد از مارتین لوتر کینگ یاد کنیم.

مجسمه‌هایی به یادبود این افراد و نُه تن دیگر، در نمای غربی کلیسای وست‌مینسـتر ساخته شده است. این شهیدان به دنیای امروز ما یادآوری می‌کنند که ایمان مسیحی کماکان موج‌هایی در جهان به راه می‌اندازد، و

---

1 Dietrich Bonhoeffer;   2 Oscar Romero

کسانی وجود دارند که به‌خاطر اشــتیاق خود برای عدالت، از بذلِ جان نیز دریغ ندارند.

این اشتیاق برای عدالت که تا اینجا درباره‌اش استدلال کرده‌ام، یکی از ویژگی‌های محوریِ زندگی انســان است و به شیوه‌های مختلف نمود می‌یابد و گاه ممکن است سخت به انحراف کشیده شود. کماکان گروه‌ها، و حتی افرادی، با این اعتقاد منحرف که عدالت جز با خون و خون‌ریزی اجرا نمی‌شود، از ستاندن جان انســـان، هر کسی می‌خواهد باشد، اِبایی ندارند. اما همهٔ انسان‌ها، وقتی کلاه‌شـــان را قاضی می‌کنند، می‌بینند که این چیز عجیبی که ما "عدالت" می‌خوانیم، این اشتیاق برای سامان یافتنِ امور، همواره یکی از بزرگ‌ترین آرمان‌ها و رویاهای انســـان بوده است. مســـیحیان معتقدند که این اشـــتیاقِ عمیق به عدالت، از این روست که تمام انســـان‌ها، در نهاد خود، پژواکِ صدایی را شـــنیده‌اند که آنها را به عدالت‌خواهی دعوت می‌کند. مسیحیان همچنین معتقدند که در عیسی، این صدا، انسان شد و گام‌های لازم برای تحقق عدالت را برداشت.

پیش از اینکه بتوانیم در این مســـیر جلوتر برویم، باید به پژواک‌های دیگرِ این صدا نیز گوش ســـپاریم که نخستینِ آنها، همان است که امروزه افراد بیشتری به آن گوش می‌دهند.

فصل دوم

چشمهٔ پنهان

روزی روزگاری دیکتاتورِ قدرتمندی بود که با مُشت آهنین بر کشورش حکم می‌راند. دربارهٔ تمام جنبه‌های زندگیِ مردم این کشور، قضاوت و تصمیم‌گیری، فقط بر مبنای اصول عقلی صورت می‌گرفت و هیچ چیز به امید خدا رها نمی‌شد.

دیکتاتور متوجه شد که منابع آب کشور، دچار نابسامانی است و در مواردی ایجاد خطر می‌کند. در کشور او، هزاران چشمه، اغلب از بین شهرهای بزرگ و کوچک، روان بود. آنها مفید بودند، ولی گاه طغیان می‌کردند و سیلاب به راه می‌انداختند. برخی اوقات هم آلوده می‌شدند، و اغلب در جاهای تازه‌ای از دل زمین می‌جوشیدند و به جاده‌ها و مزارع و خانه‌ها لطمه می‌زدند.

این بود که دیکتاتور نشست و بر مبنای عقل و منطق، چاره‌ای اندیشید. تصمیم گرفت که کُل کشور، یا لااقل جاهایی که احتمال می‌رفت چشمه‌ای از زمین بجوشد، با لایه‌ای چنان ضخیم از بتون پوشیده شود که آب نتواند حتی درزی در آن ایجاد کند. قرار شد آب مورد نیاز مردم از راه سیستمِ لوله‌کشی پیچیده‌ای تأمین شود. از این گذشته، دیکتاتور تصمیم گرفت که با استفاده از این فرصت، مواد شیمیاییِ مختلفی در آب لوله‌کشی بریزد که سلامت مردم را تأمین کند. با نظارتی که دیکتاتور بر منابع آب اِعمال می‌کرد و با صلاحدید او، هر کس به قدر نیازش دریافت می‌داشت و چشمه‌ها هم با بی‌نظمی‌های خود دیگر اخلال ایجاد نمی‌کردند.

سال‌های سال، این نقشه کارگر اُفتاد و مردم هم کم‌کم به آبی که از راه لوله‌ها به آنها می‌رسید، عادت کردند. البته، گهگاه آب مزهٔ عجیبی می‌داد و بعضی اوقات مردم حسرت آن روزهایی را می‌خوردند که چشمه‌ها

قُل‌قُل‌کنان از دل زمین می‌جوشیدند و مردم از آب تازه و گوارای‌شان می‌نوشیدند. به‌علاوه، بعضی از مشکلاتی که مردم چشمه‌ها را مسئول بُروزشان می‌دانستند، کماکان پابرجا بود. معلوم شد که هوا به همان اندازه آلوده است که زمانی آب آلوده بود، ولی دیکتاتور یا نمی‌توانست و یا نمی‌خواست کاری دربارهٔ آن انجام دهد. با این حال، سیستمِ جدید آب‌رسانی عمدتاً مفید بود و مردم هم از دیکتاتور به‌خاطر آینده‌نگریِ فاضلانه‌اش، ستایش و قدردانی می‌کردند.

یک نسل گذشت و همه چیز در ظاهر خوب بود. سپس بدون هشدار قبلی، چشمه‌هایی که در زیر پوششِ مستحکم بتون، قُل‌قُل‌زنان از زمین جوشیده بودند دیگر بند نشدند و ناگهان با انفجاری - آمیزه‌ای از آتش‌فشان و زمین‌لرزه - بتونی را که مردم به دیدن آن عادت کرده بودند، شکافتند و به بیرون فواره زدند. آبِ گل‌آلود و کثیف به داخل هوا شلیک شد و بسرعت از بین کوچه‌ها به داخل خانه‌ها، مغازه‌ها و کارخانه‌ها جریان یافت. راه‌ها از بین رفت و کُل شهر به آشوب کشیده شد. بعضی از این وضع خوشحال بودند: لااقل اکنون می‌توانستند بدون وابستگی به **سیستم**، به آب دسترسی داشته باشند. امّا این وضع کاملاً به ضرر مسئولانِ آب‌رسانیِ رسمی مملکت بود، چون به‌یکباره همهٔ مردم کشور بیش از نیاز خود به آب دسترسی داشتند، آبی که به‌زعم ایشان تمیز نبود و نمی‌شد بر آن نظارت کرد...

ما غربیان، در همین کشور زندگی می‌کنیم. دیکتاتورِ ما، فلسفه‌ای است که دنیای ما را در مدتی بیش از دو قرن شکل داده و همهٔ مردم را مادی‌گرا بار آورده است. آب نیز همان چیزی است که ما امروزه «روحانیّت یا معنویّت» می‌خوانیم، یعنی چشمهٔ پنهانی که در دلِ انسان‌ها و جوامع ما در حالِ جوشیدن است.

امروزه به گوش بسیاری از مردم، کلمهٔ «روحانیّت» مانند خبری از «واحهٔ آب» برای مسافرانی است که در دل کویر راه می‌پیمایند. نباید تعجب کرد! دو قرن تمام، انواع دیدگاه‌های بدبینانه را دربارهٔ دین و مذهب به گوش ما خوانده‌اند. همین دیدگاه‌ها، لایه‌ای از بتون بر دنیای

ما کشـــیده و سببِ شــده تا مردم از اذعان به تجربیات «مذهبیِ» ژرف و قدرتمندی که در گذشـــته داشته‌اند، شـــرم کنند. در گذشته آنها به کلیسا می‌رفتند و دعا می‌کردنـــد و به فلان یا بهمان روش عبادت می‌نمودند و تمام اینها را بخشی از زندگی خود می‌دانستند. اما فضای غرب در فاصلهٔ تقریبـــاً دههٔ ۱۷۸۰ تا دههٔ ۱۹۸۰ تفاوت چشـــمگیری یافت. در این فضا (فلســـفهٔ رایج زمان می‌گفت که) ما آبِ مورد نیاز شما را تأمین خواهیم کـــرد؛ ما ترتیبی خواهیم داد تا دین و مذهب به بخشِ کوچکی از زندگی عادی شـــما تبدیل شود؛ ما فضایی امن و در واقع مذهبِ بی‌آزاری ایجاد خواهیـــم کرد و به این منظور چنان دســـت کلیســـا را از همه چیز کوتاه می‌کنیم که نه در سیاست دخالت کند، نه در اخلاق جنسی، نه در اقتصاد و نه در هیچ چیز دیگر. هر کس هم به دین و کلیسا نیاز داشت، در حد رفع نیاز از آن برخوردار خواهد شـــد. کسانی هم که نخواهند دین مزاحمتی برای زندگی‌شـــان، یا روش زندگی مطلوب‌شان، ایجاد کند، می‌توانند با خیال آســـوده روی جاده‌های بتونی رانندگی کنند، از فروشگاه‌هایی که روی بُنیاد بتونی ســـاخته شـــده خرید کنند، و در خانه‌هایی که کف‌شان از بتون اســـت، زندگی کنند. بروید و طوری زندگی کنید که انگار هرگز چیزی از خدا و این چیزها به گوش‌تان نخورده! هرچه نباشد، سرنوشت ما دست خودمان است! ما ســـکان‌دار روح خود[1] هستیم (حال تعریف روح هرچه می‌خواهد باشـــد)! چنین فلســـفه‌ای بـــر فرهنگ ما غالب بوده اســـت. از منظر این فرهنگ، معنویت جزو علایقِ شخصی و شکلِ لوکســـی از خیال‌پردازی است برای کسانی که به این گونه چیزها علاقه دارند.

میلیون‌ها نفر در غرب، از اینکه فلسفهٔ مورد بحث، موقتاً مانع از مداخلهٔ «مذهب» در زندگی انســـان شده، نفع برده‌اند. ولی میلیون‌ها تن دیگر نیز می‌دانند که در عُمقِ این زمینِ بتونی، سیســـتمِ آبی که ما به آن می‌گوییم «روحانیّت»، قُل‌قُل‌کنان و شِـــیداوار می‌جوشد و انکار آن به همان اندازه

---

۱ بندی است از شعر ویلیام ارنست هنلی که در اواخر قرن نوزدهم سروده شده است. (مترجم)

ناشدنی است که بخواهیم چشمه‌های بی‌شماری را که در زیرِ لایهٔ ضخیم بتونی جریـــان دارند، انکار کنیم. این افراد منتهای تلاش خود را کرده‌اند تا به یاریِ مجراهای رســـمی (یعنی کلیساها) مخفیانه دَلوی به این آب‌ها برســـانند. آنها بخوبی می‌دانند که آبی که در زیر این زمین جاری است، بسیار بیشـــتر از آن چیزی است که کلیسا ارائه کرده است. بسیاری دیگر نیز، متوجه یک تشنگیِ وصف‌ناپذیر شده‌اند، اشتیاقی به چشمه‌های آب زنده، آبی چنان جان‌بخش و روح‌افزا که بتوان در آن شـــیرجه زد، از آن لذت بُرد، و نوشید و سیراب شد.

اکنون ســـرانجام این اتفاق افتاده اســـت: چشـــمه‌های پنهان از زیر زمین بیرون زده‌اند، بُنیادِ بتنی شـــکافته و باز شـــده است و زندگی دیگر نمی‌تواند مانند گذشـــته ادامه یابد. کسانی که در گذشته مسئول حراست از سیستمِ آب‌رسانی بودند (و بسیاری از آنها دارای مشاغل مطبوعاتی یا سیاسی هســـتند و عده‌ای نیز، طبعاً، در کلیسا کار می‌کنند) از دیدنِ این آتش‌فشانِ «روحانیّت» که در سال‌های اخیر فوران کرده است، به‌درستی دچار وحشـــت شـــده‌اند. نگاه کنید به تمام این عقاید عرفانیِ مربوط به جنبشِ «عصر جدید»، با ورق‌های فالگیری و وســـایل رمالی و طالع‌بینی و غیره‌اش؛ نگاه کنید بـــه تمام این حرکت‌هـــای بُنیادگرایانهٔ مذهبی، با جهادگرانش، اعم از مسیحی و سیک و غیره، و بسیاری دیگر که همدیگر را با بمب می‌کُشـــند و ادعا می‌کنند خدا با آنهاست. مسئولانِ آب‌رسانیِ رسمی می‌گویند که آیا وجداناً این وضع وحشتناک نیست؟ آیا این وضع ما را دوباره به جهل و خرافه‌پرســـتی، به آن منابعِ آب که آلوده و عاری از نظم و منطق بودند، باز نمی‌گرداند؟

نگرانی این اشخاص بی‌مورد نیست. ولی باید از آنها پرسید: آیا مقصرِ این وضع در وهلهٔ اول کسانی نیســـتند که چشمه‌ها را با لایه‌ای از بتون پوشـــاندند؟ اگر بخواهیم دنیای خود را بر اســـاس این فرض بسازیم که دین و روحانیّت، اموری شـــخصی و خصوصی هستند و در ادارهٔ جهان چیزی جز اقتصاد و سیاســـت به‌کار نمی‌آید، ســـرانجامی جز واقعهٔ ۱۱ ســـپتامبر ۲۰۰۱ نخواهیم داشت. در این روز، کســـانی با الهام از عقایدِ

«مذهبی» خود که ریشهٔ استواری در دل‌شان داشت و از بذل جان نیز در راه آن اِبایی نداشتند، نه فقط زمین‌های بتونی بلکه برج‌های عظیم را در هم کوبیدند و تکه‌تکه کردند. چه باید گفت؟ اینکه اتفاقاتی از این دست فقط نشان می‌دهند که «دین» و «روحانیّت» تا چه اندازه خطرناکند؟ یا اینکه دنیای غرب از توجه به نقشِ دین غافل مانده است؟

تشنگی برای روحانیّت

«چشمهٔ پنهانِ» روحانیّت، دومین ویژگی از زندگی انسان است که، به اعتقاد من، در حکم پژواکِ یک صداست. این تشنگی برای روحانیّت، مانند علامتی است که به ما می‌گوید نگاه خود را از منظرهٔ بی‌روحی که سکولاریسم و بی‌دینی به وجود آورده است، برداریم و به این احتمال فکر کنیم که شاید ما انسان‌ها برای هدفی بالاتر خلق شده‌ایم. به دلایل متعدد می‌توان گفت همان‌طور که مردم شرق اروپا، آزادی و دموکراسی را از نو کشف می‌کنند، مردمِ غرب اروپا نیز در حال بازیابیِ روحانیّت هستند - حتی اگر برخی از کوشش‌هایی که در این زمینه صورت می‌گیرد، بی‌نظم و برنامه یا حتی خطرناک باشد.

شاید به نظر عده‌ای، این نوع نگرش بیشتر بر اروپا متمرکز باشد. باید گفت که در قسمت عمده‌ای از آمریکای شمالی (اگر نه در سراسر آن)، برخلاف اروپا، همواره شکلی از روحانیّت باب بوده است. البته، اذعان داریم که مسائل پیچیده‌تر از این هستند. در جامعهٔ آمریکای شمالی، یکی از بدیهیّات این بوده که دین و امور روحانی باید در جایگاه مناسب خود باشند - به عبارتی، دخالتی در سایر عرصه‌های زندگی انسان نداشته باشند. این که آمریکاییان بیش از اروپاییان به کلیسا می‌روند، به این معنی نیست که در آمریکا فشارهایی مشابه برای سرپوش نهادن بر چشمهٔ پنهان در جریان نبوده، و یا اینکه مشکلاتی مشابه اروپا بروز نکرده است.

وقتی نقاط وسیع تری از جهان را در نظر می گیریم، بلافاصله درمی‌یابیم که در اکثر نقاط جهان، پروژهٔ بتون کشیدن بر همه چیز، هیچ‌گاه به نتیجه

نرسیده است. وقتی به آفریقا، خاورمیانه، خاورِ دور، و آمریکای مرکزی و جنوبی فکر می‌کنیم - به عبارتی نقاطی که بیشترین جمعیت جهان را دارند - درمی‌یابیم که آنچه می‌توان عموماً «امور روحانی» خواند، یکی از مؤلفه‌های دایمیِ زندگیِ خانواده‌ها و دهکده‌ها، شهرهای بزرگ و کوچک، و جوامع و جمعیت‌ها بوده است. البته در این جوامع، «امور روحانی» شکل‌های مختلفی به خود می‌گیرد و به هزار و یک شیوهٔ متفاوت با سیاست، موسیقی، هنر و نمایش درمی‌آمیزد - به عبارتی، با تمام عرصه‌های زندگیِ روزمره.

از دیدگاه غربیان، این ممکن است عجیب به نظر آید. انسان‌شناسان و سیاحان دیگری که به این مناطق از جهان می‌روند، گاه اظهار تعجب می‌کنند که چگونه مردمِ متعلق به فرهنگ‌های پیشرفته (مثل ژاپن)، هنوز در بَند چیزهایی هستندَ که از نظر غربیان، خرافه‌هایی کُهن است. چقدر عجیب است که هنوز هم آنها از چشمه‌های جوشانی که در دسترس‌شان است می‌نوشند، در حالی که ما یاد گرفته‌ایم آب لوله‌کشی و تصفیه شده بوسیلهٔ مسئولانِ ذی‌ربط بسیار سالم‌تر است. ولی نشانه‌های متعددی در دست است که غربیان دیگر از این طرز فکر خسته شده‌اند. ما غربیان حاضریم دوباره نگاهی به چشمه‌ها بیندازیم. گاه در ستونی که یک گزارشگر در روزنامه نوشته است، می‌خوانیم که وی از کلیسا یا کلیسای جامعی بازدید کرده، و *فضای آن را تأثیرگذار، و حتی دلپذیر یافته است* (که البته از دیدگاه یک مسیحی، چنین اظهارنظرهایی اغلب مضحک است). آیا گفتهٔ این افراد تلویحاً به این معنی نیست که اشخاص متعقل و روشن‌فکر، دور مسائل مذهبی و روحانی را به‌کل قلم گرفته‌اند؟ این اشخاص معمولاً بسرعت، این شبهه را که به پیام مسیحیت ایمان دارند، از خود رفع می‌کنند. اما از صدای قُل‌قُلِ آب تازه نمی‌توان صرف‌نظر کرد. این روزها، حتی در دنیای مادی‌گرایَ ما نیز، کمتر کسانی گوش خود را به روی این صدا می‌بندند.

این ظهور مجدد علاقه به نوعی زندگی، متفاوت با نوعی که در بوتهٔ آزمایش گذاشته و آزمایش می‌شود، شکل‌های بسیار مختلفی به خود

گرفته است. در ۱۹۶۹ زیست‌شناسِ مشهور جهان، سِر آلیستر هاردی[1]، بخشی به نامِ **واحدِ پژوهش دربارهٔ تجربهٔ مذهبی** را بنیاد گذاشت. وی اطلاعیه‌ای منتشر ساخت و از مردم خواست که داستانِ تجربیاتِ مذهبی خود را بنویسند و برای او ارسال کنند. وی قصد داشت این نتایج را جمع‌آوری و دسته‌بندی کند و از این نظر، کار او مشابه کارِ زیست‌شناسان و دانشمندانِ علوم‌طبیعی در قرن نوزدهم بود که اطلاعات مربوط به هزارانِ گونهٔ زیستی کرهٔ زمین را جمع‌آوری و طبقه‌بندی کرده بودند. این پروژه گسترش یافته، و به مرور آرشیوِ مهمی پدید آورده که از طریق شبکهٔ جهانیِ اینترنت می‌توان به آن دسترسی یافت.[2] اگر کسی گمان می‌کند تجربهٔ مذهبی، خاص گروهی معدود است و یا هرچه انسانِ مدرن روشن‌اندیش‌تر می‌شود، این‌گونه تجربیات بیشتر به دست فراموشی سپرده می‌شود، بد نیست نگاهی به این وب‌سایت بیندازد و در طرزفکر خود تجدید نظر به عمل آورد.

اگر به یک کتاب‌فروشی بروید و به بخشِ کتاب‌های مربوط به امور روحانی سری بزنید، باز به همین نتیجه خواهید رسید. در واقع، باید گفت یکی از نشانه‌های زمانِ ما آن است که کتاب‌فروشی‌ها نمی‌دانند کتاب‌هایی از این دست را چه بنامند. گاه اسم این بخش را می‌گذارند «امور روحانی» یا «ذهن، بدن، و روح». گاه این بخش را تحت عنوانِ «دین» نامگذاری می‌کنند - هرچند چیزی که معمولاً در بخش «کتاب‌های دینی» می‌یابیم، کتاب‌مقدسِ جلدچرمی یا مناجات‌نامه است که به هدف کادو دادن طراحی شده، نه سیراب کردن فرد با چشمه‌های آبِ زنده. گاه عنوان این بخش گذاشته شده «خویش-یاری». از این عنوان چنین برمی‌آید که امور روحانی، نوعی تمرین است که باید بوسیلهٔ خود شخص انجام گیرد. مثلاً فعالیتی است که با انجام دادن آن در آخر هفته، می‌توان احساسِ مطلوب‌تری دربارهٔ خود یافت.

1 Sir Alister Hardy; 2 http://www.archiveshub.ac.uk/news/ahrerca.html

آنچه در این بخش‌ها می‌یابیم، بسته به مدیریت و سبکِ کتاب‌فروشی، آمیزه‌ای بسیار متنوع از کتاب‌های مختلف است. گاه به آثار الاهیاتی وزینی برمی‌خوریم، ولی معمولاً با کتاب‌هایی مواجه می‌شویم که موضوع‌شان تشخیص «نوع شخصیت» است. این نوع کتاب‌ها، عموماً یا متکی بر یکی از سیستم‌های معمول برای تشخیص شخصیت هستند – مثلاً روشِ موسوم به **شاخصِ مایرز-بریگ**[1] یا **انیگرام**[2] گاهی اوقات هم، کتاب‌هایی که در این بخش می‌یابیم ما را برمی‌انگیزند تا دامنهٔ تحقیق و تفحص خود را گسترش دهیم و مثلاً دربارهٔ تناسخ تحقیق کنیم: شاید اگر کشف کنیم که در زندگیِ گذشتهٔ خود چه کسی بوده‌ایم، به علت طرزفکر یا احساساتِ خود در این زندگی پی ببریم. و یا اینکه بسیاری از نویسندگان، ما را به نوعی «عرفانِ معطوف به طبیعت»[3] سفارش می‌کنند که در آن با چرخه‌ها و ضرباهنگ‌های جهانِ پیرامون، و نیز جهانِ درون خود، ارتباط برقرار می‌سازیم. گاه این جریان معکوس می‌شود، به این معنی که نویسندگان به روشی شبه‌بودایی، خوانندگان را تشویق می‌کنند تا دل از تعلقات دنیوی بکنند و به عالم معنا رو بیاورند، جایی که ظواهر این زندگی، اهمیت از کف می‌دهند.[4] گاه تب برخی از این جریاناتِ عرفانی کُل جهان غرب را فرا می‌گیرد، خواه این جریان «قبالا» باشد (که اصالتاً نوعی عرفان یهودی قرون وسطایی است، و اکنون در برخی از نقاط جهان، تغییر ماهیت داده و به ادعاهای قلمبه‌سلمبهٔ پست‌مدرنیسم تبدیل شده است)، خواه «لابیرنت» (نوعی مناجات‌نامه در برخی از کلیساهای جامعِ قرون وسطیٰ، که هدف‌شان کمک به مؤمنان در دعا بود، و امروزه کاربرد وسیع آن را در مکاتبی می‌توان دید که در واقع ترکیبی هستند از مسیحیت و مکاتبی که در اواخر دورهٔ مدرن ظاهر شده‌اند و بر «کشفِ خویشتن» تأکید دارند)، خواه زیارت‌های مذهبی که در آن تشنگی برای دین با میل به جهان‌گردی توأم شده است.

---

1 Myers-Briggs Type Indicator; 2 Enneagram; 3 Nature-Mysticism

۴ در ادبیات فارسی نیز مصادیقِ این نکته فراوان است. برای مثال، یکی از شعرایِ ایرانی می‌گوید: عمر عارف همه طی شد به تمنای بهشت/ او ندانست که در ترکِ تمناست بهشت

در کشـــور من - یعنی بریتانیای کبیر - نســـل قبل، شاهدِ علاقه‌ای ناگهانی و فزاینده به تمام چیزهایی بود که اصل و منشـــاء سلتی[1] داشتند. در فرهنگِ امروز غرب، همین که صفتِ «ســـلتی» یدک‌کشِ چیزی شد، خواه آهنگ باشـــد، خواه دعا، خواه ساختمان، جواهرات، یا تی‌شرت، و یا هر چیز دیگری، بلافاصله توجه مردم را جلب خواهد کرد، و دســـت به جیب خواهند شد. چنین می‌نماید که این عالمِ سلتی، از امکانی سخن می‌گوید که مدام ذهن انســـان غربی را به خود مشغول داشته است، یعنی از امکانِ وجود دنیایی دیگر، دنیایی که در آن خدا (هر کســـی که هست) حضورِ ملموس‌تری دارد؛ دنیایی که در آن انسان‌ها رابطهٔ بهتری با محیط طبیعی خود برقرار می‌سازند، و دنیایی که ریشه‌های آن به مراتب ژرف‌تر و نغمـــهٔ پنهان آن به مراتب غنی‌تر از دنیـــایِ فن‌آوریِ مدرن، برنامه‌های مبتذل تلویزیونی، و مسائل عالم ورزش است. دنیای قومِ باستانیِ سلت - نورتامبریا، ولز، کُرنوال، بریتنی، ایرلند، و اســـکاتلند - ظاهراً فرسنگ‌ها با دنیای مســـیحیتِ امروز فاصله دارد. بی‌تردید از همین روست که عالمِ سلتی چنین برای مردمی که از مذهبِ رسمی در کلیساهای غرب، خسته و دلزده و حتی عصبانی هستند، جذاب و دل‌نشین است.

ولی قلبِ مسیحیت سلتی - یعنی زندگیِ رهبانی همراه با ریاضت شدید بدنی و بشارتِ شورمندانه - بعید است همان باشد که مردم امروز در پیِ آن هســـتند. کاثبرت قدیس[2]، یکی از بزرگ‌ترین قدیسانِ سلتی، عادت داشت که موقع دعا تا کمر در آب دریایِ ساحل شمال‌شرقیِ انگلستان فرو برود و هیچ دلیلی در دست نیست که آب این دریا در آن زمان، کمتر از امروز سرد بوده باشـــد. همین طور هم، هیچ نشانه‌ای حاکی از آن وجود ندارد که این قِسم ریاضت، مورد استقبالِ کُشته‌مُردگانِ امروزِ میراثِ سلتی باشد.

---

۱ Celtic اشـــاره به فرهنگ و ایمان و سننِ قومِ سلت است (که البته این نام را مورّخان یونانی با «ک» و به صورت «کِلتوس یا کِلتای» ثبت کرده‌اند.) نفوذ فرهنگیِ کِلت‌ها یا سِلت‌ها که بعدها فرهنـــگ آنها با فرهنگِ رومی امتزاج یافت ـ در اواخر عصر مفرغ و عصر آهن، از ســـوئیس و اتریش به بریتانیا رسید. (مترجم)

2 St. Cuthbert

تجربه‌های غنـــی و عمیقی از آن نـــوع که ما «تجربیـــاتِ روحانی» می‌خوانیم، اغلب – و در واقع، معمولاً – با احساساتی عمیق توأم هستند. گاه این تجربیات، چنان احســـاسِ آرامش و شـــعفِ باطنـــیِ عمیقی به اشـــخاص می‌بخشند که آنها می‌گویند موقتاً در جایی بوده‌اند که کلمه‌ای جز «آســـمان» برای وصف آن نمی‌یابند. گاه آنها از فرطِ شادی به صدای بلند می‌خندند. گاه نیز احساسی که به آنها دست می‌دهد، شریک شدن در رنج‌ها و مصائب جهان است، احساسی چنان تند و دردناک که به گریه‌ای تلخ وا می‌داردشـــان. من از احساسِ شادکامی، یا متضادِ آن تلخ‌کامی، که در نتیجهٔ فعالیّتی مطلـــوب یا حادثه‌ای ناگوار به وجود می‌آید، ســـخن نمی‌گویم. من از تجربه‌ای می‌گویم که موارد متعددی از آن گزارش شده اســـت. طی این تجربه، فرد خود را در وضعیتی احساس کرده است که ابعـــاد گوناگون دارد. این حالت جذبه، وضعیتی اســـت که به‌طور عادی نمی‌توان وارد آن شـــد. در برخی از مواردی که این حالت به شـــخص دست داده، او احساس کرده است که از شور و اراده‌ای عظیم برخوردار شده و یا اینکه دســـتخوش اندوه و عذابی عمیق شده است. شخص در این موارد طوری از خود واکنش نشـــان داده که انگار با منبع این حالات در تماس مستقیم قرار گرفته است. این‌گونه تجربیات، همان‌گونه که هر کشـــیش یا مشـــاور روحانی مجربی می‌داند، تأثیری عمیق و ماندگار بر زندگی شخص می‌گذارد.

با توجه به آنچه آمد، حال که گوش به پژواک‌های صدایی ســـپرده‌ایم که شـــاید چیزی به ما می‌گوید، اســـتنباط ما از «امورِ روحانی» چه باید باشد؟

این همه تشنگی از چیست؟

توضیح مســـیحیت دربارهٔ احیای علاقه به امـــور روحانی، صریح و روشن اســـت. اگر داستانی که مســـیحیت بازمی‌گوید، درست باشد (به عبارت دیگر، اگر خدایی وجود دارد که او را به روشن‌ترین شکل ممکن در عیسی می‌شناســـیم)، احیای علاقه به امور روحانی، دقیقاً همان است

که باید منتظرش بود؛ زیرا در عیسی ما بارقه‌ای از خدایی می‌بینیم که انسان‌ها را دوست دارد و می‌خواهد آنها این را بدانند و به محبت او پاسخ گویند. در واقع، اگر هر *کدام* از داستان‌هایی که پیروان مذاهب تا به حال گفته‌اند - یعنی اکثریت انسان‌هایی که تاکنون در جهان زندگی کرده‌اند - درست باشد، گرایش به روحانیّت، دقیقاً همان چیزی است که باید انتظار داشت: اگر در عالم، نوعی قدرت یا وجودِ الاهی هست، دور از ذهن نیست که برای انسان‌ها، نوعی تعامل با این وجود یا قدرت، دلپذیر یا لااقل جالب باشد.

دقیقاً از همین روست که در وهلهٔ نخست، چیزی به نامِ ادیان گوناگون وجود دارد. وقتی ستاره‌شناسان مشاهده می‌کنند که سیّاره‌ای خاص، رفتاری از خود نشان می‌دهد که با دانسته‌های آنها از سیّارات دیگر، و یا خورشید، تطبیق نمی‌کند، فرض را بر وجود سیّاره‌ای قرار می‌دهند که رفتار فوق با توجه به جنس و جِرم و موقعیت آن، توضیح می‌یابد. در واقع، سیّاراتِ دورتر، به همین نحو کشف شده‌اند. وقتی فیزیکدانان پدیده‌ای را کشف می‌کنند که توضیحی برای آن ندارند، فرض را بر وجود اجزاء جدیدی قرار می‌دهند که هرچند بطور مستقیم قابل‌مشاهده نیستند، پدیده‌های فوق را با توجه به آنها می‌توان توضیح داد. از همین جاست که ریزترین ذراتِ تشکیل‌دهندهٔ مواد، یعنی کوارک‌ها و چیزهای عجیب و غریب دیگر نظیر آنها، واردِ زبان و معارف ما شده‌اند.

از سوی دیگر، بخشی از داستانِ مسیحی (و همچنین یهودی) این است که نوع بشر چنان لطمه‌ای از شرارت خورده است که درد آن با خودشناسیِ بهتر یا شرایطِ اجتماعی مطلوب‌تر دوا نمی‌شود، بلکه آدمی نیازمندِ یاری، و در واقع نجاتی است، که منشاء آن خارج از وجود اوست. بنابراین دور از انتظار نیست که بسیاری از مردم در جستجوی «روحانیّت»، به گزینه‌هایی رضا می‌دهند که، فعلاً بدون اتخاذ موضعی قاطع‌تر باید بگوییم، پاسخ‌گویِ نیاز واقعی آنها نیست. کسانی که مدت‌های مدید تشنگی کشیده‌اند، از هر آبی حتی اگر آلوده باشد، خواهند نوشید. کسانی که مدتی طولانی بی‌غذا مانده‌اند، هر چیزی

گیرشـــان آمد می خورند، از علف گرفته تا گوشـــتِ خام. بنابراین، شاید چنین به نظر آید که «روحانیّت» همزمان بخشـــی از راه‌حل و بخشی از مشکل است.

البته، توضیحات دیگری نیز برای گرســـنگی روحانی مردم و توسل آنها به راه‌های عجیب برای رفع آن، وجود دارد. بسیاری کسان در مراحلِ مختلفی از تاریخ، مثلاً در دویســـت سال گذشـــته در غرب، توضیحات مختلفی دربـــارهٔ این کاوشِ روحانیِ مشـــترک انســـان‌ها ارائه داده‌اند. «احمـــق در دل خود می‌گوید که خدایی نیســـت» - چنین اســـت حُکمِ یکی از شـــاعرانِ کهن اســـرائیل (مزمور ۱:۱۴ و جاهای دیگر) - با این حال، بسیاری کسان اظهار داشته‌اند که احمق، مؤمنان هستند نه مُنکران. فروید گفته است که «امورِ روحانی» تماماً نتیجهٔ تأثیر عواملِ روانی است، نظیر اینکه مثلاً انســـان خاطرات خود را از شخصیتی که حکم پدر را در زندگی او داشته، دستمایه قرار می‌دهد و موجودی در ابعادِ جهانی خلق می‌کند. درواقع، اینها چیزی نیســـت جز تخیلات یا امیدهای واهی و یا هر دو با هم! این واقعیت که مردم گرســـنهٔ امور روحانی هســـتند، هیچ چیزی را *ثابت* نمی‌کند. اگر بتوان از دعوتی که به روحانیّت می‌شـــنویم، بـــه پژواک‌های یک صدا تعبیر کرد، آنگاه باید گفت که این صدا به همان ســـرعتی که می‌آید، در باد گُم می‌شـــود، و ما را با این سؤال وا می‌گذارد کـــه نکند چنین صدایی را در خیال شـــنیده‌ایم، یا اگر هم واقعاً چیزی به گوش‌مان خورده، لابد انعکاس صدای خودمان بوده است.

ولی در هر حال، اینکه چرا ما مشـــتاق امور روحانی هستیم، سؤالی است که به طرح آن می‌ارزد. از همه گذشته، اگر کاوش مردم امروز برای امور روحانی، بر پایهٔ این نظر اســـتوار است که شخصی یا چیزی «وجود دارد» که می‌توانیم با «او» یا «آن» ارتباط برقرار کنیم، و اگر این نظر کاملاً خطاســـت (و بنابراین، ما انسان‌ها در جهان تنها و بی‌کس هستیم)، آنگاه کاوش برای امور روحانی، دیگر جســـتجویی بی‌ضرر نیســـت. در این صورت، چنین کاوشـــی براستی خطرناک است، و اگر خطر آن متوجهٔ ما نباشد، لااقل متوجهٔ کســـانی خواهد بود که زندگی‌شان از گفتار و کردار

ما تأثیر می‌پذیرد. برخـــی از افراد بدبین و نرمش‌ناپذیر، با دیدنِ لطمه‌ای که (به قـــول آنها) مذهبیـــون افراطی به زندگی انســـان می‌زنند - نظیر بمب‌گذاریِ انتحاری، خیالبافی‌های معتقدان به آخرزمان و غیره - اظهار داشته‌اند که چه خوب می‌شود هرچه زودتر درک کنیم که دین و مذهب تماماً روان‌پریشی است، و در قبال آن یا بی‌اعتنا شویم یا کلکش را یکباره بکنیـــم و یا محدودش کنیم به محفلِ خصوصیِ طرفدارانِ کهن‌ســـالش. اغلب از رادیو می‌شنویم، یا در روزنامه می‌خوانیم، که دانشمندی مدعی کشـــفِ نورون، یا حتی ژنی شـــده اســـت که (از نظر آزمایشگر) عامل تجربیاتِ به‌اصطلاح «مذهبی» در انسان است. نتیجهٔ چنین کشفیّاتی هم این اســـت که اعلام می‌شـــود این قبیل تجربیات، چیزی نیست جز فعل و انفعالاتی که در درون انســـان و در ســـاحتِ ذهن یا احساسات او رخ می‌دهنـــد. بنابراین، اگر تجربیاتی از این دســـت را، هر قدر هم که قوی باشند، علامتی بدانیم که به واقعیتی در بیرون از وجود انسان اشاره دارند، مانند این خواهد بود که من دندان‌درد خود را نشانه‌ای تلقی کنم از اینکه کسی با مُشت به آرواره‌ام کوبیده اســـت. اثبات اینکه تجربیاتِ روحانی شخص با واقعیتی در خارج از وجود او مرتبط است، کار دشواری است، بخصوص وقتی با کسی طرف هستیم که در موضعِ بدبینی مطلق نسبت به دین قرار دارد.

روحانیّت و حقیقت

بحث به اینجا که می‌رســـد، بدبینان با اســـتفاده از یکی از شگردهای معمول خود، دســـت به دامنِ نسبیت‌گرایی می‌شـــوند. خوب به خاطر دارم که یکی از دوســـتانِ دورانِ مدرسه، در خاتمهٔ بحثی که دربارهٔ ایمان مســـیحی داشـــتیم، با تغیّر گفت: «اینها برای تو درست است، ولی دلیل نمی‌شود که برای دیگران هم درست باشد.» امروزه، خیلی از مردم دقیقاً همین موضع را اختیار می‌کنند.

گفتن اینکه «اینها برای تو درســـت است»، در ظاهر متین و حاکی از تساهل و تسامح اســـت. اما از آن جهت کارگر می‌افتد که گوینده، کلمهٔ

«درست» را طوری دستکاری می‌کند که دیگر معنی آن «مکاشفه‌ای صحیح از شکلِ واقعی امور در جهان واقعی» نیست، بلکه معنی آن تبدیل می‌شود به «آنچه واقعاً و حقیقتاً در درون **تو** اتفاق می‌افتد.» در واقع، گفتن اینکه «اینها برای تو درست است»، در این معنای دوم، تقریباً معادل این است که بگوییم: «اینها برای تو [در واقع] درست نیست.»، چون چیزی که ضمیر اشارهٔ «اینها» به آن برمی‌گردد - یعنی احساس، آگاهی یا تجربهٔ روحانی - با تمام قدرت، پیامی را به انسان انتقال می‌دهد (اینکه: خدایی پر از مهر و محبت وجود دارد) و منتقدِ نسبیت‌گرا، با تقلیل دادنِ این پیام، آن را به چیز دیگری تبدیل می‌کند (اینکه: در تو احساساتی قوی وجود دارند که آنها را اشتباه تفسیر می‌کنی.) این دستکاری در مفهومِ «درست»، جزو همان بحث‌هایی است که امروزه، دست به دست هم داده و مفهومِ «حقیقت» را بسیار بحث‌برانگیز ساخته‌اند.

حال که متوجه شدیم پاسخِ گزندهٔ منتقدِ بدبین شامل چه ایراداتی است، دوباره می‌توانیم این امکان را در نظر بگیریم که گرسنگی وسیع انسان برای روحانیّت، که تجربهٔ بشر به شیوه‌های متعدد بر آن گواهی می‌دهد، نشانه‌ای است از چیزی در همین کُنج و کنارها، ولی از چشم پنهان. شاید این نشانه، پژواکِ صدایی است - صدایی که ما را می‌خواند، اما نه آن قدر بلند که علی‌رغمِ میل باطنی خود، به شنیدن وادار شویم، بلکه به صدایی آهسته می‌خواندمان، آن‌قدر آهسته که در صداهای دیگری که در سَرِ خود و در دنیای‌مان می‌شنویم، گُم می‌شود. حال که این صدا با اشتیاق به عدالت درمی‌آمیزد، شاید عده‌ای فایده‌ای در این کار ببینند که گوش خود را برای شنیدنِ پژواک‌های بیشتری از آن تیز کنند.

فصل سوم

ساخته‌شده برای یکدیگر

«**ما** برای یکدیگر ساخته شده‌ایم.»

زوج جوان در حالی که در دفتر من روی کاناپه نشسته بودند، چشم از یکدیگر برنمی‌داشتند. آمده بودند تا قرار و مدارها را برای مراسمِ ازدواج‌شان بگذاریم: هزار امید و آرزو داشتند و در شگفت از جمالِ یار بودند و از وصال به دلدار پس از آن همه جستجو و انتظار.

با این حال، همان‌طور که همه می‌دانیم، حتی عقدهایی که در آسمان بسته می‌شوند، عاقبت سر از نزدیکای جهنم درمی‌آورند! با اینکه برای زوج‌ها، در خوش‌خوشانِ روزهای اول عاشقی، همین وجود یکدیگر، به منزلهٔ گشوده شدنِ فصلی جدید و باشکوه در زندگی‌شان است، آمار نشان می‌دهند که اگر آنها راه و رسمِ زندگی مشترک را یاد نگیرند، دیری نمی‌پاید که کارشان به عربده‌کشی و گریه و زاری و مراجعه به دادگاه برای طلاق می‌کشد.

به نظر شما این عجیب نیست؟ چرا از یک طرف برای یکدیگر غش‌وضعف می‌کنیم و از طرف دیگر کار به جایی می‌رسد که نمی‌خواهیم روی هم را ببینیم؟ نظر من این است که کُلِ قلمروِ روابط بشری، یکی دیگر از «پژواک‌های یک صدا» را تشکیل می‌دهد - اگر خواستیم می‌توانیم این پژواک را نادیده بگیریم، اما آن‌قدر بلند هست که از حصارهایی که بسیاری کسان در دنیای ظاهراً مدرن و سکولار ما به دور خود کشیده‌اند، بگذرد و به گوش‌مان برسد. و یا می‌توان گفت که روابط بشری، یکی دیگر از نشانه‌هایی است که نقطه‌ای را در مِه نشان می‌دهد، به ما می‌گوید که راهی پیش‌روی ما هست که منتهی می‌شود به ... منتهی می‌شود به جایی که شاید دوست داریم برویم.

من بحث را از روابط عاشقانه شروع می‌کنم، چون با همهٔ تلاش‌هایی که در نسل گذشته برای ارزش‌زدایی از ازدواج در غرب صورت گرفته، و علی‌رغم اشتیاقی که مردم به استقلال دارند، و علی‌رغم فشارهایی که بر زوج‌های شاغل وارد می‌آید، و با وجود آمارِ سرسام‌آور طلاق، و یک دنیا وسوسه‌های مختلف، ازدواج کماکان محبوبیت خود را حفظ کرده است. هر ساله، میلیون‌ها و بلکه میلیاردها دُلار صرف مخارج عروسی می‌شود. و با این حال، از بین هر دو نمایشنامه، فیلم یا رُمان، و شاید از هر ده خبر روزنامه، یکی اختصاص به مُشکلات خانوادگی دارد. تمام اینها شیوه‌هایی آراسته برای اشاره به این مطلب است که در رابطه‌ای محوری، معمولاً متعلق به زن و شوهر، مشکلی اساسی بروز کرده است.

ما برای یکدیگر ساخته شده‌ایم. با این حال، روی غلتک انداختن روابط کار بسیار دشواری است، شکوفا کردن آن که جای خود دارد. این همان مسئلهٔ پارادوکسیکال، یعنی به‌ظاهر تناقض‌آمیزی است که دو فصل قبل به آن اشاره کردیم. همهٔ ما به اهمیت عدالت آگاهیم، با این حال عدالت از لای انگشتان‌مان فرو می‌لغزد. اکثر ما می‌دانیم که چیزی به نام «امور روحانی» وجود دارد، و چیز مهمی هم هست، با این حال وقتی به آن اَنگِ خیالات واهی می‌زنند، زبان‌مان برای رد این اتهام نمی‌چرخد. همین طور هم، همهٔ ما می‌دانیم که به اجتماعِ انسان‌ها تعلق داریم، و به این هدف آفریده شده‌ایم تا موجوداتی اجتماعی باشیم. با این حال، اغلب وسوسه می‌شویم تا دَر را پشت سرمان بکوبیم و در دل شب، تک و تنها از خانه بیرون بزنیم. این کار ما همزمان دو معنی دارد. از یک طرف، می‌گوییم که ما و شریک زندگی‌مان، دیگر به هم تعلق نداریم و از طرف دیگر می‌خواهیم دلِ کسی به حال ما بسوزد و به نجات و دلداری‌مان بیاید. همه می‌دانیم که به رابطه با انسان‌های دیگر نیاز داریم، ولی تلاش‌مان برای ایجاد و حفظ این روابط، هیچگاه با موفقیت کامل توأم نیست. صدایی که پژواک آن را در سر و در قلب خود می‌شنویم، مدام هر دو جنبهٔ این تضاد را به یادمان می‌آورد، و بد نیست در علت آن تأمل کنیم.

معمای روابط

تردیدی نیست که تنهایی، اغلب دلچسب و مطلوب است. اگر در کارخانه‌ای شلوغ و پُر سر و صدا شاغل هستیم، یا حتی اگر در خانواده‌ای پُرجمعیت زندگی می‌کنیم، دور شدن از این محیط، و مثلاً رفتن به حومهٔ شهر برای استراحت و تمدد اعصاب، بسیار روح‌بخش و جان‌افزا خواهد بود. حتی آن عده از ما که دوست دارند مدام با مردم در ارتباط باشند، گاه خسته می‌شوند و ترجیح می‌دهند کتابی در دست به گوشه‌ای بخزند، یا بروند بیرون و مدتی طولانی قدم بزنند و بی‌آنکه صداهای دیگر رشتهٔ افکارشان را قطع کند، دربارهٔ مسائل مختلف فکر کنند. البته، این موضوع بستگی زیادی به خلق‌وخو و نوع تربیت افراد و شرایط زندگی آنها دارد.

اما اکثر مردم تنهاییِ مطلق و طولانی‌مدت را دوست ندارند. در واقع، اکثر مردم، حتی کسانی که ذاتاً خجالتی و درون‌گرا هستند، معمولاً دوست ندارند که تمام‌مدت تنها باشند. عده‌ای به دلایل مذهبی، تصمیم می‌گیرند در انزوا زندگی کنند و گوشه‌نشین و معتکف می‌شوند. برخی دیگر برای گریز از خطر، تن به انزوا می‌دهند، مانند جنایتکارِ محکومی که چون نمی‌خواهد مورد خشونت زندانیان دیگر قرار گیرد، حبس انفرادی را ترجیح می‌دهد. ولی حتی کسانی هم که انزوا اختیار می‌کنند، معمولاً به غیرعادی بودنِ تصمیمِ خود آگاهند. در واقع، گاهی اوقات برخی از کسانی که خود را در کُنجی حبس می‌کنند، به معنی واقعی کلمه دیوانه می‌شوند. بدون حضور در جامعهٔ انسانی، آنها هویت خود را گُم می‌کنند. به نظر می‌رسد که ما انسان‌ها طوری آفریده شده‌ایم که هدف و معنی زندگی‌مان را نه فقط در خود و در دنیای باطنی خود، بلکه همچنین در یکدیگر می‌یابیم، به این معنی که بین ما و خانواده‌مان، اهالی محل، همکاران، جامعه، شهر و ملت درکی مشترک از معنا و هدف زندگی وجود دارد. وقتی به کسی می‌گوییم «گوشه‌گیر»، منظورمان این نیست که شخص بدی است، بلکه غیرعادی است.

روابط صورت‌های مختلفی دارند. یکی دیگر از تحولات عجیب دنیای غرب، ظهور روابط انسانی در قالبی جدید (و محدود) است و

این به یکی از بدیهیّات غربیان تبدیل شده. هر کس که در یک شهر متوسط آفریقایی بزرگ شده باشد، در محل زندگی خود، ده‌ها دوست دارد؛ در واقع، بسیاری از کودکان آفریقایی در اجتماعی زندگی می‌کنند که به چشمِ غربیان، خانواده‌ای پُرجمعیت و سرسام‌آور است، بطوری که انسان در هر دو قدم به فرد مسن‌تری می‌رسد که حُکمِ عمو و عمه و دایی و خاله را دارد، و این برای یک غربی به هیچ وجه قابلِ درک نیست. در چنین جامعه‌ای، شبکه‌های کثیری از حمایت و تشویق و توبیخ و هشدار وجود دارد، یعنی گنجینه‌ای از خِرَدِ (یا گاه، حماقتِ) جمعی که همهٔ افراد را در کنار یکدیگر نگاه می‌دارد و به زندگی آنها جهتی مشترک می‌دهد و یا لااقل، زمانی که اوضاع خراب می‌شود، به آنها احساسِ نگونبختیِ مشترک می‌دهد. اکثر کسانی که در دنیای امروز غرب زندگی می‌کنند، حتی متوجه نقص روابط انسانی در غرب نیستند، و چه بسا از زندگیِ مشترکی با این ابعاد، احساس خطر کنند. در جوامعی مانند جوامع آفریقایی، مردم در همهٔ اقدامات اجتماعی، اعم از خوب و بد، شریک هستند.

و البته، گاه شراکتِ جمعیِ آنها در کارهای نادرست است. چه بسا، جامعه‌ای که احساسی قوی از وحدت اجتماعی بر آن حاکم است، چهارنعل در مسیری نادرست پیش رود. گاه پیش آمده که مردم یک جامعه، بطور بی‌سابقه‌ای در کنار یکدیگر قرار گرفته و پیوندی ناگسستنی میان‌شان شکل گرفته است و خطایی از نوعِ خطای آتنیانِ باستان مرتکب شده‌اند. اهالی آتن، متفقاً رأی به ورود به سلسله جنگ‌هایی دادند که سرانجامی جز شکست برای آنها نداشت. قریب چند دههٔ قبل، جمع کثیری از مردم آلمان، با رأی خود، قدرتی مطلق به آدولف هیتلر تفویض کردند که مسیر تاریخ را به‌تمامی عوض کرد. حتی زمانی که جوامع، مطابق معیارهای داخلیِ خود، بدرستی عمل می‌کنند، باز ضمانتی وجود ندارد که نتیجهٔ اقدامات آنها سالم و درست باشد.

البته، این را هم باید اضافه کرد که در بسیاری از جوامع، مردم در وهلهٔ اول نمی‌توانند با هم کنار بیایند. اگر اولین مثال از صِدْقِ این گفته،

مشکلات زوج‌های امروز باشد، مثال دوم، وضعیتِ شکنندهٔ دموکراسیِ غرب است. بسیاری از مردم امروز غرب، نه می‌توانند و نه هرگز تصمیم خواهند گرفت که تحت نظامی غیر از دموکراسی زندگی کنند. همین کلمهٔ «دموکراسی»، که لااقل به معنی «حق رأی برای بزرگسالان یک جامعه است»، اکثریت طرفداران را به خود اختصاص داده (این نوع دموکراسی در تقابل با نظام‌هایی است که در آنها زنان یا اقشار محروم و یا بردگان به حساب نمی‌آیند - یعنی نظام‌هایی که در گذشته باب بوده‌اند و خود را «دموکراتیک» می‌دانسته‌اند). امروز اگر بگویید که اعتقادی به دموکراسی ندارید یا حتی اگر برخی از جنبه‌های آن را زیر سؤال ببرید، مردم طوری نگاه‌تان خواهند کرد که انگار عقل از دست داده‌اید. خیلی که تخفیف بدهند، شما را فردی خطرناک خواهند دانست.

اما نشانه‌هایی دال بر این واقعیت وجود دارد که عیارِ دموکراسی، لااقل با آن برداشتی که ما از آن داریم، از هر نظر کامل نیست. ما روابط خود را به همان اندازه که در سطح محدودتری نمی‌توانیم سامان ببخشیم، در سطحِ کلان‌تر هم نمی‌توانیم. برای مثال، در ایالات متحدهٔ آمریکا، این جزو بدیهیّات است که اگر کسی بخواهد به مناصبِ بالای اجتماعی دست یابد، باید جیبِ پُری داشته باشد، و البته قسمت عمدهٔ این پول هم از کیسهٔ حامیانِ متمول تأمین می‌شود. اما واقعیت این است که مردم چندان هم بی‌عوض پول به دست کسی نمی‌دهند؛ حامیان این‌گونه افراد معمولاً انتظار جبران مراحم خود را دارند، بخصوص اگر قرار باشد سایهٔ الطاف‌شان بر سر فرد مزبور مُستدام باشد. هرچه مردم بیشتر شاهد این بِده بِستان‌ها می‌شوند، بیشتر از این افراد سلب اعتماد می‌کنند؛ از همین روست که بدبینی مانند خوره به جانِ روابط ملی و مدنی ما افتاده است. در کشور انگلستان، تعداد کسانی که در نظرسنجی‌های برنامه‌های تلویزیونی شرکت می‌کنند (و مثلاً به نفع فلان یا بهمان شرکت‌کننده رأی می‌دهند) بیشتر از کسانی است که در انتخابات شرکت می‌جویند. در اینجا من از انتخابات عمومی - یعنی انتخاب دولت جدید که پنج سال ادارهٔ کشور را به دست می‌گیرد - حرف می‌زنم، نه از انتخابات محلی که

شـمار رأی‌دهندگان در آن به مراتب کمتر است. و همان‌طور که در چند دههٔ اخیر بارها اتفاق افتاده است، از جایی که حزبِ «برنده» در انتخابات، با درصد قلیلی از کُل آرا انتخاب شده، سؤالاتی جدی دربارهٔ کل دستگاه حکومت مطرح می‌شود. در بسیاری از کشورهای غربی، نارضایتی‌های مشابهی دربارهٔ روند ادارهٔ امور وجود دارد. همهٔ ما می‌دانیم که به نحوی از انحاء به یکدیگر تعلق داریم، اما به هیچ وجه روشـن نیسـت که این روابط تحت چه شرایطی عملکرد درستی می‌یابند.

بنابرایـن، از صمیمانه‌تریـن روابط (ازدواج) گرفته تـا روابطی در سـطح کلان (مانند نهادهای ملی) با معضلی مشـابه روبه‌رو می‌شویم: یعنی، همه می‌دانیم که برای زندگی با یکدیگر آفریده شـده‌ایم، اما همه در عمل می‌بینیـم که این از آنچه تصور می‌کردیم، به مراتب دشـوارتر اسـت. در همین روابط خُرد و کلان، و بالاخص در روابط شـخصی‌تر و صمیمانه‌تر است که به مشـخصه‌هایِ طبیعی زندگی انسان می‌رسیم: یعنی خنده و گریه. به هم می‌خندیم. برای همدیگر دل می‌سـوزانیم. به خود و روابط‌مان می‌خندیم و دل می‌سـوزانیم. این خنده و گریه، هویت ما را تشـکیل می‌دهد. نمی‌توانیم طور دیگری باشـیم، نمی‌خواهیم که طور دیگری باشیم، گرچه روابط ما اغلب مطابق میل و خواسته‌مان پیش نمی‌روند.

سردرگمی دربارهٔ مسئلهٔ جنسیّت

در قلب روابط انسانی ما، مسئلهٔ جنسیّت قرار دارد. البته، تعبیر این گفته آن نیسـت که همهٔ روابط ما در برگیرندهٔ رفتار جنسی است. تقریباً همهٔ جوامع، رفتار جنسی را به چارچوبی خاص، اغلب ازدواج یا معادلی نزدیک به آن، محـدود می‌کنند. با این حال، وقتی انسـان‌ها با یکدیگر ارتباط برقرار می‌کنند، این ارتباط در قالب جنسـیّتِ مذکر و مؤنث آنها صورت می‌پذیرد؛ مردانگی و زنانگی، هویت‌هایی نیسـت که ما فقط در نوع خاصی از روابط (یعنی رابطهٔ عاشقانه یا جنسی)، در قالب آنها عمل می‌کنیم. در اینجا نیز، همهٔ ما فطرتاً می‌دانیم که نوع خاصی از موجودات

هستیم، و با این حال، زندگی *مطابق* این سرشت را دشوار می‌یابیم. به بیان دیگر، جنسیّت، مثال بسیار گویا و مشخصی است از پارادُکس و تناقضی که بر آن تأکید دارم. در دنیای امروز، شاید بعید به نظر آید که ما پژواک‌های صدایی را که تا اینجا توصیف کرده‌ام، در قلمرو جنسیّت و مسائل جنسی هم بشنویم. ولی بعید دانستن این امر، فقط نشان آن است که ما مسائل را چقدر بد فهمیده‌ایم.

در چند نسل گذشته، در غرب تلاش‌های گسترده‌ای به این منظور صورت گرفته تا به پسران و دختران تعلیم داده شود که تفاوت‌های بین آنها، صرفاً به عوامل بیولوژیک برمی‌گردد. به ما هشدار اکید داده شده که مردم را از روی جنسیّت‌شان دسته‌بندی نکنیم. امروزه، لااقل از لحاظ نظری، بیش از گذشته امکان آن فراهم شده که مردان و زنان در مشاغل یکدیگر سهیم شوند. و با این حال، والدین امروز با همهٔ آرمان‌گراییِ بی‌نقص‌شان در زمینهٔ مسئلهٔ جنسیّت، متوجه شده‌اند که اکثر پسربچه‌ها بازی با اسلحه و ماشین اسباب‌بازی را ترجیح می‌دهند، و عدهٔ قابل‌ملاحظه‌ای از دختربچه‌ها هم دوست دارند عروسک‌بازی کنند و به عروسک‌های خود لباس بپوشانند و تَر و خشک‌شان کنند. باید اضافه کنم که فقط بچه‌های ما نیستند که قواعد جدید اجتماع را سرسختانه واپس می‌زنند. کسانی هم که مجلّاتی برای گروه‌های مختلف جامعه منتشر می‌کنند، هیچ مشکلی از بابت انتشار «مجلات مردان» که کمتر زنی آنها را می‌خرد، و «مجلات زنان» که کمتر مردی سراغ آنها می‌رود، احساس نمی‌کنند. این مجلات، حتی در کشورهایی هم که چندین دهه است دربارهٔ تساوی مطلق جنسی بوق می‌زنند و تبلیغ می‌کنند، بازار داغی دارد. البته، در اکثر کشورهای جهان، هیچ‌کس زحمت این را به خود نمی‌دهد که وانمود کند مرد و زن با هم تساوی مطلق دارند و هر کاری را که یک جنس انجام داد، جنس دیگر هم می‌تواند انجام دهد. همه می‌دانند که مرد و زن تفاوت‌های قابل‌ملاحظه‌ای با یکدیگر دارند.

با این حال، درانداختنِ طرحی دقیق از این تمایزات، دشوارتر از آن است که معمولاً تصور می‌شود، مخصوصاً که هر جامعه‌ای تصویرِ

متفاوتی دربارهٔ وظایف مردان و زنان دارد و زمانی که همهٔ افراد جامعه مطابق این تصویر رفتار نمی‌کنند، دچار سرگشتگی می‌شود. البته، من به هیچ وجه منکر این واقعیت نیستم که ما در گذشته سوءتعبیرات بسیاری دربارهٔ این تمایزات داشته‌ایم. من در زمینهٔ تخصصی خود، با تمام قوا استدلال کرده‌ام که مردان و زنان، توانمندی‌هایی بیش از آنچه به‌طور سنتی تصور شده، با یکدیگر در اشتراک دارند. لُب کلام من این است که: در همهٔ روابط بشری، عاملی از هویتِ جنسی دخیل است (یعنی، من به‌عنوان مرد، رابطه‌ام با مردها با رابطه‌ای که با زن‌ها دارم فرق دارد)، و با اینکه همه در تَه قلب خود به این موضوع وقوف داریم، مسئلهٔ جنسیّت، ما را سخت گیج کرده است. در یک قطب، عده‌ای را می‌بینیم که وانمود می‌کنند مسئلهٔ جنسیّت در هیچ‌یک از کارکردهای آنها نقشی ندارد، انگار که از نظر جنسی افرادی خنثی هستند. در قطب مقابل، کسانی را می‌بینیم که همه را به چشمِ شریک جنسیِ بالقوه می‌نگرند، هرچند فقط در تخیّلات خود. و باز تَه دل خود می‌دانیم که هر این دو تلقی از موضوعِ جنسیّت، انحراف از واقعیت است.

در واقع، هر این دو واکنش، شامل نوعی انکار است. واکنش اول (تصور اینکه خنثی هستیم) شامل انکار جنبه‌ای عمیقاً مهم از هویت و سرشت ماست. واقعیتِ ساده این است که ما موجوداتی واجد جنسیّت هستیم؛ و از آنجا که این امر، به شیوه‌های متعدد و ظریف، بر تمام برخوردها و واکنش‌های ما تأثیر می‌گذارد، از تظاهر به خلاف این موضوع، چیزی عایدمان نمی‌شود. واکنشِ دوم (اینکه دیگران را شریک جنسی بالقوه بدانیم) شامل انکار موضوعی بسیار مهم دربارهٔ ماهیت روابط شهوانی است – اینکه چیزی به اسم «رابطهٔ جنسی اتفاقی و بی‌برنامه» وجود ندارد. همان‌گونه که هویتِ جنسی – مردانگی و زنانگی – در کانونِ هویت انسانی ما قرار دارد، فعالیّت جنسی ما نیز، با هستهٔ هویت انسانی و خودآگاهی‌مان پیوند دارد. انکار این واقعیت، چه از لحاظ نظری یا عملی، گامی است در جهت انسانیّت‌زدایی از روابط‌مان و در آغوش گرفتنِ موتی که از ما مُردهٔ متحرک می‌سازد. خلاصهٔ کلام

آنکه، همهٔ ما می‌دانیم رابطهٔ جنسی و جنسیّت، اهمیت عظیمی برای هستی و حیات انسان دارد. ولی در همین قلمرو، چیزهایی را کشف می‌کنیم که دربارهٔ *تمامِ* جوانبِ روابط بشری صادق است: اینکه مسائل و موضوعات، بسیار بیش از آنچه ما تصور کرده‌ایم، پیچیده و آمیخته به دشواری و معما و پارادُکس هستند.

روابط جنسی و مرگ، در واقع، رابطه‌ای به مراتب نزدیک‌تر از آن دارند که در رمان‌ها و فیلم‌های مبتذل تصویر شده است. ظاهراً آنچه این مفهوم را که ما برای رابطه با یکدیگر ساخته شده‌ایم به سؤال می‌گیرد، مرگ است.

مرگ- و دعوت به انسانیّتِ اصیل و حقیقی

عدالت را می‌جوییم و می‌طلبیم، اما اغلب به آن نمی‌رسیم. گرسنهٔ روحانیت هستیم، اما اغلب طوری زندگی می‌کنیم که گویی مادی‌گراییِ تک‌بُعدیِ حاکم بر دنیای امروز، حقیقتِ مسلم و بی‌چون‌وچرای زندگی است. به نحوی مشابه، بهترین و مطلوب‌ترین روابط ما سرانجام به مرگ منتهی خواهند شد. خنده به گریه خواهد انجامید. این را می‌دانیم؛ از آن ترسانیم؛ اما چاره‌ای نداریم.

اگر این امور به‌ظاهر پارادُکسیکال (تناقض‌آمیز) جلوه می‌کنند - به این معنی که همهٔ ما برای رابطه آفریده شده‌ایم، ولی تمام روابط انسانی نهایتاً به پایان می‌رسند - در این صورت، در هر دو جزء این پارادکس، پژواکی از صدایی را می‌شنویم که ما را به یاد پژواک‌هایی می‌اندازد که در دو فصل قبلی شنیده‌ایم. تمامی آن دسته از نظام‌های اعتقادی که ریشه در کتاب‌های مقدسِ معروف به «عهدعتیق» دارند، می‌گویند که انسان‌ها، بگونه‌ای تقلیل‌ناپذیر، برای رابطه آفریده شده‌اند: برای رابطه با یکدیگر (مخصوصاً به صورت رابطهٔ مُکملِ زن و مرد) در خانوادهٔ بشری؛ همچنین، انسان‌ها برای رابطه با مابقیِ نظام خلقت، و بالاتر از همه، برای رابطه با **خالق** آفریده شده‌اند. و با این حال، در داستان آفرینش که برای یهودیت و مسیحیت، جنبهٔ بُنیادین دارد، همه چیز در دنیای حاضر، گذرا و موقتی است و چیزی پایا و ماندگار نیست.

این عدم بقــا – به بیان دیگــر، واقعیت مرگ – اکنــون خود را در رخدادهای تراژیک نمایان می‌ســازد. این وضعیت، با طغیان انسان علیه خدا مرتبط است، یعنی با نپذیرفتن رابطه‌ای به مراتب عمیق‌تر از هر رابطهٔ دیگر در جهان. نتیجهٔ این طغیان، تضعیف دو رابطهٔ دیگر اســت (یعنی رابطهٔ انســان‌ها با یکدیگر و رابطهٔ آنها با نظام آفرینش). امّا موضوعاتِ رابطه و عدم بقا، بخشــی از ســاختارِ چیزی هســتند که در ادیان بزرگ توحیدی، به معنای انسانیّت است. چه جای تعجب که، هنگام اندیشیدن به روابط انسانی، پژواکِ صدایی به گوش‌مان می‌رسد، حتی اگر این صدا، مانند کتاب پیدایش، از ما می‌پرسد: «کجا هستی؟»

داستانِ کهنِ آفرینش در کتاب‌مقدس، تصویری غنی و پُرمایه دربارهٔ تمام این موضوعات ارائه می‌دهد: این داستان می‌گوید که انســان‌ها به صورت خدا آفریده شــده‌اند. در نگاه اول، این گفته چندان کمکی به ما نمی‌کنــد، چون دربارهٔ خدا چیز زیادی نمی‌دانیم و بنابراین نمی‌توانیم بر پایهٔ استنتاج از این مشابهت، بفهمیم که قرار است چگونه شخصی باشیم. همچنین (به نظر می‌رســد) که خودمان را آنقدرها هم که علاقه داریم، نمی‌شناسیم و بنابراین نمی‌توانیم بر پایهٔ شناختی که از خود داریم، چیزی دربارهٔ خدا استنتاج کنیم. با این حال، احتمالاً منظور کتاب پیدایش از بیان این نکته، اشاره به چیز دیگری است. در دنیای باستان، همچنان که امروزه در برخی از نقاط جهان باب اســت، فرمانروایان بزرگ اغلب مجســمهٔ خود را در نقاط مهمی از قلمروشــان نصب می‌کردنــد. البته، به‌ندرت این کار را در محــدودهٔ مقر خود انجام می‌دادند (چــون در آنجا، همهٔ مردم آنها را می‌شــناختند و بر حاکمیت آنها واقف بودند). فرمانروایان، مجســمهٔ خود را در قلمروهای بیگانه یا دوردستِ فرمانروایی‌شان بر پا می‌داشتند. برای مثال، مجســمه‌های امپراتوران رومی، در یونان و ترکیه و مصر، به مراتب بیش از ایتالیا و یا حتی خود رُم کشــف شــده است. امپراتور به این هدف تصویر خود را در ممالکِ تابعه قرار می‌داد تا مردم این ممالک بدانند زیر نگین چه کســی هســتند و رفتاری شایسته نشان دهند.

این به گوش ما، تهدیدآمیز است. هرچه نباشد، ما اعضای جامعه‌ای دموکراتیک هستیم و نمی‌خواهیم فرمانروایانی از راه دور بر کشور ما حکومت کنند و مهم‌تر از آن (لازم به توضیح نیست) ادعایی بر مال و اموال ما داشته باشند! ولی این موضوع صرفاً نشان می‌دهد که چقدر روابط ما - با خدا و با جهان و با یکدیگر - معیوب و فاسد شده است. نکتهٔ اصلی در این داستان‌های کهن، این است که خالق، جهانِ آفریدهٔ خود را دوست داشت و چون می‌خواست به نحو احسن از آن مراقبت و نگهداری کند، مخلوقی را در آن قرار داد که توانایی این کار را داشت. این مخلوق باید به عالم خلقت نشان می‌داد که **خالقِ** آن، چگونه کسی است و با تلاش و فعالیت خود، موجباتِ شکوفایی خلقت و نیل آن به هدفش را فراهم می‌ساخت. این مخلوقی که واجد تواناییِ مراقبت از خلقت بود (یا بهتر است بگوییم، نژاد این مخلوق، یعنی نژاد بشر)، قرار بود که الگو و تجسمِ این رابطهٔ متقابل، این شناخت و اعتماد و محبتِ دوسویه و ثمربخش باشد که خواست و ارادهٔ خالق بود. بنابراین، «رابطه» بخشی از راهی بود که ما را به کمالِ بشری رهنمون می‌شد، به سوی کمالی که فایدهٔ آن نه فقط برای ما، بلکه برای گسترهٔ عظیمی از خلقت بود. بنابراین، ضعف و ناکامی ما در روابط انسانی، رشته‌ای است که به ناکامی‌های ما در اجرای طرح‌های بزرگ دیگری در خلقت پیوند می‌خورد. همهٔ ما به وظیفهٔ خود در قبال این طرح‌ها، آگاهی قلبی داریم: بدین ترتیب، ما در سامان‌بخشی به جهان از طریق دستگاه‌های اجرای عدالت خود، ناکام مانده‌ایم (فصل اول). همچنین، در حفظ و پرورش روحانیّتی که در کانون آن، رابطه‌ای مبتنی بر اعتماد و محبت با **خالق** وجود دارد، راه به جایی نبرده‌ایم (فصل دوم).

امّا همین ناکامی‌ها، و این واقعیت که قلباً به وجود آنها آگاه هستیم، به چیزی اشاره دارند که فقط مسیحیت به‌تفصیل آن را باز نموده است: یعنی اعتقاد به اینکه **خالق**، در بطن وجود خود، شامل رابطه‌ای مُتکثر است. بعداً به بررسی این موضوع خواهیم پرداخت. ولی این امر، بیانگر نکته‌ای است: اگر برطبق آنچه گفته شد، ما از صمیم قلب می‌دانیم که

برای ایجاد رابطه آفریده شده‌ایم، و در همان حال، ایجاد رابطه را دشوار می‌یابیم، درک این دو جنبه، مثل علامتی نظیر دو علامت قبلی، نگاه ما را به جهت خاصی متوجه می‌کند. دعوت به ایجاد رابطه، و احساسِ تلخ ناکامی در آن، توأماً پژواک‌های یک صدا را به گوش می‌رسانند. این صدا به ما یادآوری می‌کند که چه کسی هستیم، و چه بسا چاره‌ای برای رهایی از این مخمصه نشان‌مان دهد.

حال دیگر بقدری این صدا را شنیده‌ایم که اگر با منبع آن روبه‌رو شویم، می‌شناسیمش. منبع این صدا، کسی خواهد بود که به انواع روابط کاملاً پایبند و متعهد است - رابطه با انسان‌های دیگر، رابطه با خالق، و رابطه با عالم طبیعت. و با این حال، وی در رنجِ ناشی از گسیختگیِ هر یک از این روابط شریک خواهد بود. یکی از موضوعات محوری در مسیحیت این است که اشک و لبخند، به همان اندازه که عمیقاً در تار و پودِ کل تجربه بشر تنیده شده، به همان اندازه هم ریشه‌ای عمیق در قلب خدا دارد.

فصل چهارم

ساخته‌شده برای زیباییِ جهان

روزی فردی کُلکسیونر، در یکی از شهرهای کوچکِ اتریش، در اتاقِ زیرشیروانیِ پر از گرد و خاکِ ساختمانی قدیمی موقع زیر و رو کردنِ خرت و پرت‌ها، چشمش به دستنوشته‌ای قدیمی می‌افتد که صفحات آن پر از نت‌های موسیقی است. اِه، چه جالب! این نت‌ها برای پیانو نوشته شده. کلکسیونر دستنوشته را پیش دلال می‌برد. دلال گوشی را برمی‌دارد و زنگی به یکی از دوستان خود می‌زند. نیم‌ساعت بعد، شخصی که به او تلفن شده، در آستانهٔ در نمایان می‌گردد. این شخص با دیدنِ دستنوشته، اول به‌شدت ذوق می‌کند و بعد به فکر فرو می‌رود. دستنوشته عین خط موتسارت است، اما قطعهٔ چندان معروفی نیست. در واقع، این شخص هرگز آن را نشنیده است. تماس‌های تلفنیِ بیشتری برقرار می‌شود. باز هم هیجان، باز هم مشورت. مثل اینکه این قطعه واقعاً از موتسارت است. و با اینکه قسمت‌هایی از آن تقریباً به گوش آشناست، شباهتی به آثارِ شناخته‌شدهٔ موتسارت ندارد.

طولی نمی‌کشد که شخصی پای پیانو می‌نشیند. کلکسیونر نزدیک پیانو می‌ایستد و هیچ دلش نمی‌خواهد ببیند که پیانیست موقع ورق زدنِ دستنوشته، به این گنجِ بی‌بها آسیبی برساند. سپس، نوبت به سورپریزِ جدیدی می‌رسد. قطعهٔ نواخته‌شده عالی است! خصوصیات همان قطعاتی را دارد که موتسارت می‌نوشت. به تناوب، تند و شاد و سپس غم‌آلود و حزین می‌شود؛ تغییراتِ هارمونیکی ظریفی دارد، و ملودی‌هایی باشکوه، و پایانیِ پرطنین. با این حال، به نظر... ناتمام می‌رسد.

بعضی جاها چیز قابل‌داری نواخته نمی‌شود و فقط صدایی برای خالی نبودنِ عریضه از پیانو خارج می‌شود. جاهای دیگر، دستنوشته مخدوش است و کاملاً روشن نیست، ولی به *نظر می‌رسد* که آهنگ‌ساز نَه یک یا دو میزانْ سکوت، بلکه مکثی به مراتب طولانی‌تر را در نظر داشته است.

رفته‌رفته، حقیقت بر این گروهِ کوچکِ هیجان‌زده آشـــکار می‌شود. دستنوشـــته‌ای که پیشِ چشم آنهاست، براســـتی از موتسارت است، و براســـتی هم زیبا و باشکوه اســـت. ولی در واقع، این دستنوشته، قسمتِ پیانویِ قطعه‌ای است که برای اجرای آن به سازِ دیگری نیاز است، شاید هم به ســـازهای دیگر. به هر حال، این قطعهٔ پیانـــو، به‌تنهایی بگونه‌ای یأس‌آور ناقص اســـت. وقتی باز هـــم اتاق زیرشـــیروانی را می‌گردیم، ســـرنخی به دســـت نمی‌آوریم. تنها چیزی که در اختیار داریم، قطعه‌ای است ساخته‌شده برای پیانو، علامتی که به چیزی اشاره می‌کند که زمانی کامل بوده و هنوز هم ممکن است روزی نمایان شود. حتماً این دستنوشته زمانی جزو کارِ هنری کاملی بوده اســـت که اکنون بدون قســـمت‌های مفقود، بازســـازی آن ممکن نیســـت؛ این جمع نمی‌داند که آیا پیانو باید با اُبوا همراهی کند یا باســـون یا ویولون و یا ویولون‌ســـل؛ شاید هم باید با یک کوارتتِ کاملِ زهی یا ترکیبی از ســـازها هم‌نوازی کند. اگر این قســـمت‌های مفقود پیدا می‌شد، پرده از ماهیت واقعی این زیباییِ ناکامل برمی‌داشت، همان که در دستنوشتهٔ آشفته و پوسیدهٔ این شاهکار گنجیده است.

(شـــاید جالب باشد بدانید که چند ماه بعد از اینکه من پاراگراف‌های بالا را نوشتم، یک کتابدار در فیلادلفیا، تصادفاً نسخه‌ای از آثار بتهوون را کشف کرد که معلوم شد دستنوشتهٔ خود آهنگساز است. این دستنوشته، شامل قطعه‌ای از «فوگ بزرگ»، یکی از آخرین کوارتت‌هایِ زهی بتهوون است که برای اجرا بوسیلهٔ دو پیانو نوشته شده.)

زمانـــی که با زیبایـــی روبه‌رو می‌شـــویم، در چنیـــن موقعیتی قرار می‌گیریم. دنیا سرشار از زیبایی اســـت، اما زیباییِ ناقص. سرگشتگی ما دربارهٔ اینکه زیبایی چیســـت، به چه معناست، و به چه *هدفی* وجود دارد (اگر هدفی در کار باشـــد)، نتیجهٔ اجتناب‌ناپذیر آن است که به بخشی از یک کلیّتِ بزرگ‌تر نگاه می‌کنیم. به بیان دیگر، زیبایی، پژواکِ دیگری از یک صداست - صدایی که (بر اساس شـــواهد موجود) احتمالاً چیزی به ما می‌گوید، و اگر این صدا را به‌طور کامل می‌شـــنیدیم، به آنچه اکنون

می‌بینیم و می‌شنویم و می‌دانیم و دوست داریم و «زیبا» می‌خوانیمش، معنی و مفهوم می‌بخشید.

گذرا بودنِ زیبایی

زیبایی نیز مانند عدالت، از لای انگشتان‌مان لیز می‌خورد و خارج می‌شود. از غروب خورشید عکس می‌گیریم، اما آنچه باقی می‌ماند، خاطرهٔ لحظهٔ غروب است، ولی خود آن لحظه دیگر نیست. برنامهٔ ضبط‌شدهٔ یک سمفونی را می‌خریم و وقتی در خانه به آن گوش می‌دهیم، می‌بینیم که یک دنیا با اجرای زندهٔ آن فرق دارد. از کوه بالا می‌رویم، و هرچند منظره‌ای براستی زیبا در مقابل چشمان‌مان نمایان می‌شود، از دیدن زیبایی سیر نمی‌شویم، بگونه‌ای که حتی اگر می‌توانستیم خانه‌ای آن بالا بسازیم و از بام تا شام چشم به این منظره بدوزیم، تمنای دیدنِ زیبایی همچنان در ما شعله می‌کشید. در واقع، گاه زیبایی در همین تمناست، در همین اشتیاق، در همین لذتِ سرشاری که از آن سیر نمی‌شویم.

در واقع، این جملهٔ آخر – لذتِ سرشاری که از آن سیر نمی‌شویم – مطلبی است که اُسکار وایلد در وصف سیگار گفته است و در واقع، ما را با جنبهٔ دیگری از پارادکسِ آزاردهندهٔ زیبایی روبه‌رو می‌سازد. البته، امروزه با توجه به آمار بالای ابتلا به سرطان ریه، بعید است کسی چنین تعریف و تمجیدهایی نثار سیگار کند (حتی اگر مانند اسکار وایلد خواسته باشد در وهلهٔ اول با سخن طنزآمیز خود مخاطب را به شگفت آورد). با این حال، سلیقه‌ها و ذائقه‌ها، در زیبایی نیز همچون در بسیاری چیزهای دیگر تغییر می‌کنند، تغییری چنان گسترده که به‌ناچار از خود می‌پرسیم که آیا زیبایی در نهایت منوط به بینندهٔ آن است، و یا اینکه واقعاً می‌توان تعریفی از زیبایی ارائه داد که قانع‌کننده‌تر است و امکان آن را فراهم می‌سازد تا – مانند کلکسیونرهای سرخورده ولی ذوق‌زدهٔ مثال بالا – لااقل بخشی از کُل زیبایی را به تملک خود درآوریم.

من هر بار که به تصویر زنی متعلق به مکان و روزگاری دیگر نگاه می‌کنم، فکرم درگیر این معما می‌شود. این زن، لابد به چشمِ

هم‌روزگارانــش، لعبتی پریچهــره بوده. نگاه کنید به نقاشــی‌های روی گلدان‌های یونانی، یا نقوش و تصاویری که زینت‌بخشِ دیوارهای شــهر پُمپی اســت. نگاه کنید به تصاویری که مصریان از زنان نامدار و والاتبارِ کشــور خود کشــیده‌اند. این زنان حتماً به چشــمِ مردم خود بسیار زیبا بوده‌اند. حتی می‌توانید نگاهی بیندازید به تصاویری از زنانی که ســیصد یا چهارصد سال قبل زندگی می‌کردند و ببینید که مردم چطور از زیبایی آنها دم زده‌اند. باید اعتراف کنم که من شخصاً سرم را برای نگاه کردن به هیچ کدام‌شان در خیابان نمی‌گرداندم. هلنِ تروی، شاید در روزگار خود چهره‌ای داشته که هزار رزمناو به‌خاطر او به دریا زدند، ولی امروز اکثر ما شاید یک قایق پارویی هم به‌خاطر او به آب نمی‌انداختیم![۱]

آنچه گفتیم دربارهٔ زیباییِ طبیعت هم صدق می‌کند. در دویست سال گذشــته، و بخصوص از زمان وُردزورث[۲] و شــاعرانِ لِیک‌لَند[۳] بسیاری کسان منظرهٔ بکرِ لیک‌دیســتریکت[۴] را در غایتِ زیبایی و چشم‌نوازی و الهام‌بخشــی و افســون‌گری توصیف کرده‌اند. نقاشی‌های بی‌شماری از مناظر این ناحیه کشــیده شده است. بســیاری از مردم انگلستان که تا به حال حتی از کنار این منطقه نیز عبور نکرده‌اند، زیربشــقابی‌هایی دارند که بر آنها تصاویری از نواحی مختلف این منطقه نقش اســت، تصاویری

---

۱ از شــخصیت‌های معروف اثر حماسی بزرگِ هومر معروف به *ایلیاد و اودیسه*. هلن، همسر بســیار زیبای منلاس، پادشاه اســپارت بود و وقتی شــاهزادهٔ تروی، پاریس، برای مهمانی به اسپارت می‌رود، دل به او می‌بازد و ســرانجام، این دو با هم به تروی می‌گریزند و همین آتشِ نبردی تراژیک و خونین را بر می‌افروزد که ســرانجام به شکست و ویرانیِ تروی می‌انجامد. تا جایی که مترجم اطلاع دارد، دو ترجمه از متن کامل ایلیاد و اودیســه به فارســی موجود است که بوســیلهٔ آقایان سعید نفیســی و دکتر میرجلال‌الدین کزازی، به فاصلهٔ چند دهه از یکدیگر صورت گرفته است. (مترجم)

2 Wordsworth

۳ منظور شــاعرانی اســت که در قرن نوزدهم در ناحیهٔ بسیاری زیبایی از انگلستان موسوم به لِیک‌دیســتریکت (به تعبیر فرهنگ آریان‌پور، سرزمینِ دریاچه‌ها) زندگی می‌کرده‌اند. کوه‌ها و دریاچه‌ها و بافت سرســبز این ناحیه، زیباییِ خیال‌انگیزی به آن داده اســت. شاعرانِ معروف لیک‌لند، بخشی از جنبش رومانتیسم بوده‌اند. (مترجم)

4 Lake District

از قبیل قُللِ لَنگدیل[1] یا منظره‌ای از اسکیدو[2] که شهر کزیک[3] در پای آن واقع است. همان‌طور که در آمریکا هم بسیاری از مردم، پوسترهایی از عکس‌هایی دارند که آنسِل آدامز[4] از پارک‌ملیِ یوسمیت[5] گرفته است. با این حال، در روزگارانِ گذشته، مناظر کوهستانی به چشم مردم، نه زیبا و الهام‌بخش، بلکه هول‌انگیز و ظلمانی و خطرناک بود. چگونه است که سلیقه‌ها به این سادگی تغییر می‌کنند؟

اگر بگوییم که این امر نتیجهٔ تغییر در چشم‌انداز مردم است، فقط بخشی از سؤال را پاسخ گفته‌ایم. وقتی از دور فرو ریختنِ بهمن را از رشته‌کوهی از آلپ می‌بینیم، زبان به ستایشِ شکوه و زیبایی این پدیده می‌گشاییم، اما اگر ببینیم دهکده‌ای بی‌دفاع سَرِ راه آن است، نظرمان به‌سرعت تغییر می‌یابد. با حالتی افسون‌زده، چشم به برخورد امواج اقیانوس به ساحل می‌دوزیم که هر یک معجزه‌ای از قوس‌های ظریف و قدرتِ خردکننده‌اند؛ اما این حظ و لذت در مقابلِ کابوسِ سونامی، به رعب و وحشت تبدیل می‌شود.

بنابراین، مسئله چشم‌انداز و مسئله سلیقه، در ترکیبی پیچیده به هم آمیخته‌اند. و باید گفت که سلیقه، نه فقط از نسلی به نسل دیگر تغییر می‌کند، بلکه در زمانی واحد، در شهر و خانه‌ای واحد، از شخصی به شخص دیگر و از خرده‌فرهنگی به خرده‌فرهنگِ دیگر، تفاوت می‌یابد. زوجی که به‌تازگی ازدواج کرده‌اند با این مسئله روبه‌رو می‌شوند که عکسی که شوهر می‌خواهد بالای شومینه نصب کند، از نظر همسرش چیزی نیست جز تصویری احساسی و آبکی. آموزگاری که برای برهان‌های هندسی، مَرتبتی متعالی قایل است، متوجه می‌شود که برای کلاس، این برهان‌ها چیزی نیستند جز خط و عدد و زاویه.

سؤال دیگر این است که چرا زیبایی به این سرعت زایل می‌شود؟ صحنهٔ باشکوهِ غروب خورشید، چندان نمی‌پاید. فرد جوانی که زیبایی و طراوتش نگاه‌های تحسین‌آمیز را به سوی خود می‌کشد، با مراقبت و

1 Langdale Pikes; 2 Skiddaw; 3 Keswick; 4 Ansel Adams; 5 Yosemite

کمـــی هم کمک گرفتن از متخصصان زیبایی، بر عمر رعنایی خود مدتی هم می‌افزاید، اما همه می‌دانیم که این زیبارویی، دولتِ مســـتعجل است. حتی اگر ما در تحســـین زیباییِ بشری به درجهٔ بلوغ برسیم و یاد بگیریم که نگاهِ فرزانه و مهربان را در چشمانِ پیر تحسین کنیم، و هزاران خطی را که عشق و اندوه و شعف و شجاعت بر این چهره انداخته است بستاییم، هرچه در این مسیر جلوتر برویم، به پارادکسی که دربارهٔ غروب خورشید به آن اشاره کردیم، نزدیک‌تر خواهیم شد.

زیبایی و حقیقت

کیتز[۱] می‌گوید: «زیبایی، حقیقت است و حقیقت همانا زیبایی است»؛ اما با توجه به پیچیدگی‌هایی که به آنها اشـــاره کردیم، نمی‌توان به‌آسانی به چنین معادله‌ای قائل شـــد. زیبایی و عشقی که سراغ داریم، در بهترین حالت، یک بخش از حقیقت هســـتند، و البته همواره مهم‌ترین بخش آن را تشـــکیل نمی‌دهند. در واقع، اگر حقیقت و زیبایی را، با توجه به آنچه در پاراگراف‌های قبلی آمد، یکســـان بدانیم، گامی بزرگ به سوی چیزی خواهیم برداشـــت که امروزه از آن به تنگنایِ پُست‌مدرنیسم یاد می‌کنیم: یعنی در هم شکســـتنِ کُل معنی کلمهٔ «حقیقـــت». اگر زیبایی و حقیقت هم‌ارز یکدیگر هستند، پس حقیقت برای هر کس، و در هر عصر، معنی متفاوتی دارد و حتی باید گفت که برای شـــخص واحدی، سال به سال معنـــی آن فرق خواهد کرد. اگر زیبایی، چیزی اســـت که چشـــمِ بیننده می‌بیند، پس «حقیقت» هم حرف زدن دربارهٔ احساساتِ توأم با این نگاه است. یکی دیگر از چیزهایی که همگام با هرگونه یکسان‌پنداریِ زیبایی و حقیقت باید از آن بپرهیزیم، این نظر اســـت که زیبایی ما را مســـتقیماً به خدا، به «وجود الاهی»، یا به نوعی ســـاحتِ متعالی رهنمون می‌شود. این واقعیت که موسیقی طوری طراحی شده تا بخشی از کُلیّتی بزرگ‌تر باشـــد، مستقیماً سرنخی به دســـت ما نمی‌دهد تا سر از چند و چونِ این

---

۱ Keats شاعر انگلیسی (۱۷۹۵-۱۸۲۱). (مترجم)

کُلیّت بزرگ‌تر در بیاوریم. اگر بدون هیچ‌گونه اطلاعات قبلی در زمینهٔ جانورشناسی، ناگهان با یک بَبر نر در اوج قدرتش برخورد کنیم، شاید وسوسه شویم که در برابر این نمونهٔ پرشکوه از شکل و رنگ و شکوه و قدرت، کُرنش کنیم. کمتر نمونه‌هایی از بت‌پرستی مانند این یک، چنین بسرعت قادر به توجیه خود هستند. مبحثِ زیبایی بسیار پیچیده‌تر از اینهاست. پارادکس‌هایی که به آنها اشاره کردیم، قویاً ناظر بر این نکته هستند که برخلاف گرایش برخی از نسل‌های گذشته، نمی‌توان به‌آسانی خدا را با دنیای طبیعی یکسان دانست. زیباییِ دنیای طبیعی، در بهترین حالت خود، پژواکی از یک صداست، نه خود آن صدا. و اگر بخواهیم سنجاقی در آن فرو کنیم تا به تملک ما درآید - درست مانند شخصی که کلکسیونی از پروانه‌ها جمع‌آوری می‌کند - درمی‌یابیم که اصل مطلب، یعنی همان زیبایی که همواره نگاه ما را به فراتر از خود متوجه می‌سازد، دقیقاً همان چیزی است که وقتی سنجاق را در آن فرو کردیم، از دست می‌رود. زیبایی اینجاست، ولی اینجا نیست. زیبایی همین - همین پرنده، همین ترانه، همین غروب است - ولی این نیست.

بنابراین، در هر توصیفی از زیبایی، به‌خصوص این شرح و توصیف که زیبایی به چیزی فراتر از خود اشاره دارد، باید دو نکتهٔ فوق را در نظر گرفت. از یک سو، باید اذعان کنیم که زیبایی، خواه در نظام طبیعت یا خلقت انسان، گاه بقدری نیرومند است که عمیق‌ترین احساسات را از بُهت و حیرت و شکرگزاری و احترام در ما برمی‌انگیزد. تقریباً همهٔ انسان‌ها برای مدتی از این احساس برخوردار می‌شوند، با وجودی که ممکن است بین آنها اختلاف‌نظرهای عمده‌ای در این باب وجود داشته باشد که چه چیز عامل چه احساسی است و چرا. از سوی دیگر، باید اذعان کنیم که این اختلاف‌نظرها و معماها آنقدر هست که عده‌ای را، بی‌آنکه اشتیاقی به بدبینی یا مخالف‌خوانی داشته باشند، به گفتن این مطلب وادارد که زیبایی چیزی است تماماً وابسته به ذهن، یا تخیّل انسان، و یا خصیصه‌های وراثتی او. عده‌ای ممکن است بگویند که منشاء زیبایی چیزی نیست جز شرطی شدن ذهن انسان بر اثر فرآیند تکامل: یعنی، ما

منظرهٔ فلان ناحیه را دوســـت داریم، فقط چون اجداد دور ما می‌دانستند که در آن ناحیه می‌توان غذا یافت. برخی دیگر ممکن است به احساسات جنســـیِ ناخودآگاه ما اشاره کنند و بگویند: چرا پسربچه‌ها دوست دارند ورود قطار را به تونل نگاه کنند؟ شـــاید هم عده‌ای قایل به این نظرِ کاملاً معقول باشند که زیبایی تماماً لذتی است که انسان از ورود و شراکت در دنیای دیگران می‌برد: مثلاً دوست داریم ما هم جزو میهمانان شام داخل نقاشـــی باشـــیم. ظاهراً این دو جنبهٔ زیبایی را باید توأمان در نظر گرفت: یعنی، زیبایی هم چیزی است که ما را به خروج از خودمان فرا می‌خواند و هم چیزی است که به عمیق‌ترین احساسات ما ارتباط می‌یابد.

در این نقطه، برخی از فیلســـوفان که نســـل آنها به افلاطون می‌رسد، ایـــن دو جنبه زیبایی را در یک جا جمع کرده‌اند. آنها می‌گویند که دنیای طبیعـــت از یک طرف، و بازنمایی‌های دنیای طبیعت در آثار هنرمندان از طرف دیگر، بازتاب‌هایی از دنیایی عالی‌تر هستند، دنیایی فراسوی مکان و زمان و (بخصوص) مادّه. ایـــن دنیا، که افلاطون آن را عالم «مُثُل[1]» (یا ایده‌ها) نام داد، طبق نظریه افلاطون، واقعیتِ غایی و نهایی اســـت. همه چیز در دنیای حاضر، نســـخه یا سایه‌ای از چیزی در عالم مُثُل است. این بدان معناســـت که همه چیز در دنیای مـــا، فی‌الواقع به چیزی در عالمی فراســـوی این دنیا اشـــاره دارد، عالمی که تأمل دربارهٔ آن و حتی دوست داشـــتن آن را به‌خاطر خودش، می‌توانیم یاد بگیریم. اگر تن به این گذار ندهیم، اگر خـــود را به زیباییِ طبیعی و مصنوعِ انســـان قانع کنیم، آنگاه چه جای تعجب اگر این زیبایی، در نگاهی دقیق‌تر، به احساســـاتی تماماً وابسته به ذهنِ خودمان، تقلیل یابد. زیبایی، به جهانی در ورای این دنیا، و سراسر متفاوت با آن، اشاره می‌کند.

این نگرش جالب اســـت – منتهـــا از یک جنبه. قســـمتِ بزرگی از تجربـــهٔ ما با توجه بـــه این نگـــرش، توضیح می‌یابد. ولـــی لااقل برای

---

[1] اصل این کلمه مأخوذ از واژه یونانیِ eidos به معنی صورت و شـــکلِ مرئی است که بعدها به «ایده» برگردانده شد و حُکمای فلسفی ما ایرانیان، به آن «مثال» می‌گفتند. (مترجم)

ادیان بزرگ توحیدی (یا برای اکثر فرقه‌های اصلی این ادیان)، نگرش فوق، موضوعات بسیاری را نادیده می‌گیرد. اشکالی ندارد بگوییم که زیبایی در این جهان، گیج‌کننده و ناپایدار، و گاه در حد یک لایه ضخامت دارد و زیر آن پُر از کرم و گندیدگی است. ولی اگر چند قدمی در این دیدگاه جلوتر برویم، بزودی به این عقیده می‌رسیم که دنیای فعلیِ متشکل از فضا و زمان و مادّه، *فی‌نفسه* بَد است. اگر این زیبایی، تابلوی رَهنماست، از چوبی ساخته شده که از هم‌اکنون در حال پوسیدن است. اگر صداست، صدای بیمارِ درمانده‌ای است که سخن از دیارِ شفا می‌گوید، ولی پای سفر به آن دیار را ندارد. چنین نگرشی، از نظر یهودیت و مسیحیت کاملاً بر خطاست. ادیان بزرگ توحیدی، با وجود تمام شواهد مخالف، اظهار می‌دارند که دنیای فعلیِ متشکل از مکان و زمان و مادّه، همواره آفرینشِ نیکویِ خدای نیک بوده و است و خواهد بود.

به‌علاوه، تجربهٔ انسان‌ها در فرهنگ‌ها و دوره‌های گوناگون، بر نادرستی این نظر گواهی می‌دهد. درست در لحظه‌ای که ممکن است حاضر به تسلیم و اذعان به این موضوع شویم که زیبایی و تمام این صحبت‌ها توهّمی بیش نیست، و یکسر زایدهٔ ذهن است، و تماماً با توجه به غرایز و ساختار ژنتیکی ما توضیح می‌یابد، به خود می‌آییم و نگاهی به تپّه‌های دوردست می‌اندازیم، بوی علفی را که به‌تازگی چیده شده استشمام می‌کنیم، و به نغمه‌خوانی پرنده‌ای گوش می‌سپاریم ... و مانند دکتر جانسن[1] که به سنگی لگد زد، اعلام می‌کنیم آنچه می‌بینم واقعیت دارد، و چیزی است خارج از وجود و تخیّلات ما. آسمان و زمین

۱ اشاره به دکتر جانسن، نویسنده و اندیشمند معروف انگلیسی در قرن هجدهم است که آثار متعددی به نگارش درآورده، از جمله فرهنگ لغات انگلیسی که اثری حجیم است. وی در پاسخ به شخصی که دیدگاه‌های اسقف برکلی، فیلسوف برجستهٔ مکتب اصالت ذهن را تعلیم می‌داد دایر بر اینکه هرچه هست در عالم ذهن انسان است و بیرون از ذهن آدمی چیزی وجود ندارد، به سنگی لگد زد و گفت: «بفرما، پس این چیه؟» به عبارتی، اگر سنگی هست که به آن لگد می‌زنم، پس دنیایی در خارج از ذهن من وجود دارد! (مترجم)

پُر از جلال اســـت، و این جلال تن بـــه آن نمی‌دهد که تقلیلش بدهیم به ادراک‌های حسیِ انسان‌هایی که دریافتش می‌کنند.

زیبایی و خدا

اما این جلال متعلق به کیست؟

ایمان مســـیحی اعلام داشته، و در واقع سرود خوانده، که جلال از آنِ خدای خالق است. این صدای اوســـت که پژواکش را از میان صخره‌ها، و زمزمه‌اش را در غروب خورشـــید می‌شنویم. این قدرت اوست که در برخورد امواج به ســـاحل و در غرّشِ شیر احســـاس می‌کنیم. این زیباییِ اوســـت که در هزاران شکل و شـــمایل به تجلی درمی‌آید.[1] و هنگامی که شکّاکان به ما یادآوری می‌کنند که مردم از بالای صخره‌ها پرت می‌شوند، بعد از غروب خورشید گم می‌شوند، بوسیلهٔ امواج غرق و بوسیلهٔ شیرها دریده می‌شوند، وقتی شکّاکان به ما هشدار می‌دهند که چهرهٔ انسان‌ها پیر و چروک و اندام‌شان چاق و بیمار می‌شود - ما مسیحیان اعلام نمی‌کنیم که تمام آنچه از زیبایی گفته‌ایم اشتباه بوده است. به سراغ دریچهٔ اطمینانِ افلاطون نمی‌رویم و نمی‌گوییم که دنیـــایِ *واقعی* از مکان و زمان و مادّه ساخته نشـــده و می‌توان به آن گریخت. به جای این کار، می‌گوییم دنیای حاضر همان دنیای واقعی اســـت، امّا در وضع ناگواری اســـت و احیاء و بازســـازی را انتظار می‌کشد. به بیان دیگر، داســـتانی را که در فصل اول گفتیم، تکرار می‌کنیم: یعنی داستانِ آفرینندهٔ نیکویی را که مشتاقانه خواهانِ بازگرداندن دنیا به نظم و ســـامانِ نیکویی است که برای آن اراده کرده بود. ما داســـتان خدایی را بازمی‌گوییم که دو کاری را که می‌دانیم، لااقل برخی اوقات، همه طالب و نیازمند آن هستیم، به انجام می‌رساند: خدای ما کاری را که آغاز کرده تکمیل می‌کند، و به نجات و رهایی کســـانی می‌آید که در دنیا، به شکل فعلی آن، گُم شده و به اسارت درآمده‌اند.

---

۱ حافظ می‌گوید: حُســـن روی تو به یک جلوه که در آیینه کرد/ این همه نقش در آیینهٔ اوهام اُفتاد. در جای دیگری هم می‌گوید: در نمازم خَم ابروی تو یاد آمد/ حالتی رفت که محراب به فریاد آمد. (مترجم)

این موضوع که خدا از یک طرف به نجات جهان می‌آید، و از طرف دیگر آفرینش را تکمیل می‌کند و به آن سامان می‌بخشد، در کتابی که نام یکی از بزرگ‌ترین انبیای اسرائیل را بر خود دارد، مورد تأکید قرار گرفته است. نام این کتاب اشعیا است. در فصل یازدهم کتاب، اشعیای نبی تصویری می‌پردازد از جهانی که اکنون سامان‌یافته است و در آن گُرگ کنار برّه می‌خوابد، و زمین همچنان که آب‌ها دریا را فرومی‌پوشند، از جلال خدا پُر می‌شود. آنچه بر عجیب بودن این تصویرِ اثرگذار می‌افزاید آن است که پنج فصل قبل، نبی از دیدنِ فرشتگانی سخن گفته بود که سرود می‌خواندند: «تمامی زمین پُر از جلال خداست.» بنابراین، منطق ایجاب می‌کند از نویسنده بپرسیم: آیا زمین از هم *اکنون* پُر از جلال خداست یا پُر شدن زمین از جلال خدا اتفاقی است مربوط به آینده؟ برای درک زیبایی، می‌خواهیم این سؤال را مطرح کنیم که آیا زیبایی‌های کنونی کامل است، یا ناکامل است و به چیزی در آینده اشاره دارد؟ همچنین، سؤالی از نویسنده داریم که به مراتب واجب‌تر است، و شاید می‌خواهیم یقه‌اش را بگیریم و بپرسیم: اگر زمین پُر از جلال خداست، پس این همه رنج و عذاب و ناله و ناامیدی برای چیست؟

نبی (یا کسی که کتاب اشعیا را ویرایش کرده و به شکل کنونی آن درآورده) برای تمام این پرسش‌ها، جواب دارد، اما جواب‌های او طوری نیست که بتوان پشت کارت‌پستال نوشت! به‌علاوه، فعلاً امکان بررسی آنها نیست. آنچه در این مرحله باید مورد توجه قرار دهیم، آن است که چه در عهدعتیق و چه در عهدجدید، مصائب کنونی جهان – که نویسندگان کتاب‌مقدس درست به اندازهٔ ما از آن مطلع بودند – هیچ‌گاه آنها را در این ادعای خود سُست نکرد که جهانِ مخلوق براستی آفرینشِ نیکوی خدای نیکو است. آنها با این تنش می‌زیستند، بی‌آنکه تصور کنند نظامِ فعلی کائنات، نظامی است نازل و تُنُک‌مایه و دست‌دوم که شاید (چنَانکه در برخی از دیدگاه‌های افلاطونی آمده)، آفریدهٔ خدایی است نازل و تُنُک‌مایه و دست‌دوم. آنها برای سَر کردن با این تنش، داستانی را بازمی‌گویند. این داستان دربارهٔ کاری است که خدای خالقِ یکتا برای

نجات دنیای زیبای خود و سامان بخشیدن به آن، شروع کرده است. این داستان، که به موقع شرح مفصل‌تری بر آن خواهیم آورد، اظهار می‌دارد که دنیای حاضر، براستی نشانه‌ای است که به زیبایی و جمالی بزرگ‌تر و حقیقتی عمیق‌تر اشاره می‌کند. این دنیا براستی دستنوشتهٔ اصیلِ قسمتی از شاهکاری بزرگ است. حال می‌خواهیم بپرسیم کُل این شاهکار چگونه است، و چطور می‌توانیم موسیقی اصلی را، به شکل کامل آن، بشنویم؟

نکتهٔ داستان این است که شاهکار مورد بحث از هم‌اکنون – در ذهنِ آهنگساز – وجود دارد. ولی در حال حاضر نه سازها برای اجرای آن آماده‌اند و نه نوازندگان. امّا زمانی که آماده شدند، دستنوشته‌ای که هم‌اکنون در اختیار داریم – یعنی دنیای حاضر با تمام زیبایی‌ها و معماهای آن – براستی مُبدل به بخشی از این شاهکار خواهد شد. نقائصِ بخشی که در دست ماست، رفع خواهد شد. چیزهایی که در حال حاضر واجد معنا نیست، هماهنگی و کمالی از خود به نمایش خواهد گذاشت که به خواب هم نمی‌دیدیم. نقاطی که امروز به نظر می‌رسد موسیقی در آنها، جز در یک نقطه، تقریباً بی‌نقص است، به کمال خواهد رسید. این وعده‌ای است که در داستان فوق به ما داده شده است. همان‌گونه که، در یکی از بزرگ‌ترین مُدعیّاتِ عهدجدید، پادشاهی‌های این جهان باید در پادشاهیِ خدا جذب و ذوب شوند، همچنان هم زیباییِ این جهان در زیباییِ خدا مستحیل خواهد شد – و نه در زیبایی خدا فقط، بلکه نیز در آن زیبایی که خدا، وقتی دنیای حاضر نجات و شفا یافت و احیاء و تکمیل شد، از آن‌رو که خالقِ *تمام عیّار* است، خواهد آفرید.

پیچیدگیِ باشکوهِ زندگی

چندی پیش در یکی از سخنرانی‌های خود، مثل مباحثی که در این کتاب مطرح کرده‌ام، دربارهٔ عدالت و روحانیّت و روابط سخن گفتم. بعد از سخنرانی، یکی از اوّلین سؤال‌کنندگان پرسید که چرا دربارهٔ حقیقت به

اندازهٔ سه موضوع فوق صحبت نکردم. سؤالِ بهجایی است. از یک نظر، موضوعِ حقیقت تا به حال بر سراسرِ گفتگوی ما غالب بوده است، و این ادامه خواهد یافت.

سؤالاتی از این دست که چه چیز حقیقت دارد؟ و از کجا میدانیم حقیقت دارد؟ جزو سؤالات محوری در اکثر نظامهای فلسفی بوده است. آیا این پرسشها ما را وا میدارند تا به پرسشهایی عمیقتر بازگردیم، یعنی به همان پرسشهای آزاردهندهای که متفکران به طرح آنها اصرار میورزند: منظور از «درست» چیست، و در همین ردیف، منظور از «دانستن» چیست؟ من تا اینجای کتاب، به چهار موضوع پرداختهام که برای اکثر انسانها در اکثر فرهنگهای بشری، سؤالاتی را پیش میکشد و به موضوعاتی اشاره میکند که از آنها غفلت شده. این موضوعات، در تمام جوامع، نشانهای از چیز بسیار مهمی هستند که نمیتوان ماهیت آن را همانطوری فهمید که مثلاً فاصلهٔ بین لندن و نیویورک یا راه درستِ پختن هویج را میفهمیم. به نظر من، تمامی این موضوعات بیانگر این نکته هستند که این چیزِ بسیار مهم، در قیاس با مسائل معمولی فوق، نوعی متفاوت و عمیقتر از «حقیقت» است. از این گذشته، اگر حقیقتِ آن از نوعی متفاوت است، پس روشِ شناخت آن هم باید متفاوت باشد. به وقتش به این موضوع هم بازخواهیم گشت.

واقعیت این است که ما در دنیای بسیار پیچیدهای زندگی میکنیم که ما انسانها احتمالاً پیچیدهترین موجودات آن هستیم. یک بار از یکی از دانشمندان معاصر شنیدم که میگفت خواه از میکروسکوپ به ریزترین اشیایی که برای ما قابلتشخیص است نگاه کنیم، خواه از تلسکوپ به پهنهٔ لایتناهی فضا چشم بدوزیم، جالبترین چیز دنیا همان است که در فاصلهٔ چند سانتیمتری لنز قرار دارد – یعنی مغز انسان که شامل ذهن، تخیّل، حافظه، اراده، شخصیت و هزاران چیز دیگری است که ما آنها را قوا و قابلیّتهایی مستقل میدانیم، حال آنکه همگی، به شیوههای مختلف، دست به دست هم میدهند و عملکرد هویت پیچیدهٔ ما را شکل میدهند. بنابراین، دور از انتظار نیست که دنیا و رابطهٔ ما با آن، لااقل به

اندازهٔ هویت خودمان پیچیده باشد. اگر خدایی هست، باید انتظار داشته باشیم که چنین وجودی نیز واجد همین پیچیدگی باشد.

این را می‌گویم چون مردم به محض آنکه بحث دربارهٔ معنی زندگی انسان، یا امکان وجود خدا، از مفاهیمِ ساده به مفاهیم پیچیده‌تر می‌رسد، زبان به شکایت می‌گشایند. هر دنیاییِ که در آن موسیقی و روابط جنسی، خنده و گریه، رشته‌کوه و ریاضیات، کرم و عقاب، مجسمه و سمفونی و برف‌دانه و غروب باشد - و ما انسان‌ها خود را در میانهٔ آن بیابیم - دنیایی خواهد بود که در آن جســتجو برای حقیقت، برای واقعیت، برای آنچه می‌توان بدان یقین حاصل کرد، بی‌نهایت پیچیده‌تر از پرســش‌های سهل و ســاده‌ای اســت که جوابِ آنها در بله یا نه خلاصه می‌شود. همگام با سادگیِ مناســب، پیچیدگیِ مناسب وجود دارد. هرچه بیشتر می‌آموزیم، بیشتر این حقیقت بر ما آشکار می‌شود که ما انسان‌ها بگونه‌ای شگفت‌آور پیچیده هستیم. از طرفی هم، زندگی انسان پُر از لحظاتی است که می‌بینیم مسائل زندگی بسیار ساده‌اند.

کمی به این فکر کنید. لحظهٔ تولد؛ لحظهٔ مرگ؛ شــورِ عشق؛ کشفِ مســیر زندگی خود؛ آغاز یک بیماری مهلک؛ درد و خشمِ عمیقی که گاه از خــود بی‌خودمان می‌کند. در چنین مواقــع پیچیدگی‌های متعدد ذاتِ انســانی ما دست به دست هم می‌دهند و به یک علامتِ تعجب بزرگ، و یا (شاید) به یک علامت سؤالِ بزرگ تبدیل می‌شوند - یا به غریو شادی، یــا به فریادی از درد، یا به انفجارِ خنده و یا به ترکیدن بغض و ســیلاب اشــک. ناگهان به نظر می‌آید که خصوصیاتِ ژنتیکی ما، با آن همسازیِ غنی خود، یکصدا ســرودی سر می‌دهند و می‌گویند، خوب یا بد، همین است که هست.

ما پیچیدگی و ســادگیِ وجود خود را به پنج شــیوه، ارج می‌نهیم و تحسین می‌کنیم: داستان می‌گوییم. آیین‌ها و مناسکی را به جا می‌آوریم. دســت به خلق زیبایی می‌زنیم. در جوامعِ انسانی خود کار می‌کنیم؛ و به عقاید خود می‌اندیشیم. شــکی ندارم که می‌توانید به شیوه‌های بیشتری اشاره کنید، اما فعلاً همین کافی اســت. در تمام مواردی که برشمردیم،

رشـــته‌های محبت و محنت، بیم و ایمان، تردید و عبادت، جستجو برای عدالت، تشـــنگی برای روحانیّت، و وعده و معضلِ روابط انسانی تنیده شده اســـت. و اگر چیزی به نام «حقیقت»، به معنایی مطلق، وجود دارد، باید با تمام این موارد و غیرِ آنها ارتباط ایجاد کند و به آنها معنی ببخشد.

داستان‌ها، مراسم، زیبایی، کار، و اعتقاد. من فقط دربارهٔ رمان‌نویس، نمایشنامه‌نویس، هنرمند، صنعتگر یا فیلسوف سخن نمی‌گویم. این افراد، *متخصصانی* در حوزه‌های مختلف هســـتند. آنچه می‌گویم راجع به همهٔ ماست. فقط هم دربارهٔ رویدادهای خاص - داستان زندگی فرد - لحظهٔ تغییر، مراســـمِ ازدواج و غیره، صحبت نمی‌کنم. از اتفاقات عادی زندگی حرف می‌زنم. منظورم این است که وقتی از سر کار به خانه برمی‌گردیم، داستان‌هایی از آنچه اتفاق افتاده تعریف می‌کنیم و پای رادیو و تلویزیون می‌نشینیم و داستان‌های دیگری می‌شنویم. مراسمِ ساده ولی عمیقِ پُخت و پز و چیدن میز را اجرا می‌کنیم و دست به هزار کارِ آشنای دیگر می‌زنیم که در مجموع می‌گویند هویت ما چنین است (یا اگر تنها زندگی می‌کنیم: هویت من چنین است). این موقعیت ماست. دسته‌گلی را مرتب می‌کنیم و توی گلـــدان می‌گذاریم و اتاق را مرتب می‌کنیم، و گهگاه دربارهٔ معنی تمام اینها به گفتگو می‌نشینیم.

اگر هم طوری که اغلب اتفاق می‌افتد، یکی از این مؤلفه‌ها - داستان‌ها، مراسم، زیبایی، کار یا اعتقاد را - حذف کنیم، نقص و خدشه‌ای در حیات بشری ما بروز خواهد کرد. زندگیِ بســـیار پیچیدهٔ ما، به میلیون‌ها شیوهٔ بزرگ و کوچک، از کُنشِ بین این موارد تشـــکیل یافته است. مؤلفه‌های متعدد زندگی که لحظاتی قبل به آنها اشاره کردیم، تمام اینها را در الگویی متنوع و همواره در تغییر، به هم گره می‌زند.

مسیحیت داستان خود را خطاب به همین دنیای پیچیده بیان می‌دارد، و مدعی اســـت که به همین دنیاست که معنا می‌بخشد. در این پیچیدگی باید مراقب روش خود در استفاده از کلمهٔ «حقیقت» باشیم.

طی نسل گذشته در فرهنگ غرب، «حقیقت» نقشِ طناب را در مسابقهٔ طناب‌کشی داشته است. از یک طرف، عده‌ای می‌خواهند تمام حقیقت را

به «واقعیّات» تقلیل دهند، یعنی به چیزهایی که می‌توان به همان شیوه‌ای اثبات‌شان کرد که مثلاً ثابت می‌کنیم روغن از آب سبک‌تر است، یا دو دوتا می‌شود چهارتا. از طرف دیگر، برخی معتقدند که تمام حقیقت نسبی است، و کلیّهٔ ادعاهای مربوط به حقیقت، در اصل مدعیّاتی در خصوص قدرت هستند ولی در لباس مُبدل. مردم عادی که بزحمت از این مسابقهٔ طناب‌کشی و نتایجِ اجتماعی و فرهنگی و سیاسی آن آگاهند، چه بسا در حالی که کماکان به اهمیت حقیقت واقفند، دربارهٔ ماهیت آن دچار تردیدهایی شوند.

مفهومی که ما تحت نامِ «حقیقت» در نظر داریم، یا باید در نظر داشته باشیم، با توجه به موضوعِ بحث‌مان تغییر می‌کند. اگر بخواهم به شهر بروم، واقعاً مهم است که کسی که به من گفته سوار اتوبوس شمارهٔ ۵۳ بشوم، حقیقت را گفته باشد. اما تمامی حقیقت چنین ماهیتی ندارد و به این شکل قابل‌سنجش نیست. اگر حقیقتی در پس جستجو برای عدالت وجود دارد، عبارت از این است که دنیا قرار نیست از نظر اخلاقی در چنین هرج و مرجی گرفتار باشد. ولی منظورمان چیست وقتی می‌گوییم «قرار نیست» و از کجا که حرف‌مان درست است؟ اگر حقیقتی در تشنگی برای امور روحانی وجود دارد، احتمالاً این است که انسان‌ها با کندوکاو در بُعدی «روحانی» از زندگی‌شان، اقناع می‌شوند، و یا این است که ما برای رابطه با **وجود** دیگری ساخته شده‌ایم که شناخت او فقط از رهگذر این رابطه ممکن اَست. زمانی هم که صحبت از روابط به میان می‌آید، «حقیقتِ» رابطه در خودِ رابطه است، در «صداقت» نسبت به یکدیگر، که این (هر چند شامل راست‌گویی هم می‌شود) به مراتب بالاتر از آن است که صرفاً حقیقت را دربارهٔ اتوبوس شمارهٔ ۵۳ به یکدیگر بگوییم. در خصوص زیبایی نیز، اگر مفهوم «حقیقت» را به مفهوم «زیبایی» فروبشکنیم، در این خطر خواهیم افتاد که پایه‌های مفهوم حقیقت را نیز در هم بشکنیم، زیرا همان‌طور که اشاره شد، مفهوم زیبایی در شکل فعلی آن شکننده و دارای ابهام است.

درکی هم که از کلمهٔ «شناخت/ دانستن» داریم به بررسی بیشتر نیاز دارد. «شناختِ» حقایقِ عمیق‌تری که به آنها اشاره کردیم، بیشتر به

«شناخت» یک شــخص می‌مانَد - یعنی کاری مستلزم تخصیص وقت، اعتماد بســیار و آزمون و خطاهای فراوان - تا «دانستن» خطی که برای رفتن به شــهر باید سوار شد. در این نوع شــناخت، شناسنده و موضوعِ شناســایی، رابطه‌ای درهم‌تافته دارند، طوری کــه هرگز نمی‌توان گفت شــناختی که بدین‌طریق حاصل می‌آید صرفاً نتیجهٔ کارِ شناسنده است یا موضوعِ شناسایی.

یکیِ از کلمات خوبی که برای این شناختِ عمیق‌تر و غنی‌تر می‌توان به‌کار بُرد، شــناختی که با حقیقتِ عمیق‌تر و غنی‌تر تناســب دارد، کلمهٔ «محبت» اســت. امّا پیش از رفتن به سراغ آن، باید نفس عمیقی بکشیم و گام به قلب داستانی بگذاریم، که بر طبق ایمان مسیحی، به اشتیاق ما برای عدالــت، روحانیّت، روابط، زیبایی و در واقــع حقیقت و محبت، معنی می‌بخشد. باید بحث را از موضوع خدا شروع کنیم. این کار در حکم آن است که بگوییم باید خیره شدن به خورشید را یاد بگیریم.

بخش دوم

†

خیره شدن به خورشید

فصل پنجم

خدا

داستان مسیحی ادعا می‌کند که روایتِ درست دربارهٔ خدا و جهان است.

بدین‌طریق، مسیحیت خود را توضیح‌دهندهٔ صدایی می‌داند که پژواک آن را در تعقیب عدالت، جستجو برای روحانیّت، و در شور و اشتیاق برای روابط و زیبایی، می‌شنویم. هیچ‌یک از اینها به‌خودی‌خود مستقیماً به خدا اشاره نمی‌کنند - به هیچ خدایی، چه رسد به خدای مسیحیت. آنها در بهترین حالت، دست خود را در جهتی کُلی تکان می‌دهند، درست مانند شخصی که پژواک صدایی را در غار می‌شنود ولی نمی‌داند صدا از کجاست.

مثال دیگری بزنم. تأملاتی که تا اینجا ارائه کرده‌ایم به راه‌هایی مُنتهی به مرکز یک هزارتو می‌مانند که هرچند واقعاً ما را به هدف نزدیک می‌کنند، ولی حسرت رسیدن به آن را به دل‌مان می‌گذارند، چون به جایی می‌رسیم که بین ما و مرکز، دیواری قطور حایل است. من اعتقادی به این ندارم که این تأملات، یا هر تأملات دیگری، بتواند کاری کند تا شخصی فکور، از مرحلهٔ بی‌خدایی به ایمان مسیحی برسد. از این گذشته، اعتقادی ندارم که این تأملات می‌توانند وجود خدا یا چیزی از شخصیت و خصال او را «ثابت» کنند. مسئله این نیست که تمام راه‌های ممکن برای رسیدن به خدا را از نظر بگذرانیم و به این نتیجه برسیم که هیچ‌یک نمی‌توانند ما را چنانکه باید به سر منزل مقصود برسانند. مسئله عمیق‌تر از اینهاست و به معنی خود کلمهٔ «خدا» برمی‌گردد.

باز می‌خواهم مثالی بزنم. فرض کنید که در دهکده‌ای، بدور از چراغ‌های خیابان، در خانه‌ای تنها هستید. دیرگاهِ یک غروب زمستانی، برق قطع می‌شود و همهٔ آن حوالی را تا چندین کیلومتر در تاریکی

فرو می‌برد. یادتان می‌آید که یک جعبه کبریت روی میز عسلی گذاشته‌اید و کورمال کورمال به سراغ آن می‌روید. کبریت‌ها را یکی بعد از دیگری روشن می‌کنید تا راه پستو را که یک دسته شمع در آن گذاشته‌اید پیدا کنید. شمع را روشن می‌کنید و به کمک نور آن دنبال چراغ قوّه می‌گردید.

خُب، استفاده از این ابزار، یعنی کبریت، شمع، چراغ‌قوّه و بقیّهٔ چیزهایی که در تاریکی می‌توان از نور آنها استفاده کرد، کاملاً به‌جا و منطقی است. ولی کار غیرمنطقی این است که وقتی بالاخره سحر شد، با کبریت و شمع و چراغ‌قوّه از خانه بیرون بزنید و نور آنها را به روی خورشید بگیرید تا از طلوع آن مطمئن شوید.

بسیاری از استدلالات دربارهٔ خدا – از قبیل استدلال دربارهٔ وجود خدا، ذات خدا، کارهای خدا در جهان – در خطری مشابه این قرار دارند که برای اطمینان از تابش خورشید، چراغ‌قوّه را به طرف آسمان بگیریم. به‌سادگی ممکن است دچار این اشتباه شویم که طوری دربارهٔ خدا حرف بزنیم و فکر کنیم که انگار خدا (اگر خدایی هست) وجود، یا هستی‌ای، در بطنِ دنیای ماست، و پژوهش دربارهٔ او به همان صورتی که مثلاً دربارهٔ موسیقی یا ریاضیات پژوهش می‌کنیم، میّسر است و یا اینکه او را هم با همان فنون و روش‌هایی که برای تحقیق دربارهٔ اشیاء و موجودات این جهان به‌کار می‌بندیم، می‌توان در بوتهٔ آزمایش نهاد. زمانی که یوری گاگارین، نخستین فضانورد روسی، پس از چند دور چرخیدن به گِرد زمین فرود آمد، اعلام داشت که عدم وجود خدا را ثابت کرده. می‌گفت وقتی آن بالا در فضا چرخ می‌زد، هیچ نشانه‌ای از وجود خدا ندیده است. همان موقع برخی از مسیحیان اعلام داشتند که گاگارین نشانه‌های بسیاری از وجود خدا دیده است، ولی حیف که نمی‌دانسته چطور باید آنها را تفسیر کند. مشکل اینجاست که سخن گفتن از خدا، به هر طریقی شبیه مسیحیت، مانند خیره شدن به خورشید است. نور خورشید کورکننده است. در واقع، آسان‌تر است که نگاه خود را از خورشید برداریم و از این واقعیت لذت ببریم که وقتی خورشید کاملاً برآمد، همه چیز را در نور آن بروشنی می‌توان دید.

بخشی از مشکل به کلمه‌ای برمی‌گردد که استفاده می‌کنیم. کلمهٔ خدا در زبان انگلیسی (God)، چه با g نوشته شود چه با G، دارای دو وجه است. اولاً، اسم عام است (مثل «صندلی»، «میز»، «درخت» و «خانه») و دلالت بر وجودی الاهی دارد. وقتی می‌گوییم: «مصریان باستان به چه نوع ایزدانی [با g کوچک] اعتقاد داشتند؟[۱]» همهٔ ما معنی این سؤال را درک می‌کنیم: این سؤال بدان معناست که در مذاهب گوناگون، ایزدان و ایزدبانوان مختلفی وجود داشته‌اند که مورد پرستش قرار گرفته‌اند و از آنها سخن رفته. امّا کلمهٔ «خدا God» و معادل‌های آن نیز، به صورت نوعی اسم خاص یا اسم شخص، منظماً در زبان‌هایی که تحت تأثیر ادیان بزرگ توحیدی جهان قرار گرفته‌اند، به‌کار می‌رود. اگر از کسی، حتی در دنیای امروز غرب، سؤال کنید: «به خدا God اعتقاد داری؟»، چیزی که وی از کلمهٔ «خدا» استنباط خواهد کرد (و چه بسا منظور شما هم همین بوده باشد) عبارت خواهد بود از «"خدا" به تعبیر یهودیت و مسیحیت». این سؤال خیلی فرق دارد با اینکه بپرسیم: «آیا به یکی از ایزدان *a* god اعتقاد داری؟»

البته، نیازی به گفتن نیست که امروزه اکثر مردم درکی بسیار ناقص از مفهوم خدا در مسیحیت دارند. گاه، مردم در پاسخ به این سؤال که آیا به خدا اعتقاد دارند، تصویری از خدا ترسیم می‌کنند که آدم عاقل، یک هفتهٔ تمام هم زور بزنند، قادر به هضم آن نیست! این اشخاص خدا را به صورت پیرمردی تجسم می‌کنند با ریشِ سفید دراز (تصویری، احتمالاً شبیه برخی از نقاشی‌های فوق‌العادهٔ ویلیام بلِیک) که بر ابری نشسته و نگاه خشماگین خود را به خرابکاری‌های ما آدمیان در جهان دوخته

---

۱ لازم به توضیح است که در زبان انگلیسی، خدا وقتی به صورت God یعنی با جی بزرگ (G) نوشته شود، عمدتاً به معنی خدای واحدی است که مورد قبول ادیان بزرگ جهان است، ولی وقتی این کلمه با جی کوچک (g) نوشته می‌شود، به معنی خدایان بت‌پرستان و غیره است. در اینجا، به تأسی از برخی کتاب‌هایی که در زمینهٔ اساطیر ملل به فارسی ترجمه یا نوشته شده است، در برابر god و مؤنث آن goddess، به ترتیب از معادل‌های «ایزد» و «ایزدبانو» استفاده کرده‌ایم. (مترجم)

اســـت. چنین تصویری، ارتباطی با تفکرات جدّی مسیحیان دربارهٔ خدا ندارد. با این حال، جای شـــگفت است که بسیاری از مردم بر این باورند که وقتی ما مســـیحیان کلمهٔ «خدا» را بر زبـــان می‌رانیم، از چنین خدایی سخن می‌گوییم.

اما این نکته به قوّت خود باقی است: جستجوها و پژوهش‌ها و سؤال و جواب‌های ما، شاید ما را به مسیری هدایت کنند که بتوان خدا را یافت، امّا هرگز نمی‌توانند مدعی آن شـــوند که به‌تنهایی از عهدهٔ کشـــف تمام اسرار وجود خدا برآمده‌اند. هیچ سفینه‌ای نمی‌تواند آن‌قدر دور برود که بارقه‌ای از خدا ببیند، چون (اگر چنین وجودی هســـت، و اندک شباهتی دارد به آنچه ادیان بزرگ توحیدی درباره‌اش می‌گویند) «شیئی» در عالم ما نیســـت. به همین نحو، هیچ استدلال انسانی هرگز نمی‌تواند خدا را در گوشـــه‌ای به دام اندازد و دست و پایش را ببندد و او را در بوتهٔ آزمایش بگذارد.

بخشـــی از داستان مســـیحی ســـخن از بُرهه‌ای از زمان می‌گوید که دســـت و پای خدا براستی بسته شد و او نه فقط مورد وارسی انسان قرار گرفت، بلکه نیز محاکمه و شـــکنجه و در بَند شـــد و به قتل رســـید. امّا این ادعا بقدری عجیب اســـت که بعـــداً آن را بتفصیل مورد بحث قرار خواهیم داد. در هر حال، اقدامات کسانی که چنین رفتار ننگینی با عیسای ناصری کردند، بعید اســـت الگوی کسانی قرار گیرد که کتاب را تا اینجا خوانده‌اند و می‌خواهند بدانند که آیا با دقیق شدن در پژواک‌های صدایی که شنیده‌اند، به منبع آن خواهند رسید.

می‌خواهم مثال دیگری از داســـتان مسیحی بیاورم. کسانی که دلایلی برای اثبات (یا ردّ) وجود خدا می‌آورند، همواره ممکن است مانند زنانی که در صبح روز رســـتاخیز به مزار عیسی رفته بودند، غافلگیر شوند. این زنان رفته بودند تا برای دوســـت و رهبرِ متوفای خود که او را مســـیحا می‌دانســـتند، مراســـم لازم را به جا آورند. ولی او قبل از رسیدن آنها، از مرگ برخاسته بود. اقدامات این زنان واقعاً با آن موقعیت مناسبت داشت، ولی رستاخیز عیسی بر همه چیز نوری جدید انداخته بود. به‌موقع دربارهٔ

این نور بررسی خواهیم کرد، زیرا نه فقط مسائل مربوط به عیسی، بلکه (مانند خورشید) تمام مسائل دیگر را نیز روشن می‌سازد. فعلاً نکته این است که خدا (اگر خدایی هست) نه شیئی در دنیای ماست، و نه ایده و اندیشه‌ای در دنیای *عقلی* ما. تا وقتی بخواهیم می‌توانیم در هزارتو بگردیم و راه‌های آن را امتحان کنیم، ولی هرگز با تلاش‌های خود به مرکز آن نخواهیم رسید.

با این حال، آیا می‌توان تصور کرد که خدا، اگر هست، به‌خواست خود یکباره از مرکز هزارتو قدم بیرون بگذارد؟ به هر حال، این چیزی است که ادیان بزرگ توحیدی به آن قایل شده‌اند. برای سبک و سنگین کردن این احتمال، باید کمی درنگ کنیم و دربارهٔ این موضوعات، با دقت بیشتری فکر کنیم. اگر خدا آن بالا در آسمان نیست، پس کجاست؟

آیا خدا در آسمان است؟

یکی از واقع‌بین‌ترین نویسندگان کتاب‌مقدس می‌گوید: «خدا در آسمان است» و اضافه می‌کند: «و تو بر زمین هستی پس سخنانت کم باشد» (جامعه ۲:۵). این هشداری است خطاب به آن دسته از ما که از راه نوشتن و سخن گفتن معاش خود را تأمین می‌کنیم، ولی در همان حال تأکیدی است بر آنچه کتاب‌مقدس همواره بر آن پای فشرده است: اینکه اگر به فکر افتادیم خدا کجا «زندگی» می‌کند، نام این جا «آسمان» است.

اول باید دو تعبیر نادرست از این لفظ را اصلاح کنیم. اولاً، برخلاف آنچه برخی از الاهیدانانِ متأخر تصور کرده‌اند، نویسندگان کُهن کتاب‌مقدس، اعتقادی به این نداشتند که اگر می‌توانستند در فضا پرواز کنند، دیر یا زود به محل زندگی خدا می‌رسیدند. گیرم که کلمهٔ «آسمان» در زبان‌های عبری و یونانی می‌تواند بر معنی «ظاهری» این کلمه دلالت کند، امّا نویسندگان کتاب‌مقدس برخلاف اکثر خوانندگان امروزی، به‌راحتی از این معنی ظاهری (که دلالت بر مکانی در دنیای متشکّل از فضا و زمان و مادّه دارد) به سراغ معنیِ رایج‌تر این لفظ می‌رفتند که عبارت از «سکونت‌گاه خدا» است - یعنی «مکانی» از جنسِ کاملاً

متفاوت. (البته این را نباید با موضوع معانیِ «ظاهری» و «استعاری» که در **فصل چهاردهم** مورد بحث قرار گرفته‌اند، اشتباه گرفت.) «آسمان» در این معنیِ دوم که کاملاً در کتاب‌مقدس مُصطلح است، به مفهوم فضای خداست که با فضای ما در *تقابل* قرار دارد. از این رو، این کلمه را نباید به معنی «مکانی» تعبیر کرد که خدا در *محدودهٔ* دنیایِ متشکل از مکان‌ـزمان ما اشغال می‌کند. بنابراین، سؤال این است که آیا فضای خدا و فضای ما با هم تلاقی می‌کنند؛ و اگر می‌کنند، این تلاقی چگونه، کِی و کُجا صورت می‌گیرد.

دومین سوءتعبیر از اینجا ناشی می‌شود که کلمهٔ «آسمان»، اشتباهاً ولی غالباً به معنیِ مکانی به‌کار می‌رود که «قوم خدا پس از مرگ به آنجا می‌روند و زندگیِ مبارک و پرسعادتی را با خدا شروع می‌کنند.» بنابراین، این کلمه به نوعی سرای ابدی تعبیر می‌شود که روح مؤمنان در آنجا آرام می‌گیرد؛ هم از این رو، معمولاً «آسمان یا بهشت» را با کلمه‌ای که متضاد آن فرض می‌شود، یعنی «جهنم» جُفت می‌کنند. امّا اگر آسمان به چنین معنایی تعبیر شده، به این دلیل نیست که مسیحیان اوّلیه معتقد بودند آسمان سرای ابدیِ نجات‌یافتگان است. از جایی که این کلمه به محلِ حضور دایمی خدا اشاره می‌کند، عبارتِ «رفتن به آسمان» را باید به معنی این وعده دانست که «نجات‌یافتگان با رفتن به محلِ حضور دائمی خدا، به او می‌پیوندند.» بنابراین، «آسمان» صرفاً واقعیتی مربوط به آینده نیست، بلکه زندگی حاضر را نیز در بر می‌گیرد. اینجاست که به همان سؤال قبلی می‌رسیم، منتها از زاویه‌ای جدید: چگونه این «مکان»، این «محدوده» با دنیای ما ارتباط متقابل می‌یابد؟ (من این کلمات را با علامت گیومه مشخص کرده‌ام چون به مکان یا محدوده‌ای در دنیایِ متشکل از مکان‌ـزمان‌ـمادّه، اشاره *ندارم*) و آیا اساساً چنین ارتباطی وجود دارد؟

در کتاب‌مقدس، دنیای ما «زمین» خوانده شده است. گفتیم که «آسمان» می‌تواند به معنی لفظی این واژه دلالت کند، هرچند معنی رایج آن به بُعد الاهی واقعیت دلالت دارد که در تقابل با بُعد انسانی آن است. به همین طریق نیز، کلمهٔ «زمین» می‌تواند لفظاً به معنی خاکی باشد که

روی آن راه می‌رویم، ولی این کلمه، چنانکه از نقل‌قول بالا از کتاب جامعه برمی‌آید، ناظر بر فضایِ انسانی ماست، یعنی بُعد انسانی واقعیت در تقابل با بُعد الاهی آن. «آسمان‌ها، آسمان‌های خداوند است و امّا زمین را به بنی آدم عطا فرمود» (مزمور ۱۱۵:۱۶). بنابراین، با اینکه کتاب‌مقدس علاوه بر آسمان و زمین، از مکان‌هایی «در زیر زمین» سخن می‌گوید، ولی دو کلمه‌ای را که معمولاً با یکدیگر یک زوج را تشکیل می‌دهند، در اوّلین آیه از کتاب‌مقدس می‌توان دید: «در ابتدا، خدا آسمان‌ها و زمین را آفرید.»

حال که موضوع فوق روشن شد، می‌توان به سراغ سؤال اصلی رفت. آسمان و زمین، فضای خدا و فضای ما، چه ارتباطی با یکدیگر دارند؟

آسمان و زمین: معما

فضای خدا و فضای ما به سه شیوهٔ اساسی (و البته متنوع) با یکدیگر ارتباط دارند. این نظرِ غالبِ متفکران یهودی و مسیحی، ولی البته نه همهٔ آنها، است. امروزه خیلی از مردم با مبانیِ موضوعات پیچیده‌ای نظیر اقتصاد یا فیزیکِ هسته‌ای آشنایی دارند. با این حال، بسیاری از مردم، از جمله بسیاری از مسیحیان، کمترین شناختی از دو نگرشِ پایه‌ای زیر در الاهیات ندارند.

نگرش اول قایل به همسانی بین فضای خدا و فضای انسان است. در این حالت، این دو فضا، در اصل یک چیز هستند؛ و در واقع، ما از موضوعی واحد به دو شیوهٔ متفاوت سخن می‌گوییم. از آنجا که در این گزینه، خدا در گوشه‌ای از قلمرو خود اختفا نمی‌کند بلکه تمام آن را با حضور خود می‌پوشاند، پس می‌توان گفت که او در همه جا حضور دارد، - لطفاً دقت کنید - او در همه جا حضور دارد. به بیانی، خدا همه چیز است و همه چیز خداست.

به این نگرش، اصطلاحاً «پانتئیسم یا وحدت وجود[1]» گفته می‌شود.

1 Pantheism

وحدت وجود عمدتاً تحت تأثیر یکی از مکاتب فلسفی که به «فلسفهٔ رواقی»[1] شهرت داشت، به دیدگاهی محبوب در دنیای یونانی و رومی تبدیل شد، و پس از گذشت قرن‌ها از زوال آن، در روزگار ما احیاء شده و محبوبیتی روزافزون یافته است. وحدت وجود، در اصل تلاشی بود برای آنکه تمام خدایانِ معبود در یونان و روم - از قبیل زئوس (یا ژوپیتر)، پوزئیدون (یا نپتون) و غیره را - در وجود یک خدا ادغام کنند. مردم در آن زمان به خدایان مختلفی اعتقاد داشتند؛ خدایان دریا و آسمان، خدایان آتش، و خدایان عشق یا جنگ؛ به‌علاوه، درختان و رودخانه‌ها نیز الاهی تلقی می‌شدند - به این ترتیب، همه چیز یا الوهیت داشت یا لااقل بارقه‌ای از ذات الاهی در آن بود. این نوع اعتقاد به خدایانِ متعدد، آشفته و بی‌نظم و پیچیده است. بسیاری از اندیشه‌ورانِ باستان معتقد بودند که اگر «وجود الاهی» را قدرتی بدانیم که در همه چیز حلول دارد، به اعتقادی قایل شده‌ایم که ساده‌تر و شُسته‌ورُفته‌تر است. در این صورت، وظیفهٔ عمدهٔ انسان‌ها این خواهد بود که با الوهیتی که در وجود آنها و در دنیای اطراف‌شان حلول دارد، ارتباط برقرار کنند و هماهنگ شوند. این دیدگاه امروزه بسیاری را مجذوب خود کرده است.

اعتقاد به وحدت‌وجود با در نظر گرفتنِ تمام ابعاد آن، بسیار دشوار است. به‌سختی می‌توان هضم کرد که در همه چیز، از زنبورها گرفته تا در پشه‌ها و سلول‌های سرطانی و سونامی‌ها و توفان‌ها، الوهیت وجود داشته باشد. لااقل، بخشی به‌خاطر همین معضل است که امروزه عده‌ای از متفکران به سراغ شکل متفاوتی از وحدت وجود، موسوم به Pan*en*theism «همه‌درخداباوری» رفته‌اند. پانئن‌تئیسم یا همه‌درخداباوری به معنی این دیدگاه است که شاید همه چیز در جهان آن‌طور که در وحدت‌وجود ادعا

---

۱ Stoicism از مکاتب فلسفی تأثیرگذاری که بوسیلهٔ زنون کیتیونی بُنیاد شد. وجه تسمیّهٔ این نام ـ رَواقی - آن است که جلسات بحث و فحص این مکتب در یکی از رَواق‌ها (ایوان‌های) آتن که مُشرف بر مرکز تجمعات شهر بود، تشکیل می‌گردید. فیلسوفان رَواقی، حقیقت را واجد ذات مادی می‌دانستند، و بنابراین هماهنگی با طبیعت را عین هماهنگی با حقیقت و بنابراین مایهٔ فضیلت می‌دانستند. (مترجم)

می‌شود، الاهی نباشد، ولی تمامی هستی «در وجود» خداست («pan»= «همه چیز»، «en»= «در»، «theos»= «خدا».) به نکاتی مثبت در این نگرش می‌توان اشاره کرد، امّا نکات قوّتِ پان‌ئن‌تئیسم را با توجه به **نگرش سوم** (که ذیلاً آمده) بهتر می‌توان فهمید.

مشکل وحدت‌وجود، و تا حد زیادی پان‌ئن‌تئیسم، این است که پاسخی برای مسئلهٔ شر ندارد. در آیین شرک که قایل به ایزدان متعدد است، و وحدت‌وجود از بطن آن زاده شد، هرگاه مُشکلی بروز می‌کرد، می‌شد تقصیر آن را به پای ایزد یا ایزدبانویی نوشت که احتمالاً حق و حساب او فراموش شده و وی از دَر دشمنی درآمده بود. ولی زمانی که همه چیز (از جمله خود فرد) در الوهیت سهیم، یا در الوهیت ساکن است، هرگاه اتفاق بدی حادث شد، دیگر مرجع بالاتری برای دادخواهی نیست. دیگر کسی نمی‌تواند به نجات ما بیاید. دنیا و «الوهیت» همین هستند که می‌بینیم، و بهتر است به این وضع عادت کنیم. به این ترتیب، یگانه پاسخ نهایی (که بسیاری از رَواقیون در قرن اول، و شمار فزاینده‌ای از غربیان امروز می‌دهند)، اقدام به خودکُشی است.

نگرش دوم این است که باید میان دو فضا، تمایزِ کامل قائل شد. در این نگرش، فضای خدا و فضای ما کاملاً از همدیگر فاصله دارند و خدایان، بر فرض وجود، در عَرش، هرچه و هر کُجا که هست، ساکن هستند. خدایان در عرش خود، عیش می‌کنند - مخصوصاً هم که کاری به مسائل ما زمینیان ندارند. این دیدگاه نیز در روزگار باستان، از مقبولیت عام برخوردار بود و خاصه بوسیلهٔ فیلسوف و شاعرِ بزرگ، لوکرتیوس[1] تعلیم داده می‌شد. لوکرتیوس یک قرن قبل از عیسی می‌زیست و تعلیمات اپیکوروس[2] را که به دو قرن پیش از زمان او تعلق داشت، شرح و بسط داده بود. هم برای لوکرتیوس و هم برای اپیکوروس، نتیجه‌ای که از این دیدگاه حاصل می‌شود آن است که انسان‌ها باید به تنهاییِ خود در جهان عادت کنند. خدایان، دخالتی در زندگی آنها نخواهند کرد، و

1 Lucretius; 2 Epicurus

از آنها نه خیری خواهد رسید و نه شری. بنابراین، برای انسان چه بهتر که از زندگی خود مُنتهای لذت را ببرد، و این به معنی سکوت و احتیاط و میانه‌روی در زندگی است. (بعدها عده‌ای تعلیمات «اپیکوری» را به این معنی تفسیر کردند که انسان باید عنان زندگی خود را به دست لذّاتِ شهوانی و کامجویی بسپارد. اپیکوروس و پیروانش چنین روشی را برای زندگی، بی‌حاصل می‌شمُردند، چون لذتِ حقیقی را در گروِ وقار و خویشتنداری می‌دانستند.)

ببینید چه اتفاقی می‌افتد وقتی فضای خدا و انسان را کاملاً از هم جدا می‌سازیم. اگر (مانند بسیاری از فیلسوفان کهن) جیبی پُر و منزلی زیبا و غذایی خوب و شرابی ناب و غلامانی سینه‌چاک می‌داشتیم، می‌توانستیم خدایانِ ساکن در مکان‌های بعید را به هیچ بگیریم و آب توی دل‌مان تکان نخورَد. ولی اگر، مانند اکثریت مردم جامعه، زندگیِ سخت و تاب‌رُبا و اغلب فلاکت‌باری داشتیم، به‌سادگی باور می‌کردیم دنیایی که در آن زندگی می‌کنیم ذاتاً تاریک و پلید و پلشت است، و بالاترین امید ما، گریختن از این دنیاست، خواه از طریق مرگ (که به آن اشاره کردیم) خواه با توسل به اسرار زندگی روحانیِ بسیار پیشرفته‌ای که انسان را از حیات سعادتمندانه و پوشیده‌ای در این جهان، و حیاتی عالی‌تر در جهان دیگر، برخوردار می‌سازد. در بستر همین باورها، فلسفه‌ای که وسیعاً به «مکتب غنوسی»[1] موسوم است، زاده شد. بعداً توضیحات بیشتری دربارۀ این مکتب خواهم داد.

جداسازیِ فضای خدا و فضای انسان، آن‌گونه که نزد اپیکوری‌ها باب بود، و قائل شدن به خدایی در دورست که ولو مورد احترام انسان است، نه در فضای انسان ظاهر می‌شود و نه *کاری* انجام می‌دهد، (از طریق نهضتی موسوم به «دئیسم») در قرن هجدهم به دیدگاهی محبوب در دنیای غرب تبدیل شد و تا به امروز نیز محبوبیت خود را در بسیاری جاها حفظ کرده است. در واقع بسیاری از غربیان بر این باورند که وقتی

---

1 Gnosticism

دربارهٔ «خدا» و «آسمان» سخن می‌گویند، دربارهٔ موجود و مکانی حرف می‌زنند - که به فرض وجود - در جایی بسیار دوردست واقعند و با ما یا رابطهٔ مستقیمی ندارند و یا اگر دارند، رابطه‌شان اندک است. از همین روست که بسیاری از مردم با وجودی که اظهار می‌کنند به خدا اعتقاد دارند، اغلب در ادامه می‌گویند که به کلیسا نمی‌روند، دعا نمی‌کنند، و در طول سال، زیاد به خدا فکر نمی‌کنند. البته، من آنها را سرزنش نمی‌کنم. اگر من هم به چنین خدایِ دوری اعتقاد داشتم، قطعاً یکشنبه صبح‌ها به خودم زحمت نمی‌دادم از بستر خارج شوم.

اِشکالِ اصلی فلسفهٔ اپیکوری در جهان باستان، و دئیسم در روزگار ما، آن است که هر این دو نگرش فلسفی ناچارند گوش خود را به روی تمام پژواک‌هایی که قبلاً دربارهٔ آنها سخن گفتیم، ببندند. البته، در دنیای پرجوش و جلا و پرسر و صدای امروز، این کار دشوار نیست. در واقع، موقعی که پای تلویزیون نشسته‌ایم، یا در حالی که زیر گوش‌مان ضبط‌صوت استریو روشن است و با یک دست اس.ام.اس. می‌زنیم و با دست دیگر فنجان قهوه را گرفته‌ایم، به‌راحتی ممکن است به یک اپیکوریِ امروزی تبدیل شویم. امّا برای مدتی این دستگاه‌ها را خاموش کنید، کتابی متفاوت بخوانید، کمی زیر آسمان شب راه بروید و ببینید چه اتفاقی می‌افتد. احتمالاً فکرتان به سوی **نگرش سوم** کشیده خواهد شد.

آسمان و زمین: تداخل و درهم‌تافتگی

نگرش سوم همان است که در یهودیت و مسیحیت می‌یابیم. در این نگرش، آسمان و زمین نه همسان و مساوی هستند و نه آنکه مغاکی عظیم بین آنها فاصله انداخته باشد، بلکه به چند شیوه با یکدیگر تداخل دارند و درهم‌تافته‌اند. این نگرش، در نگاه نخست ممکن است گیج‌کننده به نظر آید، بخصوص با توجه به موضعِ قاطع وحدت‌وجود در این خصوص که آسمان و زمین را هم‌ارز و یکسان می‌داند و دئیسم که قایل به تمایز قطعی و مطلق بین آنهاست. **نگرش سوم** پذیرای آن نوع پیچیدگی است که اگر زندگی انسان همان‌قدر پیچیده و چندبُعدی باشد که در فصل‌های

قبل به آن اشـاره کردیم، باید انتظارش را داشـته باشـیم. ممکن است ادعای شـناختی جامع و کامل از نمایشـنامه‌های شکسپیر داشته باشیم، ولی فقط مجموعهٔ کُمدی‌های او روی قفسـهٔ کتابخانه‌مان باشد. در این صورت، اگر کسی مجموعهٔ کامل آثار شکسپیر – مشتمل بر تراژدی‌ها و نمایشـنامه‌های تاریخی و یکی دو جلد از اشعار این مرد نامور را – برای ما بیاورد، زبان به شکایت می‌گشاییم و می‌گوییم که مسائل کم‌کم آشفته و بیش از حد پیچیده می‌شوند. ولی معنی این اتفاق آن است که به جای دور شدن از شکسپیر، تازه به درک آن نزدیک شده‌ایم.

اتفاقـی شـبیه این زمانی می‌افتد کـه از مکاتب فلسـفیِ کهن و نو که متعلق به دنیای غیریهودی هسـتند، مسـیر خود را به سـوی دنیای عهدعتیق، یعنی دنیای اسـرائیلیانِ کهن تغییر می‌دهیم. این همان دنیایی است که کماکان بنیادهای دو خواهرِ بیگانه شده از هم، یعنی یهودیت و مسیحیت، را شکل می‌دهد. عهدعتیق تأکید دارد که جای خدا در آسمان اسـت و جای ما بر روی زمین. با این حـال، عهد عتیق به دفعاتِ مُکرر نشـان می‌دهد که این دو فضا واقعاً بـا یکدیگر تداخل دارند، به‌گونه‌ای که خـدا حضور خود را در فضای زمین، مشـهود و مرئی و مسـموع می‌سازد.

ایـن حضورِ غریب، موضوع فرعیِ بسـیاری از اوّلین داسـتان‌های کتاب‌مقدس اسـت. یعقوب می‌بیند که نردبانی آسمان و زمین را به هم وصل کرده است و فرشتگان از آن بالا و پایین می‌روند. موسی در حالی که بـه بوتهٔ فروزان نگاه می‌کند، در می‌یابد که بر زمین مقدّس ایسـتاده اسـت – به عبارتی، در جایی ایستاده که (لااقل در آن لحظهٔ بخصوص) آسـمان و زمین با هم تلاقی می‌کنند. سپس، زمانی که موسی اسرائیلیان را به خارج از مصر هدایت می‌کند، خدا پیشـاپیش آنها در ستونی از ابر در روز و در سـتونی از آتش در شب، حرکت می‌کند. وقتی به کوه سینا می‌رسـند، خدا در قلّهٔ کوه آشکار می‌شود و شـریعت را به موسی اعطا می‌کند. خدا – با وجود اعتراضات اسـرائیلیان که از بدرفتاری آنها ناشی می‌شد – کماکان آنها را در سفرشـان به سوی سرزمینِ موعود همراهی

می‌کند. در واقع، بخش قابل‌ملاحظه‌ای از کتاب خروج به شرحِ عبادتگاهِ قابل‌حملی اختصاص دارد که خدا به آن نزول می‌کرد تا در میان قومش سکونت کند (نکتهٔ جالب این است که قسمت اول روایت کتاب خروج در مقایسه با روایت این قسمت، آهنگ بسیار سریعی دارد.) این عبادتگاه سیّار، به‌گونه‌ای تداعی‌کننده، «خیمهٔ ملاقات»[1] خوانده می‌شود. خیمهٔ ملاقات جایی است که آسمان و زمین به یکدیگر می‌رسند.

اسرائیلیان کهن، بیش از همه، معبد اورشلیم را محل تلاقیِ آسمان و زمین می‌دانستند. در مقام توضیح باید گفت، وقتی اول بار آنها در سرزمین موعود ساکن شدند، نشانهٔ حضور خدا «صندوق عهد» بود، صندوقی چوبی شامل اَلواحی که شریعت بر آنها مرقوم بود به همراه چند شیئی مقدّس دیگر. این صندوق هنوز در خیمه‌ای مقدّس نگهداری می‌شد. امّا زمانی که داوود اورشلیم را به پایتخت خود تبدیل کرد، یعنی مرکز اداری و سیاسیِ کُل کشور، در فکر اجرای طرحی افتاد که پسرش سلیمان، آن را عملی ساخت. این طرح عبارت بود از بنای معبدی بزرگ که قرار بود عبادتگاهی واحد برای کُل ملت باشد. در این مکان، خدای اسرائیل تا ابد ساکن می‌گردید.

مطابق کُتُب مقدس اسرائیلیان، معبد از زمانی که بر کوه صهیون در اورشلیم بنا شد، به مهم‌ترین محل ملاقات آسمان و زمین تبدیل گردید. «زیرا که خداوند صهیون را برگزیده است و آن را برای مسکن خویش مرغوب فرموده. این است آرامگاه من تا ابدالآباد. اینجا ساکن خواهم بود زیرا در این رغبت دارم» (مزمور ۱۳۲:۱۳-۱۴). هرگاه خدای اسرائیل، قوم را برکت می‌داد، این کار را از *صهیون* به انجام می‌رسانید. اسرائیلیان هرگاه دور بودند، سر خود را *به جانب* اورشلیم می‌گرداندند و دعا می‌کردند. وقتی زائران و عابدان برای عبادت و تقدیم قربانی به اورشلیم می‌رفتند و وارد معبد می‌شدند، نمی‌گفتند که *انگار* پا به آسمان

---

۱ در ترجمهٔ قدیمی عهدعتیق، نام این خیمه «خیمهٔ اجتماع» است و در ترجمهٔ جدید مژده *برای عصر جدید*، به صورت «خیمهٔ مقدّس» ثبت شده است. (مترجم)

گذاشـــته‌اند، بلکه احتمالاً اظهار می‌داشـــتند قدم به جایی گذاشته‌اند که محلِ تداخل و درهم‌تافتگیِ آسمان و زمین است.

این اعتقاد به تداخل آســـمان و زمین، اینکـــه خدا در عین حضور بر زمین، مجبور به ترک آسمان نیست، در کانون الاهیات یهودی و الاهیات صدر مســـیحیت جای دارد. بســـیاری از ابهامات دقیقاً در این نکته بروز می‌یابند. وقتی به اعتقادات عمدهٔ مسیحی که در قالب‌هایی جز این عرضه شده‌اند فکر می‌کنیم (مثلاً در چارچوبی نظیر آنچه در نگرش اول و دوم دیدیم)، مشاهده می‌کنیم که این اعتقادات، عجیب، سُست، و شاید حتی نقض‌کنندهٔ خود هســـتند. حال اگر این اعتقادات را به چارچوب اصلی و مناسب‌شان باز گردانیم، خواهیم دید که کاملاً مفید به معنا می‌شوند.

اعتقاد به اینکه آســـمان و زمین با وجود اســـتقلال نسبی از یکدیگر، بگونه‌ای اسرارآمیز با یکدیگر تداخل دارند، باعث توضیح یافتن جنبه‌های متعددی از تفکر و زندگیِ اسرائیلیان کهن و مسیحیان اوّلیه می‌شود. بدون این توضیح، جنبه‌های فوق گیج‌کننده و مبهم هستند. برای مثال، در اینجا می‌توانیم به موضوع آفرینش و کُنش خدا در جهان اشاره کنیم.

از نظر شـــخصی که به وحدت‌وجود اعتقاد دارد، خدا و جهان اساساً یک چیز هستند: می‌توان گفت، جهان وسیلهٔ خدا برای ابرازِ خود[1] است. از نظر یک دئیســـت، دنیا ممکن است براســـتی آفریدهٔ خدا (یا خدایان باشد)، ولی اکنون دیگر هیچ تماسی بین خدا و انسان وجود ندارد. خدای دئیست‌ها حتی فکر «مداخله» در نظام آفرینش را هم به ذهن راه نمی‌دهد. بـــرای او چنین کاری، ایجاد خلل در نظم آفرینش و در واقع نوعی خلط مقوله [یعنی قاطی کردن مســـائل با یکدیگر] است. اما از نظر اسرائیلیان کهن و مسیحیان اوّلیه، آفرینش جهان نتیجهٔ محبتِ قدرتمند خدا بود که آزادانه جاری گردید. خدای یگانهٔ حقیقی جهانی را ســـاخت که با وجود او تفاوت داشـــت، زیرا این کاری است که محبت از انجام دادن آن لذت می‌برد. و خدایی که چنین جهانی را آفریده، کماکان رابطه‌ای نزدیک، پویا

1 Self-Expression

و صمیمانه با آن دارد، بی‌آنکه جهان به ظرفِ وجود او تبدیل شــود، یا او خود را به ظرفِ وجود جهان تبدیل کند. بنابراین وقتی دربارهٔ کُنش خدا در جهان (یا به عبارتی، کنش آســمان) بر زمین سخن می‌گوییم - کاری که مسیحیان هر بار با گفتن دعای ربّانی انجام می‌دهند - نه از یک خطای مســخرهٔ ماوراءطبیعی حرف می‌زنیم، و نه از یک به‌اصطلاح «معجزه»؛ البته، معجزه به این معنا که قدرت‌هایی از یک دنیای دیگر (یا به اصطلاح «مافوق‌طبیعــی»؟) گهگاه جولانی در دنیای مــا می‌دهند. هرگاه از کُنش خدا در جهان سخن می‌گوییم، منظورمان کارهایی است که خالقِ مهربان، در جهان آفرینش، که هیچگاه از نشانه‌های حضور او تهی نبوده، به انجام می‌رســاند. در واقع، سخن گفتن از این اعمال و افعال الاهی به این معنی اســت که انتظار داریم پژواک‌هایی از آنها بر جای بماند. پژواک‌های یک صدا.

در واقــع، از ظواهر امر چنین برمی‌آید که این خدا، این واقعیت را که آفرینشِ عزیز او فاســد و طاغی و یاغی شده و اکنون به نتایج این فساد و عصیان گرفتار است، بسیار جدی گرفته است. معتقدان به وحدت‌وجود (همان‌طور که اشــاره کردیم) نمی‌توانند خود را با این موضوع سازگار کنند. حتی مکتبِ پانن‌ئن‌تئیســم (همه‌درخداباوری) نمی‌تواند توضیح دندان‌گیری راجع به ذات و ماهیت شــر ارائه کنــد؛ دیگر نمی‌گویم که برای این مکتب چقدر دشوار است اگر بخواهد شرحی از اقدام احتمالی خدای نیکو برای رفع این بی‌سامانی ارائه دهد. خدای دئیست‌ها هم فقط می‌تواند شــانه‌های خود را به علامت بی‌اعتنایی بالا بیندازد. اگر دنیا در تباهی اســت، چرا خدا باید فکری به حال آن کند؟ بهتر نیست خودمان در فکر راه و چاره باشــیم؟ بسیاری از ســوءتعبیرات رایج دربارهٔ ایمان مسیحی، خطایی که در این نقطه مرتکب می‌شوند آن است که می‌کوشند ایمان مسیحی را در قالبِ ته‌مانده‌ای از دئیسم بگنجانند. آنها خدایی دور و بی‌اعتنا ترســیم می‌کنند که ناگهان به فکر می‌افتد کاری انجام دهد، و بنابراین پســر خود را می‌فرســتد تا راه گریز از فضای انسان‌ها و زندگی بــا خدا در فضای الاهی را بــه ما بیاموزد. در ادامهٔ همیــن اقدامات، او

سرنوشتی دردناک بر پسر خود مقرر می‌کند تا نوعی خواستِ مبهم و تاحدی من‌درآوردی برآورده شود.[۱]

برای درک اینکه چرا این تصویر بی‌محتواست، و برای آنکه ذهن خود را به چارچوبی متمرکز کنیم که در قالب آن، روایت مسیحی معنای درست و کامل خود را می‌یابد، باید به بررسی دقیقِ عملیات نجاتی بپردازیم، که هم در یهودیت و هم در مسیحیت، خدای حقیقی به آن دست زده است. وقتی خدای وصف‌شده در **نگرش سوم**، تصمیم به چاره‌اندیشی برای شرارت می‌کند، چه اتفاقی می‌افتد؟

پاسخ، که بسیاری را در دنیای امروز به شگفت می‌آورد، به دعوت خدا از ابراهیم مربوط می‌شود. امّا مقتضی است که پیش از پرداختن به این پاسخ، به توضیحاتی دربارهٔ اعتقاد کهن یهودیت دربارهٔ خدا بپردازیم.

نام خدا

اسرائیلیان کهن در برهه‌ای از تاریخ خود - که تعیین دقیق آن دشوار است - خدای خود را با نامی خاص شناختند.

این نام بقدری خاص و مقدّس شمرده می‌شد که در روزگار عیسی، و شاید چند قرن پیش از آن، یهودیان اجازه نداشتند آن را به صدای بلند ادا کنند. (البته یک استثنا وجود داشت: کاهن اعظم، سالی یک مرتبه، نامِ خاص خدا را در محلی که در مرکز معبد قرار داشت و قدّس‌الاقداس خوانده می‌شد، اعلام می‌کرد.) از آنجا که این نام در متن عبری با حروف بی‌صدا درج شده است، به‌طور یقین نمی‌توانیم تلفّظ صحیح آن را بدانیم.

---

۱ منظور نویسنده از «خواستِ مبهم و من‌درآوردی» اشاره به برخی از نظریاتی است که در طول تاریخ کلیسا، راجع به کفاره شکل گرفته‌اند. احتمالاً نویسنده گوشه‌ای می‌زند به یکی از دیدگاه‌ها در خصوص کفاره، دایر بر اینکه مرگ عیسی باجی بود که خدا در قبال آزادی انسان‌ها به شیطان پرداخت کرد، چیزی شبیه پولی که به تروریست‌ها در قبال آزادی گروگانان پرداخت می‌شود. توضیح خود نویسنده، دکتر تام رایت، در خصوص کفاره بسیار گیرا و قانع‌کننده است و البته، بیشتر متمایل به نظری در خصوص کفاره است که به Christus Victor یعنی مسیح پیروز، معروف است. یکی از کتاب‌های معروفی که مفصلاً به معرفی این نظر پرداخته، کتابی است از گوستاف آولن Gustaf Aulen به همین نام. (مترجم)

کلمه‌ای که به این ترتیب از حروف بی‌صدا تشکیل یافته «YHWH» است، و بهترین حدس این است که باید آن را به صورت «Yahweh (یَهْوِه)» تلفّظ کرد. یهودیانِ محافظه‌کار تا امروز این کلمه را به زبان نمی‌آورند و اغلب برای اشــاره به خدا می‌گویند *HaShem* [ها-شِم] «آن نام».[۱] آنها از نوشتن نام خدا نیز اِبــا دارند و گاه حتی کلمهٔ «خــدا» را هم به صورت خـ...ا می‌نویسند تا همین مقصود حاصل آید.

YHWH نیز مانند اکثر نام‌های کهن، معنی داشــت. ظاهراً معنی این نام عبارت بوده از «هســتم آنکه هســتم» یا «خواهم بود آنکه خواهم بود». بنابراین، چنانکه از معنی این نــام برمی‌آید، این خدا به هیچ‌کس و هیچ چیز شــباهت ندارد تا در قالب این شباهت، تعریفی از او به دست دهیم. مســئله این نیست که چیزی به اســم «الوهیت» وجود دارد و خدا صرفاً یکی از مصادیق و نمونه‌های آن، گیرم عالی‌ترین نمونه، اســت. مســئله این هم نیســت که تمام هَســتمندان [موجودات]، از جمله خدا، با هم در چیزی که می‌توان «وجود» یا «هســتی» خواند شریک هستند، و خدا عالی‌ترین جلوهٔ وجود اســت. باید گفت، او همان اســت که هست. او مقولــهٔ مخصوص به خودش را دارد و بخشــی از مقوله‌ای گســترده‌تر نیســت. به همین دلیل اســت کــه نمی‌توانیم از نردبانــی که از جنس استدلال‌های عقلی ساخته‌ایم بالا برویم و از دنیای خودمان به دنیای خدا برسیم، همان‌طور که نمی‌توانیم با صعود از نردبانِ دستاوردهای اخلاقی، به جایی برسیم که شایستگی لازم را برای ایستادن در حضور خدا کسب کنیم.

---

۱ این را نباید با «هاشــم» که در فارسی به صورت اسم خاص برای افراد به‌کار می‌رود و معنی آن در عربی «خردکننده» است، اشتباه گرفت. در مقام توضیح باید گفت که در زبان عبری وقتی حــرف «ها» اول کلمه‌ای می‌آید، مانند حرف تعریف The در زبان انگلیســی، آن نام را «معرفه» می‌ســازد. معرفه به آن دسته از اســامی اطلاق می‌گردد که عموم به آن آگاهی دارند و نیازی به معرفی و توضیح آنها نیســت. بنابراین، **ها-شِم** عبری را اگر به انگلیسی برگردانیم (چنانکه نویســنده این کار را کرده است) می‌شود: The Name. از این روست که در ترجمهٔ فارسی، ضمیر اشارهٔ «آن» را به ابتدای «نام» اضافه کردیم تا ترکیب مورد نظر معرفه شود. (مترجم)

در خصوص نام خـــدا باید ابهام دیگری را نیز رفـــع کنیم. از جایی که نام شـــخصی خدا نبایست به زبان آورده می‌شـــد، اسرائیلیان روشی بـــرای اجتناب از خواندن آن موقع قرائـــت کتاب‌مقدس ابداع کردند. به این ترتیب، هرگاه به کلمهٔ YHWH می‌رســـیدند، به جای خواندن این نام می‌گفتند اَدونای (یعنی «خداوند مـــن»). آنها به منظور یادآوری این امر به خود که باید YHWH را «ادونـــای» بخوانند، گاه حروفِ صامتِ YHWH را با واکه‌ها [اصواتِ] اَدونای می‌نوشـــتند. این امر برخی از خوانندگان نســـل‌های بعد را که می‌خواستند هر دو نام را با هم بگویند، گیج می‌کرد. بنابراین، نســـل‌های بعد با کمی تســـامح (و از آنجا که برخی از حروف عبری را می‌تـــوان به جای یکدیگر به‌کار بُرد، مثلاً می‌توان J را جایگزین Y و V را جایگزین W کـــرد)، کلمهٔ ترکیبیِ JEHOVAH را ابداع کردند. این کلمهٔ ترکیبی را اگر اسرائیلیان کُهن یا مسیحیان اوّلیه می‌دیدند، برای‌شان مأنوس نمی‌بود.

تقریبـــاً همهٔ ترجمه‌های انگلیســـی کتاب‌مقدس به این ســـنت ادامه داده و خوانندگان را از تلفّظِ نام شـــخصی خدا باز داشـــته‌اند. بنابراین، مترجمان انگلیسی هر جا که به این کلمه برخورده‌اند، آن را به «خداوند» برگردانده‌انـــد. گاه ضبط این نام با حروف بزرگِ ریزچاپ صورت گرفته اســـت، یعنی: The LORD. این امر بر پیچیدگی موضوع افزوده است و اگر کسی بخواهد مســـیحیت به کنار، اعتقاد یهودیت را دربارهٔ خدا بشناسد، بهتر است ذهن خود را زیاد درگیر این الفاظ نکند.

از همـــان روزهـــای اوّل (و به‌طوری که در انجیل‌هـــا می‌خوانیم، از همان دوران حیات عیســـی) مسیحیان به او می‌گفتند «خداوند». در اوایل مســـیحیت، این عبارت لااقل به ســـه معنی بود: ۱- «سرور»، یعنی «کسی که ما بندگان و غلامان او هســـتیم»، «کسی که به او قول اطاعت و تبعیت داده‌ایم»؛ ۲- «ســـرور حقیقی» (یعنی برخلاف قیصر که همین لقب را به خود داده بود، مسیحیان عیسی را سرور و مولای حقیقی خود می‌دانستند)؛ ۳- «خداونـــد» - یعنی همان YHWH - چنانکه در عهدعتیق از او ســـخن رفته. تمامی این معانی در نوشته‌های پولس، متقدم‌ترین نویسندهٔ مسیحی

عهدجدید، عیان است. مسیحیان اوّلیه از انعطاف در کاربرد این واژه بهره می‌بردند، ولی همان برای ما منشاء ابهام و سرگشتگی شده است.

در فرهنگ معاصر غرب، و تحت تأثیر دئیسم، کلمهٔ «خداوند» به جای اینکه اختصاصاً به عیسی یا به YHWH در عهدعتیق اطلاق گردد، برای اشاره به وجود الاهیِ دوردستی به‌کار می‌رود که شامل مفهومی عام از الوهیت است. این وجود بعید نیست که ارتباطی با عیسی داشته باشد، ولی به همان اندازه هم بعید نیست که ارتباطی با او نداشته باشد، و احتمالاً با YHWH هم چندان ارتباطی ندارد. بدین‌طریق، وسواس‌های اسرائیلیان کهن، ترجمه‌ای اشتباه در قرون وسطی، و اندیشه‌هایِ مبهم قرن هجدهم در باب خدا، همه دست به دست داده و کاری کرده‌اند تا امروز نتوانیم در ذهن خود این مفهومِ ضروری را بازسازی کنیم که یک یهودی قرن اول چه درک و برداشتی از YHWH داشت، یک مسیحی اوّلیه به چه منظور عیسی را «خداوند» می‌خوانْد، و امروز چگونه می‌توانیم درکی از خدا داشته باشیم که جامعِ تمام این معانی باشد.

با این حال، همچنان باید به تلاش خود برای درک این واژه و دلالت‌های آن ادامه بدهیم. هر زبانی دربارهٔ خدا نهایتاً اسرارآمیز است، ولی این را نباید بهانه‌ای برای تفکرِ آشفته و بی‌نظم و سامان قرار داد. و از جایی که عنوانِ «خداوند» یکی از شیوه‌های محبوبِ مسیحیان اوّلیه برای سخن گفتن دربارهٔ عیسی بود، ضرورت تام دارد که برای توضیح و روشن‌سازیِ آن کوشش به عمل آوریم.

اگر بخواهیم در این بحث جلوتر برویم، لازم است نگاهی دقیق‌تر به قومی بیندازیم که باور داشتند خدای یگانهٔ حقیقی، یعنی YHWH، آنها را فراخوانده تا قومِ خاص او برای تحقق بخشیدن به اهدافش در خصوص جهان باشند - یعنی مردمی که از نقشهٔ خدا برای نجات سراسرِ جهان سخن می‌گفتند و خود را عاملان اجرای این نقشه می‌دانستند. در چارچوب داستانِ همین مردم است که می‌توانیم به معنی زندگی و کارهای عیسای ناصری، که کانون و محورِ ایمان مسیحی است، پی ببریم. و باید اضافه کنم که در سایهٔ شناخت عیسی است که کم‌کم می‌توانیم

صدایی را بشناسیم که پژواک‌هایش را در اشتیاق برای عدالت، گرسنگی برای روحانیّت و روابط، و لذت بردن از زیبایی می‌شنویم.

فصل ششم

قوم اسرائیل

چرا باید یک فصل کامل را به بررسی ملّتی بپردازیم که از قضای روزگار، عیسای ناصری در آن تولد یافت؟

برای مسیحیان اوّلیه، این سؤال کاملاً بی‌معنی بود. نَفْسِ طرح این پرسش، نشان از آن دارد که چقدر دنیای مسیحیت از ریشه‌های آن دور شده است. یکی از بنیادهای جهان‌بینی مسیحی، در درست‌ترین شکل آن، این است که آنچه در زندگی عیسای ناصری رخ داد، نقطه اوجِ داستانِ طولانی قوم اسرائیل بود. اگر بکوشیم رسالت عیسی را درک کنیم، ولی ندانیم داستان قوم اسرائیل چه محتوا و نقش و عملکرد و معنایی داشته، به این می‌مانَد که شخصی را در حال ضربه زدن به توپ با یک چوب ببینیم و بخواهیم از کار او سر در بیاوریم بی‌آنکه چیزی از بازی بیس‌بال یا کریکت بدانیم.

البته هر مسیحی که بخواهد زیاد از اسرائیل صحبت کند - چه اسرائیل کهن، چه اسرائیل در روزگار عیسی و چه اسرائیلِ فعلی - با مشکلاتی سهمگین روبه‌رو خواهد شد. چند هفته قبل، از **یادْواشِم** (یعنی «یادگاری و اسمی[1]») که موزهٔ قربانیان هولوکاست در اورشلیم است، بازدید کردم. در آنجا برای چندمین بار، شهادتی از یک مرد یهودی خواندم که از دست‌خطش معلوم بود آن را با عجله نوشته است. این شخص نیز همراه با ده‌ها تن دیگر، در واگنِ مخصوص حملِ احشام، یعنی در جهنمِ متحرک، به سوی مرگ بُرده شده بود. چرخی در فضای معدن‌وارِ موزه زدم که در

---

۱ عنوان این موزه مأخوذ از اشعیا ۵:۶۵ است، جایی که می‌گوید: «به ایشان در خانهٔ خود و در اندرون دیوارهای خویش یادگاری و اسمی بهتر از پسران و دختران خواهم داد. اسمی جاودانی که منقطع نخواهد شد به ایشان خواهم بخشید.» (مترجم)

دلِ سنگیِ دیوارهای آن، نام‌های آن دسته از شهرهای اروپایی حک شده بود که هزاران یهودی از ساکنانش را جمع‌آوری کرده و به مسلخ فرستاده بودند. هر یک از ما [مسیحیان غرب] هرچه دربارهٔ یهودیان بگوییم، آمیخته به اندوه و تأسف و خجلتی عمیق از این بابت است که در بطن فرهنگ اروپا (که هنوز عده‌ای خیال می‌کنند ما، صاحبان این فرهنگ، «مسیحی»! هستیم)، نقشهٔ این فاجعه نه فقط قابل‌طرح بوده، بلکه بدتر از آن، عملاً به اجرا درآمده.

امّا این بدان معنا نیست که دیگر حرفی برای گفتن وجود ندارد. در واقع، سکوت دربارهٔ داستان یهودی، که رسالت عیسی در بطن آن معنای خود را یافت، در حُکمِ نادیده گرفتنِ یهودستیزی پنهانی است که سال‌ها قبل از هیتلر وجود داشت و هیتلر به آن جامهٔ واقعیّت پوشاند. باید سخن بگوییم، اگرچه لرزْ لرزان.

بحث از روایت یهودی که می‌شود، فقط حساسیّت‌های معاصر نیست که دست و پای‌مان را می‌بندد. در طول تاریخ، مباحثاتِ مُفصلی در این باب صورت گرفته که از نظر تاریخی، تا چه اندازه می‌توانیم ابراهیم و موسی و داوود و بقیّهٔ شخصیت‌های کتاب‌مقدس را بشناسیم. آیا *واقعاً* چیزی به اسم «خروج» از مصر اتفاق افتاده؟ علی‌الظاهر نویسندگان کتاب‌مقدس از رخدادهای متعلق به اواخرِ عصر مفرغ و اوایل عصر آهن سخن می‌گویند (که مجموعاً دوره‌ای نزدیک به ۱۵۰۰–۱۰۰۰ ق.م را در بر می‌گیرد.) آیا شرح این رخدادها، هم‌زمان با وقوع آنها به نگارش درآمده و بعداً ویرایش شده‌اند، یا اینکه، پانصد تا ششصد سال بعد به رشتهٔ تحریر کشیده شده‌اند؛ و اگر چنین است، آیا بر پایهٔ اطلاعات موثق تاریخی به نگارش درآمده‌اند، یا بی‌پایه و اساس هستند؟

با اینکه ممکن است سؤالات مختلفی پیش آید، من قصد دارم داستان یهودی را *به شیوه‌ای تعریف کنم که یهودیان روزگار عیسی احتمالاً آن را به همین شیوه باز می‌گفتند*، یا لااقل یکی از شیوه‌های آنها این بود. باید بگویم، پای خود را جای محکمی گذاشته‌ایم. چون از یک طرف

عهدعتیق را در اختیار داریم که به زبان عبری نگارش یافته (و البته قسمت‌های اندکی از آن هم به زبانِ آرامی است). به‌علاوه، ترجمهٔ یونانیِ عهدعتیق را داریم، که به سپتواجینت[۱] [ترجمهٔ هفتادی] موسوم است، و نگارش آن به دو یا سه قرن پیش از عیسی برمی‌گردد. همچنین کتاب‌های متعددی در اختیار داریم که به فاصلهٔ یک یا دو قرن از روزگار عیسی به نگارش درآمده‌اند و بخشی یا کُلِ داستان کتاب‌مقدس را بازگو می‌کنند و برخی از خصوصیات این داستان را برای مقاصدی خاص مورد تأکید قرار می‌دهند. معروف‌ترین اثر از این میان، کتابی است حجیم به نام *کُهنْ روزگارانِ یهود*[۲] به قلمِ نویسنده‌ای درخشان (اگر نگوییم تک‌رو) به نام فلاویوس یوسِفوس[۳] اشراف‌زاده‌ای یهودی که در جنگ علیه روم، اواسط دههٔ ۶۰ میلادی، شرکت کرد، سپس تغییر موضع داد، به رومیان پیوست و پس از ویرانی اورشلیم در ۷۰ میلادی، به رُم بازگشت و از دولت مُستمریِ بازنشستگی دریافت کرد. بازگفتنِ داستان یهود، از دریچهٔ نگاه یک یهودی قرن اول، نه فقط موجب اجتناب از سؤالات تاریخی عدیده‌ای می‌شود که کماکان دربارهٔ قرون نخست مطرحند، بلکه ما را آمادهٔ درک این مطلب می‌کند که به چه دلیل عیسای ناصری چنان سخنانی را بیان داشت و چنین کارهایی انجام داد و تأثیر و نتیجه‌ای که سراغ داریم، از آنها حاصل شد.

قبلاً دربارهٔ سرآغاز این داستان سخن گفتیم. اکنون جَستی می‌زنیم به یکی از رخدادهای کلیدیِ اوایل آن: یعنی دعوت از ابراهیم. یا به عبارت دقیق‌تر، می‌خواهیم به اتفاقی تراژدی-کُمدی بپردازیم که قبل از دعوت خدا از ابراهیم روی داد و ما را برای درک این دعوت آماده می‌سازد.

دعوت از ابراهیم

«عجب! پس که بُرج ساخته‌اید؟ دیگر خیال دارید چه درست کنید؟» این لحنی است که در باب ۱۱ کتاب پیدایش می‌یابیم، جایی که

1 Septuagint; 2 Jewish Antiquities; 3 Flavius Josephus

خدا، تمسخرکنان، نظر خود را دربارهٔ تلاش‌های ترحم‌انگیز و بی‌مقدار انسان‌ها برای بزرگ و مهم جلوه دادن خود، ابراز می‌کند. داستان وضعیتی را ترسیم می‌کند که مدام رو به وخامت می‌گذارد: از عصیان در باغ عدن (باب ۳) به اولین قتل (باب ۴) به خشونتِ گسترده (باب ۶)، و حالا هم فکرِ مزخرفِ ساختن برج - که امروز آن را برج بابل می‌خوانیم - و نوک آن به آسمان می‌رسید (باب ۱۱). کسانی که قرار بود صورتِ خدا را به دنیا بازتاب دهند - یعنی، انسان‌ها - به جای این کار، دارند در آیینه به خود نگاه می‌کنند؛ و از آنچه می‌بینند، هم خوش‌شان آمده و هم هراسان شده‌اند. آنها که هم متکبر و هم دچار احساس ناامنی هستند، به توّهم خودبزرگ‌بینی گرفتار آمده‌اند. خدا آنها را در سراسر زمین پراکنده می‌کند، زبان‌های‌شان را مشوش می‌سازد تا دیگر نتوانند پِیِ طرح‌های جاه‌طلبانهٔ خود بروند.

داستان برج بابل، شرح حال دنیایی است گرفتار بی‌عدالتی و انواع نگرش‌های روحانیِ کاذب (مانند همین کوشش برای رسیدن به آسمان به اتکاء تلاش‌های خود)، روابط از هم گسیخته، و ساختِ بناهایی که زشتی آنها، به جای کوشش برای گسترش زیبایی، نشان از تکبر آدمی دارد. متأسفانه تمام اینها، طنین آشنایی به گوش ما دارند. این صحنه‌ای است که در بطن آن، نقطه عطف بزرگِ باب ۱۲ پیدایش را می‌یابیم. خدا ابرام را فرا می‌خواند (که البته پنج فصل بعد، نام او طولانی‌تر می‌شود و به ابراهیم تغییر می‌کند) و وعده‌هایی عظیم به او می‌دهد:

> «و از تو اُمتی عظیم پیدا کنم و تو را برکت دهم، و نام تو را بزرگ سازم، و تو برکت خواهی بود. و برکت دهم به آنانی که تو را مبارک خوانند، و لعنت کنم به آنکه تو را ملعون خواند. و از تو جمیع قبایل جهان برکت خواهند یافت» (۱۲:۲-۳).

خط آخر، بخش حیاتیِ این وعده است. قبایل جهان مُنقسم و سرگردان شده‌اند و هر یک امور زندگی خود، و در مقیاسی وسیع‌تر،

امور دنیا را به شیوهٔ خود اداره می‌کند. ابراهیم و نسل او باید به‌گونه‌ای ابزار خدا برای سامان بخشیدن به جهان شوند، یعنی پیشگامانِ عملیات خدا برای نجات جهان.

گفتیم «به‌گونه‌ای». در نگاه نخست، چنین نقشه‌ای، دور از عقل و بعید می‌نماید. امّا این وعده در فصل‌های بعدی، تکرار و بسط می‌یابد. به بیان دقیق‌تر، خدا با ابراهیم «عهدی» را منعقد می‌کند: منظور نوعی پیمان است، توافقی الزام‌آور، وعده‌ای که به موجب آن خدا و ابراهیم، هر دو، از آن پس برای ابد به یکدیگر متعهد و پایبند می‌شوند. البته، این عهد دقیقاً به معنی «قرارداد» نیست؛ چون از مفهوم قرارداد نوعی تساوی بین طرفین آن، لازم می‌آید، حال آنکه در این توافق‌نامه، از آغاز تا انجام، خدا اختیاردارِ مطلق است. در این رابطهٔ استوار بر عهد، گاه از خدا در مقام پدر و از اسرائیل در مقامِ پسرِ نخست‌زادهٔ او یاد می‌شود؛ گاه خدا ارباب و اسرائیل غلام است. گاه، به تعبیری فراموش‌نشدنی، از این عهد به‌عنوان ازدواجی یاد می‌شود که در آن خدا داماد است و اسراییل عروس اوست. اگر می‌خواهیم درک جامعی از داستانِ اسرائیل داشته باشیم، به همهٔ این تصاویر نیاز داریم (البته، باید به یاد داشت که اینها فقط تصویر هستند، و از دنیایی به‌کل متفاوت با دنیای ما اخذ شده‌اند).

نکته این است که عهد خدا با ابراهیم، در حُکم تعهدی استوار از جانب خالق جهان است که به موجب آن، او خدای ابراهیم و خانواده‌اش خواهد بود. *از طریقِ* ابراهیم و خانواده‌اش، خدا سراسر جهان را برکت خواهد داد. در بیابان‌هایی که ابراهیم سرگردان شده بود، آنچه مانند سرابی می‌درخشید، رویایِ دنیایی جدید بود، دنیایی رسته و رهایی‌یافته، دنیایی که بار دیگر زیر برکتِ خالق خود قرار گرفته، دنیایی از عدالت، که در آن خدا و قومش در هماهنگی زیست خواهند کرد، و روابط انسانی شکوفا خواهند شد، و زیبایی بر زشتی چیرگی خواهد یافت. در این دنیا، صداهایی که در ضمیرِ تمامی انسان‌ها طنین‌افکن است، به هم خواهند آمیخت و صدای خدای زنده از آنها به گوش خواهد رسید.

عهدی که از آن سخن گفتیم، شاید نزد خدا استوار و لرزش‌ناپذیر بود، امّا چنانکه از داستان پیدایش برمی‌آید، از ابراهیم چیزی جز سست‌عهدی نمی‌بینیم.

از همان ابتدای کتاب پیدایش با معضلی روبه‌رو می‌شویم که بر سراسر روایتِ کتاب‌مقدس سایه می‌افکند: اگر قایق نجاتی که برای کمک به کشتیِ توفان‌زده گسیل می‌شود، بین صخره‌ها و امواج به دام بیفتد و خودش محتاج کمک شود، چه اتفاقی می‌افتد؟ وقتی قومی که خدا می‌خواهد از طریق آنها عملیات نجات را به اجرا درآورد، قومی که خدا می‌خواهد از طریق آنها به دنیا سامان بخشد، خود محتاج نجات و سامان یافتن می‌شود، چه اتفاقی می‌افتد؟ هنگامی که اسرائیل به بخشی از مشکل تبدیل می‌شود و فقط حامل راه‌حل نیست، چه روی می‌دهد؟ همان‌طور که لایونل بلو، رابیِ کهنسالِ بشّاش، در برنامه‌ای رادیویی گفت: «خرابکاری‌های یهودیان هم مثل بقیهٔ مردم است، منتها یک خُرده بیشتر.» عهدعتیق، در تمام صفحات خود، بر این موضوع صحّه می‌گذارد.

امّا خدایی که دنیا را از روی محبتِ آزادانه، بی‌کران و پرشورِ خود آفریده است، حال که می‌بیند دنیای او غرق در عصیان است و همان قومی که برای اجرای عملیات او و برای نجات جهان انتخاب شده بودند، نقشه‌اش را خراب کرده‌اند، دست به چه اقدامی باید بزند؟ مسلماً نمی‌تواند با اشتباه دانستن کُل این قضایا، خود را پس بکشد. (جایی که خدا بیش از همیشه به این موضع نزدیک می‌شود، در داستان توفان است که شرح آن را در پیدایش ۶-۸ می‌خوانیم؛ ولی بخشی از مقصود و محتوای این داستان آن است که خدا نوح، خانواده‌اش و حیوانات را نجات می‌بخشد تا آفرینش را از نو بسازد.) خدا به جای پا پس کشیدن، در بطنِ خود خلقت عمل می‌کند، با همهٔ پارادکس‌ها و ابهاماتی که در این کار هست، تا معضلاتِ متعددی را که از عصیان انسان ناشی شده چاره کند، و به این ترتیب نَفْسِ آفرینش را احیا نماید. او کار خود را بین همان قومی که با آنها عهد بسته آغاز می‌کند تا عملیّات نجات را تکمیل کند و به هدف اوّلیهٔ آن تحقق بخشد.

آنچه آمد روشن می‌سازد که چرا در قلب داستان اسرائیل، موضوعی واحد، مانند لایت‌موتیفِ[1] قطعه‌ای از واگنر، در زمینه‌های گوناگون و از زاویه‌های مختلف مرتباً تکرار می‌شود. این حدیث مُکرّر، داستانِ رفتن و باز آمدن به خانه است: داستانِ اسارت و خروج، تبعید و احیاء. این همان داستانی است که عیسای ناصری پیوسته در سخنان و کارهای خود، و بالاتر از همه، در مرگ و رستاخیزش بازگفت.

تبعید و بازگشت به خانه

شاید برای داستان‌گویانِ یهودی که عهدعتیق را به نگارش درآوردند، این امری ناگزیر بود که موضوعِ رفتن-و-بازگشتِ دوباره را به موتیف، یعنی موضوع اصلی و تکرارشوندهٔ روایت خود، تبدیل کنند. به احتمال قوی، بخش‌های عمدهٔ کتاب‌مقدس عبری [عهدعتیق] زمانی شکل نهایی خود را یافت که یهودیان به بابل تبعید شده بودند و دو چیز قلب آنها را از اندوه می‌آکَنْد: دوری از وطن، و دوری از معبدی که یَهْوِه قول داده بود از طریق آن با قوم خود باشد (یکی از شاعران آن روزگار، شکایت می‌کند که «چگونه سرود **یَهْوِه** را در زمین بیگانه بخوانیم؟» [مزمور ۱۳۷: ۴]). قوم اسرائیل از این بازی شومِ روزگار که آنها را به بابل، سرزمینِ برج بابل کشانده بود، دل‌آزرده بودند. امّا می‌دانستند که باید به چه چیزی امیدوار باشند، چون قبلاً هم طعمِ جلای وطن را چشیده بودند و تبعید و بازگشت از آن، موضوعِ محوری تمامی داستان‌های‌شان را تشکیل می‌داد.

در واقع، داستان از خود ابراهیم شروع شد که به اقتضای بادیه‌نشینی، برای مدتی به مصر می‌رود - و تقریباً در آنجا گیر می‌اُفتد و از بیم جان می‌گوید که سارا، همسرش، خواهر اوست (البته، این چندان هم دروغ نبود چون سارا در واقع خواهرِ ناتنی‌اش بود.) بعد از این قضایا، به او اجازه داده می‌شود تا از مصر خارج شود. این داستان بلافاصله بعد از آن گفته می‌شود که خدا اوّلین وعدهٔ بزرگ خود را به ابراهیم می‌دهد، گویی

---

۱ یعنی چیزی شبیه ترجیع‌بند/ بندگردان؛ یا موضوعی که پیوسته تکرار می‌شود. (مترجم)

نکتهٔ داستان این است: «دیدید چطور وعدهٔ این آیندهٔ بزرگ هنوز از دهان خدا درنیامده ابراهیم همه چیز را خراب کرد؟»

این اُلگو به شیوه‌های گوناگون تکرار می‌شود. مثلاً یعقوب برادرش عیسو را فریب می‌دهد و ناگزیر به جانب شرق فرار می‌کند، امّا سرانجام به خانه باز می‌گردد و با برادرش روبه‌رو می‌شود، و از آن مهم‌تر، با خدا پنجه در پنجه می‌افکَند (پیدایش ۳۲). حولِ این داستان، پژواک‌های بسیاری از موضوعاتی چون عدالت، روحانیت و رابطهٔ احیاءشده به گوش می‌رسند. اینها پژواک‌های موضوعاتِ گسترده‌تری هستند که نویسندگان و ویراستاران کتاب‌مقدس هرگز آنها را از یاد نمی‌بردند.

اما تمام خطوط در کتاب پیدایش به داستانِ یوسف منتهی می‌شوند که مصداقی از رفتن-و- بازگشتِ دوباره است. یوسف به مصر بُرده و در آنجا به‌عنوان غلام فروخته می‌شود، امّا دیری نمی‌پاید که در نظر صاحب خود اعتبار می‌یابد و به مردی موفق تبدیل می‌گردد. سرانجام تمام خانواده‌اش، به دلیل قحطی‌ای که در وطن‌شان افتاده بود، به مصر می‌روند و به او می‌پیوندند و از یاری او برخوردار می‌شوند. در طی یک نسل - ولی پس از مرگ یوسف - عنایتی که به این خانواده وجود داشت به سوءرفتار تغییر می‌یابد، و آنها نیز، به بردگی گماشته می‌شوند. آنگاه درست در زمانی که کارد به استخوان رسیده، خدا فریاد تضرع و استغاثهٔ آنها را می‌شنود و وعده می‌دهد تا قوم خود را از بردگی نجات بخشد و به آنها در سرزمین خودشان آزادی اعطا کند. این یکی از بزرگ‌ترین لحظات در یاد و خاطرِ یهودیان و مسیحیان است که موضوعات گوناگونی را در کنار هم قرار می‌دهد. این موضوعات عبارتند از وفاداری خدا به وعده‌هایی که به ابراهیم داده بود، رحم آوردن خدا بر قومش زمانی که رنج می‌کشیدند، وعدهٔ خدا مبنی بر نجات و رهایی و آزادی و امید، و مافوق همهٔ اینها، آشکار شدنِ نام خدا و اهمیّت آن:

> خدا به موسی گفت: «هستم آنکه هستم.» و گفت: «به بنی‌اسرائیل چنین بگو: اهْیَه (هستم) مرا نزد شما فرستاد.»

> و خدا باز به موسی گفت: «به بنی‌اسرائیل چنین بگو، یَهْوِه خدای پدران شما، خدای ابراهیم و خدای اسحاق و خدای یعقوب، مرا نزد شما فرستاده، این است نام من تا ابدالآباد، و این است یادگاریِ من نسلاً بعد نسل...شما را از مصیبت مصر بیرون خواهم آورد، ... به زمینی که در آن شیر و شهد جاری است» (خروج ۳:‏۱۴-۱۷).

و البته این اتفاق افتاد. خدا مصریان بت‌پرست را داوری و تنبیه کرد و قومش را نجات بخشید. این داستانِ پِسَخ (فصح)، یعنی یکی از بزرگ‌ترین جشن‌های یهودیان تا به امروز است.

البته (بدون اغراق باید گفت که) ماجرا به این سادگی‌ها اتفاق نیفتاد. امّا سرانجام اسرائیلیان به سرزمینی که به آنها وعده داده شده بود، رسیدند. در آنجا نیز، همچنانکه برخی از قبایلِ بومی بر آنها مسلط می‌شدند و رهانندگانِ دیگری برای نجات قوم اسرائیل به پا می‌خاستند، اوضاع به تناوب خوب و بد می‌شد. همین اوضاعِ نیمه هرج و مرج بود که باعث شد مردم تقاضای پادشاه کنند، و پس از شروعی ناموفق با شائول، داوود در صحنه ظاهر شد که به «مردی موافق دل خدا» شهرت یافت. او نیز مانند ابراهیم، از تمنیّات قلب خود پیروی کرد و عواقبی فاجعه‌آمیز به بار آمد. به این ترتیب، درست در جایی که بایست داستان استقرار پادشاهیِ داوود را می‌خواندیم، ماجرای گریختن داوود از دست پسرِ یاغی‌اش، ابشالوم، رخ می‌دهد. بار دیگر الگویی که از آن صحبت می‌کردیم، تکرار می‌شود: داوود به تبعید می‌رود، و در بازگشت، دل‌شکسته‌تر و فرزانه‌تر است. امّا در خلال دو نسل، پادشاهیِ او مُنقسم می‌شود. در فاصلهٔ دو قرن، بخش بزرگ‌ترِ این پادشاهی، یعنی حکومت شمالی که نام «اسرائیل» را بر خود گرفته بود (برخلاف پادشاهی جنوبی که «یهودا» نامیده می‌شد)، بوسیلهٔ امپراتوری آشور در هم کوبیده شد و اَتباع آن به جلای وطن وادار شدند. در اینجا، داستان از مسیر همیشگیِ خود خارج می‌شود و دیگر خبری از بازگشت به خانه نیست.

در این اثنا، حکومت جنوبی، به مرکزیّتِ اورشلیم، با تلاش و تقلا به موجودیت خود ادامه می‌دهد. امّا همگام با تضعیف آشور، دشمنِ ظالم‌تری در صحنه نمایان می‌شود: این دشمن که بابل بود، امپراتوریِ عظیم و گسترده و چیره‌گرِ خود را مستقر کرد و طوری مملکت کوچک یهودا را در کام خود فرو بُرد که هیولایی دریایی بخواهد ماهی کوچکی را ببلعد. اورشلیم و معبد و همه چیز، یکسر ویران شد؛ خاندان داوود مورد هتک حرمت و کُشتار قرار گرفت. مردمانی که سرودهای **یَهْوِه** را خوانده بودند، اکنون می‌دیدند که کلمات این سرودها در سرزمینی بیگانه و مُتخاصم، در گلوشان یخ بسته است.

و آنگاه، دوباره، همان اتفاق همیشگی تکرار شد: بازگشت به خانه. پس از گذشت هفتاد سال، بابل به دست امپراتوری پارس افتاد، و فرمان‌فرمای جدیدِ پارسی بر آن شد تا یهودیان را به خانه و موطن‌شان بازگرداند. اورشلیم باز هم پُر از سَکَنه شد و معبد بازسازی گردید. شاعرِ مزمورنویس، در حالی که از فرط شور و شگفتی قادر به اَدای کلمات نبود، نوشت: «چون خداوند اسیران صهیون را باز آوَرْد، مثل خواب‌بینندگان شدیم. آنگاه دهان ما از خنده پر شد و زبان ما از ترّنم» (مزمور ۱۲۶:۱–۲).

تبعید و بازگشت به خانه، این موضوعِ بزرگِ روایات یهودی از آن روزگار تا امروز، در ضمیرِ کسانی که باری دیگر به اورشلیم بر می‌خاستند، تحکیم شد. این افراد اعتقاد داشتند که معبد، محلِ تداخلِ آسمان و زمین است، و در آنجا یَهْوِه به ملاقاتِ قومش می‌آید و این ملاقات شامل بخشایش گناهان آنها و مشارکت با آنهاست؛ نیز اعتقاد داشتند که نقشه و برنامهٔ خدا برای نجات قومش و سامان دادن به جهان، با همهٔ چیزهایی که بر آنها گذشته بود، به قوّت خود باقی است.

رهایی از چنگالِ هیولاها

امّا اوضاع فرق کرده بود. لااقل با آنچه در روزگار داوود و سلیمان بود، فرق داشت، یعنی آن روزگاری که اسراییل آزاد و مستقل بود و ملل

هم‌جوار تابع و مطیع بودنـــد و مردم از راهی طولانی می‌آمدند تا زیباییِ اورشلیم را ببینند و سخنانِ حکیمانهٔ پادشاه آن را بشنوند. اسرائیل از بابل بازگشـــته بود، امّا همچنانکه برخی از نویسندگان آن دوره اشاره داشتند، آنها همچنان در اســـارت و غلامی بودند - منتها در سرزمین خودشان! امپراتوری‌ها یکی پس از دیگری بر آنها مســـلط می‌شدند: پارس، مصر، یونان، ســـوریه و آخر هم روم. یهودیان از خود می‌پرسیدند که آیا معنی بازگشـــت به خانه این بود؟ آیا وقتی خدا قوم خود را رهایی می‌داد و به جهان سامان می‌بخشید، قرار بود همین اتفاق بیفتد؟

جایی در اواســـط این دوران، یهودیِ فرزانه‌ای دست به تدوین کتابی زد کـــه موضوع آن زندگیِ قهرمانان و نهان‌بینانِ یهودی در زمان ســـلطهٔ بیگانگان بود. این کتاب که به تبع شـــخصیت اصلی آن، دانیال نام دارد، بر این امیدِ بی‌زوال تأکید می‌کند که سراسر جهان تحت پادشاهیِ خدای خالقِ یگانه، یَهْوِه، خدای ابراهیم، به‌گونه‌ای نظم و ســـامان خواهد یافت. با این وصف، کتاب دانیال روشـــن می‌سازد که تحقق این وعده بیش از آن طول کشـــیده بود که اکثر یهودیان تصور می‌کردند. بله، بحثی در این نیست که آنها از بابل بازگشـــته بودند؛ امّا به معنایی عمیق‌تر «تبعید» آنها نه هفتاد ســـال بلکه «هفتاد هفتهٔ سالیان» طول خواهد کشید - به عبارتی، هفتاد ضـــرب در هفت، یا همان ۴۹۰ (دانیال ۹:۲۴). ما در روزگار خود، با کســـانی که از نبوّت‌های کهن برای محاســـبهٔ زمان رخدادهای معاصر استفاده می‌کنند، آشنایی داریم. بســـیاری از یهودیان، در طی دورانی که ما به آن می‌گوییم دو قرن پیش از میلاد مســـیح، بر مبنای این نبوّت سعی داشتند مشـــخص کنند که تبعیدشان چه وقت پایان خواهد یافت و خدا آنها را رهایی و جهان را سامان خواهد داد.

در اینجا ما به عقیده‌ای برمی‌خوریم که رفته‌رفته به یکی از موضوعاتِ شـــاخص در مســـیحیت اوّلیه تبدیل می‌یابد. شـــعرا و انبیای قدیمی‌ترِ اسرائیل اعلام کرده بودند که خدای‌شان براستی پادشاه کُل جهان خواهد شـــد. دانیال این عقیده را در پیکرهٔ روایتِ تبعید و احیای اسرائیل، رفتن و بازگشـــت آن به خانه، حَک کرد. روزی که قوم خدا ســـرانجام رهایی

بیابد - به عبارتی، زمانی که بت‌پرستانِ ستم‌پیشه ساقط شوند و قوم اسرائیل به آزادی دست یابد - آن روز خدای حقیقی وعده‌های خود را عملی خواهد ساخت، و به داوری سراسر جهان خواهد نشست و به همهٔ امور سامان خواهد بخشید. «هیولاهایی» که به قوم خدا حمله برده‌اند، محکوم خواهند شد، و شخصی که به داوری آنها خواهد نشست، شخصیتِ عجیبی خواهد بود که به انسان شباهت دارد، به قولی «مِثلِ پسر انسان» است - همان که نمایندهٔ قوم خداست و پس از رنج بردن، حقانیتش به ثبوت می‌رسد (دانیال ۷). این به معنای فرا رسیدنِ «پادشاهی خدا» است، یعنی حاکمیتِ متعال خدا بر سراسر جهان که توأم با داوری و مجازاتِ شرارت و نظم و سامان بخشیدن به تمامی امور است. حال، با این مقدّمات، تقریباً آماده‌ایم تا نگاهی به زندگی مردی بیندازیم که موضوع پادشاهی خدا را سرلوحه فعالیت‌هایش قرار داد.

امید اسرائیل

گفتم تقریباً آماده‌ایم نه کاملاً. چهار موضوع وجود دارند که حولِ داستان اسرائیل، مطابق آنچه در کتاب‌مقدس و در نوشته‌های بعدی یهودیان آمده، می‌گردند. این چهار موضوع به روایتی که رئوس مطالب آن را ذکر کردیم، شکل و پیکره می‌بخشند.

اول، **پادشاه**. وعده‌های عالی خدا به داوود - اینکه سلطنت از خاندان او دور نخواهد شد (دوم سموئیل ۷) - پس از هشدارهایی داده شد که سموئیل نبی دربارهٔ رفتارهای ستمکارانهٔ همهٔ پادشاهانِ زمینی اعلام داشت (اول سموئیل ۸). رفتار خود داوود، و پسرش سلیمان، علناً نشان داد که هشدار سموئیل بی‌راه نبود. همهٔ جانشینان داوود نیز یا افرادی ضعیف یا جداً بد بودند؛ حتی کسانی هم که روحی تازه در حیات و عبادتِ اسرائیل دمیدند (حزقیا و یوشیا)، نتوانستند از فاجعهٔ نهاییِ تبعید جلوگیری کنند. مزمور ۸۹، یکی از باشکوه‌ترین و اثرگذارترینِ مزامیر، این معضل را به روشن‌ترین شکل ممکن بیان می‌دارد. از یک طرف، خدا تمام این وعده‌های بزرگ را به داوود داد؛ و از طرف دیگر انگار که آخر

همهٔ این وعدهها هیچ و پوچ بود. این مزمور، هر دو نیمه را در حضور خدا می‌گیرد و انگار می‌خواهد بگوید: «خدایا! قصد داری با اینها چه کنی؟»

امّا از بطنِ همین احساس گیجی و سرگشتگی است که امیدی، ابتدا به صورت بارقه و کورسو و سرانجام روشن و مؤکد، ظاهر می‌شود، و آن این است که روزی پادشاهی حقیقی ظهور خواهد یافت، پادشاهی از نوعی متفاوت، پادشاهی که همه چیز را اصلاح و بسامان خواهد کرد. هنگامی که او بر تخت سلطنت تکیه کند، سرانجام حقِ بینوایان ادا خواهد شد؛ و آفرینش سرود شادی سَر خواهد داد:

> ای خدا انصاف خود را به پادشاه ده،
> و عدالت خویش را به پسر پادشاه،
> و او قوم تو را به عدالت داوری خواهد نمود،
> و مسکینان تو را به انصاف.
> آنگاه کوه‌ها برای قوم سلامتی را بار خواهند آورد
> و تلها نیز در عدالت.
> مسکینان قوم را دادرسی خواهد کرد،
> و فرزندان فقیر را نجات خواهد داد؛ و ظالمان را زبون خواهد ساخت. (مزمور ۷۲:۱-۴)

وعده‌های کُهن خدا باید این‌گونه به تحقق رسند. پادشاه جدیدی خواهد آمد، مسح‌شده به روغن و روح‌القدس (کلمهٔ عبری برای «مسح‌شده»، «مسیحا/ ماشیح» است، و کلمهٔ یونانی «مسیح»)، و او دنیا را دوباره به نظم خواهد آورد. صدایی که طنینِ عدالت‌خواهی افکنده است، سرانجام لبیک گفته خواهد شد.

دوم، **معبـد.** دیدیم که از لحاظ نظری، یهودیان معتقد بودند که معبد، محل تلاقیِ آسمان و زمین است. ولی معبد دوم (یعنی همان که بعد از بازگشت اسرائیلیان از بابل ساخته شد و تا ویرانیِ فجیع آن در ۷۰ میلادی برقرار بود)، از هیچ نظر با معبد قبلی قابل‌مقایسه نبود. ملاکی نبی شکایت می‌کرد که حتی کاهنانی که در این معبد مشغول خدمت بودند، آن را

تحقیر می‌کردنـــد. از زمان داوود، وظیفهٔ بنا یا بازســـازیِ معبد بر دوش پادشاه بود، امّا این کار انجام نمی‌شد. چند قرن بلافاصله پیش از عیسی، دو مرد دســـت به بازسازی معبد زدند تا ادعای سلطنت خود را به کُرسی بنشانند، ولی هیچ کدام‌شان از نسل داوود نبودند.

یکـــی از این افراد، یهودا مکابیوس، در قیام خود علیه ســـوری‌ها در ۱۶۴ ق.م، به پیروزی چشمگیری دست یافت. وی از جبّاران بیگانه خلع ید کرد و پرســـتش حقیقی را در معبد احیاء نمود (بت‌پرستان قبلاً معبد را برای مراسم خود اســـتفاده می‌کردند). یهودا مکابیوس به اتکاء همین اقدامات توانســـت به مدت بیش از یک قرن، سلطنت را نصیب خاندان خود کند. ســـپس، هرودِ کبیر، که رومیان لقبِ «پادشاه یهودیان» را به او دادند (اساســـاً به این دلیل که وی قوی‌ترین جنگ‌ســـالار در آن سامان بود)، برنامه‌ای مفصل برای بازسازی و زیباسازیِ معبد به اجرا درآورد - برنامه‌ای که پسرانش بعد از او ادامه دادند. با این حال، این کار نتوانست بقای‌شان را تضمین کند و سلسلهٔ آنها چند سال پیش از ویرانی معبد در ۷۰ میلادی منقرض شـــد. امّا اصلی که از آن سخن گفتیم دیگر جا افتاده بود. به این ترتیب، اگر پادشـــاهی حقیقی ظهور می‌کرد، بخشی از وظیفهٔ محوری او نه فقط این بود که عدل و انصاف را در جهان برقرار کند، بلکه نیز وظیفه داشت محلی را که آسمان و زمین به هم می‌رسیدند، بازسازی کند. بدین‌طریق، اشـــتیاق عمیق انســـان برای روحانیّت، برای رسیدن به خدا، سرانجام برآورده می‌شد.

ســـوم، **تورات**، یا همان **قانون موســـی**. احتمـــالاً در دوران تبعید در بابل بود که مجموعهٔ موسوم به **پنج کتابِ موسی**، که همچنین به تورات شهرت دارد، ویرایش شد و به شکل نهایی خود درآمد. تورات بر داستانِ کُهنِ اســـارت و آزادی، تبعید و بازگشـــت به خانه، ظلم و پِسَـــخ، تأکید دارد - امّا در همان حال برای کســـانی که به ایـــن نحو نجات و رهایی یافته‌اند، الگویی برای زندگـــی عرضه می‌دارد. تورات می‌گوید که وقتی خدا شما را از طوق اســـارت و بردگی می‌رهانَد، الگوی رفتار شما باید این‌گونه باشـــد، البته نه اینکه با عمل به این الگـــو بتوانید طرف لطف و

عنایت الاهی قرار بگیرید (چنین کاری در حُکم آن است که انسان بتواند خدا را اخلاقاً مدیون خود کند)، بلکه بدین‌طریق، قدرشناسی و وفاداری خود را ابراز می‌کنید و نشان می‌دهید که عزم خود را جزمِ زندگی مطابق عهدی کرده‌اید که خدا در وهلهٔ اول به موجب آن شما را رهانیده است. بر مبنای همین منطق است که از زمان تبعید تا روزگار عیسی و پس از آن، یهودیان به‌گونه‌ای فزاینده بر مطالعه تورات و عمل مطابق آن، متمرکز شدند.

تورات هرگز قرار نبود آیین‌نامه‌ای فردی باشد، به این معنی که هر کس، در هر جا که خواست، به‌تنهایی به مفاد آن عمل کند و منتظر نتایج آن باشد. تورات به یک قوم اعطا شد، بوسیلهٔ همان قوم و برای همان قوم نیز مورد ویرایش قرار گرفت، و به همان قوم هم (لااقل در دورانِ پس از تبعید) عرضه شد؛ و لُبِ کلام تورات این بود که این قوم چگونه باید زیر حاکمیتِ خدا، در هماهنگی با یکدیگر - که این به معنی عدالت است - زندگی کنند. انسان‌شناسان هرچه می‌گذرد بیشتر به این نکته پی می‌برند که بسیاری از تابوها (مُحرمات) و رسومِ مقررشده در تورات، لااقل به معنایی نمادین، شیوه‌هایی بوده‌اند برای حفظ همبستگیِ قوم و صیانت از هویّت آنها در مقامِ قومی که به واسطهٔ عهد به خدای یگانه تعلق یافته‌اند، و این امر بخصوص زمانی مصداق داشت که قوم در معرضِ تهدید بت‌پرستان قرار می‌گرفت. از همین روست، که مثلاً، یهودا مکابیوس و خانواده‌اش بر ضد سوری‌ها عَلَمِ عصیان افراشتند: سوری‌ها، عالماً و عامداً، نه فقط تقدّس معبد را با اجرای مناسکِ بت‌پرستانهٔ خود در صحن آن، از بین برده بودند بلکه با هرچه در توان داشتند می‌کوشیدند تا یهودیانِ وفادار را به نقض تورات وادار کنند. هر این دو اقدام با هدفی واحد صورت می‌گرفت: هر دو، شیوه‌ای بودند برای نابود کردنِ هویّت ملّی و در هم شکستنِ روحِ ملّت. قیام مکابیان همان اندازه که به معبد مربوط می‌شد به تورات ربط داشت. و موضوع تورات از اول تا آخر، این بود که چگونه باید به‌عنوان قوم - خانواده - خدا زندگی کرد.

تورات پاسخی بود برای این اشتیاق وافر به رابطهٔ حقیقی با خدا و با یکدیگر، اشتیاقی که پژواک آن حولِ قلبِ هر انسانی به گوش می‌رسد.

چهارم، **آفرینشِ جدید**. دانیال تنها کتابی نبود که به وعده‌های جهانشمول خدا به ابراهیم متوسل می‌شد. بخش بزرگِ میانی کتاب اشعیا به بیان این نکته می‌پردازد که خدا نه فقط قصد دارد قبایلِ یعقوب را احیاء کند، بلکه نیز می‌خواهد نور خود را بر اُمت‌های بت‌پرست تابان سازد (۶:۴۹). و باز در همین کتاب است که ما، به شکلی قابل‌ملاحظه، شاهد آن هستیم که امیدهای مختلف، شتابان به هم می‌رسند، امید برای پادشاه، امید برای معبد، برای تورات، برای صلحِ جهانی، برای برقراری دوبارهٔ باغ عدن - و در یک کلام، امید برای آفرینشِ جدید. زیبایی این دنیای جدید به زیبایی شعرِ کُهنی است که آن را به وصف در می‌آورد. به قطعات زیر که از قسمت‌های مختلفِ کتاب اشعیا برگرفته شده‌اند، توجه کنید:

> و در ایّام آخر واقع خواهد شد که کوه خانهٔ خداوند بر قلّهٔ کوه‌ها ثابت خواهد شد و فوق تلّ‌ها برافراشته خواهد گردید و جمیع امّت‌ها به سوی آن روان خواهند شد.
> و قوم‌های بسیار عزیمت کرده، خواهند گفت: «بیایید تا به کوه *خداوند* و به خانهٔ خدای یعقوب برآییم تا طریق‌های خویش را به ما تعلیم دهد و به راه‌های وی سلوک نماییم.»
> زیرا که شریعت از صهیون و کلام *خداوند* از اورشلیم صادر خواهد شد.
> و او امّت‌ها را داوری خواهد نمود و قوم‌های بسیاری را تنبیه خواهد کرد و ایشان شمشیرهای خود را برای گاوآهن و نیزه‌های خویش را برای ارّه‌ها خواهند شکست و امّتی بر امّتی شمشیر نخواهد کشید و بار دیگر جنگ را نخواهند آموخت. (اشعیا ۲:۲-۴).

نبی رویایی از صلح و امید، نه فقط برای اسرائیل بلکه برای تمامی ملّل جهان، عرضه می‌دارد. زمانی که یَهْوِه سرانجام برای نجات قوم خود،

و تعیین مجدد اورشـــلیم ("صهیون") به‌عنوان محلِ سکونت و حاکمیت خود، دست به کار می‌شود، فقط قوم اسرائیل نیست که از این اقدام سود می‌بَــرَد. همان‌گونه که در آغاز به ابراهیم وعده داده شـــده بود، *از طریق* همین قوم، خدایِ خالق، اقدام به احیا و شفای کلِ جهان خواهد کرد.

به بیان دقیق‌تر، خدا این کار را با ظهور پادشاهِ نهایی اسراییل، از نسل داوود (که خود داوود اغلب به‌عنوان «پســر یَســی» یاد شده)، به انجام خواهد رسانید. این پادشـــاه از حکمت لازم برای آوردن عدالت خدا به سراسر جهان، برخوردار خواهد بود:

و نهالی از تنهٔ یَسَّــی بیرون آمده، شاخه‌ای از ریشه‌هایش خواهد شکفت.
و روح **خداونـــد** بر او قرار خواهـــد گرفت، یعنی روح حکمت و فهم و روح مشـــورت و قوّت و روح معرفت و ترس **خداوند**.
و خوشی او در ترس **خداوند** خواهد بود.
و موافق رؤیت چشم خود داوری نخواهد کرد و بر وفق سمع گوش‌های خویش تنبیه نخواهد نمود. بلکه مسیکنان را به عدالت داوری خواهد کرد و به جهت مظلومانِ زمین براستی حکم خواهد نمود.
و جهان را به عصای دهان خویش زده، شریران را به نفخهٔ لب‌های خود خواهد کُشت.
و کمربند کمرش عدالت خواهـــد بود و کمربند میانش امانت.
و گرگ با بره ســکونت خواهد داشـــت و پلنگ با بزغاله خواهد خوابید و گوســـاله و شیر و پرواری با هم، و طفل کوچک آنها را خواهد راند.
و گاو با خرس خواهد چرید و بچه‌های آنها با هم خواهند خوابید و شیر مثل گاو کاه خواهد خورد.

و طفل شیرخواره بر سوراخ مار بازی خواهد کرد و طفلِ از شیر بازداشته‌شده، دست خود را بر خانۀ افعی خواهد گذاشت. و در تمامی کوه مقدّس من ضرر و فسادی نخواهند کرد زیرا که جهان از معرفت **خداوند** پر خواهد بود مثل آب‌هایی که دریا را می‌پوشاند. (اشعیا ۱۱:۱-۹).

به این ترتیب، حاکمیت مسیحا، صلح و عدالت و هماهنگیِ کاملاً جدیدی را برای سراسر آفرینش به ارمغان خواهد آورد. این به معنای دعوتی است برای همه کس - هر کس که تشنۀ عدالت، روحانیت، روابط، و زیبایی است - تا بیاید و در اینجا رفع عطش کند:

ای جمیع تشنگان نزد آبها بیایید و همۀ شما که نقره ندارید بیایید بخرید و بخورید. بیایید و شراب و شیر را بی‌نقره و بی‌قیمت بخرید...
گوش خود را فرا داشته، نزد من بیایید و تا جان شما زنده گردد بشنوید و من با شما عهد جاودانی یعنی رحمت‌های امین داوود را خواهم بست.
اینک من او را برای طوایف شاهد گردانیدم. رئیس و حاکم طوایف. هان امّتی را که نشناخته بودی دعوت خواهی نمود. و امّتی که تو را نشناخته بودند نزد تو خواهند دوید. به‌خاطر یَهْوِه که خدای تو است و قدّوس اسرائیل که تو را تمجید نموده است.
زیرا که شما با شادمانی بیرون خواهید رفت و با سلامتی هدایت خواهید شد. کوه‌ها و تلّ‌ها در حضور شما به شادی ترنّم خواهند نمود و جمیع درختان صحرا دستک خواهند زد. به جای درخت خار صنوبر و به جای خس آَس خواهد رویید و برای خداوند اسم و آیت جاودانی که منقطع نشود خواهد بود (اشعیا ۵۵:۱، ۳-۵، ۱۲-۱۳).

و موضوع کلیدی که از این شعرِ بزرگ عهدعتیق، انگشتِ نشانهٔ خود را به شعفِ توأم با شگفتیِ عهدجدید می‌گیرد، احیایِ سراسر کائنات است، آسمان و زمین با یکدیگر، و این وعده که در این دنیای جدید، تمامی امور، در جمیع حالات، درست خواهد بود:

> زیرا اینک من آسمانی جدید و زمینی جدید خواهم آفرید و چیزهای پیشین به یاد نخواهد آمد و به خاطر نخواهد گذشت.
> بلکه از آنچه من خواهم آفرید، شادی کنید و تا به ابد وجد نمایید زیرا اینک اورشلیم را محلّ وجد و قوم او را محّل شادمانی خواهم آفرید...
> گرگ و بره با هم خواهند چرید و شیر مثل گاو کاه خواهد خورد و خوراک مار خاک خواهد بود.
> **خداوند** می‌گوید که در تمامی کوه مقدّس من، ضرر نخواهند رسانید و فساد نخواهند نمود. (اشعیا ۶۵: ۱۷-۱۸، ۲۵).

این گلچین از کتاب اشعیا، مُشتی از خروار است. موضوع باغ عدنِ جدید (اینکه خار و خسِ مذکور در باب ۳ پیدایش تبدیل به درختچه‌های زیبا می‌شوند)، یکی از مضامینِ کُل داستان کتاب‌مقدس را دستمایه قرار می‌دهد. در نهایت، تبعید واقعی، آن لحظه‌ای که انسان براستی خانه را ترک گفت، زمانی صورت گرفت که انسان از باغ عدن اخراج شد. موارد متعددِ تبعیدها و بازگشت‌های اسرائیل، بازتاب‌هایی از همین تبعیدِ اوّلیه هستند و به معنایی نمادین، امیدِ بازگشت به خانه، امید احیایِ انسانیّت، امید رهاییِ قوم خدا، و امید احیای خودِ آفرینش را بیان می‌کنند. و یکی از موضوعات عمده‌ای که در این پیشگوییِ کُهن، بارها و بارها تکرار می‌شود و بی‌وقفه از دل آن می‌جوشد و بر گِرد آن طنین می‌افکند، همچنانکه پژواک آن بر گِرد قلب انسان به گوش می‌رسد، زیباییِ آفرینشِ جدید است، اورشلیم و ساکنانش، منظرهٔ حیواناتی که در صلح و صفا

زندگی می‌کنند، کوه‌ها و تّل‌هایی که ترنّمی شاد از آنها برمی‌خیزد. اشعیا هیچ‌گاه از یاد نبُرد که خدا در وهلهٔ نخست از آن‌رو ابراهیم را دعوت کرد تا سراســـر آفرینش را سر و سامان دهد و زمین و آسمان را با جلال خود پر سازد.

خادم یَهْوِه

امّا آفرینش جدید فقط در نتیجهٔ تبعید و احیایی واپسین و تکان‌دهنده پدید می‌آید. موضوعاتِ پادشاه و معبد، تورات و آفرینش جدید، عدالت، روحانیت، روابط، و زیبایی، شـــتابان در موضوعی تلخ و تیره که در قلبِ کتاب اشعیا جا دارد، به هم می‌رسند. پادشاه به خادم تبدیل می‌شود، **خادمِ یَهْوِه**؛ و **خادم** باید سرنوشـــتِ اسرائیل را در عمل به نمایش گذارد، یعنی باید به جای اســـرائیلی که دیگر مطیعانه به رســـالت خود عمل نمی‌کند، تبدیل به اسرائیل شود.

قایـــق نجات عازم کمک بـــه حادثه‌دیدگان می‌شـــود و در میانهٔ راه، ناخدای آن غرق می‌گردد. این موضوع که از تصویر پادشـــاه در باب ۱۱ کتاب اشعیا مایه می‌گیرد و با ورود به مسیری جدید و عجیب، به موضوع رسالتِ خادمِ مطیع و رنجدیده می‌رسد، گام به گام در اشعیا ۴۲، ۴۹، ۵۰ و ۵۲- ۵۳ طَرح می‌شـــود. به نظر می‌رســـد که عملیّات خدا برای نجات جهان به همین صورت باید انجام پذیرد.

البته، این متون به قول معروف «بی‌ارتباط» با بستر و زمینه‌شان نیستند، بلکه کاملاً با موضوعات گســـترده‌ترِ همین قسمت از کتاب اشعیا، مرتبط و در هم تنیده‌اند: یعنی موضوع برتری مطلق **یَهْوِه** بر اُمت‌ها، و سرنگونی نهاییِ خدایان بت‌پرســـتان و پیروان‌شان به دســـت او؛ موضوع وفاداری **یَهْوِه** بـــه عهد خود با اســـرائیل با وجود بی‌وفاییِ اســـرائیل؛ و موضوع «کلامی» کـــه - مانند همان که عامل آفرینش شـــد - از دهان یَهْوِه برای احیای اســـرائیل و تجدید عهد و بازسازیِ جهان، صادر می‌شود (۴۰:۸؛ ۵۵:۱۰-۱۱). نهایتاً، به‌خاطر کاری که **خادم** به انجام می‌رســـانَد، می‌توان این پیام را که خدا پادشـــاه است به اورشـــلیم بُرد (۵۲:۷-۱۲)، و چنین

پیغامی به این معنی است که بابل سرنگون و صلح سرانجام برقرار شده و اسرائیل رهایی یافته است و اکنون مردم از اقصای زمین می‌توانند شاهد نجاتی باشند که خدا فراهم کرده است. **خادم** از میان مردمان رانده خواهد شد، همانند اسرائیل در تبعید. و این طرد با شرم و رنج و مرگ توأم است؛ آنگاه، او از مـــرگ به ورای آن گذر داده خواهد شـــد. این پیام را انبیای دیگر نیز در کتاب‌های خود، هرچند به شیوه‌های متفاوت، منتها همگرا، دستمایه قرار می‌دهند، بخصوص ارمیای نبی که موضوعِ عهد تازهٔ خدا را پیش می‌کشـــد، و حزقیال که اعلام می‌دارد خدا قوم خود را پاک و مطهر خواهد کرد و قلبی نو به آنها خواهد بخشید و آنها را طی عملیّات نجاتی که تنها استعارهٔ مناسب برای آن، رستاخیز مردگان است، به سرزمین‌شان باز خواهد گرداند.

بنابراین، اســـرائیل در حالی که نگاه خود را به **خادم** دوخته است، در بُهت و شگفتی خواهد گفت: «به سبب تقصیرهای ما مجروح و به سبب گناهان ما کوفته گردید. و تأدیب ســـلامتی ما بر وی آمد و از زخم‌های او ما شـــفا یافتیم» (اشعیا ۵:۵۳). در قلب این پیام سیاسی که پادشاهی از آنِ خدای اسرائیل است و نه خدایان بابل، شاهد آن هستیم که داستان تبعید و احیا به نبوتی شخصی تبدیل می‌شـــود، مانند تابلوی عجیبی در مِه که نوک پیکان آن به ســـوی محلی است که تمامی روایات مربوط به خدا و اسرائیل و جهان، به یکدیگر می‌رسند.

در چارچـــوب این موضوع نیـــز می‌توان دید که مردم اســـرائیل در روزگار عیسی به چه شیوه‌های متفاوتی می‌توانستند دربارهٔ به هم پیوستنِ آسمان و زمین فکر کنند و سخن بگویند. در فصل قبل دیدیم که چگونه یهودیان معبد را محل ملاقات آســـمان و زمین می‌دانســـتند. یهودیان از **حضورِ پُرجلالِ یَهْوِه**، که ابتدا در خیمهٔ عبادت ســـاکن بود، و سپس در معبـــد، با عنوان «خیمه زدن» یاد می‌کردند - یعنی *شِـــکیناه* *Shekinah*؛ این یکی از شیوه‌های خدای آسمان بود برای آنکه در میان قوم خود سکونت و از آنها حمایت کند. در روزگار عیســـی، دیدگاه‌های مشابهی نیز دربارهٔ تورات، یعنی هدیهٔ خدا به قومِ نجات‌یافته‌اش، شکل می‌گرفت؛ مثلاً گفته

می‌شد که کسی که به تورات عمل می‌کند مانند این است که به معبد رفته باشد - یعنی به همان جایی که محل ملاقات آسمان و زمین است. کمی قبل به گرایش دیگری در تفکر یهودی اشاره کردیم که در همین مسیر بود: یعنی «کلام» خدا، کلامی که همهٔ کائنات بوسیلهٔ آن خلق شده است، باری دیگر برای نو ساختنِ تمامی کائنات جاری خواهد شد. نکات مشابهی را نیز می‌توان دربارهٔ «حکمت» خدا بیان داشت، ایده‌ای که ظاهراً از این مفهوم سرچشمه می‌گیرد که وقتی خدا جهان را آفرید، این کار را از روی حکمت کامل انجام داد. این ایده بقدری بسط و گسترش می‌یابد که نهایتاً «حکمت» به شخصیتی مستقل تبدیل می‌یابد (کلمه‌ای که در عبری برای «حکمت» به‌کار رفته، یعنی *حُکماه*، مؤنث است، و معادل یونانی این کلمه یعنی *سوفیا* نیز به همین ترتیب مؤنث است). بنابراین، «حکمت» نیز شیوهٔ بسیار مهم دیگری برای سخن گفتن از کُنش خدا در جهان، و تلاقیِ فضای خدا و انسان است. و در آخر، با مراجعه‌ای دوباره به کتاب پیدایش، به موضوعِ تُندبادِ قدرتمند خدا می‌رسیم، **نَفَس** دهان او، **روح** او که در جهان به جریان در می‌آید تا زندگی جدید را به وجود آورد (باد و نفس و روح، معادل‌های کلمهٔ اصلی هستند).

حضور خدا، تورات، کلام، حکمت و روح: اینها پنج شیوه برای بیان موضوعی واحد هستند. خدای اسرائیل، آفریننده و رهانندهٔ اسرائیل و جهان است. او به‌خاطر وفاداری به وعده‌های کهنش، در اسرائیل و جهان عمل خواهد کرد تا روایتی بزرگ و کَلان به نقطه اوج خود برسد و آن عبارت است از روایتِ تبعید و احیا، عملیّات نجات الاهی، آن پادشاهی که عدالت را به ارمغان می‌آوَرَد، معبدی که آسمان و زمین را به هم می‌پیوندد، توراتی که قوم خدا را با یکدیگر متحد می‌سازد، و آفرینشی که شفا می‌یابد و احیا می‌گردد. این فقط آسمان و زمین نیستند که باید به یکدیگر برسند. زمان «حال» و زمان «آیندهٔ» خدا به هم می‌رسند و به یکدیگر می‌آمیزند.

چه رویای باشکوهی! غنی، لایه‌لایه، پر از رحمت و پر از شور. امّا چطور می‌توان فرض کرد که این رویا - یا هر آنچه بتوان بر آن بنیاد

کرد – چیزی بیش از رویاست؟ به چه دلیل باید آن را منطبق بر حقیقت دانست؟

کل عهدجدید برای پاسخ به این پرسش به نگارش درآمده است. و البته، پاسخ‌های عهدجدید، تماماً بر عیسای ناصری متمرکز است.

فصل هفتم

عیسی و آمدنِ پادشاهی خدا

مسـیحیت از اتفاقی که *افتاد* سخن می‌گوید. یعنی از اتفاقی که برای عیسـای *ناصری* افتاد. یا بهتر است بگوییم از اتفاقی که *از طریق* عیسای ناصری افتاد.

به بیان دیگر، مسـیحیت تعلیم اخلاقی جدیدی برای انسان *نیاورده* اسـت، وگرنه به این می‌مانْد که انسان در مسـائل اخلاقی ملاکی برای تشخیص درست از غلط نداشت و معطل آن بود تا رهنمودهای اخلاقی جدید یا روشن‌تری به او عرضه شود. البته اظهار این نکته دربارهٔ مسیحیت، به منزلهٔ انکار آن نیست که عیسی، و برخی از پیروان اوّلیه‌اش، تعلیمات اخلاقیِ درخشان و حیات‌بخش و هوشمندانه‌ای عرضه داشته‌اند. هدف صرفاً تأکید بر آن اسـت که ما تعلیماتی از این قِسـم را در متن داستانی می‌یابیم که به مراتب وسیع‌تر اسـت و اختصاص به شرح اتفاقاتی دارد که دنیا را تغییر داد.

موضوع مسـیحیت این نیسـت که عیسـی با زندگی خود، الگوی اخلاقی والایی به انسان عرضه داشـت. اساسی‌ترین نیاز ما این نبود که الگویـی از زندگی کسـی که در محبت و وقف کامل نسـبت به خدا و انسان‌ها زندگی می‌کند، در اختیار داشـته باشیم تا بتوانیم از او سرمشق بگیریم. اگر هدف اصلی عیسی این بوده، یقیناً نتایج مفیدی داشته است. زندگی عده‌ای واقعاً بر اثر تعمق در الگوی عیسـی و سرمشق گرفتن از آن، تغییر کرده اسـت. امّا سرمشق قرار دادن این الگو، به همان اندازه هم می‌تواند مایهٔ سرخوردگی شود. تماشای ریختر[1] موقع نوازندگی پیانو یا تماشای ضربه‌ای که تایگر وودز[2] ستارهٔ گُلف به توپ می‌زند، این شوق

1 Richter; 2 Tiger Woods

را در من ایجاد نمی‌کند که بـروم و از آنها الگوبرداری کنم. برعکس، با دیدن آنها به این نتیجه می‌رسم که صد سال هم بگذرد، به قول معروف انگشت کوچک‌شان هم نمی‌شوم.

مسیحیت دربارهٔ این هم نیست که عیسی راه جدیدی را عرضه داشت، ثابت کرد، یا حتی به وجود آورد که بوسیلهٔ آن انسان می‌تواند «بعد از مرگ به بهشت برود.» این اشتباه رایج، بر این تصور قرون‌وسطایی استوار است که هدف تمام مذاهب - به عبارتی، قاعدهٔ بازی - آن است که وقتی نمایش به پایان رسید، در جایگاه مقربین قرار بگیریم (یعنی به بهشت برویم نه جهنم)، یا شاید درست‌تر باشد بگوییم که جزو ملکوتیان و عرشیان در نقاشی کلیسای سیستین[1] باشیم. و باز این به معنی انکار آن نیست که عقاید و اعمال حاضر ما نتایجی ماندگار و دایمی دارند. بلکه قصد ما بیان این نکته است که عیسی موضوعِ آخرت را محور فعالیت‌های خود قرار نداد و «مُراد و مطلب» مسیحیت اصلاً این نیست.

نکتهٔ آخر اینکه، هدف مسیحیت ارائهٔ تعلیم جدیدی دربارهٔ خدا نیست - هرچند، اگر ادعای مسیحیت قرین حقیقت باشد، در این صورت با نگاه کردن به عیسی، حقایق بسیاری دربارهٔ خدا می‌آموزیم. نیازی که مسیحیت در صدد رفع آن است، چندان ارتباطی به این موضوع ندارد که ما افراد بی‌اطلاع و جاهلی هستیم و به معلومات بهتری نیاز داریم، بلکه مسئله این است که ما گُمشده هستیم و به کسی نیاز داریم که ما را بیابد، در ریگِ روان گیر افتاده‌ایم و منتظریم تا کسی به نجات‌مان بیاید، در حال احتضاریم و به زندگی تازه نیاز داریم.

حال با این توضیحات، مسیحیت دربارهٔ چیست؟

---

۱ منظور کلیسایی است که برای عبادت پاپ سیکستوس چهارم در واتیکان ساخته شد و میکلانژ آن را به نقاشی‌های مذهبی زیبای خود آراست که الهام‌شان را از مضامین کتاب‌مقدس و باورهای کلیسایی گرفته بود. در این نقاشی‌ها، مفهومی از بهشت و جهنم تصویر گردید که اسقف تام رایت، آن را منطبق بر آنچه کتاب‌مقدس دربارهٔ مفهوم «آسمان» تعلیم می‌دهد، نمی‌داند و حداکثر می‌توان گفت که مفهوم مورد نظر کتاب‌مقدس فقط تا حدی در این نقاشی‌ها جلوه کرده است. نویسنده در اینجا، به همین مطلب گوشه می‌زند. (مترجم)

مسیحیت تماماً دربارهٔ این اعتقاد است که خدای زنده، برای تحقق بخشیدن به وعده‌های خود و به اوج رساندنِ داستان اسرائیل، تمامی اقداماتی را که برای رفع نیاز اساسی انسان واجب بود - یعنی یافتن او، نجات بخشیدنش، و اعطای زندگی جدید - در عیسی به انجام رسانیده است. او براستی کامیاب شده. از طریق عیسی، عملیّات نجات الاهی یک بار برای همیشه به نتیجه رسیده است. دَرِ بزرگی در عالم گشوده شده که دیگر هرگز بسته نخواهد شد. این دَر برای خروج از زندانی است که در آنجا به غل و زنجیر کشیده شده‌ایم. به ما آزادی پیشنهاد شده: آزادی برای چشیدن طعمِ نجاتی که خدا برای ما فراهم کرده است، و عبور از دَری که بر ما گشاده شده، و کشف دنیایی که امکان ورود به آن اکنون برای ما مهیا است. به‌طور خاص، همهٔ ما دعوت شده‌ایم - یا بهتر است بگوییم مؤکداً خوانده شده‌ایم - تا با پیروی از عیسی، کشف کنیم که این دنیای نو، مکانِ عدالت و روحانیت و روابط و زیبایی است و نه تنها باید از آن بدین‌طریق لذت ببریم، بلکه باید بکوشیم تا این دنیا را چنانکه در آسمان است، بر زمین نیز متولد سازیم. با شنیدن صدای عیسی، متوجه می‌شویم که این همه مدت پژواک صدای چه کسی در اطراف قلب و ذهنِ انسان‌ها طنین‌انداز بوده است.

دربارهٔ عیسی چه می‌توان دانست؟

در صد و اندی سال گذشته، بازار نوشتن دربارهٔ عیسی بسیار داغ بوده است. این امر بخشی از آن روست که هیچ شخصیتی نه در گذشته و نه در حال، به اندازهٔ عیسی خاطره و تخیّل غرب را در تسخیر خود نداشته است. ما هنوز هم تقویمی را استفاده می‌کنیم که بر مبنای تاریخ فرضیِ ولادت عیسی تنظیم شده است. (در واقع راهبی که در قرن ششم، تاریخ تولد عیسی را محاسبه کرد، در محاسبات خود چند سالی اشتباه داشت؛ در نتیجه، احتمالاً عیسی در تاریخ ۴ قبل از میلاد یا اندکی پیش از آن، در سالِ درگذشتِ هرود کبیر چشم به جهان گشود.) در کشور من، حتی کسانی هم که شناخت چندانی از عیسی ندارند یا به‌طور کلی او را

نمی‌شناسند، به نام او قسم یاد می‌کنند، که البته این را باید نوعی ستایشِ نزدیک به سرزنش دربارهٔ تأثیر فرهنگیِ ادامه‌دار عیسی به حساب آورد.

در آمریکا کماکان ادعاهای جسـورانه دربارهٔ عیسی، عنوان‌های اول اخبار را به خود اختصاص می‌دهد. برخی از این ادعاها عبارتند از: شاید اعمال و سـخنانی که انجیل‌ها به عیسی منسوب می‌کنند، براستی متعلق به او نباشد. شاید او ازدواج کرد، شاید او فکر نمی‌کرد که پسر خداست و غیره. مردم رمان‌های تاریخی و داسـتان‌هایی می‌نویسـند که طرح و محتوای‌شان را تفسیرهایی بسیار تخیّلی از زندگی عیسی شکل می‌دهد. برای مثال، می‌توان به کتاب *راز داوینچی*، نوشـتهٔ دَن براون اشـاره کرد که (در شـمار ادعاهای متعددش) اصرار می‌ورزد عیسی با مریم مجدلیه ازدواج کرد و صاحب فرزند شـد. محبوبیت شگفت‌انگیز این کتاب را نمی‌توان صرفاً به طرح هیجان‌انگیز و هوشـمندانهٔ داسـتان آن منسوب داشت. داستان‌های زیادی با این خصوصیات نوشته شده‌اند. باید گفت، حرف تازه‌ای دربارهٔ عیسـی، و امکان اینکه شاید حقیقت دربارهٔ او فراتر از آن چیزی باشـد که بر فرهنگ ما شناخته است، هنوز هم در اُفق نگاه میلیون‌ها انسان، امکانات جدیدی نمایان می‌سازد.

بخشـی از دلیل تمام اینها آن اسـت که دربارهٔ عیسی نیز همانند هر شخصیت تاریخی دیگر، امکان ارائهٔ تفسیرهای جدید وجود دارد. مردم دربارهٔ وینسـتون چرچیل که یک عالم شواهد و مدارک تاریخی دربارهٔ او موجود اسـت، یا اسـکندر کبیر که مدارک تاریخی دربارهٔ او به‌نحو قابل‌ملاحظه‌ای کمتر است، دست به نگارش زندگینامه‌هایی می‌زنند که دیدگاهی جدید عرضه می‌دارد. واقعیت این است که هرچه شواهد بیشتر می‌شـود، امکان تفسـیرهای مختلف از آنها هم بیشتر می‌شود؛ از طرف دیگر، هرچه شواهد کمتر باشـند، برای پُر کردن خلاءها و شکاف‌های موجود باید به حدس و گمان‌های هوشمندانه‌تری متوسل شد. بنابراین، فرقی ندارد که تحقیق دربارهٔ شـخصیتی متأخر باشـد که اطلاعات‌مان دربارهٔ او گسترده است یا شـخصیتی کهن که منابع ما دربارهٔ او محدود است. در هر حال، مورخ همواره کار زیادی در پیش دارد.

دربارهٔ عیسی جنبه‌هایی از این دو حالت صادق است و مسئله ابعادی افزون بر آنها را نیز شامل می‌شود. نیاز به گفتن نیست که مدارک و اطلاعاتی که ما دربارهٔ عیسی در اختیار داریم بسیار کمتر از آن چیزی است که مثلاً دربارهٔ وینستون چرچیل یا جان. اف. کندی موجود است. اما دانسته‌های ما دربارهٔ عیسی به مراتب بیش از اکثر اشخاصِ نامی دنیای باستان است – نظیر تیبریوس، امپراتور رومی در زمان مرگ عیسی، یا هرود آنتیپاس، فرماندارِ یهودی در همان زمان. در واقع، مدارکی که ما دربارهٔ گفته‌ها و کارهای مُنتسب به عیسی در اختیار داریم، بقدری زیاد است که می‌توانیم بین آنها دست به انتخاب بزنیم، و در مطالعه‌ای اجمالی نظیر آنچه در این فصل و فصل بعدی آمده است، فقط به پاره‌ای از آنها می‌توان پرداخت.

امّا در همان حال، شکاف‌های آزاردهنده‌ای نیز موجود است. این نه تنها شامل دوران اولیهٔ زندگی عیسی می‌شود، بلکه نیز شامل نکاتی است که زندگی‌نامه‌نویسان معاصر دوست دارند بدانند. مثلاً در این مدارک هیچ اشاره‌ای به شکل ظاهری عیسی و یا اینکه برای صبحانه چه می‌خورده، نشده است. از این مهم‌تر، اشاره‌ای به این نشده که او کتاب‌مقدس را چگونه می‌خوانْد یا – غیر از یکی دو اشارهٔ گذرا – چطور دعا می‌کرد. بنابراین، چارهٔ کار در این است که دنیای عیسی – یعنی دنیای پیچیده و خطرناکِ خاورمیانهٔ قرن اول میلادی را – طوری درک کنیم که بتوانیم معنی تاریخی، شخصی و الاهیاتیِ کاری را که عیسی می‌کوشید به انجام رساند، یا اعتقاد داشت خوانده شده تا به انجام رساند، مشخص کنیم.

همان‌طور که اشاره کردم، شناخت عیسی جنبه‌ای دارد افزون بر آنچه گفته شد. همین جنبه، کوشش برای درک و شناخت عیسی را از هر شخصیت تاریخی دیگر، چه کُهن چه نو، پیچیده‌تر و جنجالی‌تر می‌سازد. مسیحیان از همان آغاز مدعی بوده‌اند که هرچند عیسی دیگر در کوی و برزن‌های فلسطین گام نمی‌زند و دیگر نمی‌توان او را به شکلی که در زندگی زمینی‌اش بود، ملاقات کرد و شناخت، مع‌الوصف او به معنایی متفاوت «با ما» است، و بنابراین او را به همان صورتی می‌توان شناخت که از انسان‌های دیگر شناخت حاصل می‌کنیم.

این از آن روست که یکی از موضوعات محوری در تجربهٔ مسیحیان، و نه صرفاً بندی از اصول عقایدشان، این است که در عیسای ناصری، آسمان و زمین یک بار برای همیشه به هم رسیده‌اند. بنابراین، جایی که فضای خدا و فضای ما با هم تداخل می‌یابند و در هم می‌تابند، دیگر معبد شهر اورشلیم نیست، بلکه عیسی است. همان نگرشی دربارهٔ جهان که به ادعای یهودیان دربارهٔ معبد، معنی می‌بخشید، همان هم به ادعای اخیر دربارهٔ عیسی معنی می‌بخشد. همان‌گونه که قبلاً اشاره کردیم، در تفکر یهودی و مسیحی، «آسمان» جایی بالای ابرها نیست، بلکه به بیانی، بُعدی از کائنات است که تعلق خاص به خدا دارد. بنابراین، اگرچه مسیحیان ایمان دارند که عیسی اکنون در «آسمان» است، او در جهان ما حاضر و دسترسی‌یافتنی و فعال است. برای هر کسی که به این موضوع ایمان داشته باشد، و بکوشد مطابق آن زندگی کند، نوشتن وقایع تاریخی زندگی عیسی کاری به مراتب پیچیده‌تر از ارائهٔ اسناد و مدارک دربارهٔ زندگیِ شخصیتی در گذشته‌های تاریخ است. نوشتن دربارهٔ زندگی عیسی، بیشتر به نوشتن دربارهٔ زندگیِ دوستی می‌ماند که کماکان در قید حیات است و کماکان می‌تواند با کارهای خود ما را به شگفت آورد.

با این حساب، آیا آسان‌تر نیست که به جای نوشتن دربارهٔ عیسایی که در تاریخ زندگی کرده است، به نوشتن دربارهٔ عیسایی بپردازیم که در تجربهٔ امروز خود با او روبه‌رو هستیم؟ امروزه عدهٔ بسیاری سخت مدافع این روش هستند، بخصوص که خسته شده‌اند از یاوه‌گویی‌های عده‌ای از محققان و نویسندگانِ عامه‌پسند دربارهٔ عیسی («یاوه‌گویی» را با تخفیف عرض می‌کنم). و البته این دلزدگی آنها قابل درک است. امّا این روش، حق مطلب را دربارهٔ عیسی ادا نخواهد کرد. حتی زمانی هم که با جدیّت کامل مشغول بررسی شواهد و مدارک تاریخی هستیم، بزحمت می‌توانیم شخصیت عیسی را مطابق تصویر خودمان، بازسازی نکنیم. با این وضع، اگر قید تاریخ را هم بزنیم، ترمز خواهیم بُرید و تصویری که از عیسی پرداخته‌ایم یکراست به دامان تخیّلات خواهد افتاد.

یکی از زشـــت‌ترینِ این تخیّلات، کوشـــش جمعـــی از الاهیدانان آلمانـــی در دههٔ ۱۹۳۰ بود که تلاش کردند عیسـایی غیریهودی (یا بهتر اسـت بگوییم ضد یهودی) خلق کنند. متأسـفانه، بین این کار و برخی از کوشـــش‌های اخیر برای ارائهٔ تصویری غیریهودی از عیسی، تشابهاتِ نگران‌کننده‌ای وجود دارد. یکی از شـــیوه‌های سـالمی که پژوهشگران معاصر بـه‌کار گرفته‌اند، این بـوده که آگاهانه کوشـیده‌اند تا زندگی و کارهای عیســی را با توجه به عقاید و بستر یهودی روزگار او بازسازی کنند. البته، این کار به تنهایی کافی نیســت و جواب بعضی از ســؤالات را نمی‌دهد. گیریم عیسـی فـردی یهودی بود که در قـرن اول زندگی می‌کرد، ســؤال این است که او چه نوع یهودی‌ای بود؟ این سؤالی است که لااقل به ما کمک می‌کند تا تحقیق خود را از جای درسـتی شـروع کنیم.

آیا می‌توان به انجیل‌ها اعتماد کرد؟

وقتی به مطالعه دربارهٔ عیســی می‌پردازیم، سؤال اساسی این است: آیا می‌توان به انجیل‌ها اعتماد کرد؟ منظورم چهار کتابی است که به متی، مرقس، لوقا و یوحنا موسـومند، و در کانُن عهدجدید قرار دارند – یعنی جزو مجموعه کتاب‌هایی هستند که کلیسا از همان روزهای نخست آنها را معتبر و دارای اقتدار و حُجیّت دانست (به همین دلیل است که عبارت «انجیل‌های کانُنی» غالبـاً دربارهٔ آنها به‌کار مـی‌رود.) اخیراً کتاب‌های آکادمیک و غیرآکادمیک متعددی به نـگارش درآمده‌اند که می‌خواهند به مـا بقبولانند که این انجیل‌ها، فقط چهار انجیـل از میان ده‌ها انجیلی هستند که در کلیسـای اوّلیه رایج بودند، و نهایتاً کلیسا این چهار انجیل را رسمیّت بخشـید و بقیه را کنار گذاشت یا به دست فراموشی سپرد و یا اسـتفاده از آنها را کلاً ممنوع کرد. گاه استدلال می‌شود که دلیل اصلیِ انتخاب این چهار انجیل آن بوده که وقتی در قرن چهارم، مسـیحیت به دین رسمیِ امپراتوری روم تبدیل می‌شد، این انجیل‌ها تصویری از عیسی ارائه می‌کردند که برای صاحبان قدرت دردسرساز نبود.

آیا ادعای فوق به این معناست که باید تمام تصاویرِ عیسی بر مبنای انجیل‌های کانُنی را مچاله کنیم و دور بریزیم و همه چیز را از صفر شروع کنیم؟ به هیچ وجه. مدارک متعددی غیر از انجیل‌های کانُنی در دسترس است، بخصوص مدارکی که در ۱۹۴۵، در منطقهٔ نجع حمادی، واقع در مصر عُلیا کشف شد، و برخی از آنها شامل اشاره‌هایی بسیار قابل توجه به مطالبی است که مردم در زمان نگارش این مدارک دربارهٔ عیسی می‌گفتند. (طومارهای دریای مُرده یا بحرالمیّت - که در فاصله‌ای کوتاه بعد از کشف مدارک نجع حمادی کشف شدند - برخلاف ادعاهای نادرست موجود، هیچ اشاره‌ای به عیسی یا مسیحیان اوّلیه نمی‌کنند.) در هر حال، هیچ کدام از این مدارک ارجحیتی بر انجیل‌های کانُنی ندارند.

برای مثال می‌توان به یکی از طولانی‌ترین مدارکِ نجع حمادی اشاره کرد: یعنی مجموعه‌ای از گفتارهای منتسب به عیسی که **انجیل توما** نام دارد. غالباً ادعا شده که این کتاب را به‌عنوان منبعی تاریخی دربارهٔ عیسی باید همسطح و همطراز با انجیل‌های کانُنی قرار داد و حتی برای آن ارجحیّت قایل شد. نسخهٔ موجود از انجیل توما، مثل سایر مدارک نجع حمادی، به زبان قبطی نوشته شده، یعنی زبانی که در روزگار نگارش این انجیل در مصر رایج بوده. امّا ثابت شده است که انجیل توما، ترجمه‌ای است که از زبان سُریانی صورت گرفته، یعنی زبانی بسیار شبیه زبان آرامی که عیسی به آن سخن می‌گفته است (البته یقیناً عیسی به زبان یونانی هم تکلم می‌کرده، همان‌طور که امروزه انگلیسی زبان دومِ بسیاری از مردم جهان است.) ولی سنت سُریانی را که در انجیل توما بازتاب دارد، با اطمینان بسیار می‌توان نه به قرن اول، بلکه به نیمهٔ دوم قرن دوم متعلق دانست. یعنی بیش از صد سال پس از روزگار عیسی - به بیان دیگر، هفتاد تا صد سال پس از زمانی که چهار انجیلِ کانُنی به‌طور وسیع در کلیسای اوّلیه مورد استفاده بودند.

از این گذشته، به رغم ادعاهای موجود، وقتی گفته‌های عیسی را در انجیل توما با موارد مشابه آنها در انجیل‌های کانُنی مقایسه می‌کنیم، با شواهدی مواجه می‌شویم که دال بر عدم اصالت آنهاست. در بسیاری

از موارد، گفته‌های عیسی در انجیل توما طوری دستکاری شده‌اند تا بر دیدگاهی بسیار متفاوت دلالت کنند. برای مثال، عیسی در متی و مرقس و لوقا می‌گوید: «مال قیصر را به قیصر بدهید و مال خدا را به خدا». انجیل توما، عبارتی را در انتها آورده بدین قرار: «... و مالِ من را هم به من بدهید.» جریان چیست؟ انجیل توما نمایندهٔ نوعی جهان‌بینی است که در آن کلمهٔ «خدا» دلالت بر نوعی *الوهیتِ دست دوم دارد که دنیای شریر حاضر را آفرید*؛ و عیسی آمده تا انسان‌ها را از این دنیای شریر حاضر برهاند. انجیل توما و اکثر مدارک نجع حمادی نمایندهٔ نوعی جهان‌بینی هستند که به «گِنوستیسیزم یا غنوسی» موسوم است. مطابق این جهان‌بینی، دنیا محلی تاریک و شریر است که باید به یاریِ «گنوسیس»، یعنی معرفتی خاص به حقیقتی نهان، از آن فرار کرد. دنیایی که جهان‌بینی غنوسی ترسیم می‌کند، با دنیای یهودی عیسی و چهار انجیل کانُنی کاملاً تفاوت دارد.

انجیل توما و نوشته‌های دیگر مشابه آن - یعنی، تقریباً همهٔ به‌اصطلاح «انجیل‌هایی» که در فهرست کتب عهدجدید قرار ندارند - مجموعه‌ای از گفتارها هستند. در این انجیل‌ها به‌ندرت روایتی دربارهٔ کارهایی که عیسی انجام داد یا آنچه بر او گذشت، وجود دارد. امّا چهار انجیل کانُنی کاملاً فرق دارند و صرفاً مجموعه‌ای از گفتارهای عیسی نیستند. آنها داستانی را باز می‌گویند: داستان زندگی عیسی، داستانی که نقطه اوج روایت اسرائیل، و تحقق وعده‌های خدای «آفرینش» و «عهد»، خدای ابراهیم و اسحاق و یعقوب، است. متونی که در نجع حمادی کشف شده‌اند و متون دیگر مشابه آنها، کاملاً راه خود را از این دنیایی که در دو فصل قبل به بررسی آن پرداخته‌ایم، جدا کرده و از آن بُریده‌اند، در حالی که اگر عیسی براستی فردی یهودی در قرن اول میلادی بوده، به همین دنیا تعلق داشته است. هرچهار انجیل کانُنی اصرار دارند که عیسی را در بستر همین دنیا قرار دهند، هرچند متأسفانه عادت کلیسا به قرائتِ قسمت‌های کوچکی از کتاب‌مقدس موقع عبادت، این واقعیت را تار کرده است. یکی از دلایل پرداختن به پژوهش‌های تاریخی در زمینهٔ زندگی عیسی و اناجیل آن

اســت که باید به خود کلیسا، چه رســد به جهان، مدام یادآوری کرد که انجیل‌ها واقعاً چه می‌گویند.

از اینها گذشــته، هرچهار انجیــل کانُنی، حداکثر بایــد تا حدود دهۀ ۹۰ میلادی به نگارش درآمده باشــند. (البته مــن معتقدم که آنها زودتر از این تاریخ نوشــته شده‌اند، ولی ممکن نیســت دیرتر نوشته شده باشند.) نویسندگان مســیحی در نیمۀ اول قرن دوم میلادی، مدت‌ها قبل از اینکه کسی دربارۀ نوشــته‌هایی که ما در نجع حمادی کشــف کرده‌ایم سخنی بگوید، این چهار انجیل را می‌شــناختند و به آنها رجوع و اشاره می‌کردند. انجیل‌های کانُنی، هم شامل و هم مبتنی بر منابع شفاهی و مکتوبی هستند که به زمانی بســیار عقب‌تر برمی‌گردند. این منابع مربوط به زمانی هستند که نه فقط اکثر پیروان عیسی هنوز زنده بودند و در جنبش مسیحیت اوّلیه فعالیت داشتند، بلکه بســیاری از افراد دیگر - شاهدان، مخالفان، مقامات رســمی - نیز در حیات بودند، و از جنبش جدیدی که در حال رشد بود آگاهی داشــتند، و آماده بودند تا افسانه‌هایی را که دربارۀ این جنبش رواج می‌یافت، به نقد بکشــند یا با آنها مخالفت کنند. فلسطین کشور کوچکی اســت. در دنیایی که دستگاه چاپ و وسایل ارتباط جمعیِ الکترونیکی در آن وجود نداشت، مردم راغب بودند تا دربارۀ هر کس یا هر چیزِ غیرعادی، داستان‌های موجود را بشنوند و به دیگران انتقال دهند. بنابراین همچنانکه یوحنا در پایان انجیل خود می‌گوید، چه بســا اطلاعــات موجود دربارۀ عیسی بسیار بیش از آن بوده باشد که هر یک از نویسندگان انجیل‌ها بتوانند در انجیل خود بگنجانند. به احتمال بســیار، منابعِ گسترده‌ای در دسترس انجیل‌نویســان بوده است، و حتماً عموم مردم از موضوعات عمدۀ زندگی و کارهای عیســی، آگاه بوده‌اند. همچنانکه یکی از واعظان اوّلیه می‌گوید، اتفاقات زندگی عیسی در کُنجی به دور از چشم مردم اتفاق نیفتاد.

بازسازی منابعی که مورد اســتفادۀ انجیل‌ها بوده است، به آن آسانی که گاه تصور شــده نیســت. برای مثال، من جزو طرفــداران متعدد این نظریه نیســتم که منبعی تحت عنوان «Q» مورد اســتفادۀ دو انجیل متی و لوقا بوده اســت. حتی اگر چنین منبعی وجود خارجی داشته، جسارت

بسیاری می‌خواهد (هرچند عده‌ای این جسارت را به خرج داده‌اند) که اولاً این منبع را بازسازی کنیم و ثانیاً آن را به‌عنوان معیاری برای قضاوت دربارهٔ محتویات انجیل متی و لوقا به‌کار گیریم. جسورانه‌تر از این کار آن است که ادعا کنیم چنین منبعی، نمایندهٔ جریانی کامل از مسیحیت اوّلیه است و عقاید و شیوهٔ زندگی آنها را به ما نشان می‌دهد. به عقیدهٔ من، محتمل‌تر آن است که نویسندگان انجیل‌ها، منابع کثیری در اختیار داشتند که بسیاری‌شان منابع شفاهی بود (در دنیایی که گزارش‌های شفاهی بر گزارش‌های مکتوب ارجحیّت داشت)، و بسیاری از این منابع نیز شامل گفته‌های شاهدان عینی بود.

البته، این به این معنی نیست که هرچه انجیل‌ها می‌گویند، دربست معتبر است. قضاوت دربارهٔ ارزشِ تاریخی انجیل‌ها، فقط از راه بررسی‌های تاریخیِ پیگیر و دقیقی میسر است که من و دیگران تا اندازه‌ای به آن پرداخته‌ایم، ولی متأسفانه در این کتاب مجال طرح این پژوهش‌ها نیست. بنابراین، من به‌طور خلاصه معتقدم که چهار انجیل، در مجموع، تصویری از عیسای ناصری ارائه می‌کنند که کاملاً منطبق بر دانسته‌های ما از تاریخ است. همان‌گونه که مورّخِ فقید، جان رابرتس، نویسندهٔ اثرِ ماندگارِ *تاریخ جهان*[۱] (۱۹۸۰) خلاصه‌وار می‌گوید: «[انجیل‌ها] را نباید بی‌اعتبار بدانیم؛ زیرا [در نگارش تاریخ] اغلب باید از شواهدی به مراتب نابسنده‌تر دربارهٔ موضوعاتی به مراتب لاینحل‌تر استفاده کرد.» تصویری که از عیسی در انجیل‌های کانُنی می‌یابیم، با توجه به اوضاع فلسطین در دهه‌های ۲۰ و ۳۰ قرن اول مفهوم می‌یابد. ولی از همه مهم‌تر آنکه، این تصویر به خودی خود دارای مفهومی منسجم است. عیسایی را که در انجیل‌ها ظاهر می‌شود، کاملاً می‌توان به‌عنوان شخصیتی تاریخی پذیرفت. اگرچه هر قدر بیشتر به او نگاه می‌کنیم، بیشتر احساس می‌کنیم که به خورشید خیره شده‌ایم.

---

۱ این کتاب در ایران بوسیلهٔ آقای منوچهر شادان ترجمه شده و بوسیلهٔ انتشارات بهجت به چاپ رسیده است. (مترجم)

پادشاهی خدا

«پادشاهی خدا نزدیک است». این پیام، قلب اعلان عمومی عیسی را تشـــکیل می‌داد. او دنیایی را مخاطب می‌ساخت که در پایان فصل قبل به توصیف آن پرداختیم. در این دنیا، دغدغهٔ مردم یهود آن بود که خدای‌شان کِی به نجات آنها از یوغ اسارتِ بت‌پرستان خواهد آمد و به جهان سامان خواهد بخشید - به بیان دیگر، چه زمان کاملاً و نهایتاً پادشاه خواهد شد. چهار انجیل، در داستانی که باز می‌گویند وعده‌های خدا و درماندگی قوم یهود را کنار هم، و عیسی را در میانهٔ تمام اینها، قرار می‌دهند. دلیل خوبی برای تردید در این باره وجود ندارد که عیسی رسالت خود را چیزی غیر از این می‌دید.

امّا منظور عیسی چه بود؟ اشعیای نبی هم مانند نویسندگان بسیاری از مزامیر و سایر قسمت‌های کتاب‌مقدس، فرارسیدن پادشاهی خدا را زمانی دانسته بود که آ) وعده‌ها و هدف‌های خدا تحقق می‌یافت، ب) اسرائیل از ظلم و ستمِ بت‌پرستان رهایی می‌یافت، ج) شرارت (بخصوص شرارت از جانب امپراتوری‌های ســـتمکار) مـــورد داوری الاهی قرار می‌گرفت، و د) خدا دورهٔ جدیدی از حاکمیّت عدالت و صلح برقرار می‌ســـاخت. دانیال از پیش زمانی را تصویر کرده بود که هیولاها (یعنی امپراتوری‌های بت‌پرســـت) دست به زشت‌ترین کارها در حق قوم خدا می‌زدند، و خدا در اقدامی که برای اثبات حقانیّت قوم خود انجام می‌داد، به جهان سامان می‌بخشید. سرانجام، دنیا می‌بایســـت در مقام و موقعِ درست خود قرار گیرد. بنابراین، وقتی عیســـی از فرارسیدن پادشاهی خدا سخن می‌گفت، کُل این روایت را در ذهن مخاطبان زنده می‌ســـاخت و اعلام می‌داشت که روایت فوق در حال رسیدن به نقطه اوج خود است. آینده‌ای که خدا تدارک دیده بود، با قدرت وارد زمان حاضر می‌شـــد و آســـمان به زمین می‌رسید.

پیام عیســـی دربارهٔ پادشاهی خدا، زنگی آشـــنا به گوش مخاطبانش داشت و این اوّلین بار نبود که آنها پیامی از این نوع می‌شنیدند. در دوران کودکی عیسی، انقلابگران یهودی دو بار هم‌وطنان خود را ترغیب کرده

بودند تا با مقاومت در برابر خواستهٔ امپراتوری، مانع از سرشماری و متعاقبِ آن، تعیین مالیات شوند. آنها می‌گفتند: «ما پادشاهی جز خدا نداریم»؛ به بیان دیگر، زمان آن رسیده تا به جای این پادشاهانِ فاسد بشری، پادشاهی خدا برقرار شود. رومیان هم، غائلهٔ عصیانگران را به روش معمول خود، با بی‌رحمی و سنگدلی تمام خواباندند. چه بسا همین عبارتِ «پادشاهی خدا»، در ذهن بسیاری از یهودیان روزگار عیسی، فوراً مجازات بوسیلهٔ مصلوب شدن را که خاص عصیانگران و یاغیان بود، تداعی کرده باشد. پس منظور عیسی چه بود وقتی به هر طرف که می‌رفت به مردم می‌گفت پادشاهی خدا، حتی در حینی که او با آنها سخن می‌گوید، در حال آمدن است؟

عیسی ایمان داشت که وعده‌های کُهن خدا در حال تحقق است. او ایمان داشت که خدای اسرائیل، دست به کار جدیدی زده و در حال احیا و بازسازی اسرائیل، آن هم به شکلی کاملاً اساسی و ریشه‌ای است. خویشاوند او، یحیای تعمیددهنده، که او نیز آمدن پادشاهی خدا را اعلام کرده و به مردم گفته بود که خود را برای کسی که بعد از او خواهد آمد آماده کنند، با کلماتی تُند از تیشه‌ای سخن گفته بود که بر ریشهٔ درختان نهاده شده. وی می‌گفت که خدا بی‌هیچ دشواری می‌تواند از سنگ‌های روی زمین، فرزندانی برای ابراهیم خلق کند.

اگر آنچه اتفاق می‌افتاد، نوعی عملیّات نجات از جانب خدا بود، پس باید گفت که وجه ممیزی داشت. مسئله صرفاً این نبود که خدای اسرائیل به جنگ با بت‌پرستانِ پلید برخاسته و حقانیّت قوم خود را به ثبوت می‌رساند. داوری خدا طیف وسیع‌تری را شامل می‌شد. خدا نه فقط به داوری بت‌پرستان برخاسته بود، بلکه نیز به داوریِ اسرائیل؛ مسئله این بود که خدا به شیوه‌ای جدید عمل می‌کرد که در آن چیزی از قبل مسلم و معلوم نبود؛ خدا به وعده‌هایش تحقق می‌بخشید، ولی به شیوه‌ای که هیچ‌کس انتظارش را نداشت و نمی‌توانست پیش‌بینی کند. خدا وظیفهٔ جدیدی در برابر اسرائیل می‌نهاد که تداعی‌کنندهٔ وعده‌های او به ابراهیم بود: قوم اسرائیل در واقع نور جهان است، اما سیاست‌های آن به کاسه‌ای

می‌ماند که روی این نور گذاشـــته شود. باید کاری کرد کارستان. به جای شورش‌های مســلحانهٔ معمولِ یهودیان، نوبت آن است که به بت‌پرستان نشان داده شــود که خدای حقیقی چگونه اســت، ولی نه با کوبیدن بر طبل جنگ و خشونت، بلکه با محبت کردن و دوست داشتن دشمنان، با چرخاندن گونهٔ دیگر خود به سوی ضارب، و با طی کردن مسافتی بیش از آنچه مطالبه شده. این وظیفه و چالشی است که عیسی در مجموعه‌ای از تعالیــم خود که آنها را «موعظهٔ بالای کوه» (متی ۵:۱– ۷:۲۹) می‌نامیم، اعلام داشت.

چطور می‌توان پیامی چنین از بیخ و بن متفاوت را هضم کرد؟ چطور می‌توان مطلبی چنیــن غافلگیرکننده را خطاب به مردمی که انتظارِ کاملاً متفاوتی دارند، بیان داشـــت؟ این کار به دو روش ممکن است: از طریق نماد (بخصوص کارهای دراماتیک و نمایشی) و از طریق داستان. عیسی از هر دو روش اســتفاده کرد. انتخاب دوازده پیروِ نزدیک (به اصطلاح «شاگردان» - یعنی «کسانی که آموزش می‌بینند»)، به خودی خود نمادی قوی بود و حکایت از بازســازی و تشــکیل دوبارهٔ کُلِ قوم خدا، یعنی دوازده قبیلهٔ اســرائیل داشت که از دوازده پســر یعقوب به وجود آمده بودند. همین تشــکیل دوبارهٔ قوم خدا، در کانون شفاهای حیرت‌انگیزی قرار داشت که به دست عیسی صورت می‌گرفت. از نظر تاریخی، شکی در این نیست که عیسی از قدرت شــفای بیماران برخوردار بود؛ وجود همین قدرت، نه فقط خیل عظیم مردم را به ســوی او می‌کشید، بلکه نیز باعث شده بود تا او را به همدستی با شیطان متهم کنند.

ولی عیســی این معجزات شــفا را نوعی بیمارستان سیّار و متعلق به قبل از دوران مُدرن نمی‌دانســت. او با همهٔ اهمیّتی که مسئلهٔ شفا داشت، بیماران را فقط به‌خاطر اینکه صحت حاصل کنند، شفا نمی‌داد. به‌علاوه، هدف او از این کار این نبود تا مردم برای شــنیدن پیام او جلب شــوند. معجزات شفا، نمادی دراماتیک و نمایشی از پیام عیسی بود. خدا، خالق جهان، سعی داشت از طریق عیســی به آنچه وعده داده بود، جامهٔ عمل بپوشاند؛ چشــمان نابینایان و گوش‌های ناشنوایان را باز کند، انسان‌ها را

نجات بخشد و همه چیز را در جای درست خود قرار دهد. کسانی که در قعرِ هرم اجتماعی قرار داشـــتند، با کمال تعجب می‌دیدند که عیسی آنها را در رأس هرم قرار داده است. مثلاً وی گفت: «خوشابه‌حال نرم‌خویان، زیرا وارث زمین خواهند شد.» و عیسی می‌خواست این را در عالم واقع به تحقق برساند.

به همین نحو، عیســـی داســـتان‌هایی تعریف کرد که معاصرانش را ســـخت تکان داد، چون داستان‌های او از نوعی بودند که مخاطبانش، هم انتظارِ شنیدن‌شان را داشتند و هم نداشتند. انبیای کهن اشاره کرده بودند که خدا بعد از زمستان طولانیِ تبعید، بذر اسرائیل را از نو خواهد کاشت؛ بنابراین، عیســـی داســـتانِ برزگری را گفت که مشغول بذرافشانی شد و از بذرهایی که افشـــانده بود، تعدادی ثمر آوردنـــد و بقیه به هدر رفتند. همچنین داستانی دربارهٔ بذرهایی گفت که مخفیانه رشد می‌کنند و ناگهان روز درو بر آنها فرا می‌رســـد؛ و بذرهایی که بسیار خُرد و کوچک هستند و از آنهـــا درختچه‌های تناور می‌روید. این داســـتان‌ها، بطوری که اغلب گفته شـــده، «داستان‌هایی زمینی با معنایی آســـمانی» نبودند. تمام هدف عیسی این بود که آســـمان را به زمین بیاورد و برای همیشه آنها را به هم مُلحق کند، آیندهٔ خدا را به زمان حاضر بیاورد و همان‌جا تثبیتش کند. امّا هنگامی که آسمان به زمین می‌آید و می‌بیند زمین آمادهٔ پذیرش آن نیست، وقتی آیندهٔ خدا در حالی به زمان حاضر وارد می‌شـــود که مردم هنوز در خواب ناز هستند، انفجارهایی رخ می‌دهد. و البته این اتفاق افتاد.

به‌طـــور خاص، گروهی که امـــروزه به آنها «جناح راســـت مذهبی» می‌گوییم، به‌شدت به مخالفت با این تعلیم عیسی برخاستند که پادشاهی خدا به شیوهٔ مورد اشـــارهٔ او و از طریق کارهای او می‌آید. این مذهبیون خط خود را از یک گروه فشـــار به اسم «فریسیان» می‌گرفت که محبوب ولی فاقد رسمیّت بود. آنها به‌شـــدت برآشفته بودند، بخصوص از اینکه عیسی فرا رسیدن پادشـــاهی خدا را با *افرادِ غلط* جشن می‌گرفت - این هم یک نماد قدرتمند دیگر - که این افراد عبارت بودند از: تنگدســـتان، مطرودان، خراجگیرانِ منفور - و در واقع، هر کسی که دوست داشت به

حلقهٔ یاران عیسی بپیوندد. عیســی در پاسخ به همین انتقادِ مخالفان بود که برخی از قوی‌ترین و تکان‌دهنده‌ترین مَثَل‌های خود را بیان داشت.

در میان این مَثَل‌ها، داستـــانی وجود دارد که اغلب «مَثَل پسر گمشده یا عیاش» خوانده شده است (این مَثَل را می‌توان در لوقا ۱۵ خواند). در این داستان، پدری دو پســر دارد و پسر کوچک‌تر، خانه را ترک می‌کند و آبروی خود و خانواده‌اش را می‌ریزد و ســپس نادم و پشیمان به خانه برمی‌گردد و اســتقبالی گرم و شـــگفت‌انگیز از او به عمل می‌آید. پسـر بزرگ‌تر، که هرگز خانه را ترک نکرده بود، از اینکه پدر چنین اســتقبال ســخاوتمندانه‌ای از بازگشت این پســر لاابالی و عیاش به عمل آورده، بیزار می‌شـــود و خون خونش را می‌خورَد. در این مَثَل، بازتاب‌هایی از داستان‌های قدیمی کتاب‌مقدس می‌توان یافت – مانند داستان یعقوب و عیسو، و موضوع تبعید و احیا. همچنانکه دربارهٔ اکثر داستان‌های عیسی صادق است، این داستان مخاطبان را وامی‌دارد تا خود را در فضای آن تصور کنند و به این ترتیب حقیقت را دربارهٔ عیسی – و همچنین دربارهٔ خودشان – کشف کنند. این مَثَل می‌خواهد بگوید به همین دلیل است که جشـــنی با شرکتِ همهٔ افراد غلط بر پاست و اگر نخواهید در آن شرکت کنید، مانند برادر بزرگ‌تر خواهید شـــد. پادشاهی خدا درست زیر گوش شما صورت واقعیت به خود گرفته و شـــما نمی‌بینیدش. در ضمن، اگر مراقب نباشید، پُشت در می‌مانید. امّا این فقط گروه‌های غیررسمیِ فشار نبودند که تعلیمات عیســـی نگران‌شان کرده بود. آنها از یک طرف نگران وفاداری اسرائیل به تورات بودند و از طرف دیگر نگران این خطر که آنچه عیســـی به مردم تعلیم می‌دهد، با سنت‌های‌شـــان مغایر است. همان‌طور که دیدیم، اعلام پادشـــاهی خدا، به معنی طغیان بود و نظام‌های پیچیدهٔ قـــدرت در زمان عیســـی، نمی‌توانستند به این مسئله بی‌اعتنا باشند. هرود انتیپاس (سایه‌ای بی‌رمق از پدرش، هرود کبیر، ولی همچنان فردی مُقتدر و بدخواه) در این زمان رســـماً «پادشـــاه یهودیان» بود. وی بر صفحات داستان زندگی عیسی سایه‌ای تیره می‌اندازد. امّا در اورشلیم، یعنی مرکز قـــدرت، این کاهنان اعظـــم و نگهبانان معبد بودند که زمـــام امور را در

دســـت داشتند. در پس همهٔ اینها، قدرتی هراس‌انگیز وجود داشت که از طریق فرماندار منطقه عمل می‌کـــرد، فرمانداری که به اقتضای موقعیت می‌توانســـت از همسایهٔ خود سوریه، درخواست نیروی کمکی کند. این قدرت هراس‌انگیز نامی جز روم نداشـــت. یهودیانِ روزگار عیسی، این داســـتان دانیال را که چهار هیولا از دریا برمی‌خیزند تا به قوم خدا حمله کنند، به این معنی تعبیر می‌کردند که از میان دشمنان‌شـــان، روم بدترین و بی‌رحم‌ترینِ آنهاســـت. زمان آن بود که خدا وارد عمل شود، بر تخت پادشاهی خود بنشـــیند، قوم خود را رهایی بدهد، پادشاهی خود را آغاز کند و جهان را ســـامان بخشد. ســـخنانی که عیسی دربارهٔ پادشاهی خدا می‌گفت، حتماً این مفاهیم را در ذهن مخاطبانش تداعی می‌کرد.

پس منظور عیســـی از تمام اینها چه بود؟ به نظر او، اتفاق بعدی چه بود؟ چرا به این شـــیوه خود را به دردســـر انداخت؟ و چرا بعد از مرگِ فاجعه‌بـــارش، مردم نه تنها اعتقاد خود را بـــه او حفظ کردند، بلکه او را تجسمِ زندهٔ خدای یگانهٔ حقیقی دانستند؟

فصل هشتم

عیسی: نجات و احیاء

عیسی در فلسطین راه افتاده بود و اعلام می‌کرد که سرانجام پادشاهی خدا در حال آمدن است. او هم با سخنان و هم با کارهایش، این پیام را منتشر می‌ساخت که پیشگویی‌های کهن در حال تحقق هستند، و داستان اسرائیل سرانجام در حال رسیدن به نقطه اوج خود است و خدا باری دیگر دست به اقدام زده و بزودی قوم خود را نجات خواهد داد و به جهان سامان خواهد بخشید.

بنابراین، زمانی که عیسی به شاگردان گفت: «لازم است پسر انسان زحمت بسیار ببیند، کشته شود و پس از سه روز برخیزد»، بطور حتم شاگردانش سخنان او را، که تداعی کنندهٔ نبوت‌های کتاب‌مقدس بود، اشاره‌ای رمزی به پادشاهیِ در حال ظهور خدا دانستند. برای آنها، کلمات عیسی اشاره‌ای بود به آیندهٔ تدارک دیده شده بوسیلهٔ خدا که در زمان حال فرا می‌رسد و به امیدهای‌شان، تحقق می‌بخشد. شاگردان به خود می‌گفتند که لابد باز هم عیسی در قالب معماها و مَثَل‌هایی سخن می‌گوید که مایهٔ خود را از کتاب‌مقدس می‌گیرند و نکته‌ای نغز و ظریف را بیان می‌دارند. امّا این بار متوجه منظور عیسی نشدند.

البته، تعجبی هم ندارد، چون آنها او را مسیحای اسرائیل می‌دانستند، یعنی مَسح‌شدهٔ **یَهْوِه**، پادشاه موعودی که قوم یهود چشم‌انتظار ظهور او بود. همان‌طور که به خاطر دارید، «مسیحا» کلمه‌ای عبری یا آرامی است به معنی «مَسح‌شده»؛ ترجمهٔ این کلمه به زبان یونانی (یعنی زبان بین‌المللی آن روزگار) به صورت «مسیح Christ» درآمد. برای مسیحیان اوّلیه، «مسیح» فقط یک اسم نبود، بلکه لقبی بود با یک معنی خاص.

البته، چنین نبود که همهٔ یهودیان آن روزگار به ظهور یک مسیحای موعود، اعتقاد یا اشتیاق داشته باشند. امّا کسانی که به این امر اعتقاد

داشتند، و عده‌شان هم زیاد بود، پیوسته از اقداماتی صحبت می‌کردند که مسیحا بعد از ظهور به انجام می‌رسانید. مثلاً می‌گفتند که او به جنگ دشمنان اسرائیل - بخصوص روم خواهد رفت و معبد را بازسازی و یا لااقل تطهیر و احیاء خواهد کرد (همان‌گونه که قبلاً اشاره کردیم، خاندان هرود برای اثباتِ حق پادشاهیِ خود، اقدام به بازسازی معبد کرد). همچنین، مسیحای موعود، تاریخِ طولانی اسرائیل را به نقطه اوج خود می‌رسانْد، و پادشاهی اسرائیل را به شکوهِ دوران داوود و سلیمان باز می‌گردانْد. او نمایندهٔ خدا در میان اسرائیل، و نمایندهٔ اسرائیل در حضور خدا می‌شد.

تمام اینها را می‌توان هم در متون مختلف مربوط به این دوران دید و هم در اقدامات برخی از افرادی که در طی تاریخ، خود را مسیحا معرفی کرده‌اند. صد سال بعد از عیسی، آکیبا یکی از بزرگ‌ترین معلمانِ یهودی آن روزگار، شمعون بن کوخبا را به‌عنوان مسیحای موعود یهود اعلام کرد. شمعون پیش از آنکه رومیان قیام او را سرکوب کنند، اقدام به ضرب سکه‌هایی کرد که به ترتیب به صورت سال یکم و دوم و سوم تاریخ‌گذاری شد. یکی از این سکه‌ها، تصویری از معبد نشان می‌دهد که بعد از فاجعهٔ ۷۰ میلادی هنوز ویران است. یکی از اهداف اصلی شمعون این بود که معبد را بازسازی کند و به این ترتیب خود را در صف طولانیِ پادشاهان و رهبران یهود قرار دهد: یعنی داوود، سلیمان، حزقیا، یوشیا، یهودا مکابیوس، هرود و خلاصه همهٔ پادشاهان یهود، همهٔ کسانی که معبد را ساخته یا بازسازی کرده بودند. برای تحقق این هدف، وی می‌بایست در پیکار نهایی علیه لشکریان بت‌پرست بجنگد. بدون شک، برنامه‌ای که شمعون برای اقدامات خود داشت، با انتظارات موجود از مسیحای موعود، کاملاً تطبیق می‌کرد.

بنابراین، سؤال این است که چرا پیروان عیسی، او را به‌عنوان مسیحا شناختند و گرامی داشتند؟ او قیامی نظامی ترتیب نداده بود و ظاهراً چنین خیالی هم نداشت (البته، برخی از پژوهشگران عهدجدید نظری عکس این دارند، ولی اثبات آن دشوار است.) عیسی سخنی از بازسازی

معبد نگفته بود. او در موعظه‌های خود برای مردم، هیچ جا تعلیمِ صریح و مستقیمی دربارهٔ معبد عنوان نکرده بود. او کارهای بزرگی کرده و جمعیت انبوهی را به دور خود گرد آورده بود، اما درست زمانی که مردم می‌خواستند وی را پادشاه خود اعلام کنند، بی‌سر و صدا از بین آنها فرار کرده بود (یوحنا ۶:۱۵). بسیاری از مردم نبی‌اش می‌دانستند، و به نظر می‌رسد که عیسی با کارها و سخنانش زمینهٔ ایجاد این دیدگاه را فراهم کرده بود. با این حال، به چشم نزدیک‌ترین پیروانش، او بالاتر از یک نبی بود، و خود نیز در مطالب اسرارآمیزی که دربارهٔ خویشاوندش یحیی گفت، به این موضوع اشاره کرد. یکی از آخرین انبیای کتاب‌مقدس، به این مطلب اشاره کرده بود که ایلیای نبی باز خواهد گشت تا دنیا را برای روز بزرگی که در پیش است، آماده کند. بعد از ایلیا فقط یک نفر می‌مانْد که بیاید - یعنی مسیحای موعود. عیسی اعلام کرده بود که یحیی همان ایلیاست و البته روشن است که چه نتیجه‌ای از این گفته می‌توان گرفت. (متی ۱۱:۹-۱۵).

امّا در این دوران کسی تصور نمی‌کرد که مسیحا باید متحمل درد و رنج شود، مرگ که جای خود دارد! واقعیت این است که موضوع رنج و مرگ مسیحا، مطلقاً با انتظارات عامهٔ مردم منافات داشت. مردم انتظار داشتند که مسیحا آنها را در پیروزی بر دشمنان اسرائیل یاری دهد، نه اینکه به دست آنها کشته شود. از همین رو، شاگردان که به این نتیجه رسیده بودند که رهبر خارق‌العاده‌شان براستی مسیح و مسح‌شدهٔ خداست، نمی‌توانستند تصور کنند که وقتی او از مرگ و رستاخیزِ آینده‌اش سخن می‌گوید، به مفهوم واقعی و ظاهری این کلمات اشاره دارد. به باور یهودیان، رستاخیز اتفاقی بود که برای همهٔ قوم خدا در آخرزمان رخ می‌داد، نه برای یک نفر آن هم در وسط تاریخ.

ظاهراً دید عیسی به این موضوع متفاوت بود، و این نکته ما را به قلبِ درک عیسی از رسالتش می‌رسانَد. همان‌طور که قبلاً - از دیدگاه ناگزیر مسیحی خود - اشاره کردیم، در قلبِ نبوت اشعیا، با شخصیتِ «خادم رنجدیده» روبه‌رو می‌شویم که در واقع نتیجهٔ پرورش دیدگاه‌های قبلی

کتاب اشعیا دربارهٔ شخصیت پادشاه اسرائیل است. تا اینجا بر اساس منابع تاریخی باقی‌مانده، می‌توانیم بگوییم که بین یهودیان روزگار عیسی، دو درک متفاوت دربارهٔ این شخصیت وجود داشت. برخی مشکلی با این نظر نداشتند که خادم مذکور در کتاب اشعیا همان مسیحای موعود است، ولی مسئلهٔ «رنج دیدن» را به معنی درد و رنجی تفسیر می‌کردند که او بر دشمنان اسرائیل عارض می‌کرد. برخی دیگر معتقد بودند که موضوع رنج بردن، مربوط به همین **خادم** است، ولی از نظر آنها، همین نکته دال بر آن بود که او قطعاً مسیحا نیست.

به نظر می‌رسد که عیسی این دو تفسیر را به شیوه‌ای خلاقانه، و باید اضافه کرد تکان‌دهنده، با هم ترکیب کرده است. به این ترتیب خادم مذکور، هم پادشاه خواهد بود و هم رنج خواهد بُرد. و این خادم کسی نیست جز ‒ عیسی! البته، اشعیا تنها کتابی نبود که عیسی بر مبنای آن، درک خود را از رسالتش شکل داده بود و لابد هم برای این کار مدتی مدید به تأمل و دعا پرداخته بود. امّا در کتاب اشعیا، و بخصوص در بخش مرکزی آن است که ما با ترکیب مطالبی روبه‌رو می‌شویم که به نحو جالب‌توجهی دوباره در انجیل‌ها نمایان می‌شوند. این مطالب عبارتند از پادشاهی آیندهٔ خدا، احیای آفرینش که بخصوص در شفاهای حیرت‌انگیز نمود می‌یابد، قدرتِ «کلام» خدا برای نجات و احیای جهان، پیروزی نهایی بر تمامی «بابل‌های» این جهان، و شخصیتِ خود **خادم**. مانند زمانی که چشم‌پزشک آن‌قدر عدسی‌های مختلف را جلوی چشم‌مان می‌گیرد تا بالاخره بتوانیم صفحهٔ روبه‌رو را بخوانیم، باید تمام این موضوعات و تصاویر را در نظر بگیریم، چون فقط به این طریق درک خواهیم کرد که عیسی دربارهٔ رسالتی که باور داشت برای به انجام رسانیدن آن خوانده شده، چه اعتقادی داشت و چگونه این اعتقاد در او شکل گرفته بود. بسیاری از یهودیان دیگر در روزگار عیسی نیز کتاب‌های مقدس عهدعتیق را با دقت و بینش و توجه، مطالعه و بررسی می‌کردند. به دلایل کاملاً موجه می‌توانیم فرض را بر این قرار دهیم که عیسی نیز همین کار را کرد و درکی که از وظیفه و رسالت خود داشت، بر

مبنای همین مطالعات شکل گرفت. او باور داشت که وظیفه دارد داستانِ بزرگ اسرائیل را به نقطه اوجِ نهایی و قطعی خود برساند. نقشهٔ بلندمدت خدای خالق - برای رهانیدنِ جهان از شرارت و سامان دادن نهایی به همه چیز - باید در عیسی تحقق می‌یافت. مرگ او، که از یک نظر می‌توان آن را بی‌عدالتی محض دانست، در همان حال لحظه‌ای می‌بود که، همان‌طور که اشعیای نبی گفته بود، عیسی «به سبب تقصیرهای ما مجروح و به سبب گناهان ما کوفته [می‌شد]» (اشعیا ۵:۵۳). نقشهٔ خدا برای نجات جهان به این طریق تحقق می‌یافت که نیروی شرارت، بدترین بلایی را که می‌توانست بر سَرِ **خادم** - یعنی عیسی - می‌آوَرْد و به این ترتیب، زهر خود را می‌ریخت و از توان می‌افتاد.

معبد، شام، صلیب

اوجِ داستان زمانی می‌رسد که عیسی و شاگردانش وارد اورشلیم می‌شوند تا برای آخرین بار، شام پِسَخ (فصح) را با یکدیگر صرف کنند. عیسی بی‌جهت این عید را برای مقصود خود انتخاب نکرد. او هم به اندازهٔ سایر یهودیان، به قدرت نمادینِ داستان‌های کهنِ کتاب‌مقدس آگاه بود. تمام رویای عیسی این بود که خدا یک بار دیگر، و این مرتبه برای آخرین بار، واقعهٔ «خروج» را ترتیب دهد، و اسرائیل و جهان را از «بابل‌هایی» که طوق بردگی بر گردن‌شان انداخته‌اند، خلاصی بخشد و به سوی **سرزمین موعودِ** جدیدی هدایت‌شان کند، یعنی به سوی آفرینش جدیدی که معجزات شفای او، در حُکم پیش‌درآمد و نشانهٔ آن بود.

امّا در کمال شگفتیِ جمع کثیری از مردم، وقتی عیسی به اورشلیم رسید، حملهٔ خود را نه متوجهٔ هنگ سربازان رومی، بلکه متوجهٔ خود معبد کرد. عیسی با اعلام اینکه معبد دچار فساد است (و این نکته مورد تأیید بسیاری از یهودیان همعصر عیسی بود)، دست به یکی از بزرگ‌ترین اقدامات نمادین خود زد، و با واژگون کردن میزها، برای مدتی کوتاه ولی کاملاً مؤثر، فعالیت عادی معبد را (که تقدیم مداوم قربانی بود) متوقف ساخت. مشاجراتی که متعاقب این اقدام به وجود آمد، به‌خوبی

گویای فکری اســت که عیسی در ذهن داشــت: کار او به منزلهٔ تطهیر و پاکسازی معبد نبود، بلکه نشــانهٔ آن بود که خود معبد زیر داوری الاهی اســت. عیسی، به نام خدای اسرائیل، آن مکانی را که قرار بود خدا در آن ســکونت کند و با قوم خود در ارتباط باشد، به مصاف می‌طلبید. عیسی مانند اکثر اقدامات نمادینش، تعلیم مفصلی را پشتوانهٔ کار خود کرد که به همان نکته اشاره داشت: خدا شهر اورشلیم و معبد را ویران خواهد کرد، و به جای اینکه حقانیّت کُل قوم یهود را به اثبات برساند، حقانیّت عیسی و پیروانش را ثابت خواهد کرد.

عیسی به نتیجهٔ احتمالی اقدام خود آگاه بود، هرچند در صورت تمایل می‌توانست ترتیبی بدهد که دستگیر نشود. به جای این کار، همچنان که عید پِسَخ نزدیک می‌شد، او دوازده شــاگردش را برای صرف آخرین شام گرد آورد. این شام، به احتمال بسیار، نوعی شام پِسَخ بود و عیسی با تفسیری که از آن به عمل آورد، معنی نمادینِ جدید و حیرت‌انگیزی به آن داد.

تمام اعیاد یهودیان مملو از معنی اســت و باید گفت که عید پِسَــخ از همه بامعنی‌تر است. این عید شــامل بازگفتنِ نمایشیِ داستان خروج اســت و به همهٔ یهودیان زمانی را یادآوری می‌کند که قدرت پادشــاهی بت‌پرســت و مُستبد در هم شکست، قوم اسرائیل رهایی یافت، و خدا با کمال اقتدار، برای نجات قوم خود دست به اقدام زد. جشن گرفتن پِسَخ، همواره و حتی امروز هم، گویای این امید است که خدا دوباره این کار را تکرار خواهد کرد. تعبیرِ جدید عیسی از پِسَخ که وی به جای طرح آن در قالب نظریه‌ای ذهنی، در عمل نشــان داد و تفسیر کرد، حکایت از همین آیندهٔ تدارک دیده شــده بوسیلهٔ خدا داشــت که بلافاصله در زمان حال فرامی‌رســید. چیزی نمانده بود که خدا پادشاهی خود را به زمین آورد، امّا به شــیوه‌ای که هیچ‌یک از پیروان عیسی (با وجود تلاش‌های عیسی برای تفهیم این موضوع) انتظارش را نداشت. عیسی قدم به میدان نبردی می‌گذاشت که برای مسیحا مقرر شده بود - و در این نبرد [از نظر انسانی] شکســت می‌خورْد. در نهایت، دشــمن واقعی، نه روم بلکه قدرت‌های شــرارتی بود که در پسِ تکبر و درنده‌خوییِ بشری قرار داشت، شرارتی

که رهبران اسرائیل به‌گونه‌ای مرگ‌آور با آن یک‌کاسه شده بودند. زمان آن رسیده بود تا شرارتی که در تمام طول خدمات عیسی دمی او را آسوده نمی‌گذاشت - آشفته‌حالانِ فریادکش، دسیسه‌چینانِ وابسته به هرود، فریسیان بهانه‌جو، کاهنان اعظمِ توطئه‌گر، خائنی که یکی از شاگردان بود، صداهای نجواگر در جانِ خود عیسی - به صورت موجی عظیم انبوه شود و با تمام قدرت بر او فرود آید.

چنین بود که عیسی از نان پِسَخ به‌عنوان بدن خود یاد کرد که به نیابت از دوستانش فدا می‌شد، بدین‌طریق که او بارِ شرارت جهان را بر دوش می‌گرفت تا دوستانش از تحمل آن معاف شوند. عیسی جام پِسَخ را هم حامل خون خود دانست. مانند خون حیوان قربانی‌شده در معبد، خون عیسی ریخته می‌شد تا عهد جدیدی را استوار کند - امّا این بار، آن *عهد جدیدی* را که ارمیا گفته بود. زمان آن رسیده بود که سرانجام خدا قوم خود و تمامی جهان را رهایی بخشد، امّا نه از چنگ دشمنانی که صرفاً در عالم سیاست وجود داشتند، بلکه از خودِ شرارت، از گناهی که طوق اسارت را بر گردن‌شان انداخته بود. مرگ او کاری را می‌کرد که معبد با نظام قربانی‌هایش، به آن اشاره کرده ولی هرگز نتوانسته بود به انجامش رساند. در رویارویی با تقدیری که چهارنعل به سوی او می‌تاخت، عیسی، در همان حال که میان زمین و آسمان مُعَلَق و آویخته می‌مانْد، به آن مکانی تبدیل می‌شد که آسمان و زمین به یکدیگر می‌رسند. او نقطه‌ای می‌شد که در آن، آیندهٔ خدا در زمان حاضر فرامی‌رسد، و پادشاهی خدا در حالی پیروزی خود را بر سلطنت‌های این جهان جشن می‌گرفت که از ورود به کلاف خشونت پرهیز کرده بود. راه او این بود که به دشمنانش محبت کند، گونهٔ دیگر خود را نیز به سوی ضارب بگرداند و از مسافتی که مطالبه کرده‌اند، بیشتر بپیماید. او سرانجام، مطابق تفسیر خود از نبوت‌های کُهن که باور داشت از مسیحای رنجدیده سخن می‌گویند، عمل می‌کرد.

در چند ساعتی که پس از شام گذشت، با عیسی رفتاری دردناک و سنگدلانه شد. او موقع دعا در باغ جتسیمانی، پنجه در پنجهٔ ظلمتی

انداخت که احساس می‌کرد در طول مدتی که به دستگیری‌اش مانده، او را در میان گرفته است. کاهنان اعظم دست به همان کاری زدند که انتظار می‌رفت: آنها محاکمه‌ای سریع و نیمه‌قانونی ترتیب دادند در حدی که بتوانند عیسی را متهم به بیان سخنان فتنه‌انگیز دربارهٔ معبد و نهایتاً کفرگویی کنند. این اتهامات را می‌شد، برای محکمه‌پسند کردن در حضور فرماندار رومی، به اقدام علیه روم تعبیر و تفسیر کرد. فرماندار رومی، ضعیف و بی‌اراده بود و کاهنان، حیله‌اندیش. عیسی به‌خاطر اتهامی که از آن بَری بود - یعنی اقدام به شورش علیه روم - بالای دار رفت، ولی این اتهام در مورد اکثر همروزگارانش، لااقل از لحاظ قصد و نیت، صادق بود. به جای عیسی، باراباس را که رهبری شورشی بود، آزاد کردند. افسر رومی در حالی که به عیسای مصلوب، این هزارمین قربانی خود نگاه می‌کرد، چیزی دید و شنید که انتظارش را نداشت و زیر لب زمزمه کرد که چه بسا این مرد واقعاً پسر خدا بود.

معنی این داستان نه فقط در چارچوب روایت گسترده‌تر کتاب‌مقدس، بلکه در همهٔ جزئیات آن پیداست. دردها و اشک‌های سالیان، در جُجلتا به هم رسیدند. اندوه آسمان به عذاب زمین پیوست؛ محبتِ بخشاینده‌ای که خدا برای آینده تدارک دیده بود، در زمان حال جاری شد؛ پژواک صداهایی که در قلب میلیون‌ها انسان، فریاد عدالت‌خواهی سر می‌دهد، و برای امور روحانی و روابط و زیبایی اشتیاق برمی‌انگیزد، در واپسین فریادِ حزینِ یک مرد به هم پیوستند.

در تاریخ مذاهب بت‌پرستی هیچ معادلی برای این ترکیبِ «رخداد و نیت و معنی» نمی‌توان یافت. آنچه بر عیسی گذشت، هیچ سابقه و زمینهٔ قبلی در یهودیت، به جز مطالب رمزآمیز و سایه‌وارِ نبوت‌ها نداشت. مرگ عیسای ناصری به‌عنوان پادشاه یهودیان، کسی که تقدیر اسرائیل را با کار خود رقم می‌زد و به وعده‌های خدا به قوم دیرینه‌اش تحقق می‌بخشید، یا مزخرف‌ترین و پوچ‌ترین یاوه‌ای است که دنیا تا به حال شنیده، یا همان اهرمی است که تاریخ جهان را جا به جا کرد.

مسیحیت بر مبنای اعتقاد به نظر دوم استوار است.

اوّلین عید رستاخیز

مسیحیان ایمان دارند که عیسای ناصری در سومین روز پس از مصلوب شدن - روز یکشنبه، اوّلین روز هفته - جسماً از میان مردگان برخاست و قبری خالی بر جای گذاشت. اساساً به همین دلیل است که ما ایمان داریم مرگ عیسی، نه تصادفی شوم و دردناک بلکه پیروزیِ شگفت‌انگیز خدا بر تمامی قدرت‌های شرارت بود. کار بسیار دشواری خواهد بود اگر بخواهیم پیدایش مسیحیت را به‌عنوان پدیده‌ای تاریخی شرح بدهیم امّا مطلب روشنی‌بخش و مفیدی دربارهٔ رستاخیزِ عیسی نگوییم. ولی قبلاً لازم است دو نکته را روشن کنیم.

اولاً، وقتی دربارهٔ برخاستن عیسی از مرگ سخن می‌گوییم، به «رستاخیز» اشاره داریم و نه «صرفاً بازگشت به زندگی». حتی اگر سربازان رومی که متخصص آدم‌کشی بودند، بی‌دلیل اجازه می‌دادند تا عیسی را قبل از مرگ از صلیب پایین بیاورند، و حتی اگر، بعد از یک شبِ تمام شکنجه و شلاق و یک روزِ تمام بالای صلیب، عیسی توانسته بود زنده بماند و از قبر بیرون بیاید، به هیچ وجه نمی‌توانست کسی را قانع کند که *از مرگ گذشته و از کرانهٔ دیگر آن سر برآورده*. در بهترین حالت، لازم بود به عیسی کمک شود تا دوران نقاهت طولانی و آهسته‌ای را پشت سر گذارد. ولی یک چیز قطعی است: اگر چنین اتفاقی می‌افتاد، هرگز کسی نمی‌گفت که عیسی مسیحای موعود است، و پادشاهی خدا فرا رسیده و زمان آن است که شاگردان به همهٔ دنیا بگویند که عیسی خداوندِ واقعی و بِه‌حق آن است.

نظریه‌ای مخالف این نتیجه‌گیری که چند سال قبل باب بود، اکنون وسیعاً از اعتبار ساقط شده است. برخی از جامعه‌شناسان این نظریه را مطرح کردند که شاگردان دچار «ناهمنواییِ شناختی» شده بودند، یعنی پدیده‌ای روانشناختی که سبب می‌شود پیروان سرسخت یک اعتقاد وقتی با شواهد مخالف روبه‌رو می‌شوند، اعتقاد خود را با اصرار و پافشاریِ بیشتری تکرار کنند. آنها بی‌توجه به تمام نشانه‌های منفی، در نفی و انکار حقیقت مُصرتر می‌شوند و موقعیت خود را به تنها شیوه‌ای که می‌توانند،

حفظ می‌کنند: یعنی بلندتر فریاد می‌کشند و می‌کوشند دیگران را در پیوستن به آنها مجاب کنند.

هرچه هم این پدیده در شرایط دیگر محتمل باشد، بعید است بتوان ظهور کلیسای اوّلیه را به کمک آن توضیح داد. در آن روزگار، اَحَدی انتظار نداشت که کسی، و نامحتمل‌تر از همه مسیحای موعود اسرائیل، از مرگ برخیزد. مسیحای مصلوب به معنی مسیحای مغلوب بود. زمانی که رومیان در ۱۳۴ میلادی شمعون بن کوخبا را هلاک کردند، هیچ‌یک از پیروانش با وجود اشتیاق قلبی، راه نیفتاد بگوید که در هر حال او مسیحا بوده است. پادشاهیِ خدا چیزی بود که باید در زندگیِ واقعی تحقق می‌یافت نه در عالم هپروت!

مسئله چنانکه برخی از نویسندگان دوست دارند بگویند، این هم نیست که موضوع «رستاخیز» به هر حال در تمام مذاهب خاور نزدیک وجود داشت. بله، در این مذاهب سخن از خدایانی بود که می‌مُردند و زنده می‌شدند، یعنی شاهان غلات، خدایان باروری و غیره. ولی – حتی با فرض اینکه پیروان یهودی عیسی از این اساطیر بت‌پرستان اطلاع داشتند – هیچ‌یک از پیروان این مذاهب معتقد نبود که آنچه در این داستان‌ها آمده، ممکن است برای فردی از افراد بشر اتفاق بیفتد. بنابراین، تا اینجا بهترین توضیح برای ظهور مسیحیت این است که عیسی واقعاً دوباره بر شاگردان آشکار شد، ولی نه به صورت بازماندهٔ مضروب و خونین و مالین اعدام، یا به صورت شبح (داستان‌های اناجیل تصریح دارند که عیسای قیام‌کرده شبح نبود)، بلکه او به‌عنوان انسانی زنده و صاحب بدن بر شاگردان آشکار شد.

امّا بدن عیسی بگونه‌ای متفاوت بود. داستان‌های اناجیل در اینجا، با تمام داستان‌های مشابه قبلی یا بعدی تفاوت دارند. همان‌طور که یکی از صاحب‌نظران برجستهٔ عهدجدید گفته است، به نظر می‌رسد که نویسندگان اناجیل کوشیده‌اند چیزی را توضیح بدهند که کلمات دقیقی برای وصف آن نداشتند. بدن عیسی که از مرگ برخاسته بود، بسیاری از همان خصوصیات بدن معمولی را داشت (می‌توانست حرف بزند،

بخورد و بنوشد و لمس کند و غیره)، ولی خصوصیات دیگری هم داشت. این بدن می‌توانست ظاهر و ناپدید شود و از درهای بسته عبور کند. از جایی که این موضوع هیچ سابقه‌ای در ادبیّات یا تخیّلات یهودی نداشت، یهودیان برای این تصویر آمادگی نداشتند. اگر نویسندگان انجیل‌ها می‌خواستند داستانی را در انطباق با مفهومی که دارای سابقه بود ابداع کنند، یقیناً در توصیف عیسای قیام‌کرده می‌گفتند که مانند ستاره می‌درخشید. طبق دانیال ۱۲:۳ (یکی از تأثیرگذارترین متون در تفکر یهودی آن روزگار)، عادلان در روز رستاخیز چنین ظاهری می‌داشتند. ولی عیسی چنین نشد. ظاهراً بدن عیسی طوری دگرگون شده بود که برای آن نه سابقه‌ای وجود داشت و نه نبوتی، و تا امروز هم شخصی چنین بدنی نداشته است.

این نوع نتیجه‌گیری را هیچ‌گاه از نظر علمی نمی‌توان قبول یا رد کرد. در هر حال، علم به بررسیِ پدیده‌هایی می‌پردازد که در شرایط آزمایشگاهی قابل‌تکرار باشند. امّا تاریخ چنین نیست. مّورخان به بررسی اتفاقاتی می‌پردازند که یک بار و فقط یک بار رخ داده‌اند؛ هر واقعه تاریخی، حتی اگر مورد نسبتاً مشابهی داشته باشد، بی‌نظیر و تکرارناپذیر است. حال، استدلال تاریخی کاملاً روشن است. تکرار می‌کنم: تا اینجا بهترین توضیح برای اینکه چرا مسیحیت پس از مرگِ فجیع عیسی آغاز شد، این است که او سه روز بعد از مرگ، واقعاً با بدنی دگرگون‌شده، از مرگ برخاست.

البته من نمی‌گویم که این استدلال (یا هر استدلال دیگری از این نوع) چنان قطعی است که شخص *وادار* می‌شود به رستاخیز عیسی ایمان آورد. بنابراین، همواره ممکن است کسی بگوید: «خُب، من توضیح بهتری برای ظهور مسیحیت ندارم، ولی چون می‌دانم مردگان زنده نمی‌شوند و هرگز هم زنده نشده‌اند، پس حتماً باید توضیح دیگری برای ظهور مسیحیت وجود داشته باشد.» این موضع کاملاً منطقی است. البته، اعتقاد به اینکه عیسی از میان مردگان برخاست، لااقل ما را با این معضل روبه‌رو می‌سازد که مجبور می‌شویم قضاوت خود را دربارهٔ مسائلی که معمولاً ثابت و

تغییرناپذیر دانسته می‌شـــوند، تغییر بدهیم. یا، اگر بخواهیم مطلب را به شکل مثبت‌تری بیان کنیم، اعتقاد به رستاخیز عیسی مستلزم آن است که جهان‌بینیِ منکر این‌گونه اتفاقات را با جهان‌بینی دیگری جایگزین کنیم. این جهان‌بینیِ دوم، پذیرای این دیدگاه اســـت که خدای خالق در درجهٔ اوّل خود را در ســـنت‌های قوم اسرائیل و سپس به‌طور کامل و نهایی در عیســـی آشکار کرد. حال اگر از این چشـــم‌انداز به رستاخیز عیسی نگاه کنیم، خواهیم دید که کاملاً واجد معنی است. ایمان را نمی‌توان به کسی تحمیل کرد، ولی بی‌ایمانی را می‌توان به نقد کشید.

باید گفت که مثال‌هایی مشـــابه این را دقیقـــاً در دنیای علوم معاصر می‌توان یافت. امروزه دانشمندان از ما می‌خواهند چیزهایی را باور کنیم که عجیب و حتی غیرمنطقی به نظر می‌رســـند. این مسئله را بخصوص در اخترفیزیـــک و نظریهٔ کوانتومی می‌توان دید. برای مثال، دانشـــمندان در توضیح نور، آن را، هم متشـــکل از امواج می‌دانند و هم متشـــکل از ذرات با وجودی که این دو ظاهراً با یکدیگر ســـازگار نیستند. گاه برای تبیینِ شواهدی که در اختیار داریم، به‌ناچار باید جهان‌بینی خود را، یعنی نظرمان را دربارهٔ اینکه چه اموری امکان‌پذیر هســـتند، در ابعادی جدید بسط دهیم. دربارهٔ شواهد رستاخیز هم باید چنین کرد.

ولی این همه به چه *معناست*؟ در این نکته، نسل اخیرِ مسیحیان غرب خود را به کج‌راهه انداخته‌اند. در مواجهه با سکولاریسم [جوّ غیردینی] فزایندهٔ دنیای پیرامون خود، و نیز انکار گســـتردهٔ هر شکلی از حیاتِ بعد از مرگ، بسیاری از مسیحیان رستاخیز عیسی را صرفاً نشانه‌ای از «زندگی پـــس از مرگ» تعبیر کرده‌اند. این کار، مســـائل را با هـــم قاطی می‌کند. رستاخیز راه قشنگی برای بیان این نکته نیست که «بعد از مرگ به بهشت می‌رویم». رستاخیز، به این معنا، تعبیری از «زندگیِ پس از مرگ» نیست؛ رســـتاخیز یعنی *بعد* از آنکه مرگ بر بدن ما عارض شد، دوباره با بدن از مرگ بر خواهیم خاست. بنابراین، رستاخیز، مرحلهٔ دوم در زندگیِ بعد از مرگ است، یا به تعبیری: «زندگیِ پس از "زندگیِ بعد از مرگ"». اگر قرار است رســـتاخیزِ عیسی چیزی را دربارهٔ زندگیِ پس از مرگ «ثابت کند»،

آن چیز همین نکته است. امّا جالب این است که هیچ‌یک از داستان‌های مربوط به رستاخیز در انجیل‌ها یا در کتابی که به **اعمال رسولان** معروف است (و در محاوره آن را اختصاراً **اعمال** می‌خوانیم)، از واقعهٔ رستاخیز به‌عنوان دلیلی بر وجودِ نوعی زندگیِ پس از مرگ یاد نمی‌کند. به جای این، تمام این روایات متفقاً می‌گویند: «اگر عیسی از مردگان برخاسته، به این معنی است که دنیای جدید خدا، پادشاهی خدا، فرا رسیده است؛ و مفهوم آن این است که ما وظیفه‌ای بر دوش داریم. دنیا باید بشنود که خدای اسرائیل، خدای خالق، از طریق مسیحای خود به چه دستاوردی نایل شده است.»

عده‌ای در سوءتعبیر خود از مفهوم رستاخیز، از آنچه گفتیم به مراتب فراتر رفته‌اند. آنها کوشیده‌اند تا رخدادهای رستاخیز را به شکلی از دیدگاهی تبدیل کنند که من تحت عنوان **نگرش دوم** مطرح کردم. همان‌طور که گفتیم، نگرش دوم قائل بر آن است که خدا و جهان هر کدام در یک قطب قرار دارند. مطابق این دیدگاه، خدا که به‌طور عادی جایی مطلقاً خارج از این جهان است، گَهگاه سری به جهان می‌زند و کارهای شگفتی به انجام می‌رساند. این کارهای عجیب (طبق این دیدگاه) به منزلهٔ مداخلات خدا در جریان عادیِ امور است. امروزه برای اکثر مردم، کلماتی نظیر «معجزه» و «ماوراءطبیعت» به همین معنی اشاره دارد. تفسیرِ رستاخیز عیسی در چارچوب این دیدگاه (تحت عنوان «بزرگ‌ترین معجزه»)، عده‌ای دیگر را به طرح این پرسش برانگیخته است که خوش به حال عیسی، ولی رستاخیز او چه فایده‌ای به حال ما دارد؟ اگر خدا از این کارها بلد است، پس چرا دست روی دست گذاشت و جلوی فاجعهٔ هولوکاست و هیروشیما را نگرفت؟

پاسخ این است که رستاخیز عیسی - و مسائل دیگری از این دست دربارهٔ زندگی او - در چارچوبِ «نگرش دوم» و در هیچ‌یک از شکل‌های مختلف آن، نمی‌گُنجد. (به همین ترتیب، عیسی را در چارچوب «**نگرش اول**» هم نمی‌توان گُنجاند، هرچند گاه شاهد تلاش کسانی بوده‌ام که خواسته‌اند رخدادهای خاصِ زندگی عیسی را به‌عنوان تجلیِ جدیدی

از روندِ «طبیعی» معرفی کنند.) اگر رستاخیز واجد معنایی باشـد، این معنی را باید در چیزی شبیه جهان‌بینیِ کلاسیک یهودی یافت که من قبلاً آن را تحت عنوان **نگرش سـوم** مطرح کردم. مطابق این نگرش، آسمان و زمین نه یکسـان هسـتند و نه کاملاً جدا و منفک از یکدیگر، بلکه به شیوه‌های مختلف با یکدیگر تداخل دارند و در هم می‌تابند؛ و خدایی که هم خالق آسـمان و هم خالق زمین است، از داخل و خارج در جهان کار می‌کند و شـریکِ رنج و درد آن می‌شود – در واقع باید گفت که تمامی بارِ رنج جهان را بر شـانه‌های خود می‌گیـرد. از این نظرگاه، همان‌طور که کلیساهای ارتودکس شرقی همواره تأکید ورزیده‌اند، وقتی عیسی از مرگ برخاسـت، تمامی آفرینش از قبر قیام کـرد و دنیایی پدید آمد پر از ظرفیت‌هـای بالقوه و امکانات جدید. در واقع، چون بخشـی از این امکانات نو، احیاء شدن انسان است، رستاخیز عیسی ما را به تماشاچیانی منفعل و عاجز تبدیل نمی‌کند، بلکه این حالت را در ما به وجود می‌آوَرَد که زیر دستمان گرفته شده تا روی پا بایستیم و هوایی تازه به شش‌های خود بکشیم و برویم تا به مأموریت خود، یعنی تحقق بخشیدن به آفرینش جدید در جهان، عمل کنیم.

این در واقع، تفسیری از رستاخیز است که با دیدگاهی که من دربارهٔ زندگی و کارهای عیسـی مطرح کردم، بیشـترین سازگاری را دارد. اگر اسرائیل رسالت داشت تا قومی باشد که از طریق آن، خدا خلقتِ محبوب خود را نجات می‌دهد، اگر عیسی دربارهٔ خود ایمان داشت که مسیحای خداست و باید رسالتِ اسـرائیل را در وجود خود تحقق بخشد، و اگر این حقیقت دارد که وقتی عیسـی به سوی مرگ خود پیش می‌رفت، بارِ شـرارت جهان را به تمامـی بر خود گرفت، و به معنایـی آن را از رمق انداخت – آنـگاه بی‌تردید وظیفه‌ای در انتظار ماسـت که باید به انجام رسـانیم. موسیقی‌ای که او نوشـت، اکنون باید به اجرا درآید. شاگردان اوّلیهٔ عیسـی، این وظیفه را دیدند و در راه عمل به آن کوشیدند. هنگامی که عیسـی از قبر برخاسـت، همراه با او، عدالت و روحانیّت و روابط و زیبایی نیز قیام کرد. در عیسی و از طریق عیسی، اتفاقی رخ داده است که

در نتیجهٔ آن دنیا به جای متفاوتی تبدیل شده، به جایی که آسمان و زمین برای همیشه به یکدیگر پیوسته‌اند. آینده‌ای که خدا تدارک دیده، در زمان حاضر فرا رسیده است. اکنون، به جای آنکه فقط پژواک‌هایی بشنویم، خودِ صدا را می‌شنویم: صدایی را که دربارهٔ نجات از شرارت و مرگ، و بنابراین، دربارهٔ آفرینش جدید سخن می‌گوید.

عیسی و «الوهیت»

نخستین نسل از مسیحیان، یعنی کسانی که در دوران کوتاه خدمات عیسی از او پیروی کردند، هرگز از ذهن‌شان نگذشته بود که مسیحای موعود [آن‌طور که در روزگار آنها در سنت یهودی از این کلمه استنباط می‌شد] دارای *الوهیت* باشد. بخشی از مشکل ما آن است که مردم کلمهٔ «مسیح» را یا به منزلهٔ نام خانوادگی عیسی به‌کار می‌برند ("عیسای مسیح")، یا به منزلهٔ لقبی که اَنگار خود به خود، دال بر «الوهیتِ» عیسی است. همین طور هم، عبارتِ «پسر خدا» اغلب طوری نقل می‌شود که گویی بلافاصله بر مفهومِ «دومین شخص از تثلیث» دلالت دارد. ولی عبارت «پسر خدا» به این معنی نبود - یعنی لااقل تا زمانی که مسیحیان اوّلیه معنی جدیدی، در ارتباط با مفهوم فوق، برای آن قایل شدند. در آن زمان، «پسر خدا» صرفاً یکی دیگر از لقب‌های مسیحای موعود محسوب می‌شد. کتاب‌مقدس از پادشاهِ آیندهٔ اسرائیل، به‌عنوان پسرخواندهٔ یَهْوِه یاد کرده بود. بی‌تردید، این برای انسان، مقام والایی بود؛ امّا هیچ تصوری در این باره وجود نداشت که این پادشاه، تَجَسُّم (Embodiment) (یا اگر بخواهیم کلمهٔ لاتین را به‌کار ببریم «جسم گرفتنِ» (*Incarnation*)، خدای اسرائیل است.

با این حال، از همان نخستین روزهای مسیحیت، با تغییر جهتِ شگفت‌انگیزی روبه‌رو هستیم که آن هم هیچ سابقه‌ای در سنت‌های اعتقادی یهود نداشت و بنابراین بدون هیچ‌گونه زمینهٔ قبلی صورت گرفت. پیروان عیسی با وجودی که سفت و سخت پایبندِ ایمان توحیدی یهود بودند، از همان آغاز، قایل بر الوهیت عیسی شدند. هر وقت آنها

دربارهٔ عیسی سـخن می‌گفتند، دقیقاً از همان مقولاتی استفاده می‌کردند که در طی قرون گذشـته یهودیان به آنها شکل داده بودند و با استفاده از آنها دربارهٔ **حضور** و **کُنِش** خدای یگانهٔ حقیقی در جهان سخن می‌گفتند. ایـن مقولات عبارت بودنـد از: **حضور** (مانند حضـور خدا در معبد)، **تورات**، **کلام**، **حکمت**، و **روح**. مسـیحیان می‌گفتند که عیسـی تجسمِ بی‌نظیرِ خدای یگانهٔ اسـرائیل اسـت که با شـنیدن نام او هر زانویی در آسمان و زمین و زیر زمین خم خواهد شد، و او همان است که از طریق او همه چیز آفریده شـد و اکنون از نو آفریده می‌شود؛ و او کلامِ زنده و مُجسم خداست و نیکویی خدا چنان عمیق بر شخصیت او حک شده که تمام وجودش را در برگرفته است. مسیحیان اوّلیه، تمایلی به انحراف از توحید به شیوهٔ یهودی آن نداشتند. آنها مُصِر بودند که مشغول تفحص در معنیِ حقیقی توحیدِ یهودی هستند.

باید گفت که پیروان عیسی تمام این مطالب را پیش از آن گفتند که سه یا چهار قرن سپری شود و فرصتی طولانی برای تأمل و رشد داشته باشند و شرایط اجتماعی یا سیاسی هم برای طرح این موضوعات مناسب باشد. مسـیحیان در همان نسـل اول، موضوع الوهیت عیسی را عنوان کردند، و آن هم با وجودی که می‌دانسـتند طرح این موضوع، حساسـیّت‌های مذهبیِ یهودیان و بت‌پرستان را تحریک می‌کند. از اینها گذشته، مسیحیان با وجودی قایل به الوهیت عیسـی شدند که می‌دانستند این کار به معنی رویارویی مستقیمِ سیاسی با ادعاهای روم است. هرچه نباشد، قیصر روم، عنوان «پسر خدا» را یدک می‌کشید؛ او «خداوند جهان» به شمار می‌رفت؛ و پادشـاهی او از اقتدار مطلق برخوردار بود و تا آن روز، به نام او بود که هر زانویی خم می‌شد. ارزیابیِ مسیحیان اوّلیه از عیسی به‌عنوان آن مکانی که آسمان و زمین به هم می‌رسند، یعنی جایگزینِ معبد، و تجسمِ خدای زنـده، تا جایی که می‌توان تصور کرد از نظر اجتماعی تحریک‌کننده و از نظر الاهیاتی نوآورانه بود.

با همهٔ این اوصاف، مسـیحیان از الوهیت عیسـی سخن گفتند و با مراجعـه به خاطرهٔ خود از عیسـی، به تعمق دربارهٔ مـواردی از بیانات

او پرداختند که ظاهراً نشان می‌داد عیسی خود را واجد الوهیت می‌دانست.

در این نکته نیز بسیاری از مسیحیان در مسیر نادرستی افتاده‌اند. آنها مسئله را به این شکل عنوان کرده‌اند که عیسی در دوران حیات، از «الوهیت» خود «آگاه» بود. اگر آگاهی را به این معنی بگیریم که عیسی بلافاصله، و بی‌مقدمه، چنین شناختی از خود داشت، آنگاه اتفاقاتی مانند عذابی که در باغ جتسیمانی متحمل شد، کاملاً توضیح‌ناپذیر می‌شوند. من در جایی دیگر، بی‌آنکه بخواهم دربارهٔ تجسم کاملِ خدا در عیسی تخفیف بدهم، به هدف بررسی عمیق‌ترین جنبهٔ تَجسم، چنین استدلال کرده‌ام که عیسی «آگاه» بود رسالتی بر دوش دارد و خوانده شده است تا آن کسی باشد و آن کاری را انجام دهد که فقط خدای اسرائیل می‌توانست باشد و به انجام رساند. به اعتقاد من، اینکه می‌گوییم عیسی کاملاً خدا و کاملاً انسان بود، به همین معنی است. البته، این به معنی نادیده گرفتنِ مرز خدا و انسان نیست، بلکه وقتی به خاطر می‌آوریم انسان به صورت خدا خلق شد، می‌بینیم که تجسم به منزلهٔ تحقق نهاییِ هدف آفرینش است.

از همین رو، وقتی عیسی برای آخرین بار به اورشلیم رفت، داستان‌هایی دربارهٔ پادشاه (یا اربابی) تعریف کرد که از سرزمین خود می‌رود و سرانجام برمی‌گردد تا ببیند مردم یا غلامانش چه رفتاری داشته‌اند. در این داستان‌ها، عیسی از خودِ **یَهْوِه** سخن می‌گفت که اسرائیل را در زمان تبعید ترک کرده و سرانجام برای داوری و نجات آنها، بازگشته بود. امّا با اینکه عیسی از آمدنِ یَهْوِه به اورشلیم سخن می‌گوید، در واقع این خودِ اوست که به اورشلیم می‌آید. این عیسی است که سوار بر الاغ وارد شهر می‌شود، مدعی اقتدار بر معبد می‌گردد، به کاهن اعظم اعلام می‌کند که به دست راست **قدرت** [خدا] خواهد نشست، و به شاگردان می‌گوید که بدن و خون خود را برای گناهان جهان می‌دهد. هرچه به صلیب نزدیک‌تر می‌شویم، جواب این سؤال هم روشن‌تر می‌شود که عیسی چه تصوری از هویت خود داشت؟

آنچه قوتِ ادامهٔ راه را به عیسی می‌بخشید، نه فقط مطالعهٔ کُتُب‌مقدسِ یهودی بود که در آنها او خط مشیِ رسالت خود را بروشنی می‌یافت، بلکه نیز پیوند صمیمانه‌اش در دعا با آن کسی بود که او را *آبا*، یعنی **پدر**، خطاب می‌کرد.

به طریقی، عیسی هم به **پدر** دعا می‌کرد، و هم نقشی را بر خود گرفت که در نبوت‌های کُهن، مختص **یَهْوِه** بود - یعنی رهانیدنِ اسرائیل و جهان. او مطیع **پدر** بود، و همزمان کاری می‌کرد که فقط از خدا برمی‌آید.

این مسئله را چگونه می‌توان درک کرد؟ من فکر نمی‌کنم که عیسی به همان مفهومی می‌دانست «دارای الوهیت است» که ما می‌دانیم گرم یا سردمان است، خوشحال یا غمگین هستیم، و مرد یا زن هستیم. آگاهی عیسی در این مورد، بیشتر شبیه «آگاهی و شناختی» است که ما از مسیر و جهت کُلی زندگی خود داریم، به این معنی که یک نفر *می‌داند* در زندگی خوانده شده تا هنرمند شود، شخصی دیگر دعوت خود را در این می‌بیند که باید مکانیک شود و شخصی هم در این که باید فیلسوف شود. ظاهراً درکی که عیسی از هویت خود داشت، «آگاهی و شناخت» عمیقی از همین نوع بود، اعتقادی محکم و جامع به اینکه خدای اسرائیل، اسرارآمیزتر از آنی است که اکثر مردم تصور می‌کنند، و در وجودِ این خدا، نوعی داد-و-گرفت وجود دارد، گونه‌ای رفت-و-برگشت، نوعی محبت که نثار می‌شود و دریافت می‌گردد. ظاهراً عیسی ایمان داشت که او، این نبی ناصریِ کاملاً انسان، یکی از طرف‌هایی است که این محبت بین آنها در جریان است. او خوانده شده بود تا در اطاعت از پدر، طرح و نقشه‌ای را به اجرا درآورد که محبت فوق، خود را آزادانه و کاملاً وقف آن می‌کرد.

آنچه گفتیم ما را به مرز آنچه زبان و الاهیات قادر به بیان آن است، می‌رساند. امّا من در مقام مورخ به این نتیجه رسیده‌ام که تحلیلِ بالا به بهترین وجه توضیح می‌دهد که چرا عیسی کارهای خاصی را انجام داد و چرا پیروانش، مدت کوتاهی پس از مرگ و رستاخیز او، به اعتقاد بخصوصی رسیدند و کارهای بخصوصی را به انجام رساندند. به‌علاوه،

من در مقام مسیحی به این نتیجه می‌رسم که به‌خاطر همین درک از عیسی و نقش اوست که من و میلیون‌ها نفر دیگر دریافته‌ایم که عیسی در جهان و در زندگی ما، شخصاً حاضر و فعال است، و رهاننده و خداوند ماست.[۱]

۱ خوانندگان عزیزی که احتمالاً با دیدگاه‌های دکتر رایت چندان آشـــنا نیستند ممکن است از این توضیحات کمی گیج شـــوند. منظور نویســـنده این نیست که عیسی نمی‌دانست خداست، بلکه می‌کوشـــد موضوع «آگاهی عیسی را بر الوهیت خود» در پرتو غنای این موضوع توضیح دهد. (مترجم)

فصل نهم

نَفَسِ زندگی‌بخشِ خدا

کمی قبل پنجره را به روی صبحِ بهاریِ دل‌انگیزی گشودم. نسیمِ تازه‌ای درِ باغ می‌وزد. دورتر، کشاورزی خس و خاشاکی را که از زمستانْ به جا مانده در آتش می‌سوزاند. کنارِ جادهٔ منتهی به دریا، چکاوکی بر فراز آشیانه‌اش در پرواز است. فضا سراسر آکنده از این احساس است که آفرینش، حجاب زمستان را کنار می‌افکَند و برای جوششِ زندگی جدید آماده می‌شود.

تمام اینها (که البته هیچ‌کدام‌شان ساخته و پرداختهٔ تخیل من نیست)، تصاویری هستند که مسیحیان اوّلیه برای توضیح چیزی استفاده کردند که به اندازهٔ داستان عیسی عجیب بود، ولی به همان اندازه نیز در زندگی‌شان واقعیت داشت. برای مثال، آنها از باد قدرتمندی سخن گفتند که در روز پنتیکاست به داخل خانه‌ای که در آن جمع شده بودند، وزید و وارد آنها شد. مسیحیان از زبان‌های آتش سخن گفتند که بر آنها قرار گرفت و متحول‌شان کرد. آنها از داستان کُهن آفرینش، تصویرِ پرنده‌ای را اخذ کردند که [همچون پرنده‌ای مادر که می‌خواهد در آشیانه‌اش تخم بگذارد] بر آب‌های بی‌نظم (Chaos) قرار گرفته، و دنیایی جدید از نظم و حیات به وجود می‌آوَرَد.

چگونه می‌توان چیزی را که قابل‌توضیح نیست، جز بوسیلهٔ سلسله تصاویری از دنیایی که برای ما آشناست، توضیح داد؟

بی‌تردید، چیزی وجود داشت که باید توضیح داده می‌شد. پیروان عیسی آشکارا به همان اندازه از رستاخیز او گیج بودند که قبلاً از اکثر سخنانش گیج می‌شدند. آنها نمی‌دانستند که بعد از این اتفاق، چه وظیفه‌ای دارند و هیچ تصویر روشنی از اقدام بعدیِ *خدا* در ذهن نداشتند. بعد از واقعهٔ رستاخیز، یک بار تصمیم گرفتند که دوباره سراغ

ماهیگیری بروند. جایی دیگر - یعنی در آخرین ملاقات خود با عیسی، پیش از آنکه برای آخرین بار از چشم آنها ناپدید شود - از او پرسیدند که آیا تمام این اتفاقاتِ عجیب به این معنی است که بالاخره آرزوی دیرینهٔ اسرائیل جامهٔ حقیقت خواهد پوشید. شاگردان سؤال کردند که آیا زمان آن رسیده تا پادشاهی خدا در اسرائیل برقرار گردد و اسرائیل سرانجام آزادی را به معنایی که معاصرانشان انتظار داشتند، در آغوش کشد؟

طبق معمول، عیسی مستقیماً به سؤال آنها پاسخ نداد. خدا به بسیاری از سؤالات ما، پاسخ مستقیم نمی‌دهد. البته، نه به این دلیل که جواب سؤالات‌مان را نمی‌داند، بلکه چون سؤالات ما بی‌معنی است. همان‌طور که سی. اس. لوئیس اشاره کرده است، بسیاری از سؤالات ما، از دید خدا، مانند سؤالات کسی هستند که می‌پرسد: «رنگ زرد، مربع است یا دایره؟» یا «یک کیلومتر متشکل از چند ساعت است؟» عیسی با ملایمت، از پاسخ دادن به سؤال شاگردان خودداری می‌کند و می‌گوید: «بر شما نیست که ایام و زمان‌هایی را که پدر در اختیار خود نگاه داشته است بدانید؛ امّا چون روح‌القدس بر شما آید، قدرت خواهید یافت و در اورشلیم و تمامی یهودیه و سامره و تا دورترین نقاط جهان، شاهدان من خواهید بود» (اعمال ۱:۶-۸).

روح‌القدس و مأموریت کلیسا جدایی‌ناپذیرند و نمی‌توانیم آنها را به تفکیک و مستقل از یکدیگر داشته باشیم. شاید هیجان نسل گذشته از تجربه‌های جدید روحانی، تصویری از کار روح‌القدس در ذهن ما شکل داده باشد، ولی باید دانست که خدا روح‌القدس را به ما نمی‌بخشد تا معادل روحانیِ هیجان شهربازی را تجربه کنیم. البته، اگر گرانبار و دل‌شکسته باشیم، وزشِ تازهٔ روح خدا به زندگی ما، می‌تواند چشم‌اندازی نو دربارهٔ همهٔ امور، و بالاتر از همه، احساسی از حضور و محبت و تسلا و حتی شادی و شعفِ الاهی را به ما ببخشد، و البته همین کار را هم می‌کند. امّا هدف روح‌القدس رسانیدن این خبر به گوش جهان است که عیسی خداوند است، و بر قدرت‌های شرارت پیروز شده است، و بابِ دنیایی جدید گشوده شده، و ما باید به تحقق آن کمک کنیم.

همین طور هم، کلیسا نمی‌تواند بدون یاریِ روح‌القدس به وظیفهٔ خود عمل کند. من گاهی اوقات از برخی مسیحیان شنیده‌ام که خدا به سهم خود هر کاری لازم بود از طریق عیسی به انجام رسانده است و حالا از ما می‌خواهد تا با توان و نیروی خودمان، به سهم خود عمل کنیم. ولی این کج‌فهمیِ بسیار دردآوری است و به احساس تکبر یا احساس خستگی و فرسودگی یا هر دو با هم، منتهی می‌شود. بدون روح خدا، نمی‌توانیم کار مفیدی برای پادشاهی خدا انجام دهیم.

در اینجا من کلمهٔ کلیسا را تا حدی با «قلب شکسته» به‌کار می‌برم. می‌دانم که برای بسیاری از خوانندگان، این کلمه یادآورِ ساختمان‌های بزرگ و تاریک و بیاناتِ قلمبه‌سلمبهٔ مذهبی و تشریفاتِ بی‌مورد و ریاکاری‌های وابسته به مقام است. امّا یافتن جایگزین، آسان نیست. البته، من هم بارِ منفی این تصویر را احساس می‌کنم و در حوزهٔ تخصصی خود همواره با آن درگیرم.

امّا این موضوع جنبهٔ دیگری هم دارد، جنبه‌ای شامل تمام نشانه‌های مربوط به باد و آتش، و پرندهٔ فراز آب‌ها که زندگی جدیدی به وجود می‌آوَرَد. برای بسیاری، «کلیسا» معنایی دقیقاً عکسِ تصویر منفی فوق دارد. برای این افراد، کلیسا محل استقبال و خنده، شفا و امید، دوستان و خانواده و عدالت و زندگی جدید است. برای آنها، کلیسا جایی است که افراد بی‌خانمان وارد می‌شوند تا کاسه‌ای سوپ بخورند و سالخوردگان می‌آیند تا گپی بزنند. کلیسا جایی است که یک گروه برای خدمت به معتادان تلاش می‌کند و گروه دیگر برای برقراری عدالت در جهان. کلیسای جایی است که می‌بینیم مردم یاد می‌گیرند دعا کنند، ایمان بیاورند، با وسوسه‌ها مبارزه کنند، در زندگی هدف جدیدی بیابند، و برای رسیدن به این هدف، از قدرت جدیدی برخوردار شوند. کلیسا جایی است که مردم ایمان کوچک خود را می‌آورند، و هنگامی که در عبادت و پرستشِ خدای واحد حقیقی به دیگران می‌پیوندند، متوجه می‌شوند که ایمان آنها به علاوهٔ ایمان دیگران، چیزی بزرگ‌تر از حاصل جمع می‌شود. البته، هیچ کلیسایی همیشه این‌طور نیست. ولی تعداد قابل توجهی از کلیساها، اکثر اوقات همین‌طور هستند.

همچنین نباید فراموش کنیم که در آفریقای جنوبی، این کلیسا بود که فعالیت و دعا کرد و رنج کشید و مجاهدت کرد تا اینکه وقتی تغییر بزرگی حاصل شد و با سقوط آپارتاید، آزادیِ جدیدی به این سرزمین آمد، خون و خون‌ریزیِ گسترده‌ای که همه انتظار داشتیم، اتفاق نیفتاد. این کلیسا بود که در قلبِ اروپای شرقیِ کمونیست سابق به حیات خود ادامه داد، و در پایان، با راهپیمایانِ شمع و صلیب به دست خود، به دولت کمونیست فهماند که دیگر باید بساطش را جمع کند! این کلیساست که به رغم همهٔ نادانی‌ها و ناکامی‌هایش، به خدمات مؤثر خود در بیمارستان‌ها، مدارس، زندان‌ها و بسیاری جاهای دیگر، ادامه می‌دهد. من ترجیح می‌دهم قدر و ارزشِ کلمهٔ «کلیسا» را به آن بازگردانم تا اینکه به جای آن، جملاتی طولانی نظیر اینها به‌کار گیرم: «خانوادهٔ متشکل از قوم خدا» یا «تمام آنهایی که به عیسی ایمان دارند و از او پیروی می‌کنند» و یا «مشارکت کسانی که به یاری قدرت روح‌القدس، آفرینش جدید خدا را به ظهور می‌رسانند.» وقتی کلمهٔ «کلیسا» را به‌کار می‌برم، منظورم همهٔ اینهاست.

باد و آتش و پرندهٔ زندگی‌بخش برای آن اعطا شده‌اند تا به یاری آنها، کلیسا به معنی واقعی کلمه کلیسا شود و یا به عبارتی، قوم خدا به معنی واقعی کلمه، قوم خدا شود. این امر نتیجه‌ای چشمگیر و شگفت‌انگیز دارد. روح خدا برای آن داده شده تا ما انسان‌ها عادی و فانی، تا حدی، به همان چیزی تبدیل شویم که عیسی بود: یعنی بخشی از آیندهٔ خدا که در زمان حال فرا می‌رسد؛ جایی که آسمان و زمین به هم می‌پیوندند؛ و ابزار پیشرفت پادشاهی خدا. در واقع، روح خدا داده می‌شود تا کلیسا در حیات و فعالیتِ ادامه‌دار عیسی، هم‌اکنون که او به بُعد خدا – یعنی آسمان – رفته است، سهیم شود. (معنیِ «صعود عیسی به آسمان» همین است: یعنی رفتن عیسی به قلمروِ خدا تا روزی که آسمان و زمین یک شوند و او باری دیگر در آسمان‌ـو‌ـزمینِ جدید و یکی‌شده شخصاً حضور یابد.)

به‌جاست هر یک از این نکات را کمی بیشتر بررسی کنیم.

روح خدا و آیندهٔ خدا

روح‌القدس برای آن اعطا شده تا با فراهم ساختن زمینهٔ لازم، ترتیب ورودِ آیندهٔ خدا به زمان حال را بدهد. این نخستین، و شاید مهم‌ترین، نکته‌ای است که دربارهٔ کارِ این قدرت عجیب و شخص‌وار که این همه تصاویر مختلف برای آن به‌کار رفته، باید درک کرد. همان‌طور که رستاخیز عیسی بابِ دنیای آفرینش جدید را به‌طور غیرمنتظره‌ای به روی انسان گشود، همان‌طور هم روح خدا از این دنیای جدید به سوی ما می‌آید، از این دنیایی که در انتظار زاده شدن است، دنیایی که در آن، بر طبق پیشگویی انبیای عهدعتیق، صلح و عدالت سراسر زمین را فرا خواهد گرفت و بره و گرگ کنار هم دراز خواهند کشید. یکی از مهم‌ترین عناصر زندگی مسیحی آن است که یاد بگیریم حتی در همین دنیای حاضر (که پولس آن را «عصر شریر حاضر» و عیسی آن را «این نسلِ فاسد و گناهکار» می‌خواند)، مطابق قوانینِ دنیای آیندهٔ خدا و با حیاتی که از این دنیا جاری می‌شود، زندگی کنیم.

از همین روست که پولس، اوّلین نویسندهٔ مسیحی ما، روح‌القدس را *ضامن* یا *ودیعهٔ* آنچه در آینده اتفاق خواهد افتاد، می‌خواند. کلمه‌ای که او در یونانی به‌کار می‌بَرَد *arrabōn* است که در یونانی جدید به معنی انگشتر نامزدی است، یعنی نشانه‌ای در زمان حاضر از آنچه در آینده اتفاق خواهد افتاد.

پولس به روح‌القدس می‌گوید ضامنِ «میراث» ما (افسسیان ۱:۱۴). تصویری که او در اینجا به‌کار می‌بَرَد، صرفاً برگرفته از نوعی قرارداد انسانی نیست، قراردادی که به موجب آن، در صورت فوت یک نفر، شخص دیگری وارث میراث او می‌شود و ممکن است بخشی از این «میراث» قبلاً به صورت علی‌الحساب در اختیار وی قرار گیرد. همچنین، برخلاف تصور غالب مسیحیان، منظور پولس صرفاً اشاره به «رفتنِ ما به آسمان» نیست. چنین تصوری به منزلهٔ آن است که فکر کنیم برکت آسمانی همان «میراث» کاملی است که خدا برای ما در نظر داشته. خیر! معنی میراث هیچ‌کدام از اینها نیست. پولس در حقیقت،

یکـــی از موضوعات کلیدی کتاب‌مقدس را دســـتمایه قرار می‌دهد و آن را در مســـیری جدید و شگفت‌انگیز پیش می‌برد. درک این موضوع به ما کمک می‌کند تا بفهمیم که چرا روح‌القدس در وهلهٔ نخست داده شده و روح‌القدس در واقع کیست.

موضوعی که پولس با دستمایه قرار دادن آن، از «میراثِ» آینده سخن می‌گوید، میراثی که روح‌القدس به‌عنوان ودیعهٔ آن به ما داده شده، آشنای قدیمی ما است، یعنی داستان خروج که در آن اسرائیل از مصر می‌گریزد و راهی ســـرزمین موعود می‌شـــود. کنعان، همان ســـرزمینی که امروزه بـــه آن می‌گوییم **ســـرزمین مقدس**، «میراث» موعود آنهـــا بود، جایی که می‌توانستند به‌عنوان قوم خدا زندگی کنند. در این سرزمین بود که - اگر آنها به سهم خود به پیمانی که با خدا بسته بودند وفادار می‌ماندند - خدا با آنها زندگـــی می‌کرد و آنها نیز با خدا زندگی می‌کردند. خدا برای آنکه گوشه‌ای از این وعده را پیشاپیش به آنها بچشاند و همچنین در تصاحب آن هدایت‌شان کند، با آنها همراه شـــد. بدین‌طریق، **حضوری مقدس** و عجیب، آنها را در طی سرگردانی‌های شـــان هدایت و راهنمایی می‌کرد و بر عصیانگری‌های‌شان غم می‌خورْد.

بنابرایـــن، وقتـــی پولس می‌گوید کـــه روح‌القدس «ضامـــنِ میراث ماســـت»، مانند عیســـی، کُل داســـتان خروج را در ذهن مخاطبان زنده می‌کند، داســـتانی را که از پِسَـــخ شروع و به **ســـرزمین موعود** ختم شد. در واقع پولس می‌گوید شـــما اکنون قومی هســـتید که خروجِ واقعی در زندگی آنها اتفاق افتاده و شـــما اکنون در مســـیرِ رسیدن به میراث خود هستید.

ولی اگر این «میراث»، به معنی آسمانی نیست که روح ما در آن زندگی خواهد کرد، به‌سادگی کشور کوچکی در بین کشورهای دیگر جهان هم نیست. *اکنون تمامی جهان، سرزمین مقدس خداست*. در حال حاضر به نظر می‌رســـد که جهان، هم محل رنج و عذاب و اندوه است و هم جایی که در آن شاهد قدرت و زیبایی هستیم. امّا خدا در حال احیاء و بازسازیِ جهان اســـت. موضوع مرگ و قیام عیســـی تماماً همین بود. و ما خوانده

شـــده‌ایم تا بخشـــی از این اقدام خدا برای احیا و بازسازیِ جهان باشیم. یک روز سراســرِ آفرینش از بردگی، فساد و تباهی و مرگ رهایی خواهد یافــت، یعنی از همــان چیزهایی که زیباییِ آفرینش را به زشـــتی تبدیل می‌کند، روابط انسان‌ها را در آن از هم می‌گسلد، احساس حضور خدا را از آن دور می‌سازد، و آن را به محلِ بی‌عدالتی و خشونت و درنده‌خویی تبدیل می‌کند. این پیامِ رهایی، پیــامِ «نجات»، در قلب یکی از مهم‌ترین فصل‌هایی جا دارد که پولس در یکی از نامه‌های خود به نگارش درآورده است، یعنی فصل هشتم از نامهٔ او به مسیحیان روم.

بنابراین، چه معنایی دارد که بگوییم این آینده، در زمان حال شـــروع شـــده است؟ منظور پولس این اســـت که به پیروان عیسی، یعنی کسانی که ایمان دارند او خداوندِ حقیقی جهان اســـت و از مردگان برخاسته – روح‌القدس داده می‌شود تا به واسطهٔ روح‌القدس گوشه‌ای از طعمِ دنیای جدیدِ خدا را بچشند. «اگر کسی در مسیح باشد» (این یکی از روش‌های مورد علاقهٔ پولس برای توصیف کسانی است که به عیسی ایمان دارند)، چنین شـــخصی آنچه دارد و هســـت، همانا آفرینش جدید است (دوم قرنتیان ۱۷:۵)! خویشـــتن انســـانی ما، شـــخصیت ما، بدن ما، همهٔ اینها بوسیلهٔ خدا احیاء می‌شوند، طوری که ما به جای آنکه بخشی از آفرینش قدیمی باشیم، یعنی محل اندوه و بی‌عدالتی و نهایتاً شرم و خجلتِ ناشی از مرگ، می‌توانیم پیشاپیش بخشی از آفرینش جدید باشیم و هم ابزاری برای آنکه آفرینش جدید هم‌اکنون و در اینجا تحقق یابد.

مطالب بالا دربارهٔ روح‌القدس چه می‌گوید؟ می‌گوید که روح‌القدس در سفر ما از **پِسَـــخ** به سوی **ســـرزمین موعـــود** – به عبارتی از رستاخیزِ عیســـی تا لحظهٔ واپسینی که سراســـر آفرینش احیاء خواهد شد – همان نقشـــی را دارد که ســـتونِ ابر و آتش در داســـتانِ قدیمی ایفا می‌کردند. روح‌القدس، حضورِ عجیب و شـــخص‌وارِ خدای زنده است که هدایت و راهنمایی می‌کند و هشـــدار می‌دهد و بر ناکامی‌های ما غم می‌خورَد و از قدم‌های کوچکی که به سوی میراثِ حقیقی خود برمی‌داریم به شوق می‌آید.

امّا اینکه روح‌القدس همان حضورِ شخص‌وار خداست، دربارهٔ ما مسیحیان چه می‌گوید؟ بیایید پاسخ را دوباره از پولس بشنویم. او می‌گوید که ما **معبدِ** خدای زنده هستیم.

روح‌خدا مابین آسمان و زمین

اگر روح‌القدس آینده را به زمان حال می‌آورد، آسمان را هم به زمین پیوند می‌زند. در اینجا دوباره به **نگرش سوم** بازمی‌گردیم. بد نیست مروری کنیم بر آنچه دربارهٔ نگرش اول گفتیم.

همان‌طور که به خاطر دارید، **نگرش اول** مبتنی بر این بود که آسمان و زمین اساساً یکسان هستند. این به منزلهٔ گفتن آن است که در همهٔ موجودات، از جمله خودمان، قدرت و نیرو و حضوری الاهی وجود دارد. این همان وحدت‌وجود است. وحدت‌وجود در واقع شیوه‌ای است برای اذعان به این موضوع که در دنیا، هیچ چیز از بوی الوهیت تهی نیست - امّا این دیدگاه به این نتیجه منتهی می‌شود که همه‌*اش* همین است، یعنی الوهیت چیزی نیست جز حاصل‌جمع این طعمِ الاهی که ما در زمین و رودخانه‌ها و حیوانات و ستارگان و وجود خودمان می‌یابیم. همه‌درخداباوری pan*en*theism اذعان می‌کند که هستیِ خدا فراتر از آن است که صرفاً در ظرف این جهان بگنجد ولی کماکان بر این اعتقاد استوار است که وجود خدا در سراسر آفرینش حلول دارد.

در این چارچوب، سخن گفتن از اینکه روح خدا در ما کار می‌کند، آسان است. البته، پانته‌ئیست [یعنی شخصی که معتقد به وحدت‌وجود است] نزد خود فکر می‌کند و می‌گوید: اگر چیزی که «خدا» می‌خوانیمش، در همه چیز وجود دارد، پس وقتی از روح خدا حرف می‌زنیم یعنی در واقع از خدا حرف می‌زنیم منتها با کلمات متفاوت. ظاهراً ایرادی بر این نظر وارد نیست و اتفاقاً با توجه به معیارهای دنیای مدرن ما، «دموکراتیک» هم هست. هرچه نباشد دوست نداریم فکر کنیم که خدا در بعضی جاها و در کنار برخی افراد بیشتر حضور دارد تا در جاهای دیگر و در کنار افراد دیگر؛ در واقع، چنین دیدگاهی با حساسیّت‌های

ما غربیانی که در دورانِ مابعد روشنگری زندگی می‌کنیم، در تعارض است!

اوّلین باری را که با یک پانته‌ئیست روبه‌رو شدم خوب به خاطر دارم. این فرد دختر خانمی بود که من در راه بریتیش کُلمبیا [در کانادا]، با او روبه‌رو شدم. به من گفت: «البته که عیسی خدا بوده» (البته یادم نمی‌آید بحث چطور شروع شد، ولی احتمالاً فهمیده بود که من مسیحی هستم.) و ادامه داد «ولی فقط عیسی نیست که خداست، من هم هستم، تو هم هستی، این خرگوش من هم هست.»

البته من هیچ خصومتی با خرگوش‌های خانگی ندارم (به جز این مسئله که صاحبان آنها در خانوادهٔ من، بقیه را ول می‌کردند - یعنی بنده را - تا قفس حضرات را نظافت کنند!) ولی اینکه بگوییم روح خدا به *همان معنایی* در زندگی یک خرگوش ساکن و حاضر است که در زندگی عیسی ساکن و حاضر بود، واقعاً حرف مزخرفی است! (و دقیقاً به همین دلیل گفتگو با این خانم به خاطرم مانده). مشکل وحدت‌وجود همین است. وحدت‌وجود ما را همان جایی که هستیم باقی می‌گذارد. مطابق این دیدگاه، همه‌اش همین است که در اختیار داریم. بنابراین، نه فقط راه‌حلی برای مسئلهٔ شرارت وجود ندارد، آینده‌ای هم فراتر از وضعیت کنونی ما وجود ندارد. اگر **نگرش اول** درست باشد، پس عیسی کسی نبود جز یک افراطیِ فریب‌خورده.

نگرش دوم، شاید در نگاه اول، چشم‌انداز بهتری برای درک موضوعِ بادِ نو و آتشین از جانب خدا فراهم سازد. مطابق این نگرش، فضای خدا و فضای ما، دو مکانِ کاملاً متفاوتند. چه عالی و مهیج و شورانگیز است که فکر کنیم از دنیای دوردست خدا، قدرتی به جهان ما می‌آید - و در اختیار ما - و در اختیار من قرار می‌گیرد! اینجاست که زبانِ مربوط به «طبیعی» و «مافوق‌طبیعی» برای عدهٔ بسیاری در دنیای ما، نقشی کلیدی بازی کرده است. این افراد گمان می‌کنند که در فضای ما، همه چیز جزو قلمرو امور «طبیعی است» و می‌توانیم به یاری قوانین عادیِ طبیعت، فیزیک و تاریخ و غیره توضیح‌شان بدهیم. حال آنکه در فضای خدا، همه

چیز «مافوق‌طبیعی» اســت، یعنی کاملاً به قلمرو «دیگری» تعلق دارد، و به‌کل با تجربهٔ عادی ما متفاوت اســت. (البتــه می‌دانم که تاریخِ مباحث مربوط به دو کلمهٔ «طبیعــی» و «مافوق‌طبیعی»، طولانی‌تر و جالب‌تر از آن چیزی است که ممکن است از جملهٔ آخر من برداشت شود، ولی من به کاربرد این کلمات در تداول عام اشــاره دارم.) از همین رو، کســانی که جهان‌بینی آنها چیزی شــبیه **نگرش دوم** اســت، به جای آنکه شواهد حضور و کار روح‌القدس را در رشــدِ بی سر و صدای حکمت اخلاقی بجویند، یعنی یک عمر خدمتِ فداکارانهٔ مستمر و فاقد عناصر نمایشی، این شواهد را در اتفاقات چشــمگیرِ «مافوق‌طبیعی» نظیر شفا و تکلّم به زبان‌ها و توبه‌های شگفت‌انگیز و غیره می‌جویند.

لطفاً توجه داشته باشید که من به هیچ وجه *نمی‌گویم* که شفا و تکلّم به زبان‌ها اتفاق نمی‌افتد یا مهم نیســت. این پدیده‌ها هم اتفاق می‌افتند و هم مهم هستند. منظور من این هم نیست که خدا گاهی اوقات، به یکباره قلب انسان‌ها را به نحوی شگفت‌انگیز و دراماتیک عوض نمی‌کند. البته که این کار را می‌کند. حرف من این *اســت* که **نگــرش دوم** چارچوب غلطی بــرای درک موضوع فراهم می‌کند. به‌طــور خاص باید گفت که ایــن نگرش، مفهوم حضور و قدرت خدا را کــه هم‌اکنون هم در دنیای «طبیعی» وجود دارد، در نظر نمی‌آورد.

هیچ‌یــک از دو نگرشِ مورد بحث، چارچوب مناســبی برای درک مطالب عهدجدید دربارهٔ روح‌القدس، فراهم نمی‌ســازند. آنچه منظور ما را برآورده می‌ســازد، **نگرش سوم** است. همان‌طور که قبلاً اشاره کردیم، بُعد خدا و بُعد ما - یعنی آســمان و زمین - به نحوی با یکدیگر تداخل دارند و درهم‌تافته هستند. تمام سؤالاتی که در خصوص کار روح‌القدس داریم - این اتفاق چطور و برای چه کســی و کِی و کجا و چرا و تحت چه شــرایطی می‌افتد، و نشانهٔ وقوع آن چیست؟ - تا حدی رازآلود باقی می‌مانند و این وضع تا زمانی ادامه می‌یابد که آفرینش سرانجام نو شود و دو بُعد مزبور، به یکدیگر بپیوندند و یک شوند، یعنی همان‌طور که طرح اوّلیهٔ آنها ایجاب می‌کند (و همان‌طور که مســیحیان هر روز برای آن دعا

می‌کنند.) امّا علت سخن گفتن از روح‌القدس در چارچوبِ **نگرش سوم** تا حال باید روشن شده باشد. اگر نشده، پولس رسول در صدد تفهیم موضوع برمی‌آید و می‌گوید: کسانی که روح خدا در آنها ساکن می‌شود، معبد جدید خدا هستند. آنها چه به‌طور فردی، و چه به صورت گروهی، جایی هستند که آسمان و زمین به هم می‌رسند.

قسمت اعظمِ بخش بعدی کتاب اختصاص به بررسی و توضیح مفهوم این موضوع در وجه عمل دارد. امّا قبلاً به یکی دو نکته باید اشاره کرد.

نخست باید اشاره کنم که عده‌ای با اعتراض تمام می‌گویند: «مسیحیان اصلاً هم معبد زندهٔ خدا نیستند.» اکثر ما حتی وقتی به مسیحیانی که الگوی ما هستند فکر می‌کنیم، به‌زحمت می‌توانیم تصور کنیم که این افراد معابدِ زنده، یعنی جایی هستند که آسمان و زمین به هم می‌رسند. برای اکثر ما، داشتن چنین فکری دربارهٔ *خودمان*، به مراتب دشوارتر است. یقیناً وقتی به تمام کارهای نادرست و غم‌انگیزی فکر می‌کنیم که بر تاریخ مسیحیت سایه انداخته، بزحمت می‌توانیم چنین نظری دربارهٔ کلیسا داشته باشیم.

با این حال، پاسخ این اعتراض گزنده برای تمام کسانی که با نوشته‌های پولس رسول آشنا هستند، روشن است: *پولس ناکامی‌های کلیسا را در مجموع، و مسیحیان را به‌طور فردی، به همان روشنی می‌دید که ما می‌بینیم.* و پولس دقیقاً در همان نامه‌ای که صراحتاً به این ناکامی‌های شرم‌آور اشاره دارد – یعنی نامهٔ اوّل او به مسیحیانِ شهر قرنتس – ادعای مزبور را طرح می‌کند. او به کُل کلیسا می‌گوید که همهٔ شما جمعاً معبد خدا هستید، و روح خدا در شما ساکن است (اول قرنتیان ۱۶:۳). از همین روست که اتحاد کلیسا تا این اندازه مهم است. پولس به تک‌تک مسیحیان قرنتس می‌گوید که بدن شما، معبد روح‌القدس است که در شما سکونت دارد (۱۹:۶). به همین دلیل است که تَقَدُس جسمانی، از جمله پاکی در امور جنسی، تا این اندازه مهم است. اتحاد و پاکی، دو مسئلهٔ عمده برای کلیسا در نسل گذشته بوده‌اند. به نظر شما آیا وقت آن نرسیده تا دوباره به سراغ تعلیم جان‌بخشِ پولس دربارهٔ روح‌القدس برویم؟

فصل دهم

زیستن به روح‌القدس[1]

هرگاه روح‌القدس را به این شکل در ذهن خود تصویر کنیم که او می‌آید تا در وجود آدمیان زندگی کند و آنها را به معبدِ خدای زنده مُبدل سازد - و چنین تصویری باید مو بر تن‌مان راست کند - خواهیم توانست معنی و هدفِ کار روح‌القدس را در زمینه‌های دیگر نیز درک کنیم.

همان‌گونه که اشاره شد، دعوت بلند مسیحیان، داشتن زندگی پاک است. بر همین مبنا، در آغاز بحث باید گفت که در نوشته‌های قدیمی‌تر عهدجدید، پیروان عیسی فراخوانده می‌شوند تا شریعت، یعنی تورات یا به عبارتی قانون یهودی را تحقق بخشند. هم پولس این مطلب را می‌گوید؛ هم یعقوب و هم خود عیسی. البته ناگفته نماند که مسیحیان در بسیاری موارد شریعت یهود را اجرا *نمی‌کنند* و الزامی هم در این خصوص ندارند. رساله به عبرانیان در عهدجدید تأکید می‌ورزد که با مرگ عیسی، دورهٔ قربانی‌های عهدعتیق به سر آمده و به تبع آن، دیگر نیازی به وجود معبد نیست. پولس تأکید می‌کند که وقتی مردان و پسرانِ بت‌پرست به انجیل عیسی ایمان می‌آورند و تعمید می‌یابند، لزومی *ندارد* ختنه شوند. عیسی سخت بر این نکته تأکید داشت که قوانین مربوط به خوراک که یهودیان را از همسایگان بت‌پرست‌شان متمایز می‌ساخت، باید کنار گذاشته می‌شد چون ملاک جدیدی برای تمایز، و به عبارتی معنایی متفاوت از پاکی، ظهور کرده بود. مسیحیان اوّلیه به تبعیت از خود عیسی، در این باره هیچ ابهامی باقی نگذاشتند که حفظ روز شبّات، با آنکه یکی از دَه فرمان موسی است، دیگر الزامی نیست.

---

۱ عنوان این فصل تلمیح و اشاره‌ای است به این آیه از رسالهٔ غلاطیان: «امّا می‌گویم به روح رفتار کنید که تمایلات نَفْس را به‌جا نخواهید آورد.» (۶۱:۵) مترجم

با این حال، مسیحیان کماکان از وظیفهٔ اجرای شریعت سخن می‌گفتند، بخصوص زمانی که سخن از روح‌القدس بود. پولس اعلام می‌دارد که اگر بوسیلهٔ روح‌القدس هدایت و تقویت شویم، دیگر مرتکب اعمالی که شریعت ما را از آنها برحذر می‌دارد، نخواهیم شد - یعنی قتل، زنا و غیره. او در رساله به رومیان می‌نویسد: «ذهنِ متمرکز بر جسم، دشمن شریعت خداست.» و ادامه می‌دهد: «چنین ذهنی از شریعت خدا فرمان نمی‌برد، چون نمی‌تواند؛ و کسانی که ذهن‌شان در سیطرهٔ جسم (نَفْس) است، خدا را خشنود نمی‌سازند.» ولی سپس بلافاصله می‌افزاید: «اگر روح خدا براستی در شما ساکن است، پس شما در جسم نیستید بلکه در روح» (دقت داشته باشید که وی دوباره از مفاهیم مربوط به معبد استفاده می‌کند). روح‌القدس به همهٔ کسانی که در آنها ساکن است، زندگی - یعنی زندگی قیام‌کرده - خواهد بخشید؛ و این چیزی است که باید بواسطهٔ زندگی پاک، هم‌اینجا و هم‌اکنون، در انتظارش بود (باز هم پولس از زبانی استفاده می‌کند که می‌توان آن را آینده‌-در-زمان حاضر خواند)، (رومیان ۸:۷-۱۷). بعداً در همین نامه، پولس نکتهٔ مزبور را بیشتر باز می‌کند و می‌گوید: «محبت به همسایهٔ خود بدی نمی‌کند؛ پس محبت تحقق شریعت است» (۱۳:۱۰).

باید تکرار کرد که منظور این نیست که شریعت، راهنمایی سهل و ساده و کُهن و محترم در زمینهٔ امور اخلاقی است. باید گفت تورات نیز مانند معبد، یکی *از جاهایی است که آسمان و زمین به یکدیگر می‌رسند*، طوری که به قول برخی از معلمان یهودی، کسانی که تورات را مطالعه و اجرا می‌کنند مثل کسانی هستند که در معبد عبادت می‌کنند. مسیحیان اوّلیه همدیگر را تشویق می‌کردند تا همچون نقاط تلاقی و تداخلِ آسمان و زمین زندگی کنند. این هم از آن چیزهایی است که اگر یکراست نگوییم محال است، لااقل باید گفت بسیار بسیار دشوار است. خوشبختانه، همان‌گونه که خواهیم دید، موضوع مسیحیت اساساً این است که چگونه باید این نوع زندگی را حفظ کنیم و در آن رشد نماییم.

تحقق تورات بوسیلهٔ روح‌القدس، یکی از موضوعات عمده‌ای است که در توصیفِ پرآب و تاب روز پنتیکاست در باب دوم کتاب اعمال رسولان، مطرح است. یهودیان تا امروز پنتیکاست را به‌عنوان روز اعطای شریعت جشن می‌گیرند. قبل از پنتیکاست، عید پِسَخ جشن گرفته می‌شود که یادگار روزی است که اسرائیلیان طوق اسارت در مصر را از گردن می‌اندازند و راهی بیابان می‌شوند و پنجاه روز بعد به پای کوه سینا می‌رسند. موسی از کوه بالا می‌رود و در بازگشت، شریعت را به همراه می‌آورد، یعنی الواحِ عهد، به عبارتی هدیهٔ خدا به قومش شامل شیوه‌ای برای زندگی که ثابت می‌کند آنها براستی قوم او هستند.

این تصویری است که موقع خواندن باب ۲ کتاب اعمال باید در ذهن داشته باشیم. در عید پِسَخ، عیسی مُرده و از مرگ برخاسته و راه خروج از اسارت را گشوده بود، راهی را که - بخصوص برای تمامی پیروانش - به بخشایش و شروعی تازه برای سراسر جهان منتهی می‌شود. اکنون پس از گذشت پنجاه روز، عیسی به «آسمان»، یعنی به بُعد الاهی واقعیت، برده شده بود؛ اما، او نیز مانند موسی دوباره پایین می‌آید تا عهدِ نوشده را تصویب کند و راهی را برای زندگی فراهم سازد، راهی نانوشته بر سنگ‌ها بلکه نوشته بر قلب‌های آدمیان، که از طریق آن پیروان عیسی شاکرانه می‌توانند ثابت کنند که براستی قوم او هستند. این همان الاهیاتِ زیربنایی است که پدیدهٔ شگفت‌انگیزِ پنتیکاست، عمیق‌ترین معنای خود را از آن می‌یابد. لوقا پنتیکاست را در قالبِ باد و آتش و زبان‌ها و اعلامِ ناگهانی و قدرتمندانهٔ عیسی به جمعیتِ شگفت‌زده، توصیف کرده است. کسانی که روح‌القدس در آنها ساکن می‌شود، باید افرادی باشند که در محل ملاقات آسمان و زمین زندگی می‌کنند.

باید اضافه کرد که این فقط نقشِ معبد و تورات نیست که بوسیلهٔ روح‌القدس تحقق می‌یابد. همان‌گونه که به خاطر دارید، یهودیتِ کُهن برای آنکه از کار و کُنش خدا در جهان سخن گوید، غیر از تورات و معبد، این موضوع را در دو قالب دیگر نیز عنوان می‌کرد: کلام خدا و حکمت خدا.

روح‌القدس، کلام، و حکمت

هنگامی که مسیحیان اوّلیه دربارهٔ کاری که خدا در عیسی به انجام رسانیده بود، و همچنین راجع به کاری که خدا بواسطهٔ روح‌القدس در زندگی و خدمات آنها انجام می‌داد، تأمل می‌کردند، این دو موضوع، یعنی کلام خدا و حکمت خدا، در شکل یافتنِ درک آنها از کار خدا نقش مهمی ایفا می‌کرد.

وقتی عیسی نخستین شاگردان خود را به دنیایی وسیع‌تر فرستاد تا اعلام کنند که او مسیحای اسرائیل و بنابراین، خداوندِ حقیقی جهان است، آنها می‌دانستند که این پیام برای اکثر مخاطبان‌شان یا معنای چندانی نخواهد داشت و یا اساساً بی‌معنی خواهد بود. برای یهودیان این توهین بود که به آنها گفته شود مسیحای موعودشان ظهور کرده، ولی رومیان او را گرفته و مصلوب کرده‌اند و این امر لااقل تا حدی تقصیر رهبران یهودی بوده که نخواسته‌اند او را بپذیرند! این دیوانگی محض و مُسبب خنده و حتی چیزی بدتر از آن بود که به غیریهودیان گفته شود خدایی واحد و حقیقی وجود دارد که مردی را فرستاده و از مردگان برخیزانده است، و از طریق او به قضاوت تمامی جهان می‌نشیند. با این حال، مسیحیان اوّلیه ملاحظه کردند که هروقت این داستان را بازگو می‌کنند، در آن قدرتی هست که آنها منشاء آن را روح‌القدس می‌دانستند، ولی مسیحیان اغلب این پیامی که با قدرت روح‌القدس اعلام می‌شد، تحت عنوان «کلام» یاد می‌کردند. لطفاً به این اشارات از کتاب اعمال رسولان دقت کنید: «همه از روح‌القدس پر شده، کلام خدا را با شهامت بیان می‌کردند.» «پس نشر کلام خدا ادامه یافت.» «امّا کلام خدا هرچه بیشتر پیش می‌رفت و منتشر می‌شد.» «بدین‌گونه، کلام خداوند به‌طور گسترده منتشر می‌شد و قوّت می‌گرفت.» (اعمال ۴:۳۱؛ ۶:۷؛ ۱۲:۲۴؛ ۱۹:۲۰).

پولس هم از کلام خدا به همین ترتیب یاد می‌کرد. او می‌گوید: «وقتی شما کلام خدا را از ما پذیرفتید، آن را نه چون سخنان انسان، بلکه چون کلام خدا پذیرفتید، چنانکه براستی نیز چنین است؛ همان کلام اکنون در میان شما که ایمان دارید، عمل می‌کند و در سرتاسر جهان ثمر می‌دهد و

رشد می‌کند» (اول تسالونیکیان ۲:۱۳؛ کولسیان ۱:۵-۶). این آیات نشان می‌دهند که کلام خدا هم کُهن است و هم نو: عبارتِ «ثمر می‌دهد و رشد می‌کند»، اشارهٔ مستقیمی است به شرحی که از آفرینشِ نخستین در باب اول پیدایش آمده است. مزمورنویس چنین سروده است: «به کلام خداوند [یَهْوِه] آسمان‌ها ساخته شد و کل جنود [لشکرهای] آنها به نَفْخِهٔ دهان او» (مزمور ۳۳:۶). مسیحیان اوّلیه ضمن تأیید این اظهارات دربارهٔ کلام خدا، بیان داشتند که اکنون همین کلام از طریق انجیل، یعنی پیامِ خوشی که اعلام می‌کند عیسی خداوندِ قیام‌کرده است، عمل می‌کند. "«ایـن کلامْ نزدیکِ تو، در دهان تو، و در دل توست».» این همان کلام ایمان است که ما وعظ می‌کنیم، که اگر به زبان خود اعتراف کنی "عیسی خداوند است" و در دل خود ایمان داشته باشی که خدا او را از مردگان برخیزانید، نجات خواهی یافت» (رومیان ۱۰:۸-۹). به بیان دیگر، وقتی این خبر خوش را اعلام می‌کنیم که عیسای قیام‌کرده خداوند است، همین کلامی که اعلام می‌شود کلام خداست، یعنی حامل یا ابزارِ روح خدا، وسیله‌ای که از طریق آن، همان‌گونه که اشعیا پیشگویی کرده بود، زندگی جدید از بُعد الاهی [آسمان] می‌آید تا آفرینش جدید را در ما متحقق سازد (اشعیا ۴۰:۸؛ ۵۵:۱۰-۱۳).

و در پایان به «حکمت» می‌رسیم که کارکرد آن هم مانند کلام است. این دیدگاه قبلاً در یهودیت وجود داشت که حکمت (در حالتی که به آن شخصیت نسبت داده شده) عاملِ خدا در آفرینش است، یعنی ابزاری که از طریق او عمل خلقت صورت گرفته. یوحنا، پولس و رساله به عبرانیان، همگی عیسی را همان می‌دانند که جهان به عاملیّت او خلق شد. امّا موضوع به اینجا ختم نمی‌شود. پولس، مانند کتاب امثال، اظهار می‌دارد که این حکمت (که اکنون دیگر به‌عنوان «شخص» معرفی نمی‌شود)، از طریق قدرت روح خدا، در دسترس انسان‌ها قرار می‌گیرد. مانند کتاب امثال، بخشی از هدف حکمت آن است که به انسان کمک کند تا براستی و به معنی واقعی کلمه، مانند انسان زندگی کند. پولس می‌گوید این حکمتی که از طریق روح‌القدس در دسترس ما قرار می‌گیرد، حکمتِ

«این عصر» نیست. یعنی به جهان حاضر تعلق ندارد و در دیدی که جهان به مسائل مختلف دارد، شـــریک نیست. این حکمت، با آن نوع حکمتی که مورد قبولِ حاکمان و فرمانروایان این جهان اســـت، همخوان نیست. به جای حکمت این جهان، «ما از حکمت پنهان خدا سخن می‌گوییم که از دیده‌ها نهان اســـت و خدا آن را پیش از آغاز زمان، برای جلال ما مقرر فرموده است» (اول قرنتیان ۲:۷). خدا از طریق روح‌القدس، نوع جدیدی از حکمت را در دسترس ما قرار می‌دهد.

تمامی گنجینه‌های حکمت و معرفتِ خدا در مسیحا پنهان است. این بدان معناســـت که همهٔ متعلقانِ مسیحا به این حکمت دسترسی دارند و به یاری آن می‌توانند رشـــد کنند و در انسانیّت و زندگی مسیحی خود به بلوغ برســـند. «ما او را وعظ می‌کنیم، و هـــر کس را با کمال حکمت پند می‌دهیم و می‌آموزیم، تا همه را کامل در مسیحا حاضر سازیم» (کولسیان ۱:۲۸؛ ۲:۲-۳). در این نکته نیز، کســـانی که روح‌القدس در آنها ســـاکن اســـت، خوانده شده‌اند تا قومی باشـــند که هم در محل تلاقیِ آسمان و زمین زندگی می‌کنند و هم زندگـــی در این محل تلاقی به آنها قدرت و توان می‌بخشد.

لطفاً به این نکته توجه داشته باشید: فقط کسانی که پیرو *نگرش دوم* هستند ممکن است دربارهٔ کســـی بگویند: «فلانی بقدری افکار آسمانی دارد که به درد زندگی روی زمین نمی‌خورد.» مطابق *نگرش ســـوم*، در صورتی می‌توانیم واقعاً بر زمین مفید باشـــیم که بـــه معنی واقعی کلمه، افکار آســـمانی داشته باشیم - و همچون یکی از جاهایی زندگی کنیم که در آن، و از طریق آن، آسمان و زمین به یکدیگر می‌رسند.

کلیسا به همین شیوه باید کار عیسی را ادامه دهد. نویسندهٔ کتاب اعمال رسولان (با اشاره به کتاب قبلی‌اش - یعنی انجیل لوقا) اظهار می‌دارد که قبلاً «تمام اموری را که عیســـی به عمل نمودن و تعلیم دادن‌شـــان *آغاز* کرد» توضیح داده. نتیجهٔ ضمنی این گفته روشـــن اســـت: داستان کلیسا، که بوســـیلهٔ روح‌القدس هدایت و تقویت می‌شود، همان داستان عیسی اســـت که کماکان از طریق قوم خود، یعنی قومِ‌ـهدایت‌شده‌ـبوســـیلهٔ-

روح‌القدس، به عمل کردن و تعلیـــم دادن ادامه می‌دهد. و باز، به همین دلیل است که دعا می‌کنیم تا پادشـــاهی خدا بیاید و ارادهٔ او «چنانکه در آسمان است، بر زمین نیز» انجام شود.

به سوی روحانیّتِ مسیحی

بر طبق ایمان مسـیحی، روح خدا به چهار پرسشـی که در آغاز این کتاب مطرح شد، پاسخ می‌دهد – یعنی پرسش‌هایی که به اشتیاق ما برای زیبایی، روابط، روحانیت و عدالت مربوط می‌شوند. ما به این سؤالات از آخر به اول خواهیم پرداخت.

خدا وعده داده اســت که از طریق روح خود، آفرینش را نو خواهد ساخت تا تبدیل به همان چیزی شود که در اشتیاق و تقلا برای تبدیل به آن است. تمام زیباییِ این جهان اعتلاء و ارتقاء خواهد یافت و از آنچه در حال حاضر مایهٔ فساد و تباهی آن می‌گردد، آزاد خواهد شد. آنگاه، زیباییِ عظیم‌تری ظهور خواهد یافت که زیباییِ کنونی دنیا، جز پیش‌درآمدی بر آن نیست.

خدا از طریق روح‌القدس، کاری می‌کند تا بتوانیم با او – و هم‌زمان با همسایگان خود و سراسر آفرینش – رابطهٔ جدیدی داشته باشیم. احیای زندگی انسان‌ها بوسیلهٔ روح‌القدس، نیروی لازم را برای اصلاح و شفای روابطِ گسیخته و آسیب‌دیدهٔ بشری مهیا می‌کند.

هدیه‌ای که خدا از طریق روح‌القدس به ما می‌بخشــد این اســت که سرانجام تبدیل به همان چیزی می‌شویم که در عمق وجود خود می‌دانیم از اوّل قرار بوده باشـیم: یعنی آفریدگانی که در هر دو بُعدِ نظام آفرینش خدا زندگی می‌کنند. جســتجو برای روحانیّت، اکنــون چنین می‌نماید که جستجویی اســت برای همین اتحادِ آسمان و زمین که هرچند عمیقاً با چالش توأم اسـت، بــرای آنهایی که ایمان می‌آورند راه به‌ســوی آن باز است.

و بالاخره، خدا مایل اسـت کـــه هم‌اکنون، از طریـق روح‌القدس، پیش‌درآمد و پیش‌نغمه‌ای از دنیایِ سامان‌یافتهٔ آینده به وجود آورد، دنیایی

که آکنده از عطای نیکو و طربناکِ عدالت شــده است. کار روح‌القدس در زندگی افراد، به منزلهٔ پیش‌درآمد دیگری نیز هســت، بگوییم ودیعه و ضمانتی، در خصوص ســامان یافتنِ نهایی تمام امور جهان. ما در زمان حاضر «عادل شمرده می‌شویم» (بعداً در این باره توضیحات مفصل‌تری خواهم داد) تــا عدالتِ خدا را در انتظار روزی کــه - باز هم در نتیجهٔ فعالیّت روح‌القدس - زمین از معرفتِ یَهْوِه پر می‌شــود و آب‌ها دریا را فرا می‌گیرند، به زمین آوریم.

در این تصویرِ شــگفت‌انگیز، دو نکتهٔ شــاخص وجــود دارد که به روحانیّت از نوع مسیحی آن، مربوط می‌شود.

نکتهٔ اول، روحانیّت مســیحی احساسی از هیبت و عظمت خدا را با احساسی از صمیمیت با او ترکیب می‌کند. توضیح این خصیصه، دشوار ولی تجربهٔ آن آســان است. همان‌گونه که عیســی در خطاب به خدا از کلمهٔ آرامی Abba اســتفاده می‌کرد که به معنی پدر و بابا است، مسیحیان هم تشــویق می‌شــوند تا همین کار را بکنند: یعنی خدا را به شــیوه‌ای بشناسند، که در بهترین خانواده‌ها، بچه‌ها والدین خود را می‌شناسند. من گاهی اوقات با مســیحیانی ملاقات کرده‌ام که از این مسئله گیج هستند و می‌گویند برای آنها ثقیل اســت. از نظر من، این نوعی تناقض است که از یک طرف ادعا کنیم مســیحی هستیم و از طرف دیگر، کمترین سهمی از این شــناخت صمیمانه از خدا، خدایی همزمان مهیب و مقدس، نداشته باشــیم. البته من این احتمال را منتفی نمی‌دانم که شــاید عده‌ای تحت برخی شــرایط، با وجود دعوتی که از جانب خدا دارند، و با وجود ایمان قلبی به انجیل عیسی و تلاش سخت برای رفتار به روح، با خدا احساس صمیمیت نکنند. این امر ممکن اســت به دلیل شخصیت آسیب‌دیدهٔ آنها یا دلایل دیگر باشــد. بالاخره چیزی به اسم «شبِ تارِ جان» وجود دارد که کسانی از آن ســخن گفته‌اند که عمیق‌تر از اکثر ما به کاوش در اسرار دعا پرداخته‌اند. امّا عیســی اظهار می‌دارد که روح‌القدس از کسانی که او را می‌طلبند، دریغ نخواهد شد (لوقا ۱۳:۱۱). یکی از نشانه‌های مشخصِ کار روح‌القدس دقیقاً همین احساس صمیمانهٔ حضور خداست.

نکتهٔ دوم، روحانیّت مسیحی معمولاً تا حدی با سختی کشیدن توأم است. یکی از مواردی که عیسی در دعا خدا را *اَبّا* خطاب می‌کند، زمانی است که در باغ جتسیمانی از پدر آسمانی سؤال می‌کند آیا راه دیگری برای او نیست، یعنی آیا واقعاً مجبور است تن به سرنوشتِ وحشتناکی بدهد که در انتظارش است. متأسفانه هیچ راه دیگری وجود نداشت. امّا اگر عیسی چنین دعایی کرد، معنی‌اش این است که ما هم اغلب مجبور خواهیم بود آن را تکرار کنیم. هم پولس و هم یوحنا، هر دو، تأکید بسیار بر این موضوع دارند. کسانی که از عیسی پیروی می‌کنند، خوانده شده‌اند تا بر طبق قوانین خدا، به جای زندگی در دنیای قدیم در دنیای جدید، زندگی کنند و این به مذاق دنیای قدیم خوش نخواهد آمد. با وجودی که زندگی آسمان می‌خواهد زندگی زمین را شفا بخشد، قدرت‌هایی که در حال حاضر بر این زمین فرمان می‌رانند، زندگی زمین را مطابق منافع خود شکل داده‌اند و با هر تلاشی برای معرفی شیوه‌ای متفاوت برای زندگی، مخالفت می‌ورزند. از همین روست که قدرت‌ها – چه در سیاست یا رسانه‌های گروهی، چه در عرصهٔ حرفه‌ها یا دنیای تجارت – همین‌که رهبران مسیحی پیشنهاد و راهکار خود را برای معضلات جاری مطرح می‌کنند، بلافاصله توی دهان آنها می‌زنند و در همان حال، همین قدرت‌ها به کلیسا ایراد می‌گیرند که چرا در قبال مسائل روز ساکت مانده و «حرفی نمی‌زند.»

بنابراین، رنج کشیدن ممکن است عملاً به صورت جفا ظاهر شود. حتی در دنیایِ لیبرال و مُدرن غرب – و شاید دقیقاً در همین دنیا! – ممکن است اشخاص به‌خاطر تعهد خود به عیسای مسیح، مورد تبعیض قرار گیرند. امروزه، این اتفاق به میزانی وسیع‌تر ممکن است در کشورهایی رخ دهد که جهان‌بینیِ صاحبان قدرت در آنها، صراحتاً با ایمان مسیحی در تمام اَشکال و صورت‌های آن در تعارض است. امّا رنج کشیدن به صورت‌های دیگری نیز ظاهر می‌شود: بیماری، افسردگی، محرومیّت، تنگناهای اخلاقی، فقر، فاجعه، تصادف و مرگ. اگر کسی عهدجدید یا آثار مسیحیِ مربوط به دو یا سه قرن اول را بخواند، مسیحیان اوّلیه را

متهم نخواهد کرد که دربارهٔ نتایج پیروی از عیسی، تصویری به حدِ اغراقْ زیبا و قشـــنگ ترسیم کرده‌اند. اَمّا نکته این است: اتفاقاً درست زمانی که رنج می‌کشـــیم، می‌توانیم صد در صد مطمئن باشـــیم که روح‌القدس در کنار ماســـت. البته، ما عمداً کاری نمی‌کنیم تا رنج و ســـختی و شهادت به سراغ‌مان بیاید. ولی اگر این مســـائل به هر شکلی برای ما اتفاق افتاد، می‌دانیم همان‌طور که پولس در مهم‌ترین فصل خود دربارهٔ روح‌القدس گفته است: «در همهٔ این امور ما برتر از پیروزمندانیم، به‌واسطهٔ او که ما را محبت کرد» (رومیان ۸:۳۷).

بارقه‌ای از خدای تثلیث

با توجه به آنچه گفته شـــد، چگونه می‌توانیم درک مســـیحیت را از خدا خلاصه کنیم؟ از نظر الاهیاتی این به چه معناســـت که یاد بگیریم به خورشید خیره شویم؟

خدا آفریننده و دوســـتدارِ جهان است. عیسی از خدا به‌عنوان «پدری که مرا فرســـتاده است» ســـخن می‌گوید و این یعنی همان‌طور که عیسی در جایی دیگر اشـــاره می‌کند: «کســـی که مرا دیده، پدر را دیده اســـت» (یوحنا ۱۴:۹). اگر دقیق به عیسی نگاه کنید، مخصوصاً زمانی که به سوی مرگ می‌رود، خدا را خیلی بیشتر از زمانی خواهید شناخت که در اجرامِ درخشانِ سپهرِ بی‌کران غور و غوص می‌کنید یا به تأمل در قانون اخلاقیِ وجدان خود می‌پردازید. خدا همان اســـت که تمنا برای عدالت، اشتیاق برای روحانیّت، گرســـنگی برای روابط، و اشـــتیاق برای زیبایی را اقناع می‌کند.

و خدا، خدای حقیقی، خدایی اســـت که در عیسای ناصری می‌بینیم، یعنی در مسیحای اسرائیل، خداوند حقیقیِ جهان. اوّلین نسل از مسیحیان، از خدا و عیســـی به یک شکل سخن می‌گفتند، به عبارت دیگر آنها را در ســـوی واحدی از معادله قرار می‌دادند. هنگامی که پولس معروف‌ترین شـــعارِ مربوط به توحید در یهودیت را نقل کرد («بشنو ای اسرائیل؛ یَهْوِه خدای ما، یَهْوِه واحد اســـت»)، کلمهٔ «خداوند» – یعنی همان یَهْوِه – را

به معنی «عیســـی» و کلمهٔ «خـــدا» را به معنی «**پدر**» تفســـیر کرد: پولس می‌نویســـد «ما را تنها یک خداست (یعنی خدای پدر، که همه چیز از اوست و ما برای او زندگی می‌کنیم)، و یک خداوند است (یعنی عیسای مســـیح [مسیحا] که همه چیز به واسطهٔ او پدید آمده و ما به واسطهٔ او زندگی می‌کنیم)» (اول قرنتیان ۶:۸). حتی قبل از این، پولس نوشـــته بود که اگر می‌خواهید خدای واقعی را بشناســـید، همـــان را که در تقابل با خدایانِ غیرواقعی بت‌پرســـتان اســـت، باید به خدایی فکر کنید که برای تحقق بخشیدن به نقشه‌ای که همواره برای نجات جهان داشته، ابتدا **پسر** خود و سپس **روحِ** پسر خود را فرستاد (غلاطیان ۴:۴-۷).

پس از پولس، سه یا چهار قرن طول کشید تا کلیسا «آموزهٔ تثلیث» را رسماً و به‌طور کامل صورت‌بندی کرد. با این حال، وقتی الاهیدانان کلیسا در این دوره به تنظیم این آمـــوزه پرداختند، کار آنها در واقع چیزی نبود جز نوشـــتن پانویس‌های مفصل بر آنچه پولس و یوحنا و رسالهٔ عبرانیان و سایر کتاب‌های عهدجدید قبلاً در این خصوص بیان داشته بودند. این الاهیدانان با توضیحات خود می‌خواســـتند به نسل‌های بعدی مسیحیان کمک کنند تا چیزی را که بُنیادهایش از قبل در اوّلین نوشته‌های مسیحی وجود داشت، درک کنند.

امّا اشـــتباه خواهد بود اگر این برداشـــت را ایجاد کنیم که آموزهٔ خدا در مســـیحیت، نوعی بازیِ زیرکانه و عقلی با کلمـــات و یا نوعی بازی فکری است. برای مسیحیان، این آموزه همواره نوعی بازیِ محبت است: محبت خدا به جهـــان، ما را به صدای بلند می‌خوانـــد تا به محبت او با محبت پاســـخ گوییم، و ما را قادر به کشـــف این حقیقت می‌سازد که نه فقـــط خدا ما را دوســـت دارد، بلکه اصلاً وجـــود او (و نه فقط جنبه‌ای از شـــخصیت او) مساوی با محبت /است. بســـیاری از مکاتب الاهیاتی، محبتی را که پیوســـته میان پدر و پســـر و روح‌القدس رد و بدل می‌شود، به‌عنوان قلبِ وجود خدا مورد بررســـی قرار داده‌اند. در واقع، برخی از الاهیدانان پیشـــنهاد کرده‌اند که یکی از شـــیوه‌های درک روح‌القدس آن اســـت که روح‌القدس را محبتی شخص‌وار بدانیم که پدر نسبت به پسر

و پسر هم نسبت به پدر دارد. در این درک، دعوت می‌شویم تا با اجازه دادن به روح‌القدس برای سکونت در ما، در این حیاتِ پرمحبتی که درون هستی خدا جاری است، شریک شویم. برخی از نام‌ها و توصیف‌های تأمل‌برانگیز خدا در عهدجدید، شیوه‌هایی هستند برای وارد کردن ما به این حیات باطنی. پولس می‌نویسد: «و او که کاوشگر دل‌هاست، فکر روح را می‌داند، زیرا مطابق با ارادهٔ خدا برای مقدّسان شفاعت می‌کند» (رومیان ۲۷:۸). «کاوشگر قلب‌ها» - این نامی الاهی است که می‌توان درباره‌اش به تعمق نشست.

و این همه را مدیون عیسی هستیم. وقتی با بارقه‌ای از آموزه - یا به عبارتی، واقعیتِ! - تثلیث روبه‌رو می‌شویم، دیگر روا نیست به مفهومی عام از مذهب بازگردیم. در این معنای عام از مذهب، از دور به خدایی ادای احترام می‌کنیم که صرفاً منبعی از خیرِ عام و فقط تا حدودی دارای شخصیت است (فرقی هم نمی‌کند که این خدا پیچیده‌تر از آنی باشد که قبلاً فکر می‌کردیم). ایمان مسیحی دربارهٔ خدا جدی‌تر و زنده‌تر از تعبیر فوق است. عیسی مثل انفجاری بزرگ، گام به زندگی اسرائیل کهن - و بهتر است بگوییم کل جهان - نهاد، ولی نه به‌عنوان معلمی که حقایقِ فارغ از قیود زمان تعلیم می‌داد، و نه به‌عنوان اسوهٔ بزرگ اخلاق، بلکه به‌عنوان کسی که از طریق زندگی و مرگ و رستاخیز او، عملیّات خدا برای نجات جهان به جریان می‌افتاد و سرانجام تمامی عالم به گاهِ رهایی خود می‌رسید. این مدعا همهٔ جهان‌بینی‌های بشر را سراپا به چالش می‌کشد و وقتی نوبت به این جهان‌بینی‌ها می‌رسد تا مسیحیت را به چالش بکشند، ایمان مسیحی به‌نحو حیرت‌انگیزی تاب می‌آوَرَد. به‌خاطر عیسی، مسیحیان می‌توانند ادعا کنند که می‌دانند خدای خالق جهان براستی کیست. چون عیسی، این وجود بشری، اکنون در آن بُعدی که «آسمان» می‌خوانیمش، نزد **پدر** است، مسیحیان طولی نکشید که از وجود خدا در قالبِ پدر و پسر سخن گفتند. از آنجا که عیسی هنوز در آسمان است و ما بر زمین زندگی می‌کنیم (هرچند روح‌القدس کاری می‌کند تا حضور عیسی با ما باشد)، مسیحیان از روح‌القدس نیز به‌عنوان

یکی از اعضای مســتقلِ تثلیثِ الاهی ســخن گفتند. این تماماً به‌خاطر عیسی است که ما از خدا به این شکل سخن می‌گوییم.

و باز این تماماً به‌خاطر عیســی است که ما خوانده شده‌ایم تا زندگی مســیحی داشته باشــیم. به بیان دقیق‌تر، از طریق عیسی است که دعوت می‌شــویم تا به معنی واقعی کلمه انسان‌تر شــویم و صورتِ خدا را در جهان بازتاب دهیم.

بخش سوم

†

بازتاباندنِ صورت خدا

فصل یازده

عبادت

هنگامی که با بارقـــه‌ای از واقعیت خدا روبه‌رو می‌شـــویم، واکنشِ طبیعی ما باید عبادت باشد. نشان ندادن این واکنش یقیناً علامت آن است که هنوز کیستی خدا یا کاری را که انجام داده است، درک نکرده‌ایم.

پس عبادت چیســـت؟ بهترین راه برای درک معنی عبادت این است که عملاً مشـــغول عبادت شـــویم و مفهوم آن را در عمل کشف کنیم. با این حال، بسیاری از کسانی که برای مدتی به عبادت می‌پردازند، یا حتی کســـانی که عمری به عبادت پرداخته‌اند، به جایی می‌رســـند که متوجه می‌شوند این کار را از روی عادت انجام می‌دهند. بنابراین، شروع به طرح ســـؤالاتی عمیق‌تر در این باره می‌کنند که کُل این داستان به چه معناست و اصلاً هدف از عبادت چیســـت. بسیاری از کســـانی هم که در عبادت شـــرکت نمی‌کنند، یا زمانی این کار را می‌کردند و اکنون مدت‌هاست آن را کنار گذاشـــته‌اند، همچنان دربارهٔ معنی تمام اینها دچار سردرگمی‌اند. برای تمام این افراد، و در واقع برای کســـانی که از عبادت لذت می‌برند ولی می‌خواهنـــد معنی آن را عمیق‌تر درک کننـــد، یکی از بهترین جاها برای شـــروع، فصل‌های چهارم و پنجمِ آخرین کتاب کتاب‌مقدس، یعنی مکاشفهٔ یوحنای رسول است.

وقتـــی این دو فصل را می‌خوانیم، مانند آن اســـت که رازی عظیم را دزدانه گـــوش می‌کنیم. یوحنای «نهان‌بین» در حـــال توصیف رویایش، همچون شَبْپَره‌ای دزدانه به داخل اتاقی که محل تخت سلطنت خداست، سرک می‌کشد. ما که از روزنهٔ چشمان او شاهد این صحنه هستیم، مطالب را به صورت دست دوم استراق ســـمع می‌کنیم. در هر حال، این صحنه حقایق مهمی را دربارهٔ عبادتِ خدای یگانهٔ حقیقی بر ما آشکار می‌کند.

یوحنا افتخار می‌یابد تا شاهد آن چیزی باشد که در آسمان می‌گذرد. البته این به آن معنی نیست که او در زمانْ به جلو حرکت کرده و شاهد اتفاقات آینده‌ای دور شده است. در واقع، توصیف او از آیندهٔ نهایی جهان در پایان کتاب، هیچ شباهتی به این رویایی که در آغاز کتاب آمده ندارد. به‌علاوه، موضوع فوق را به این معنی هم نباید تفسیر کرد که یوحنا برای دیدن این رویا، از زمین برگرفته شد و به جایی دور دست در آسمان انتقال یافت. برعکس، زمانی که او از «دری گشاده در آسمان» سخن می‌گوید، بر یکی از نکات عمده‌ای تأکید می‌ورزد که قبلاً به آن اشاره کردیم - اینکه فضای خدا و فضای ما در جدایی مطلق از یکدیگر قرار ندارند و جاها و مواقعی هست که این دو فضا با یکدیگر تداخل می‌یابند. گاه مرزِ میان این دو فضا به تیغه‌ای نازک می‌مانَد که گاه برای برخی افراد، و برخی مواقع، دری در آن گشوده می‌شود یا پرده‌ای در آن کنار می‌رود و کسانی که در بُعد انسانیِ جهان زندگی می‌کنند، شاهد آن چیزی می‌شوند که در آسمان می‌گذرد. آنچه یوحنا در رویای خود می‌بیند، زندگیِ عادی آسمان است، یعنی عبادت خدا، که در این بُعد، همواره در جریان است.

چه صحنهٔ شگرفی! یوحنا از توصیف تختِ پادشاهی خدا و - با احتیاط و در لفافه - از توصیف خود خدا، آغاز می‌کند. از تخت الاهی تُندر و آذرخش می‌جهد، و این به ما می‌گوید که اینجا محلِ عظمت و کبریایی و جایِ جلالِ مهیب است. اطراف تخت خدا نمایندگانی از دنیای حیوانات و دنیای بشر حضور دارند: سراسر آفرینش با تمام توان در حال عبادت خداست. حیوانات سرودی دربارهٔ قدوسیّتِ ابدی خدا سر داده‌اند:

قدوس، قدوس، قدوس
خداوند خدای قادر متعال،
خدایی که بود و هست و می‌آید.

حیوانات و پرندگان آفرینندهٔ خود را می‌شناسند و او را به زبانی می‌ستایند که طبعاً بر آدمیان پوشیده است. امّا در بُعد آسمانی، همه چیز

مفهوم می‌شود. آنها می‌دانند که آفرینندهشان توانای مطلق است. می‌دانند که او ازلی و ابدی است. و می‌دانند که او قدوس است.

قبـلاً منطق درونیِ عبادت و پرسـتش را مورد ملاحظـه قرار دادیم. عبادت در لفظ به معنیِ اذعان به شایسـتگیِ چیزی یا کسی است. به معنی شناسایی و بیان این مطلب است که چیزی یا کسی شایستهٔ ستایش است. به معنی تکریمِ شایستگیِ کسی یا چیزی است که در مرتبه‌ای بسیار بالاتر از ما قرار دارد.

صحنه‌ای که یوحنا ترسیم می‌کند، با سرودِ ستایش به پایان نمی‌رسد؛ در واقع، این صحنه تازه آغاز می‌شود. مخلوقاتِ حیوانی، بی‌وقفه خدا را ستایش می‌کنند؛ و انسان‌ها به آنها می‌پیوندند. در این دم، سرود این جمع کامل‌تر می‌شود، زیرا چیز بیشتری برای گفتن می‌یابند؛ آنها تاج‌های خود را در برابر تخت خدا می‌اندازند، و قصـد آنها از این کار نه فقط تکریمِ عظمت خدا است، بلکه تا نشان دهند فهمیده‌اند که چرا به‌عنوان مخلوقْ حق دارند او را ستایش کنند:

ای خداوندْ خدای ما،
تو سزاوار جلال و عزت و قدرتی،
زیرا که آفریدگار همه چیز تویی،
و همه چیز به خواسـت تو وجود یافت و به خواست تو آفریده شد.

این دنیای خداست چنانکه باید باشد، دنیای خدا چنانکه از هم‌اکنون در بُعد آسـمان اسـت. تمامی آفرینش خدا را عبادت می‌کند؛ آدمیان، از طریـق نمایندگان منتخب خود، خدا را به این دلیل عبادت می‌کنند که به رازی حیاتی پی برده‌اند: آنها فهمیده‌اند که چرا باید خدا را ستایش کرد، و چرا قلباً خواهان ستایش او هسـتند. او را ستایش می‌کنند، چون همه چیز را او آفریده است.

اینجاسـت که اکثر ما می‌خواهیـم بگوییم: «ولی دنیـا که به وضع فضاحت‌باری گرفتار اسـت! بسیار خوب است که مردم خدا را به‌عنوان

آفریننده ستایش و پرستش کنند – ولی نگاهی بـه وضعیت آفرینش بیندازید! خدا چه چاره‌ای برای این وضع اندیشیده است؟»

خبر خوش – خبری که درست در کانونِ عبادت مسیحی جای دارد – این است که در بارگاه آسمانی، ما دقیقاً با سؤال فوق روبه‌رو می‌شویم. در آغاز فصل پنجم کتاب مکاشفه، یوحنا متوجه می‌شود که تخت‌نشینْ طوماری به دست دارد. به‌تدریج می‌فهمیم که این طومار مربوط به اهداف آتی خداست، اهدافی که با تحقق یافتن‌شان، جهان سرانجام مورد داوری قرار می‌گیرد و شفا می‌یابد. امّا مسـئله این است که هیچ‌کس نمی‌تواند طومار را بگشـاید. خدا از آغاز آفرینش، بنا را بر آن گذاشته است که/ از طریق مخلوقات خود – به‌خصـوص از طریق آدمیان که حاملِ صورت او هسـتند – عمل کند، ولی همهٔ آنها او را ناامید کرده‌اند. برای لحظه‌ای چنین به نظر می‌رسد که تمامی نقشه‌های خدا عقیم خواهد ماند.

امّـا همان موقع، در کنار تخت خدا، حیوانی متفاوت نمایان می‌گردد که به ما گفته می‌شـود شیر است؛ امّا در همان حال به ما گفته می‌شود که او بره اسـت. برای خواندن کتاب مکاشـفه باید به تصویرهای متنوع آن عادت کنیم. شـیر یکی از تصاویر کهن یهودیان برای مسیحای موعود، یعنی پادشاه اسرائیل و سراسـر جهان است. بره نیز قربانی معمول برای گناهان اسـرائیل و جهان است. این دو نقش به‌گونه‌ای در عیسی ترکیب شـده‌اند که قبلاً کسی نمی‌توانست تصور کند، امّا اکنون مفهوم آن کاملاً روشن است. زمانی که او – یعنی شیر / بره – ظاهر می‌شود، کسانی که تا آن دَم سرود می‌خواندند (حیوانات و انسان‌ها)، ستایشِ خود را از خدای خالق به خدای رهاننده متوجه می‌سازند:

«تو سزاوار گرفتن طوماری و سزاوار گشودن مُهرهای آن،

چرا که ذبح شدی، و با خون خود مردم را

از هر طایفه و زبان و قوم و ملت،

برای خدا خریدی؛

و از آنان حکومتی ساختی و کاهنانی که خدمتگزار خدای

ما باشند

و اینان بر زمین سلطنت خواهند کرد.»

آنگاه، مانند ارکستری بزرگ که خوانندگان از هر سو به آن می‌پیوندند، مابقی سرود را فرشتگان می‌خوانند:

آن برهٔ ذبح شده
سزاوار قدرت و ثروت و حکمت و توانایی است،
و سزاوار حرمت و جلال و ستایش.

و در پایان، «همهٔ آفریدگان در آسمان و بر روی زمین و زیر زمین و در دریا، و تمامی آنچه در آنهاست»، در خواندن این سرود صدا به صدای هم می‌دهند:

ستایش و حرمت، و جلال و قدرت،
تا ابد از آنِ تخت‌نشین و بره باد.

عبادت سراسر به همین معناست. عبادت به معنی برخاستنِ بانگ شادمانهٔ پرستش به سوی خدای آفریننده و خدای رهاننده از سوی آفرینشی است که مقام آفرینندهٔ خود را باز می‌شناسد و به پیروزیِ عیسای بره اقرار می‌کند. این همان عبادتی است که تمام مدت در آسمان، یعنی در بُعد خدا، در جریان است. برای ما سؤال این است که چگونه می‌توانیم به بهترین وجه ممکن در این عبادت شریک شویم.

نتایج عبادت

عبادت خدا، وظیفهٔ ماست. می‌خواهم قبل از آنکه جلوتر برویم، مطلبی را روشن کنم. تردیدی هست که همواره بر مباحثی از این دست سایه می‌اندازد. منظورم این نگرانیِ آزاردهنده است که دعوت به عبادت خدا، بیشتر به فرمانی از جانب حاکمی مستبد می‌ماند که تابعان او شاید دوستش نداشته باشند، ولی یاد گرفته‌اند که از او بترسند. فرض کنید که این شخص می‌خواهد در روز تولدش، صد هزار نفر به خط شوند. بله،

به خط می‌شوند و طوری شادی می‌کنند و دست تکان می‌دهند که انگار زندگی‌شان بسته به این کار است - چون در واقع همین طور هم هست. حالا جرئت دارید از سر ملال جشن را ترک کنید یا از اول در آن حضور نیابید. برای‌تان خیلی بد می‌شود!

اگر فکر می‌کنید عبادت خدای حقیقی هم شبیه این است، می‌خواهم الگوی بسیار متفاوتی را با شما در میان بگذارم. من در کنسرت‌های موسیقی بسیاری شرکت کرده‌ام، از سمفونی‌های بزرگ گرفته تا کنسرت‌های جاز. به‌علاوه، در برنامهٔ برخی از ارکسترهای تراز اول جهان شرکت کرده‌ام که رهبرشان آوازهٔ جهانی داشته است. شاهد اجراهای بزرگی بوده‌ام که مرا سخت تحت تأثیر قرار داده‌اند و با تمام وجود از آنها لذت برده‌ام. امّا فقط یکی دو بار پیش آمده که حاضران، در لحظه‌ای که چوبِ میزانهٔ رهبر ارکستر برای آخرین بار پایین می‌آید، با شور و هیجان از جا بجهند و نتوانند بر لذت و هیجان و شگفتی خود از آنچه تجربه کرده‌اند، مهار زنند. (خوانندگان آمریکایی [و شرقی] باید بدانند که انگلیسی‌ها به‌ندرت می‌ایستند و ابراز احساسات می‌کنند!)

این نوعِ واکنش، به عبادت اصیل و حقیقی بسیار نزدیک است. چیزی شبیه این، ولی البته فراتر از این، فضای مکاشفه ۴ و ۵ را تشکیل می‌دهد. هنگامی که ما به عبادت خدای زنده می‌آییم، در واقع به شرکت در چنین فضایی دعوت می‌شویم.

وقتی در کنسرتی با این اوصاف حضور می‌یابیم، می‌بینیم که یکایک حاضران این احساس دست داده که در موقعیت بهتری قرار گرفته‌اند: حالا مسائل را به شکل جدیدی می‌بینند؛ دنیا به چشم‌شان تغییر کرده. این کمی مثل عاشق شدن است. شاید بهتر است بگوییم نوعی عاشق شدن *است*. زمانی که دل می‌بازیم، زمانی که حاضریم خود را به پای معشوق اندازیم، بالاتر از هر چیز، دل‌مان در اشتیاقِ یک شدن با او می‌تپد.

این امر ما را به اوّلین قاعده از دو قاعدهٔ طلایی می‌رساند که در قلب روحانیّت جای دارند. *بر اثر پرستش، ما به شباهت معبود خود درمی‌آییم.*

هنگامی که با بهت و تحسین و حیرت چشم به چیز یا کسی می‌دوزیم، چیزی از خصوصیاتِ معبودمان به ما انتقال می‌یابد. پرستشگرانِ پول سرانجام روزی می‌رسد که به ماشین‌حساب‌های انسانی تبدیل می‌یابند. پرستشگرانِ سکس هم هوش و حواس خود را مدام به جذابیّت یا توانمندی‌های خود مشغول می‌کنند. پرستشگران قدرت نیز با گذشت هر روز، سنگدل‌تر می‌شوند.

با این توضیح، هرگاه خدای خالقی را عبادت می‌کنیم که نقشه‌اش برای نجات و سامان‌یافتن جهان، به دست برهٔ ذبح‌شده تحقق یافته است، چه اتفاقی می‌افتد؟ پاسخ در دومین قاعدهٔ طلایی است: از جایی که انسان به صورت خدا آفریده شده، *عبادت خدا ما را به معنای حقیقی کلمه، انسان‌تر می‌سازد.* هنگامی که با قلبی پر از محبت و شکرگزاری نگاه خود را به خدایی می‌دوزیم که به صورت او آفریده شده‌ایم، براستی رشد می‌یابیم، و مفهومِ زندگی غنی برای ما بازتر می‌شود.

برعکس، زمانی که همین عبادتِ کامل را نثار چیز یا کس دیگری می‌کنیم، انسانیّت ما رنگ می‌بازد. البته، اول این‌طور به نظر نمی‌رسد. زمانی که بخشی از آفرینش را طوری معبود خود می‌سازیم که انگار خودِ آفریننده است - به بیان دیگر، وقتی بت می‌پرستیم - شاید برای مدت کوتاهی احساس «نشئگی» کنیم. تأثیرِ نشئه‌آور این نوع عبادت، مانند استفاده از داروهای توهم‌زا، توأم با عوارض است: تأثیر آن که تمام شد، انسانیّت ما در قیاس با آنچه از ابتدا بودیم، در مرتبهٔ نازل‌تری قرار می‌گیرد.

بنابراین، فرصت و دعوت و فراخوانی که در برابر ما قرار دارد، این است: بیایید و خدای حقیقی، خدای خالق و رهاننده را بپرستید و با این کار، شأن انسانیِ حقیقی‌تری حاصل کنید. عبادت در کانون سراسرِ زندگی مسیحی جای دارد. یکی از دلایل عمده برای اهمیت الاهیات (یعنی علمِ درست اندیشیدن دربارهٔ خدا) این است که ما خوانده شده‌ایم تا خدا را با تمامی قلب و ذهن و جان و قدرت خود دوست بداریم. تا خدا را بهتر نشناسیم، نمی‌توانیم او را به نحو مناسب‌تری ستایش کنیم.

شـــاید یکی از دلایل اینکه بخش زیادی از عبـــادت، لااقل در برخی از کلیســـاها، برای بســـیاری از افراد جذابیّت ندارد این باشد که ما حقیقت را دربارهٔ معبود خود از یاد برده‌ایم یا مســـتور کرده‌ایم. امّا با دیدن حتی گوشـــه‌ای از حقیقت، جذب آن می‌شویم. مانند عاشقانِ فلان ستارهٔ راک که چون می‌دانند او یکی دو ســـاعت بیشـــتر در شهرشان نیست، از سر کار درمی‌روند تا در برنامه‌اش شـــرکت کنند، یا مانند طرفداران فلان تیم فوتبال که تا صبح چشـــم بر هم نمی‌گذارند تا حتی شده برای یک لحظه شاهد بازگشـــتِ فاتحانهٔ تیم مورد علاقه‌شان باشـــند، کسانی هم که به حقیقتِ وجود خدای آشکار شده در عیسی پی می‌برند، در این شیری که همزمان بره است، - با هیجانی مشابه و البته بیشتر! - مشتاق آن خواهند بود که بیایند و خدا را پرستش و عبادت کنند.

امّا چگونه؟

تکریم خدا - از طریق کتاب‌مقدس

از آنجا که عبادت مسیحی، بر مبنای ستایش و تمجید و گرامیداشتِ خدای *آفریننده* قرار دارد، یکی از وظایف اساســـی آن این است که به هر طریقْ داســـتانِ آفرینش و آفرینش جدید را بازگـــو کند. اما اگر تلاش ما صرفاً تکریمِ آفرینش در وضعیتِ سقوط‌کردهٔ فعلی آن باشد، و کاستی‌ها و جنبه‌های وحشـــت‌زای آن را در پس کلمات زاهدانه پنهان کنیم، آنگاه عبادت مسیحی به‌آسانی ممکن است به کج‌راهه بیفتد یا در دامان ابتذال یا احساس‌گراییِ صرف گرفتار آید. عبادت مسیحیِ خردمندانه این واقعیت را کاملاً مدنظر قرار می‌دهد که آفرینش به‌گونه‌ای هراس‌آور به خطا رفته، و بقدری فاســـد و تباه شده است که گُسلی عمیق از میان آن - و از میان همهٔ ما، یعنی انسان‌های حاملِ صورت خدا که بایست از آفرینش مراقبت می‌کردیم، دهان گشـــوده اســـت. از همین روست که عبادت مسیحی، با شـــادمانی کاری را که خدا قبلاً در عیسای مسیح به انجام رسانده، جشن می‌گیرد و به گرامیداشـــت این وعده می‌پردازد که آنچه عیســـی با مرگ خود برای گناهان ما به انجام رساند، به کمال خواهد رسید. به بیان دیگر،

همچنانکه در مکاشـــفه باب ۵ می‌خوانیم، عبادت خدا به‌عنوان *رهاننده*، یعنی دوستدار و نجات‌دهندهٔ جهان، همواره باید با عبادت خدا به‌عنوان *خالق*، همراه باشد و آن را تکمیل کند. البته، این به معنای آن است که هم باید داســـتان عملیّات نجات الاهی را تعریف کنیم و هم داستان آفرینش را. در واقع، معنی این کار آن است که باید داستان نجات را دقیقاً *به‌عنوان* داستانِ نجات و نو شدنِ آفرینش بازگو کنیم.

بازگفتن داستان، و به تصویر کشـــیدنِ اعمال عظیم خدا: اینها بسیار به قلب عبادت مســـیحی نزدیکند. متأسفانه در پرستش‌های شورمندانه و آزادانه‌ای که امروزه در بسیاری از کلیساها باب است، همیشه هم به این موارد اعتنا نمی‌شود.

ما خدا را از طریق کاری می‌شناســـیم که در آفرینش، در اسرائیل، و از همه بالاتر در عیســـی، به انجام رسانیده است. همچنین او را از طریق کاری می‌شناســـیم که بوسیلهٔ روح‌القدس، در زندگی قوم خود در جهان انجام داده اســـت. عبادت مسیحی به معنی ســـتایشِ *همین* خداست که *چنین* کارهایی را به انجام رســـانیده اســـت. و البته جایی که شرح الاهی دربـــارهٔ این رویدادها را می‌یابیم، کتاب‌های عهدعتیق و عهدجدید، یا به عبارتی، کتاب‌مقدس است.

البته به موقع دربارهٔ کتاب‌مقدس توضیحات بیشـــتری خواهیم داد، ولی در حال حاضر قصد بیان این نکته را دارم که خواندن کتاب‌مقدس به صدای بلند، همواره نقشی محوری در عبادت مسیحی دارد. کوتاهی در این کار به هر دلیلی که باشد - محدود کردنِ قرائت‌ها برای جلوگیری از طولانی شدنِ جلسه، با آهنگْ خواندنِ آیه‌های کتاب‌مقدس به این هدف که بخشـــی از ســـرودها به نظر آیند، یا صرفاً قرائت چند آیه‌ای که واعظ بر مبنای آنها موعظه می‌کند - به منزلهٔ انحراف از هدف اســـت. هدف از قرائت کتاب‌مقدس موقع عبادت، در درجهٔ اول این نیســـت که بخشـــی یا موضوعی از کتاب‌مقدس که ممکن اســـت جماعـــت آن را فراموش کرده باشـــد، به آنها یادآوری شـــود. همین طور هم، قرائت کتاب‌مقدس مانند میخی نیست که بخواهیم موعظه را از آن آویزان کنیم، اگرچه انجام

موعظه بر اساس یکی دو مورد از قرائت‌هایی که صورت می‌گیرد، اغلب نقشهٔ خردمندانه‌ای است. خواندن کتاب‌مقدس طی عبادت، پیش و بیش از هر چیز، روش بسیار مهمی برای تکریمِ شخصیت خدا و تکریمِ کاری است که او به انجام رسانده.

می‌خواهم موضوع را به شکلی کاملاً عملی بیان کنم: امروزه با توجه به مدت عبادت در اکثر کلیساهای غرب، غیرممکن است بتوانیم بیش از یـــک یا دو فصل از کتاب‌مقدس را قرائت کنیم، ولی این نباید باعث عدم توجه به کاری شود که واقعاً در عمل انجام می‌دهیم!

هر بار که برای عبادت گرد می‌آییم، هر بار که «جلســهٔ پرستشــی» داریم، فرصتی مهیا می‌گردد تاکل داستان آفرینش و نجات را بازگو کنیم و گرامی بداریم. نمی‌توانیم در هر جلسه کُل کتاب‌مقدس را بخوانیم. اما کاری که می‌توانیم بکنیم و باید هم بکنیم این اســت که دو یا بیش از دو قســمت از کتاب‌مقدس را قرائت کنیم و لااقل یک قسمت از قرائت ما ترجیحاً از عهدعتیق صورت بگیرد.

اجازه بدهید موضوع را از زاویهٔ دیگری مطرح کنم. اتاقی که هم‌اکنون در آن نشسته‌ام، پنجره‌های بســیار کوچکی دارد و اگر طرف دیگر اتاق بایســتم، فقط قســـمتی از فضای بیرون را خواهم دید - یعنی بخشی از فضای جلوی خانه و یک کف دست هم از آســمان. امــا اگر به پنجره نزدیک شوم، درختان و مزارع و حیوانات و دریا و تپه‌ها را که در دیدرَس قرار دارند، خواهم دید.

گاه به نظر می‌رســد که دو یا ســه قرائت کوتاه از کتاب‌مقدس مانند پنجره‌هایی هســتند که از طرف دیگر اتاق دیده می‌شــوند. چیز زیادی از داخل آنها نمی‌بینیم. اما وقتی شـــناخت بهتری از کتاب‌مقدس کسب می‌کنیم، (انگار) به پنجره‌ها نزدیک‌تر می‌شــویم، به‌طوری که حتی اگر پنجره‌ها بزرگ‌تر نشود، می‌توانیم کُل گسترهٔ کتاب‌مقدس را در یک نظر ببینیم.

بنابراین، حتی کوچک‌ترین اجزای عبادت مســیحی نیز باید همواره بر قرائت کتاب‌مقدس متمرکز باشد. به این ترتیب، گاه فرصتی در اختیار

جماعت قرار خواهد گرفت تا دربارهٔ یکی یا بیش از یکی از قرائت‌ها به تأمل بپردازند. گاه فرصتی فراهم خواهد شد تا جماعت پاسخ گویند.

کلیسا مناجات‌نامه‌هایی غنی، بالاخص با استفاده از کتاب‌مقدس، فراهم کرده است تا عبادت‌کنندگان با سرودن یا قرائت کردن آنها، دربارهٔ شنیده‌های خود از کتاب‌مقدس تأمل کنند و خدا را به‌خاطر آنچه می‌شنوند، پیوسته شکر گویند.

این‌گونه است که عبادت مسیحی شکل ویژه‌ای به خود می‌گیرد که همان آیین پرستش Liturgy است: آیین پرستش جلوه‌گاه کتاب‌مقدس و راهی است برای حصول اطمینان از اینکه مؤمنان با جدیتی شایسته، کتاب‌مقدس را به‌کار می‌گیرند. اگر شراب درجه‌یک را در لیوان پلاستیکی بریزیم و بنوشیم، به آن بی‌احترامی کرده‌ایم. چنین شرابی را باید در گیلاسی ریخت که رنگ و رایحه و طعم آن را به خوبی نشان دهد. به همین ترتیب نیز، توهین به کتاب‌مقدس است اگر نتوانیم فضایی را بیافرینیم که کتاب‌مقدس در آن، چنانکه هست شنیده و گرامی داشته شود. برای این منظور باید فضایی ایجاد کرد که در آن اعمال عظیم خدای آفریننده و رهاننده، به همه طریق بازگو شود.

البته اگر تشنه هستید و چیزی جز لیوان پلاستیکی ندارید، با همان که دارید رفع تشنگی کنید. مواقعی هست (مثل پیک‌نیک) که لیوان پلاستیکی را به گیلاس ترجیح می‌دهیم. عبادت خدا در فضایی آشفته و در هم و بر هم بهتر از عبادت نکردن اوست. اما در شرایط عادی، برای نوشیدن شراب، گیلاس ترجیح دارد.

به‌طور خاص باید گفت که استفاده از مزامیر از همان ابتدا، جایگاه مهمی در عبادت مسیحی داشته است. غنای مزامیر تمام‌نشدنی است و مزامیر ارزش آن را دارند که خوانده و بیان و سروده و زمزمه و حفظ شوند و حتی از سَر بام‌ها بانگ زده شوند. مزامیر بیانگر کلیّهٔ احساسات و عواطفی هستند که ممکن است در طول زندگی به ما دست دهند (از جمله احساساتی که آرزو داریم هرگز به سراغ‌مان نیایند). مزامیر این عواطف و احساسات را، چنان که هستند، باز و عریان، به حضور خدا

می‌بَرنَد، مانند سگ شکاری که هر شـیئی عجیبی پیدا می‌کند، می‌بَرَد و جلوی پای صاحبش می‌گذارد. مزمورنویس می‌گوید: «ببینید چه یافته‌ام! مگر نه اینکه عالی و شگفت‌انگیز است؟ خیال دارید با آن چه کنید؟»

مزامیر، زمانـی که به حضور خدا داخل می‌شـویم، چیزهایی را که اغلب به چشـم ما دو قطبِ مخالف هستند، به هم پیوند می‌زنند. مزامیر به آرامی از صمیمیتِ مهرآمیز با خدا به سـوی ترس و هیبت، در نوسان هستند. آنها طرح پرسـش‌های تند و خشمگینانه از خدا را به توکلِ آرام و خاموشـانه به او می‌آمیزند. مزامیر طیفی وسیع را در برمی‌گیرند شامل مزامیرِ ملایم و تأمل‌آمیز تا مزامیرِ غُرنده و غوغایی، مزامیرِ سـوگواری و یأس و نومیدی تا مزامیرِ جشن و شادیِ مقدس و متین. در کتاب مزامیر، شـاهد تسلای شگفت‌انگیزی هسـتیم که مراحل آن از تضرعی پرسوز در ابتدای مزمور ۲۲ («خدایا، خدایـا، چرا مرا ترک کردی؟») آغاز و به اعترافِ پر از ایمانِ مزمورنویس در پایان مزمور منتهی می‌شـود که خدا دعای او را شنیده و به آن پاسخ گفته است. این حالت، بلافاصله به اعتماد و توکلِ استواری می‌انجامد که در مزمور ۲۳ شاهد آن هستیم («خداوند شبان من اسـت»). ایجاد تعادلِ سـالم و عاقلانه در گرو آن خواهد بود که بعـد از مزمور ۱۳۶، با بانگِ پرطنینِ پیروزی‌اش («پادشـاهانِ نامور را کشـت، زیرا که رحمت او تا ابدالآباد است»، و بندگردانِ کوتاه و شاد آن بعد از هر بند)، مزمـور ۱۳۷ را بخوانیم که از اندوه و فلاکتی جانگزا حکایت می‌کند («نزد نهرهای بابل نشستیم و گریه کردیم»).

البته، هیچ‌گاه تمام مطالب مزامیر را درک نخواهیم کرد و بی‌شـک با معماها و معضلاتی روبه‌رو خواهیم شـد. برخی از کلیسـاها، برخی از جماعات کلیسـایی و بعضی از مسیحیان متوجه شده‌اند که در این شعرِ کهن، بخش‌هایی وجود دارد که نمی‌توان با خیال راحت اسـتفاده کرد – بخصوص قسـمت‌هایی که دشمنان را به شدت لعن و نفرین می‌کند. در این مورد هر کلیسـایی باید مستقلاً تصمیم بگیرد. امّا هیچ کلیسایی نباید خود را از استفادهٔ منظم و کامل از مزامیر محروم کند. یکی از کاستی‌های ناگوار در اکثر کلیساهایی که قالب سـنتی ندارند، همین استفاده نکردن

از مزامیر است. گنجاندن مزامیر در پرستش، موضوعی است که نسل جدیدِ موسیقیدانان مسیحی باید فکری به حال آن کنند. برای کلیساهایی مانند کلیسای من نیز که همیشه برای مزامیر نقشی مهم و محوری قایل بوده‌اند، موضوع دیگری وجود دارد که کلیسا باید به آن توجه کند: آیا ما از مزامیر به بهترین شکل ممکن استفاده می‌کنیم؟ یا به جای تفحص عمیق‌تر در مزامیر، مدام دور آنها می‌چرخیم؟

به‌طور خلاصه باید گفت که کتاب‌مقدس، مهم‌ترین منبعی است که عبادت مسیحی، همچنانکه تعلیم مسیحی، مایهٔ خود را از آن می‌گیرد. امّا همان‌گونه که یکی از معروف‌ترین داستان‌های کتاب‌مقدس کاملاً روشن می‌سازد، حتی کتاب‌مقدس هم کانون عبادت مسیحی را تشکیل نمی‌دهد. هنگامی که عیسای قیام‌کرده دو نفر از شاگردانش را در راه عمائوس ملاقات کرد، و با آنها دربارهٔ کتاب‌مقدس سخن گفت، احساس شوری درونی به آنها دست داد. ولی چشمان‌شان زمانی گشوده شد و او را شناختند که عیسی نان را پاره کرد.

گرامیداشتِ خدا - از طریق شکستن نان

شام خداوند، عشاء ربانی، آیین سپاسگزاری، آیین قربانِ مقدس[1] - این اسامی مثل کلمات هم‌آوایی است که بچه‌ها می‌گویند (سربازی سَرِ بازیِ سُرسُره‌بازی سَرِ سربازی را شکست[2]). قبل از هر چیز باید گفت که *مهم نیست این آیین را به چه نامی بخوانیم*. واقعاً مهم نیست. زمانی بود که مبارزات الاهیاتی و فرهنگی و سیاسی عظیمی بر سر این مسئله درمی‌گرفت که در *آیین شکستن نان* (اگر نخواهیم هیچ‌یک از نام‌های فوق را به‌کار گیریم)، چیزی را که گفته می‌شود و انجام می‌گیرد، چگونه باید تفسیر کنیم و به چه عنوانی باید بخوانیم. آن دوره تقریباً به سر آمده.

---

۱ اینها معادل‌هایی هستند که کاتولیک‌های ایران به ترتیب برای Mass و Eucharist به‌کار می‌برند. (مترجم)

۲ در متن اصلی آمده است: «Tinker, Tailor, Soldier, Sailor» (مترجم)

بی‌آنکه همگان متوجه باشند، در طی چند دههٔ گذشته، اکثر کلیساهای مسیحی در باب اینکه در این آیینِ محوری مسیحیت چه اتفاقی می‌افتد، معنی آن چیست و چگونه می‌توانیم به بهترین شکل ممکن از آن بهره ببریم، به نحو قابل ملاحظه‌ای به یکدیگر نزدیک شده‌اند. البته هنوز مسائلی جزئی باقی مانده که امیدوارم این قسمت از فصل حاضر گامی باشد برای حل برخی از آنها.

در آغاز به سه نکته باید اشاره کرد. ما با یکدیگر نان را می‌خوریم و شراب را می‌نوشیم، و داستان عیسی و مرگ او را باز می‌گوییم، زیرا عیسی می‌دانست که این کارها معنی مرگ او را به‌گونه‌ای شرح می‌دهد که هیچ چیز دیگری - هیچ نظریه یا ایده‌های هوشمندانه‌ای - نمی‌تواند شرح دهد. در هر حال، عیسی به این خاطر برای گناهان ما نمرد تا ذهن ما را از نظرهای درست پر کند، هرچند این موضوع در جای خود مهم است. او مُرد تا عملاً کاری را انجام دهد، یعنی، ما را از شریر و مرگ نجات بخشد.

دوم، این مراسم برخلاف آنچه مایهٔ نگرانی برخی از پروتستان‌های بدبین بوده است، نوعی عمل جادویی را در ذهن مردم تداعی نمی‌کند. این عمل مانند اعمال نمادینی که انبیای کهن به انجام می‌رساندند، به یکی از نقاط تلاقیِ آسمان و زمین تبدیل می‌شود. پولس می‌گوید که «زیرا هرگاه این نان را بخورید و از این جام بنوشید، مرگ خداوند را اعلام می‌کنید تا زمانی که باز آید» (اول قرنتیان ۲۶:۱۱). منظور پولس این نیست که اجرای این مراسم، فرصت خوبی برای موعظه فراهم می‌کند. این از آن مواردی است که مانند دست دادن یا روبوسی، خودِ *عمل*، پیام آن را *بیان* می‌کند.

سوم، از طرفی نیز باید گفت که **آیینِ شکستن نان**، برخلاف تصوری که گاه برخی از کاتولیک‌های بدبین دربارهٔ اعتقاد پروستان‌ها در این خصوص دارند، صرفاً فرصتی برای به یاد آوردن آنچه در زمان‌های بسیار دور واقع شده، نیست. زمانی که نان را پاره می‌کنیم و شراب را می‌نوشیم، خود را در کنار شاگردان در **اتاق بالاخانه** می‌یابیم. با عیسی در حالی

که در جتسیمانی دعا می‌کند و به حضور قیافا و پیلاتس برده می‌شود، متحد می‌شویم. و با او زمانی که مصلوب می‌شود و از قبر قیام می‌کند، یک می‌شویم. گذشته و حال به یکدیگر می‌رسند و رخدادهای مربوط به گذشته‌ای دور، با شام روحانی که اینجا و اکنون در آن شرکت می‌کنیم، درمی‌آمیزند.

امّا این فقط گذشته نیست که به زمان حاضر می‌آید. اگر مراسم شکستنِ نان یکی از لحظات بسیار مهمی است که دیوار نازکِ حایل میان آسمان و زمین شفاف می‌شود، این مراسم همچنین یکی از لحظات بسیار مهمی است که آیندهٔ تدارک‌دیدهٔ خدا شتابان به زمان حاضر وارد می‌شود. مانند فرزندان اسرائیل که وقتی هنوز در بیابان بودند از غذایی چشیدند که جاسوسانِ فرستاده شده به **سرزمین موعود** از آنجا با خود آورده بودند، ما نیز در **آیین شکستن نان**، آفرینش جدید خدا را می‌چشیم - آفرینش جدیدی که نمونهٔ اوّلیه و منبع آن، خود عیسی است.

این یکی از دلایلی بود که عیسی گفت «این بدن من است» و «این خون من است». برای درک منظور عیسی، نیازی به نظریه‌های مفصل متافیزیکی با اسامی طویلِ لاتین نداریم. عیسی - عیسای واقعی، عیسای زنده، عیسایی که در آسمان ساکن است و بر زمین نیز حکم می‌رانَد، عیسایی که آیندهٔ تدارک‌دیدهٔ خدا را به زمان حاضر آورده است - طالب آن نیست که فقط ما را تحت تأثیر قرار دهد؛ می‌خواهد نجات‌مان بخشد؛ نمی‌خواهد فقط به ما اطلاعات بدهد، می‌خواهد شفای‌مان بخشد، نمی‌خواهد فقط موضوعی برای فکر کردن در اختیارمان بگذارد، می‌خواهد تغذیه‌مان کند، و آن هم با وجود خودش. موضوع این سُفرهٔ روحانی، از اول تا آخر، همین است.

شاید یکی از بزرگ‌ترین معضلاتی که مسیحیان پروتستان در خصوص این مراسم با آن روبه‌رو بوده‌اند، این است که شاید مردم آن را «عملی نیکو» تلقی کنند و بخواهند با «انجام دادنش» رضایت خدا را تحصیل کنند. برخی از پروتستان‌ها هنوز هم دربارهٔ هر *کاری* که در کلیسا انجام شود، همین نظر را دارند، غافل از اینکه به هر حال موقع

عبادت دســته‌جمعی، ما *کاری* را به اتفاق انجام می‌دهیم، مگر اینکه در کلیسا صاف بنشینیم و لام تا کام حرفی نزنیم. حتی اگر تصمیم به سکوت بگیریم، مانند جلسات کوِیکرها، باز این تصمیم در حکم انجام دادن نوعی کار اســت، یعنی گرد هم آمدن و اختیار ســکوت. البته، این خطر وجود دارد که عبادتِ پر از تشــریفات و پر دنگ و فنگ، هدف اساسی خود را گم کند و به جای وســیله، تبدیل به هدف شود. دوباره به مثال گیلاس و لیوان پلاستیکی برمی‌گردیم: کلیساهایی وجود دارند که گرانقیمت‌ترین گیلاس شراب را تهیه کرده‌اند، ولی کسی اهمیت نمی‌دهد که چه شرابی در این گیلاس ریخته می‌شود. همین طور هم کلیساهایی وجود دارند که سخت به این می‌بالند که خود را از قید گیلاس‌های گرانقیمت رها کرده و به سراغ لیوان‌های پلاستیکی رفته‌اند. این کلیساها نیز از فرط تمرکز به ظاهر قضیه، به اصل موضوع توجهی ندارند.

همان‌طور که می‌بینید، این خطر فقط به کلیســاهای «سنتی» محدود نمی‌شود. عده‌ای اصرار دارند که باید در زمان درست و به شیوهٔ درست بر خود علامت صلیب کشــید. عده‌ای نیز اصرار دارند که موقع پرستش باید دســت‌ها را بالا بُرد و *نباید* بر خود صلیب کشید. عده‌ای هم اصرار دارند که موقع پرســتش *نباید* دست‌ها را بالا برد و اصلاً هیچ کاری نباید کرد. در تمــام این حالات، خطر بی‌توجهی به اصل موضوع وجود دارد. گاه دیده‌ام که کلیسایی گروه کُر را به این بهانه که اعضایش لباس هم‌شکل می‌پوشند و زیادی «حرفه‌ای» به نظر می‌آیند، منحل کرده است. ولی همین کلیســا چندین و چند نفر را اجیر کرده که در تمام مدت عبادت، مدام به پیچ‌ها و اهرم‌های گوناگــون برای تنظیم صدا و نور و تصاویر پروژکتور ور می‌رفته‌اند. این موضوع همیشــه اســباب خنده‌ام شده. واقعیت این اســت که هر *کار ضروری* در طی پرســتش، می‌تواند به مراسمی تبدیل شــود که به جای وسیله، مبدل به هدف شده اســت. به همین نحو، هر کار ضروری در طی پرســتش، می‌تواند به عملی تبدیل شود برخاسته از شکرگزاریِ خالصانه و پاســخی که انسان با شادی به فیضِ رایگان خدا می‌دهد.

با توجه به آنچه گفته شد، اکنون می‌توانیم بفهمیم که چرا، همان‌گونه که برخی از مسیحیان می‌گویند، **آیین شکستن نان** نوعی «قربانی» است. این موضوع مدت‌ها محل بحث و مناقشه بوده و اغلب در بحث راجع به آن، دو اشتباه رخ داده است. اوّل، مسیحیان گاه بر این گمان هستند که وقتی در عهدعتیق عبادت‌کنندگان قربانی می‌کردند، می‌خواستند «کاری» انجام بدهند تا به اتکاء آن، مورد عنایت و قبول خدا واقع شوند. به هیچ وجه چنین نیست. این تصور، ناشی از برداشتی غلط از شریعت یهود است، که در آن خدا قربانی‌هایی را برای مردم مقرر کرده بود، و مردم به منظور تشکر از خدا اقدام به قربانی می‌کردند، و هدف آنها از این کار رشوه دادن به خدا یا دلجویی کردن از او نبود، بلکه بدین طریق می‌خواستند به محبت او پاسخ دهند. البته، ما نمی‌توانیم بدانیم که در قلب فرد فرد یهودیانی که خدا را عبادت می‌کردند، چه می‌گذشت. ولی به‌طور یقین نظام قربانی‌ها در عهدعتیق برای قانع کردن خدا جهت اقدامی خاص نبود، بلکه شیوه‌ای بود برای پاسخ گفتن به محبت او.

دوم، دربارهٔ ارتباط **آیین شکستن نان** و قربانیِ تقدیم‌شده بوسیلهٔ عیسی بر صلیب، سردرگمی‌های بی‌پایانی وجود داشته است. کاتولیک‌ها معمولاً گفته‌اند که این دو یک چیز هستند، و پروتستان‌ها در پاسخ اظهار داشته‌اند که تفسیر کاتولیک‌ها از این آیین، به این می‌مانَد که بخواهیم کاری را تکرار کنیم که یک بار و تنها یک بار انجام گرفته و دیگر هیچ‌گاه تکرارپذیر نیست. پروتستان‌ها معمولاً گفته‌اند که آیین پاره‌کردن نان، با قربانیِ تقدیم‌شده بوسیلهٔ عیسی *فرق دارد* - به نظر پروتستان‌ها، آیین شکستن نان، «قربانیِ تشکر» است که توسط عبادت‌کنندگان تقدیم می‌شود - و کاتولیک‌ها در پاسخ گفته‌اند که تفسیر پروتستان‌ها مثل این است که بخواهیم بر قربانیِ کامل عیسی (که به تعبیر کاتولیک‌ها) «به‌طور آیینی» در نان و شراب ظاهر می‌شود، چیزی بیفزاییم.

من عقیده دارم که می‌توانیم از این بحث‌های بی‌حاصل فراتر برویم، منتها راه‌حل در این است که بحث خود را راجع به عبادت، در تصویر وسیع‌تری دنبال کنیم که از آسمان و زمین، آیندهٔ خدا و زمان حالِ ما،

و شـیوهٔ به هم رسیدنِ آسـمان و زمین در عیسی و روح‌القدس، ترسیم کرده‌ایم. در جهان‌بینی کتاب‌مقـدس (که در تفکر مُدرن بیش از آنکه از اعتبار ساقط شده باشـــد، مورد بی‌توجهی قرار گرفته)، آسمان و زمین با یکدیگر تداخـــل دارند، و این تداخل در زمان‌ها و مکان‌های بخصوصی صورت می‌پذیرد که عیسی و روح‌القدس نشانه‌های کلیدی آنها هستند. بـــه همین ترتیب نیز، در برخی مکان‌ها و لحظات، آینده و گذشـــتهٔ خدا (یعنی رخدادهایی مانند مرگ و رسـتاخیز عیسـی) وارد زمان حاضر می‌شـــوند - مثل اینکه سر میز غذا نشسته باشـیم و ناگهان ببینیم اجداد بزرگ‌مان با نبیره‌ها و ندیده‌های‌مان برای صرف غذا به ما ملحق شـوند. زمانِ خدا به این نحو عمل می‌کند. و هم از این رو، عبادت مسیحی واجد چنین کیفیّتی است.

به عقیدهٔ من، در نظر گرفتن این موضوع سبب می‌شود تا تمام اندیشهٔ ما دربارهٔ عبادت، و سراسر مباحثات ما دربارهٔ جایگاه آیین‌های کلیسایی، در قالبی صحیح قرار گیرد. بقیه پانویس اسـت، مسـئلهٔ سلیقه و سنت اسـت و - اجازه بفرمایید عرض کنم - علایق و ترجیحات شخصی و تعصباتِ بی‌منطق است (البته، وقتی به دیدگاه خودمان مربوط شود به آن می‌گوییم «ترجیحات شخصی» ولی به دیدگاه دیگران که مربوط شد، به آن می‌گوییم «تعصبات بی‌منطق»). در این نقطه، دو حکم بزرگ (دوست داشتن خدا، و دوست داشـتن همسایه) باید وظیفه‌مان را به ما یادآوری کند. به‌عنوان مسیحی از ما انتظار می‌رود تا از خود، سعهٔ صدر و بردباری نشـان دهیم. بیائید اجازه ندهیم تا این سفرهٔ روحانی به موضوعی برای جر و بحث تبدیل شود و به این ترتیب خودمان و کلیسای‌مان را از لذت انجام این آیینِ محوری در عبادت مسیحی، محروم سازیم.

عبادت دسته‌جمعی

من در سراسر این فصل، دربارهٔ عبادت دسته‌جمعی و همگانی کلیسا سخن گفته‌ام. از همان ابتدا آشکار بود که مسیحیت فعالیتی دسته‌جمعی را ایجاب می‌کند. باید اضافه کرد که نخسـتین نویسـندگان مسیحی تأکید

داشتند که تمامی اعضای بدن مسیح باید بیدار و در ایمان شخصی خود، فعال باشـــند؛ آنها باید مسئولیت‌های خود را بشناسند و از امتیازِ عبادت، بهره بگیرند. به این ترتیب، هنگامی که کُل جماعت مؤمنان گرد می‌آیند، هر یک می‌تواند شادی و اندوه، و بینش و سؤالات خود را مطرح سازد.

از همین رو، درست و شایسته اســت که هر مسیحی، و در صورت امـکان هر خانوادهٔ مســیحی، روش‌های عبادت انفــرادی و عبادت در گروه‌هـــای کوچک را فرابگیرد. اصول مشـــابه (بدون شـــک) تنوّعات بی‌پایانـــی را پدید می‌آورد. مســـئلهٔ مهم، چگونگی انجـــام دادن عبادت نیست بلکه *انجام دادن* آن است. دوباره به باب‌های ۴ و ۵ کتاب مکاشفه فکر کنید. سراســـر آفرینـــش، خدا را عبادت و پرســـتش می‌کند. ما تنها به تماشـــای این عبادت دعوت نشـــده‌ایم، مانند شبپرهٔ روی دیوار، بلکه دعوت شده‌ایم تا به سرایندگانِ ســـرود ستایشِ خالق ملحق شویم. مگر می‌توان این دعوت را رد کرد؟

فصل دوازدهم

دعا

ای پدر ما در آسمان،

نام تو مقدس باد،

پادشاهی تو بیاید،

ارادهٔ تو، بر زمین اجرا شـــود، همچنانکه در آسمان اجرا
می‌شود.

نان روزانهٔ ما را امروز به ما اعطا فرما.

قرض‌های ما را ببخش، چنانکه ما نیز قرضداران خود را
بخشیده‌ایم.

و ما را در آزمایش میاور،

بلکه از آن شرور رهایی‌مان ده.

زیرا پادشاهی، قدرت، و جلال از آنِ توست،

اکنون و تا به ابد. آمین.

بله، می‌دانم: هر کس ترجمه‌ای کمی متفاوت از این دعا را می‌پسندد.
من ترجمـــهٔ قدیمی‌اش را که با آن بزرگ شـــده‌ام دوســـت دارم، امّا به
ترجمه‌های دیگر هم خو گرفته‌ام. تعیین کلمات «دقیق» این دعا دشـــوار
است، بخصوص که صورت‌های مختلف آن در زبان یونانی (چنانکه در
متی و لوقا و یکی از کتاب‌های بســـیار قدیمی مسیحی به نام «**دیداکه یا
تعلیم**» آمده) یکســـان نیستند، و همواره معادل‌های دقیق و کلمه به کلمه
در انگلیســـی ندارند، و شـــاید نتوانند حال و هوای اصلی دعایی را که
عیسی احتمالاً به زبان آرامی کرد، از نو بیافرینند. ولی چیزی که در اینجا
مهم اســـت *معادل‌های دقیق نیست*. اجازه ندهید تا ظاهر قضیه توجه‌تان
را منحرف کند.

به جای آن، سراغ اصل موضوع بروید. این دعا دربارهٔ حرمت و جلال خداست. دعایی است دربارهٔ آمدن پادشاهی خدا به زمین چنانکه در آسمان است - این موضوع، همان‌گونه که در بخش‌های قبل دیدیم، بخش اعظم مسیحیت را خلاصه می‌کند. این دعا، دربارهٔ نان است، دربارهٔ فراهم شدن نیازهای روزانه. و دعایی است برای رهایی از شرارت.

بند بند این دعا، بازتاب کاری است که عیسی شخصاً بدان مشغول بود. این دعا، دعایی در معنای عامِ دعا، خطاب به وجودی در معنای عامِ «الوهیت» یا «خدایی» نیست. حتی می‌توان گفت که دعای معمولِ یهودیان هم نیست (اگرچه تقریباً هر یک از اجزای آن را می‌توان در دعاهای یهودی روزگار عیسی سراغ کرد). شاید بتوان گفت که این دعا، دعایی خاص عیسی است.

در هر حال، این عیسی بود که به اطراف و اکناف می‌رفت و اعلام می‌کرد که زمان آن رسیده تا نام پدر جلال یابد و پادشاهی او چنانکه در آسمان است، بر زمین نیز بیاید. عیسی بود که به جماعت گرسنه در بیابان، نان داد. عیسی بود که گناهکاران را بخشید و از پیروانش خواست تا آنها نیز چنین کنند. عیسی بود که، با چشمان باز، به استقبالِ «زمان آزمایش» رفت، یعنی آن مصیبت عظیمی که همانند موجی توفنده و ویرانگر به سوی اسرائیل و جهان می‌آمد. او در مسیر این موج بنیان‌کن قرار گرفت تا جان دیگران را نجات بخشد. و این عیسی بود که پادشاهی خدا را افتتاح می‌کرد، قدرت خدا را جاری می‌ساخت، و مُرد و برخاست تا جلال خدا را آشکار سازد. «دعای ربانی»، چنانکه نزد ما معروف است، مستقیماً از کاری زاده می‌شود که عیسی در جلیل به انجام می‌رساند. همان طور هم از کاری که عیسی در جتسیمانی به انجام رساند: این دعا، مستقیماً ناظر بر نتیجه‌ای است که از مرگ و رستاخیز عیسی حاصل آمد.

بنابراین، دعای ربانی، راهی است برای گفتن این مطلب به خدا که: عیسی (با تصویری که خود به‌کار بُرد)، مرا به کمند خبر خوشِ خود

گرفتار کرده. این دعا می‌گوید: من می‌خواهم بخشی از جنبش عیسی برای استقرار پادشاهی خدا باشم. شیفتهٔ شیوهٔ او برای زندگی شده‌ام که سبب می‌شود ارادهٔ خدا در آسمان، بر زمین نیز اجرا شود. می‌خواهم بخشی از پروژهٔ او در خصوص نان-برای-جهان باشم، هم برای خودم و هم برای دیگران. شخصاً به بخشیده شدن نیاز دارم - بخشیده شدنِ گناهانم، قرض‌هایم، و آزاد شدن از هر طوقی که بر گردنم سنگینی می‌کند - و تصمیم دارم در روابطم با دیگران، قلبی بخشاینده داشته باشم. (آیا به این نکتهٔ شگفت‌انگیز توجه دارید که در قلب این دعا، ما خود را متعهد می‌سازیم تا به شیوهٔ خاصی زندگی کنیم، شیوه‌ای که دشوارش می‌یابیم). و از آنجا که در دنیای واقعی زندگی می‌کنم، جایی که نیروی شر هنوز زیاد است، نیاز به محافظت و رهایی دارم. و در تمام اینها، بر حقانیّت پادشاهی و قدرت و جلال پدر اذعان می‌کنم و گرامی‌اش می‌دارم.

اکثر موضوعاتی که ممکن است بخواهیم درباره‌شان دعا کنیم، در این دعا مطرح شده‌اند. مانند مَثَل‌های عیسی، این دعا کوتاه است ولی دامنهٔ وسیعی دارد. روشی که برای عده‌ای مفید بوده، این است که کلمات دعای ربانی را به آرامی تکرار می‌کنند و هر جا کلمات دعا با نیازهای خاص‌شان همخوانی می‌یابد، مکث می‌کنند و نیازهای خود را به حضور خدا می‌برند. برخی نیز ترجیح می‌دهند تا دعای ربانی را در ابتدا یا انتهای وقت مفصل‌تری که برای دعا دارند، تکرار کنند. به این ترتیب، وقتی دعای ربانی اول قرار می‌گیرد، چارچوبی برای سایر موضوعات دعا فراهم می‌سازد و وقتی در انتها می‌آید، همهٔ درخواست‌ها را جمع‌بندی و خلاصه می‌کند. عده‌ای نیز به این نتیجه رسیده‌اند که وقتی دعای ربانی را به آرامی پشت سر هم تکرار می‌کنند، بتدریج در محبت و حضور خدا، در مکانی که آسمان و زمین با یکدیگر تداخل می‌یابند، و در قدرت انجیل که نان و بخشایش و رهایی به ارمغان می‌آورد، فرو می‌روند. هر طور می‌خواهید از دعای ربانی استفاده کنید. از اینجا شروع کنید و ببینید شما را به کجا می‌بَرَد.

دعا میان آسمان و زمین

دعای مسیحی ساده است؛ حتی یک کودک هم می‌تواند دعایی را که عیسی تعلیم داد، دعا کند. ولی مطالباتی را پیش می‌کشد که عمل به آنها دشوار است. رنج و عذابِ مزمورنویس در حالی به اوج می‌رسد که عیسی با التماس از پدر می‌خواهد تا او را از برداشتنِ آخرین گام در خدمات زمینی‌اش معارف کند، و در همین حال عرقی از جنس خون می‌ریزد. پس از آن، عیسی آویخته بر صلیب، در ناامیدی، نخستین آیهٔ مزمور ۲۲ را تکرار می‌کند: («خدای من، چرا مرا ترک کردی؟») جز این او چه داشت بگوید، فقط می‌توانست با کلماتی که خدا در مزامیر داده است، واگذشته شدنش را بوسیلهٔ خدا بانگ بزند. هنگامی که عیسی به ما گفت صلیب خود را برداریم و از پیِ او برویم، چنانکه پیداست، منظورش این بود که در پیروی از او، چنین لحظاتی در انتظار ما نیز خواهد بود.

ما خوانده شده‌ایم تا در محل تداخلِ آسمان و زمین - زمینی که هنوز به‌طور کامل از تباهی نرسته است - زندگی کنیم. همچنین، به زندگی در محل تداخل آیندهٔ خدا و زمانِ حال این جهان خوانده شده‌ایم. در جزیرهٔ کوچکی به دام افتاده‌ایم که در نزدیکی محلی واقع است که این صفحات تکتونیکی - آسمان و زمین، آینده و حال - خود را به یکدیگر می‌سایند. خود را برای زلزله آماده کنید! پولس در یکی از مهم‌ترین فصولِ نامه‌هایش، وقتی از زندگی در روح‌القدس و احیای آیندهٔ سراسرِ جهان می‌نوشت، به این نکته اشاره کرد که در قلب تمامی اینها، در حالی که نمی‌دانیم چگونه باید به طریق شایسته دعا کنیم، روح‌القدس - روح خودِ خدا - مطابق ارادهٔ خدا برای ما شفاعت می‌کند. این بخش در رسالهٔ رومیان، بسیار کوتاه است (رومیان ۸:۲۶-۲۷)، اما از لحاظ مطلبی که می‌گوید و محلی که آن را طرح می‌کند، بی‌نهایت اهمیت دارد. چارچوب موضوع چنین است: پولس می‌گوید که سراسر آفرینشِ الاهی گرفتار دردِ زادن است، و انتظار می‌کشد تا از شکم آن، دنیای جدیدی تولد یابد. کلیسا، یعنی قوم خدا در مسیحا، در بند چنین دنیایی است، به‌گونه‌ای که،

ما نیز، در اشتیاق برای رهایی ناله می‌کنیم. (پولس چند آیه قبل، از شریک شدن در رنج‌های مسیحا سخن می‌گفت. فکر نمی‌کنید او جتسیمانی را در نظر داشت؟) ویژگی دعای مسیحی زمانی بیش از همیشه نمود می‌یابد که خود را در محل تداخل اعصار می‌یابیم، یعنی در بخشی از آفرینش که برای زایشی نو، درد می‌کشد.

وعدهٔ جدید و عجیب، نکته‌ای که تفاوت دعای مسیحی را با دیدگاه‌های پانتئیستی (وحدت‌وجودی) و دئیستی و بسیاری دیدگاه‌های دیگر نشان می‌دهد، این است که از طریق روح‌القدس، *خدا* خودْ در قلب *جهان ناله می‌کند، زیرا او، در حالی که ما با درد و نالهٔ جهان همصدا می‌شویم، بوسیلهٔ روح‌القدس در ما سکونت می‌کند.* البته این هیچ ربطی به دیدگاه پانتئیستی دربارهٔ «ارتباط با باطن جهان» ندارد. آنچه گفتیم شیوهٔ جدید و عجیبی است برای «ارتباط با خدای زنده»، خدایی در حال انجام دادن کاری جدید، خدایی که در عیسی به قلبِ جهان وارد شده، چون وضع جهان از هر حیث خراب است و باید به آن سامان داده شود (یک پانتئیست هرگز نمی‌تواند این نکته را قبول کند)؛ او خدایی است که اکنون بوسیلهٔ روح خود به محلی می‌آید که در آن، دنیا دچار رنج است (یک دئیست هرگز نمی‌تواند این نکته را بپذیرد). او می‌آید تا در *ما و از طریق ما - یعنی کسانی که در مسیح و به یاری روح‌القدس دعا می‌کنند* - نالهٔ دردآلودِ تمامی آفرینش به حضور **پدر** برده شود، به حضور این تفحص‌کنندهٔ قلب‌ها (۲۷:۸)، همان که همه چیز را برای خیریتِ دوستدارانش به‌کار می‌گیرد (۲۸:۸). معنی و مفهوم «هم‌شکل شدن با پسر» (۲۹:۸) همین است. معنی سهیم شدن در جلالِ او، در همین عصر حاضر نیز همین است (۱۸:۸ و ۳۰).

آنچه گفتیم روشن می‌سازد که چرا دعایِ اختصاصاً مسیحی، در دنیایی که آسمان و زمین به یکدیگر تعلق دارند، معنای خاص خود را می‌یابد. حال می‌خواهیم تصویری را که قبلاً عرضه کردیم، بسط بیشتری دهیم تا روشن شود چرا دعا در جهان‌بینی مسیحی، با دعا در دو جهان‌بینی دیگر که به آنها اشاره کرده‌ایم، تفاوتی اساسی دارد.

برای پانتئیست، که در فضای **نگرش اول** زندگی می‌کند، دعا صرفاً به معنی هماهنگ شدن با عمیق‌ترین واقعیت‌های جهان و خویشتن است. الوهیت در همه جا حضور دارد، حتی در انسان. بنابراین، دعا بیش از آنکه مخاطب ساختن فرد دیگری باشد، که در جایی دیگر زندگی می‌کند، به معنی کشفِ حقیقت و حیاتی باطنی و هماهنگ شدن با آن است؛ این حقیقت و حیات باطنی در اعماق قلب انسان و در ضرباهنگ‌های خاموش و بی‌صدای جهان اطراف یافت می‌شود. دعای پانتئیستی این‌گونه است. البته (به عقیدهٔ من) این نوع دعا به مراتب سالم‌تر از دعای بت‌پرستان است که در آن، انسان می‌کوشد با یاری جُستن از خدای دریا، خدای جنگ، خدای رودخانه یا خدای ازدواج و مجیز و تملق گفتن به آنها و تطمیع‌شان، الطاف و عنایات خاصی دریافت کند و یا از خطرات بخصوصی بجهد. در مقایسه با این دعا، دعای پانتئیستی آشکارا شرافت بیشتری دارد. ولی در هر حال دعای مسیحی چنین نیست.

برای دئیست، که در فضای **نگرش دوم** زندگی می‌کند، دعا به معنی خواندنِ خدایی دور، از فرازِ فضایی تهی است. این وجودِ متعال ممکن است به ندای فرد گوش دهد، و ممکن است ندهد. او، یا آن، هیچ تضمینی نیست که بخواهد، یا حتی در صورت خواستن بتواند کار چندانی دربارهٔ ما یا دربارهٔ جهان ما به انجام رساند. بنابراین، دعا در چارچوب **نگرش دوم**، در عالی‌ترین حالت به این می‌ماند که پیغامی ارسال کنیم بدون امید چندانی به جواب، مانند ملوانی تک و تنها که قلم‌اندازْ یادداشتی می‌نویسد و در بطری می‌گذاردش به امید آنکه کسی دست بر قضا آن را پیدا کند و بخواند. چنین دعایی ایمان و امید بسیاری می‌طلبد، ولی در هر حال، دعای مسیحی نیست.

البته، گاه، همچنانکه در مزامیر می‌بینیم، دعا در سنت یهودیان و مسیحیان نیز دقیقاً مانند دعا در فضای **نگرش دوم** می‌شود. امّا برای مزمورنویس، احساس نوعی فضای تهی، یعنی خلائی که باید **حضور** [الاهی] آن را پر می‌کرد ولی چون نکرده تبدیل به خلاء شده است،

چیزی نیست که بتوان به آرامی با آن کنار آمد. باید به آن اعتراض کرد و بالا و پایین جست. مزمورنویس بانگ می‌زند: «بیدار شو ای خداوند!»، مانند کسی که دست به کمر پای تخت‌خواب ایستاده و با عصبانیت به فردی که خوابیده است نگاه می‌کند. (البته، این همان چیزی بود که شاگردان هم وقتی عیسی موقع توفان در قایق خوابیده بود، به او گفتند.) «خداوندا وقت آن است که بیدار شوی و دربارهٔ این وضع آشفته کاری بکنی!»

امّا کل موضوع داستان مسیحی که با آن داستان یهودی به نقطه اوج خود می‌رسد، این است که پرده کنار رفته، دَری از آن سو گشوده شده، و ما همانند یعقوب، بارقه‌ای از نردبانی میان آسمان و زمین دیده‌ایم که پیام‌آوران [فرشتگان] از آن بالا و پایین می‌روند. عیسی در انجیل متی می‌گوید: «پادشاهی آسمان نزدیک است». او با این سخن، راه جدیدی را برای رفتن به آسمان پس از مرگ معرفی نمی‌کند، بلکه اعلام می‌دارد که حاکمیّت آسمان، خودِ *حیات* آسمان، اکنون به شکلی جدید با زمین تداخل یافته است - به شکلی که همهٔ لحظات حساس، از نردبان یعقوب تا رویای اشعیا، از بینش‌های پدران قوم اسرائیل تا رویاهای انبیا را در یک جا جمع می‌کند، و به آنها هیأتی انسانی، صدایی انسانی، حیاتی انسانی، و مرگی انسانی می‌بخشد. عیسی دلیل وجودِ **نگرش سوم** است؛ و در سایهٔ کار او، دعا به کمال معنای خود رسیده است. آسمان و زمین در جایی که او می‌ایستد، جایی که او بر صلیب شد، جایی که او از مردگان برخاست، و هر جایی که اکنون بادِ تازهٔ **روح** او می‌وزد، برای ابد تداخل یافته‌اند. زندگی مسیحی به معنی زندگی در دنیایی است که بر مدار عیسی و **روح** او، از نو شکل یافته است. این به معنای آن است که دعای مسیحی، از جنسی متفاوت است - هم با دعای پانتئیست فرق دارد، که شامل ایجاد ارتباط با کُنه و باطن طبیعت است، و هم با دعای دئیست که شامل ارسال پیام از فراز خلائی تنها و تُهی است.

دعای مسیحی یعنی ایستادن بر گُسل، شکل یافتن بوسیلهٔ عیسایی که در جتسیمانی بر زانوان دعا کرد، ناله کردن از درد و رنج، آسمان و زمین

را در کنار هم نگاه داشتن مثل کسی که سعی دارد دو سَر طناب را به هم برســـاند در حالی که عده‌ای از هر دو طرف طناب را می‌کشند تا مانع از این کار شوند. دعای مسیحی با هویتِ سه‌گانهٔ خدای حقیقی که در بخش قبلی کتاب، با شگفتی به آن چشـــم دوختیم، ارتباط کاملاً نزدیکی دارد. جای تعجب نیست که به‌آســـانی دست از دعا می‌کشیم، و تعجبی ندارد که نیازمند کمک هستیم.

خوشبختانه، از این لحاظ کم و کسر نداریم.

کمک گرفتن در دعا

یکی از منابعی که به‌طور خاص در اختیار داریم، کســـانی هستند که پیش از ما راه دعا را طی کرده‌اند. بخشـــی از دشواری ما مسیحیان مُدرن این اســـت که می‌خواهیم همه چیز را بـــه روش خودمان انجام دهیم. ما نگرانیم که با کمـــک گرفتن از دیگران، دعای‌مـــان «اصالت» خود را از دست بدهد و دیگر برخاسته از قلب خودمان نباشد. از همین روست که بلافاصله دربارهٔ استفاده از دعای دیگران بدگمان می‌شویم. از این نظر به بانویی می‌مانیم که لباس خود را مناسب نمی‌داند مگر اینکه کارِ طراحی و دوخت لباس‌هایش را شـــخصاً به عهده بگیرد؛ یا به آقایی می‌مانیم که معتقد اســـت تا اتومبیلِ ســـاختهٔ خودش را نراند، به معنی واقعی کلمه رانندگی نکرده است. ما را از یک سو میراث دیرینهٔ جنبش رمانتیک[1] فلج کرده است و از ســـوی دیگر اگزیستانسیالیسم[2] زیرا بنا به نگرش این دو

---

۱ Romanticism جنبشـــی کـــه از نیمـــهٔ دوم قرن هجدهـــم در اروپای غربی ایجـــاد گردید و بر آفرینشگری و فردیت و استقلال انســـان تأکید می‌کرد و دامنهٔ آن عرصه‌های گوناگون زندگی انسان و فعالیت‌های او را فرا می‌گرفت. نویسنده معتقد است که تأکید بیش از اندازه بر «مذهب فردی» و جنبهٔ **فردی** نجات انسان و بی‌توجهی به ابعاد اجتماعی آن، بیشتر از این مشرَبِ فکری سرچشمه می‌یابد تا کتاب‌مقدس. (مترجم)

۲ Existentialism اگزیستانسیالیســـم یا مکتب اصالت وجود. دربارهٔ این مکتب بطور بسیار ساده و خلاصه باید گفت که توجه خود را به هســـتی انسان و دغدغه‌های وجودی او معطوف می‌کند. در این مکتب نیز موضوع وجود و هویتِ مستقل و فردی انسان و تصمیم‌گیری‌ها و سرنوشت او، بسیار پررنگ است. (مترجم)

مکتب، بیانات ما فقط زمانی واجد اصالت هستند که به‌طور خودجوش و فی‌البداهه از اعماق قلب‌مان خارج شوند.

با این حال، همان‌طور که عیسی گفت، چیزهای زیادی از عمق قلب ما خارج می‌شوند که با وجود اصیل بودن، ممکن است چندان جالب نباشند. اگر کمی با دنیای واقع‌بینِ یهودیت قرن اول آشنایی حاصل کنیم، حنای این تلاش خودمحورانه (و نهایتاً متکبرانه) برای نیل به «اصالت»، بی‌رنگ خواهد شد. هنگامی که پیروان عیسی از او درخواست کردند تا شیوهٔ دعا را به ایشان تعلیم دهد، عیسی از آنها نخواست تا گروه گروه شوند و هر گروه به اعماق قلب خود توجه کند. او از آنها نخواست تا آرام آرام به کندوکاو در تجربیات خود بپردازند تا بدین نحو نوع شخصیت خود را کشف کنند و با احساساتِ مدفون‌شدهٔ خود ارتباط برقرار سازند. عیسی و شاگردان، هر دو معنی این تقاضا را درک می‌کردند: آنها خواهان و نیازمندِ *شکلی از کلماتی بودند که می‌توانستند یاد بگیرند و به‌کار ببرند.* یحیای تعمیدهنده هم، چنین چیزی به پیروانش تعلیم داده بود. معلمان یهودی دیگر نیز همین کار را کرده بودند. عیسی نیز چنین کرد، و دعایی را به شاگردان تعلیم داد که فصل حاضر را با آن شروع کردیم. این دعا بر تارک تمامی دعاهای مسیحی می‌درخشد.

نکته را دریابید! استفاده از کلماتی که شخص دیگری پدید آورده است، هیچ اشکالی ندارد. در واقع، اِشکال در استفاده *نکردن* از این کلمات است. مسیحیانی هستند که گاهی اوقات می‌توانند دعا و مناجات‌شان را تماماً به اتکاء منابعِ باطنی خود ادامه بدهند، همان‌طور که کوهنوردانِ سخت‌جانی هستند (من یکی‌شان را شخصاً دیده‌ام) که از کوه‌های اسکاتلند پابرهنه صعود می‌کنند. امّا اکثر ما برای کوهنوردی به پوتین نیاز داریم، و اگر پوتین می‌پوشیم برای این نیست که راه نرویم، بلکه اتفاقاً برای آن است که بتوانیم راه برویم.

من این استدعا را خطاب به جمعی رو به تزاید از مسیحیان در بسیاری از کشورها مطرح می‌سازم که، بی‌آنکه متوجه باشند، عنصری از فرهنگِ اواخر مدرنیسم را به هوای آنکه تعلیمی مسیحی است، جذب

کرده‌اند (این عنصر فرهنگی همان آمیزهٔ رومانتیسم و اگزیستانسیالیسم است که لحظاتی قبل به آن اشاره کردم). به آنها می‌خواهم بگویم: هیچ اشکالی ندارد، خلاف شأن مسیحیت نیست، ربطی به «عادل‌شمردگی از طریق اعمال» ندارد اگر دعاها و نیایش‌هایی را که دیگران در قرون گذشته به نگارش درآورده‌اند، به‌کار ببریم. در واقع، این فکر که همیشه باید کلمات دعاهایم را خودم پیدا کنم، و صبح به صبح خودم باید مبتکر رازگاهان خود باشم، و اگر نتوانستم کلمات جدیدی پیدا کنم، از نظر روحانی تنبل هستم یا نقصی در کارم هست - نشانهٔ آشنای تکبرِ انسانی را دارد، همان که می‌گوید: «می‌خواهم به روش خودم انجام دهم»، به عبارتی، نوعی تلاش برای عادل‌شمرده شدن از طریق اعمال! نیایشِ خوب - یعنی استفاده از دعاهای دیگران، چه دعاهای دسته‌جمعی چه دعاهای فردی - می‌تواند، و *باید*، نشانه و ابزاری برای فیض و فرصتی برای فروتنی (پذیرفتن اینکه شخص دیگری چیزی را که من از صمیم قلب می‌خواستم بگویم، بهتر از من بیان کرده است) و شکرگزاری باشد. بارها خدا را شکر کرده‌ام که وقتی با شب تار، چه در معنای استعاری و چه در معنای واقعی کلمه، مواجه شده‌ام، این دعای قدیمیِ کلیسای آنگلیکن به یاری‌ام آمده:

خداوندا، استدعا می‌کنیم تاریکی‌مان را بِتاران،
و با فیضِ عظیم خویش
ما را از تمامی خطرها و بلاهای این شب، بِرهان؛
به‌خاطر محبت پسر یگانه‌ات،
نجات‌دهنده‌مان عیسای مسیح، آمین.

این دعا را من ننوشته‌ام، امّا از هر کس که آن را نوشته، صمیمانه سپاسگزارم چون درست همان است که نیاز دارم.

البته، با در نظر گرفتن جنبهٔ دیگر موضوع، استدعای دومی را هم باید مطرح سازم. رمانتیک‌ها و اگزیستانسیالیست‌ها نادان و بی‌خرد نبودند. بعضی از لباس‌ها برای ما مناسب نیست؛ جلوی تحرک‌مان را می‌گیرد و

زیبندهٔ ما نیست. بعضی از پوتین‌ها زیادی سنگین است. وقتی داوود عزم جنگ با جلیّات کرد، نتوانست زرهٔ سنگینِ «سنتی» را به تن کند. ناچار بود از سلاح ساده‌تری که سراغ داشت، استفاده کند، و البته این سلاح به‌کار او آمد. اگر نه تراژیک، لااقل مضحک و خنده‌دار است که بسیاری در کلیساهای سنتی، گُرُپ گُرُپ با زره‌های جنگی این طرف و آن طرف می‌روند - به عبارتی، از نیایش‌های کُهن و روش‌های سنتی عبادت استفاده می‌کنند - بی‌آنکه برای‌شان روشن باشد به کجا می‌روند و پس از رسیدن به مقصد، تکلیف‌شان چیست. شیوه‌های کهن و سنت‌های دیرینهٔ عبادت و دعا می‌توانند مایه‌ای برای دعای اصیل فراهم سازند، و سبب شوند که مردم با فروتنی به حضور خدا آیند و کم‌کم این حقیقت را درک کنند که دعاهایی که باعث برکت پیشینیان شده، به آنها نیز می‌تواند کمک کند تا چیزی را که از دل‌شان می‌جوشد بیان کنند. امّا سنت‌های زنده به‌سرعت ممکن است مبدل به عاداتی شوند که معنای خود را از دست داده‌اند. گاه باید خس و خاشاکِ به جا مانده از سال گذشته را رُفت تا جا برای رشد چیزهای تازه باز شود.

همان‌طور که به خاطر دارید، داوود پنج سنگ را دستچین کرد که جریان نهر صیقل‌شان داده بود. دعاهایی بسیاری هست که طی نسل‌های متمادی، صیقل خورده‌اند و اکنون برای استفاده در دسترس ما هستند. امّا داوود پس از آنکه به‌خاطر پیروزی‌اش بر جلیّاتْ پادشاه شد، ناچار بود مهارت‌های کاملاً متفاوتی یاد بگیرد تا از عهدهٔ امور مُلک و مملکت برآید. همچنانکه فرهنگ ما تغییر می‌یابد، و همچنانکه خودِ تغییر به دائمی‌ترین خصیصهٔ فرهنگ ما تبدیل می‌شود، نباید تعجب کنیم که بسیاری کسان شیوه‌های سنتی عبادت را گیج‌کننده و ناخوشایند می‌یابند. من در یکی دو سال گذشته با افرادی مواجه شده‌ام که از وقتی مردم شروع به خواندن سرودهای جدید و رقصیدن در صحن کلیسا کرده‌اند، پا در کلیسا نمی‌گذارند. همچنین کسانی را دیده‌ام که اتفاقاً درست از وقتی این تحولات در کلیسا رخ داده، به کلیسا *می‌روند*. زمان آن رسیده تا تکانی به خود بدهیم - درک کنیم که اشخاص مختلف، در مراحل

مختلف زندگی خود، نیاز به کمک‌های متفاوتی دارند - و خود را با این موضوع تطبیق بدهیم.

با این حال، برای بسیاری از مسیحیان، اینکه می‌توانند در رازگاهان خود از دعاهایی استفاده کنند که دیگران قبلاً نوشته و تدوین کرده‌اند، خبر خوشی است و باعث می‌شود تا نفس راحتی بکشند. دعاهای مکتوب، نظیر آنچه لحظاتی قبل نقل کردم، برای آن نوشته شده‌اند تا به رشد ما در ایمان یاری رسانند نه آنکه جلوی رشدمان را بگیرند. ادبیّاتی از این نوع بسیارند: کتاب‌های دعا، گُلچین تأملات مسیحی و خلاصه آنقدر کتاب و گزیده و گزینه در این زمینه هست که هر کس به تناسب نیاز خود می‌تواند چیزی انتخاب کند. اگر حجم این آثار ما را می‌ترسانَد، می‌توانیم به نصیحتی عمل کنیم که وَلی یک دانش‌آموز به او کرد. این دانش‌آموز بعد از آنکه متعهد شد تحقیق جامعی در زمینهٔ پرنده‌شناسی انجام دهد، از حجم کار دچار اضطراب شد و وَلی او نصیحتش کرد که: عیب ندارد جانم، یکی یکی سراغ پرنده‌ها برو!

راه‌های بیشتری برای دعا

دعای ربانی تنها دعایی نیست که بنیادی برای سنت‌های غنی در زمینهٔ دعای مسیحی فراهم کرده است. دعاهای دیگری نیز وجود دارند که در طول تاریخ، استفادهٔ مشابهی از آنها به عمل آمده، به این معنی که مؤمنین با الگو قرار دادن یا تکرار آنها، امکان آن را یافته‌اند تا به تجربهٔ عمیقی از حضور خدایی که در عیسی می‌شناسیم، دست یابند. شاید یکی از معروف‌ترینِ این دعاها، که وسیعاً در کلیساهای ارتودکس شرقی به‌کار می‌رود، «دعای عیسی» باشد که به‌آسانی و آرامی، با ضرباهنگِ تنفس خود می‌توانیم تکرارش کنیم: «خداوند عیسای مسیح، پسرِ خدای زنده، بر من گناهکار ترحم فرما.»

دربارهٔ این دعا - اینکه معنی آن چیست، چگونه باید از آن استفاده کرد و چه تأثیری بر ما می‌گذارد - مطالب بسیاری نوشته شده. این دعا

آنقدر که در نگاه نخست می‌نماید، محدود نیست. طلب رحمت در دعا، فقط به این معنی نیست که: «خداوندا مرتکب خطا شده‌ام، استدعا می‌کنم مرا ببخش.» دامنهٔ این درخواست بسیار گسترده‌تر است. به این ترتیب، از خدا تقاضا می‌کنیم که در هزار و یک مورد، با حضورِ پر از رحم و شفقت خود، به یاری ما آید، هرچند ما شایستهٔ دریافت چنین کمکی نیستیم و هرگز هم نخواهیم بود. این دعا با وجودی که مستقیماً عیسی را مخاطب می‌سازد، شیوه‌ای که معمول نیست ولی حتی در عهدجدید نیز سابقه دارد، مبتنی بر اطمینان به این حقیقت است که هرگاه به حضور عیسی می‌آییم، *از طریق* او به حضور پدر وارد می‌شویم؛ و اگر می‌خواهیم به این شیوه دعا کنیم، باید تحت هدایت روح‌القدس قرار گیریم.

بنابراین، تکرار این دعا (یا دعاهای مشابه آن)، مصداقی از «تکرار عبارات خالی» نیست که عیسی در متی ۶:۷ مورد انتقاد قرار می‌دهد و آن را از عادات بت‌پرستان می‌داند. البته، اگر برای شما استفاده از این دعا چنین حالتی پیدا کرد، کنار بگذاریدش و سراغ روش دیگری بروید. با وجود این، میلیون‌ها نفر در گذشته و حال، با استفاده از این دعاها توانسته‌اند تمرکز یابند، و در باطن خود سیر کنند، و ذهن خود را بر خدایی متمرکز سازند که او را در وجود عیسی می‌شناسیم و می‌دانیم که تحت هر شرایطی می‌توانیم به او اعتماد و توکل کنیم و همهٔ موضوعاتی را که خواهان دعا درباره‌شان هستیم - علایق، مسائل، غم‌ها، عصبانیت‌ها، ترس‌ها، دیگران، سیاست‌های دولت، معضلات اجتماعی، جنگ‌ها، مصائب و جشن‌ها را - به زیر سایهٔ رحمت او ببریم.

من گاه دو دعای مشابه دیگر را هم پیشنهاد کرده‌ام که می‌توان در کنار **دعای عیسی** به‌کار بُردشان: «پدر قادر متعال، آفرینندهٔ آسمان و زمین، پادشاهی خود را در میان ما بر پا کن»؛ و «روح‌القدس، نَفَس خدای زنده، من و تمامی آفریدگان را نو بساز.» این دعاها را نیز می‌توان مانند دعای قبلی گفت؛ و یا زمانی که گروهی از مسیحیان و یا کل جماعت

کلیسا می‌خواهد برای فرد یا شرایط خاصی به‌طور دسته‌جمعی دعا کند، می‌تواند از این دعاها، و **دعای عیسی**، به صورت عباراتی تکرارشونده استفاده کند. شخص چه به تنهایی دعا کند چه با دیگران، می‌تواند این شیوه را برای دعا بیازماید.

می‌خواهم یک دعای دیگر را هم ذکر کنم که آن را هم می‌توان به همین شیوه به‌کار بُرد. گمان می‌کنم اوّلین نسل از مسیحیان نیز به همین شیوه آن را به‌کار می‌بُردند. یهودیان از ایام کهن تا امروز، دعای خاصی را روزی سه مرتبه تکرار کرده‌اند. این دعا چنین آغاز می‌شود: «بشنو، ای اسرائیل؛ یَهْوِه خدای ما، یَهْوِه واحد است؛ و تو باید یَهْوِه خدایت را به تمامی قلب خود دوست بداری.» این جملهٔ آغازین را می‌توان در تثنیه ۴:۶ یافت و به آن *دعای شِمَع* *Shema* می‌گویند، چون کلمه‌ای که با آن شروع می‌شود، «بشنو»، در عبری *Shema* است. مردم گاه تعجب می‌کنند از اینکه می‌شنوند این آیه یک *دعا* است، چون بیشتر شبیه بیانیه‌ای الاهیاتی است به انضمام یک فرمان؛ امّا همان‌گونه که قرائت کتاب‌مقدس موقع عبادت، به منظور انتقال اطلاعات به جماعت صورت نمی‌گیرد، بلکه به این هدف انجام می‌شود تا مردم خدا را به‌خاطر کارهایش بستایند، همچنان هم، اعلام اینکه **یَهْوِه** در حقیقت کیست و چه انتظاری از قومِ عهدی خود دارد، بواقع نوعی دعاست، عملی است در ردیف پرستش، و ابراز تعهد خود به خداست. این کار دقیقاً شیوه‌ای است برای آنکه فرد از خود و از فهرستِ نیازها، خواست‌ها، امیدها و بیم‌هایش، روی بگرداند و تمامی توجه خود را بر خدا، نامِ خدا، ذات خدا، اهداف خدا، دعوت خدا برای محبت به او، و جلال خدا متمرکز سازد. بنابراین، حتی تجزیه و تحلیلِ این واقعیت که دعای فوق بواقع نوعی دعاست، بسیار آموزنده است.

امّا در اوّلین نسل از مسیحیان این دعای یهودی، به‌خاطر عیسی، مرسوم شد. همان‌طور که در فصل دهم دیدیم، پولس به مسیحیان قرنتس یادآوری کرد که آنها مانند یهودیان به یگانگی خدا ایمان دارند و مانند بت‌پرستان نیستند که خدایان متعددی را پرستش می‌کنند. پولس برای

روشن شدن این نکته، دعای فوق را در شکلِ جدیدِ مسیحی‌اش نقل کرد (اول قرنتیان ۶:۸). وی می‌گوید:

تنها یک خداست، یعنی خدای پدر،
که همه چیز از اوست، و ما برای او زندگی می‌کنیم؛
و تنها یک خداوند است، یعنی عیسای مسیح،
که همه چیز بواسطهٔ او پدید آمده و ما به‌واسطهٔ او زندگی
می‌کنیم.

پولس که کمی قبل دربارهٔ محبت ما نسبت به خدا سخن گفته است، بلافاصله متعاقبِ آیات بالا، دربارهٔ محبت ما نسبت به یکدیگر سخن می‌گوید، محبتی که دقیقاً از این واقعیت سرچشمه می‌گیرد که ما ایمان داریم مسیحا همان‌طور که برای ما جان خود را فدا کرد، برای همسایه‌مان نیز جان داده است.

چرا نباید این دعا را هم از آنِ خود سازیم؟ آن را هم می‌توان مانند **دعای عیسی** به‌آرامی پشت سر هم تکرار کرد. مانند سرودهای ستایش در فصل‌های ۴ و ۵ کتاب مکاشفه، این دعا نیز خلاصه‌ای است از پرستش و ستایش خدا به‌عنوان آفریننده و رهاننده. (این عبارات کوتاه: «همه چیز از او...» و «بواسطهٔ او پدید آمد ...» بیاناتی فشرده امّا روشن هستند دربارهٔ **پدر** به‌عنوان سرچشمه و هدف تمامی چیزها، و **پسر** به‌عنوان ابزاری که از طریق او، همه چیز آفریده شد و نجات و رهایی یافت. (پولس این مطلب را به شکل کامل‌تری در کولسیان ۱:۱۵-۲۰ بیان می‌دارد). تأمل دربارهٔ خدا به این شیوه، به منزلهٔ آن است که مانند بالون‌سوار در روزی روشن، نگاه خود را از بالا در سرتاسرِ پهن‌دشتِ پرشکوهِ اهداف مهرآمیز خدا بگردانیم و با وجودی که در یکی دو منظرهٔ خاص دقیق می‌شویم، همچنان نگاه‌مان به کل این چشم‌انداز باشد. نخستین نسل از مسیحیان، آشکارا به حقایقی دربارهٔ دعا رسیده بودند و ما هنوز می‌توانیم چیزهای زیادی از آنها بیاموزیم.

آغاز کردن

دربارهٔ دعا (صد البته) توضیحاتی بسیار مفصل‌تر از این می‌توان داد، اما دربارهٔ دعا هم مانند عبادت، مهم این است که شروع کنیم. در این زمینه راهنمایان متعددی در دسترس هستند. یکی از نشانه‌های سلامت در مسیحیت معاصر این است که شماری روزافزون از مسیحیان این حقیقت را تشخیص می‌دهند که رایزنی با مشاوری باتجربه (که در بعضی از کلیساها به این اشخاص «راهنمای روحانی» گفته می‌شود)، می‌تواند کمک بزرگی باشد - هم از این لحاظ که چنین افرادی به انسان اطمینان خاطر می‌بخشند («می‌فهمم، نگران نباش؛ خیلی‌ها مثل تو هستند.») و هم از این لحاظ که باملایمت به او انگیزه می‌دهند تا وارد مسیرهای جدیدی شود. خوب به خاطر دارم که وقتی با یکی از همکارانم مشکل داشتم، راهنمای روحانی من پیشنهاد کرد تا ضمن تکرار دعای ربانی، بر مبنای هر بند از آن، برای همکارم دعا کنم. عمل به این رهنمود، آرامش بزرگی به من داد. کتاب‌ها، رهبرانِ اردوهای مسیحی، دوستان، و کشیشان کلیسایی که در آن عضویت داریم، می‌توانند به ما کمک کنند. اگرچه عیسی بی‌معطلی به این درخواست شاگردان که «دعا کردن را به ما بیاموز» پاسخ داد، نباید این حقیقت را از نظر دور داشت که برای اشخاص مختلف، راه‌ها و شیوه‌های مختلفی برای دعا مؤثر می‌افتد، و معلمان بسیاری وجود دارند که می‌توانند به هر شخصی و در هر شرایطی، طریق ادامهٔ مسیر را نشان دهند.

به همین ترتیب نیز هر کس می‌تواند دفترچه یادداشتی بردارد و فهرستی هفتگی یا ماهانه از تمام کسان و سازمان‌هایی تهیه کند که می‌خواهد برای‌شان دعا کند. حتی کسانی هم که به هیچ وجه تحمل فهرست را ندارند، ممکن است از دفترچهٔ یادداشت‌های روزانه، یا دفترچهٔ آدرس و تلفن، و حتی نقشه، برای به خاطر آوردن اشخاص و سازمان‌هایی که می‌خواهند برای‌شان دعا کنند، استفاده کنند. همواره مواردی برای تشکر از خدا وجود خواهد داشت (شکرگزاری همیشه نشانهٔ درک فیض است) و مواردی هم برای عذرخواهی از خدا وجود

خواهد داشت (توبه نیز نشانهٔ درک فیض است). همواره درخواست‌هایی از خدا خواهیم داشت. به‌ویژه از او خواهیم طلبید تا برخی کسان را با محبت و قدرت خود احاطه و محافظت فرماید. هنگامی که برخی از وعده‌های حیرت‌انگیز عهدجدید را در نظر می‌گیریم (عیسی گفت: «اگر در من بمانید و کلام من در شما بماند، هر آنچه می‌خواهید، درخواست کنید که برآورده خواهد شد» [یوحنا ۷:۱۵])، متوجه می‌شویم که این وعده‌ها با پدیده‌ای عجیب متعادل می‌شوند. وقتی با شور و اشتیاق به حضور خدا می‌آییم تا خواهان تحقق این وعده‌ها شویم، اگر در این امر جدّیت داشته باشیم، درمی‌یابیم که آرزوها و امیدهای ما به‌آرامی ولی به‌طور جدی سبک و سنگین می‌شوند و از نو شکل می‌یابند و در قالب جدیدی قرار می‌گیرند.

شیوه‌های متعدد دیگری نیز برای دعای مسیحی وجود دارد. برای عده‌ای، دعا به زبان‌ها شیوه‌ای است برای بردنِ مسائل و اشخاص به حضور خدا، بویژه زمانی که ما از نیازهای خاص آگاه نیستیم، و یا برعکس نیاز موجود بقدری روشن و ما خود را بقدری مغلوبِ آن می‌یابیم که نمی‌دانیم چه بگوییم. (بهتر است دوباره رومیان ۸:۲۶-۲۷ را یادآوری کنیم.) برای برخی، سکوت - که بسیاری از مردم در اختیارِ آن، و اکثر مردّم در حفظ آن مشکل دارند - می‌تواند به مفیدترین بسترِ نهانی تبدیل شود که در آن بذرهای ایمان و امید و محبت در خفا می‌رویند. امّا برای همهٔ ما، دعای مسیحی عطیهٔ خداست. «ما توسط مسیحا، و از راه ایمان، به فیضی دسترسی یافته‌ایم که اکنون در آن استواریم» (رومیان ۲:۵). خدا ما را به گرمی در حضور خود می‌پذیرد. مانند یوحنا در فصل‌های ۴ و ۵ کتاب مکاشفه، از طریق دعا دَری را می‌بینیم که در آسمان گشوده شده، و به اتاقی که تخت پادشاهیِ خدا واقع است، هدایت می‌شویم.

امّا اکنون دیگر تماشاچی صرف نیستیم، بلکه به‌عنوان فرزندان محبوب خدا در پیشگاه او حضور می‌یابیم. اجازه بدهید، کلام آخر را در این باره از خود عیسی بشنویم: «حال اگر شما با همهٔ بدسیرتی‌تان، می‌دانید که باید به فرزندان خود هدایای نیکو بدهید، چقدر بیشتر پدر

شما که در آسمان اســـت به آنان که از او بخواهند، هدایای نیکو خواهد بخشید» (متی ۷:۱۱).

فصل سیزدهم

کتابی برآمده از نَفَسِ خدا

این کتاب، کتابی است بزرگ، پر از داستان‌های بزرگ دربارهٔ اشخاص بزرگ. این اشخاص، سوداهای بزرگی در سر دارند (به‌خصوص دربارهٔ خود) و اشــتباهات بزرگی هم مرتکب می‌شــوند. این کتــاب دربارهٔ خداســت، و حرص و آز و فیض؛ دربارهٔ حیات است و هواهای نفسانی افراد و خنده و تنهایی. دربارهٔ تولد است و سرآغازها و سُست‌عهدی‌ها؛ دربارهٔ خواهر‌ـ برادرها است و نزاع‌ها و لغزش‌ها؛ دربارهٔ قدرت و دعا و زندان و رنج و جفاست.

و این فقط کتاب پیدایش است.

خود کتاب‌مقدس، که پیدایش پیش‌نغمهٔ پرشــکوه آن اســت، کتابی عظیم و بسیار متنوّع است. البته من قبلاً بارها به این مسئله اشاره کرده‌ام، امّا اکنون ســرانجام زمان آن رسیده تا توجه خود را به خود کتاب‌مقدس معطوف کنیم. تصور کنید که کتاب‌مقدس دیوارنگاره‌ای عظیم اســت، طوری که اگر بخواهیم همهٔ نقش و نگارهایش را در اندازهٔ واقعی‌شــان ترســیم کنیم، بخش وسیعی از دیوار چین را لازم خواهیم داشت. هرگاه کتاب‌مقدس را برمی‌دارید، به خاطر داشته باشید که نه فقط معروف‌ترین کتاب جهان، بلکه کتابی را به دست گرفته‌اید که برای ایجاد دگرگونی در زندگی انسان‌ها و جوامع و جهان قدرتی خارق‌العاده دارد. کتاب‌مقدس قبلاً این کارها را کرده است و دوباره هم می‌تواند انجام دهد.

با این حال ممکن اســت شخصی بپرسد که مگر غیر از این است که فقط خدا می‌تواند دنیا را به این شــکل دگرگون ســازد؟ چگونه ممکن است این کار از یک کتاب برآید؟

نکتهٔ عجیب همین اســت و هم از این روســت که اهمیت کتاب‌مقدس غیرقابل‌بحث اســت. کتاب‌مقدس، عنصری حیاتــی و محوری در ایمان و

زندگیِ مسیحی است. بدون کتاب‌مقدس کاری نمی‌توان کرد، هرچند بسیاری از مسیحیان فراموش کرده‌اند *با* کتاب‌مقدس چه باید کرد. چنین می‌نماید که خدا لااقل برخی از کارهایی را که قصد دارد در جهان انجام دهد، به این کتاب سپرده است. هرچند نمی‌توان این فرآیند را دقیقاً به وصیّت کردنِ یک نفر تشبیه کرد، امّا به آن شباهت دارد. نمی‌توان گفت دقیقاً به قطعه‌ای می‌ماند که آهنگساز برای اجرا توسط دیگران می‌نویسد، ولی چندان هم بی‌شباهت به آن نیست. و باز نمی‌توان دقیقاً آن را به نمایشنامه‌ای که نمایشنامه‌نویس می‌نویسد تشبیه کرد، ولی باید گفت شباهت بسیار نزدیکی به آن دارد. شاید اینکه می‌خواهم بگویم از همهٔ گفته‌های قبلی تکان‌دهنده‌تر باشد، ولی دربارهٔ کتاب‌مقدس حتی این را هم نمی‌توان گفت که «شرحی است تا اینجای قصه» در زُمانی واقعی که خدا هنوز مشغول نگارش آن است. در واقع، کتاب‌مقدس همهٔ اینهاست و چیزی افزون بر همهٔ اینها.

از همین روست که این همه نزاع بر سر کتاب‌مقدس در می‌گیرد. در واقع، امروزه جنگ و نزاع‌هایی که بر سَر کتاب‌مقدس در می‌گیرد به همان کثرتِ جنگ‌هایی است که شرح‌شان را در صفحات کتاب‌مقدس می‌خوانیم. دلیل این جنگ‌ها هم گاه همان است. رقابت بین برادران: از قائن و هابیل تا دو برادرِ گمنام در مَثَلِ پسرگمشده تا نزاع میان بسیاری از فرقه‌های متفاوت مسیحی که هر یک به شیوهٔ خود کتاب‌مقدس را تفسیر می‌کند و هر یک، از همان تفسیر هم تغذیه می‌شود و برای ادامهٔ زندگی روحانی خود قوّت می‌یابد و هر یک نیز می‌کوشد تا به درس‌هایی که از کتاب‌مقدس فراگرفته، عمل کند.

آیا این مهم است؟

باید عرض کنم که بله مهم است. متأسفانه، تاریخ مسیحیت پر از تفسیرهایی از کتاب‌مقدس است که، در واقع، کتاب‌مقدس را محدود کرده‌اند. از این کامپیوتری که من اکنون برای نوشتن کتابم از آن استفاده می‌کنم، هزار کار برمی‌آید، ولی من فقط برای نوشتن و استفاده از اینترنت و خواندن نامه‌های الکترونیکی‌ام از آن استفاده می‌کنم. همین طور هم، بسیاری از مسیحیان – نسل‌هایی از مسیحیان، و گاه کُل یک فرقه – کتابی

را در اختیار دارند که قادر است هزاران کار نه فقط برای آنها، بلکه *از طریق* آنها در جهان انجام دهد. امّا از آن فقط برای انجام دادن سه یا چهار کاری که تا به حال انجام می‌داده‌اند، استفاده می‌کنند. برای آنها کتاب‌مقدس به پوستری می‌ماند تشکیل‌شده از کلمات: مثل تابلویی چشم‌نواز که پس‌زمینهٔ قشنگی در خانه ایجاد می‌کند، ولی چند هفته‌ای که گذشت، دیگر به آن فکر نمی‌کنیم. البته، واقعاً هم مهم نیست که من تنها بخشی از قابلیّت‌های کامپیوترم را به‌کار می‌گیرم. امّا اینکه مسیحی باشیم، ولی اجازه ندهیم کتاب‌مقدس با حداکثر ظرفیت خود برای ایجاد تغییر در ما و از طریق ما عمل کند، به این می‌مانَد که انگشت‌هامان را ببندیم و پیانو بزنیم.

پس کتاب‌مقدس چیست و با آن چه باید کرد؟

کتاب‌مقدس چیست؟

اول از یک سری اطلاعات شروع می‌کنیم. کسانی که از قبل این اطلاعات را دربارهٔ کتاب‌مقدس دارند، می‌توانند از خواندنِ بخش حاضر صرف‌نظر کنند؛ امّا بسیاری که با کتاب‌مقدس آشنا نیستند، شاید برای درک بحث، به این اطلاعات نیاز داشته باشند.

کتاب‌مقدس از دو بخش تشکیل می‌شود که مسیحیان به آنها می‌گویند «عهدعتیق» و «عهدجدید». عهدعتیق طولانی‌تر از عهدجدید است – در چاپ متوسط حدوداً هزار صفحه می‌شود، امّا عهدجدید سیصد صفحه است. عهدعتیق در مدتی بالغ بر هزار سال پدید آمده؛ عهدجدید در کمتر از یک قرن نگارش یافته است.

کلمهٔ «وصیّت Testament»[1] ترجمه‌ای است از کلمه‌ای که همچنین به معنی «عهد» است. این یکی از ادعاهای محوری مسیحیت است که

---

۱ در زبان انگلیسی به عهدعتیق و عهدجدید به ترتیب Old Testament و New Testament گفته می‌شود، و کلمهٔ Testament در انگلیسی به معنی «وصیّت» است. امّا در فارسی این کلمه (یا اصل آن) از همان آغاز به «عهد» ترجمه شده، و بنابراین، توضیح نویسنده در این خصوص به کار خوانندهٔ فارسی‌زبان نمی‌آید. (مترجم)

رخدادهای مربوط به زندگی عیسی که تحقق‌بخشِ نبوت‌های کهن انبیای اسرائیل بود، وسیله‌ای شد برای آنکه خدای خالق، خدای اسرائیل، عهد خود را با اسرائیل احیا کند و به این ترتیب جهان را رهایی بخشد. بسیاری از نوشته‌های اوّلیهٔ مسیحی، برای به کرسی نشاندن این نکته، صراحتاً به عهدعتیق متوسل می‌شوند و با نقل یا بازتاب دادنِ مضامین آن، خود را به‌عنوان منشورِ این عهدِ احیاشده - به عبارتی «عهدجدید» - معرفی می‌کنند. اِطلاقِ این اسامیِ مرتبط ولی متفاوت به دو بخشِ کتاب‌مقدس، از یک طرف بیانگر این اعتقاد مسیحی است که کتاب‌مقدسِ یهودی همواره بخشی جدایی‌ناپذیر از کتاب‌مقدس مسیحی است، و از طرف دیگر، این سؤال را پیش می‌کشد: کسانی که اعتقاد دارند «عهد» مذکور در کتاب‌مقدسِ یهودی بوسیلهٔ عیسی تجدید و احیاء شده است، چگونه باید عهدعتیق را درک کنند و به‌کار بندند.

کتاب‌هایی که یهودیان کتاب‌مقدس می‌خوانند و مسیحیان به آنها می‌گویند عهدعتیق، به سه بخش تقسیم می‌شوند. پنج کتاب اول (پیدایش، خروج، لاویان، اعداد و تثنیه) همواره کتاب‌هایی بنیادین و خاص شمرده شده‌اند. این کتاب‌ها به «تورات» (یعنی «قانون/ شریعت») معروف هستند، و سنتاً نگارش آنها به موسی منسوب می‌شود. مجموعهٔ بعدی که به «انبیا» موسوم است، شامل کتاب‌هایی است که ما غالباً برخی از آنها (اول و دوم سموئیل و اول و دوم پادشاهان) را جزو کتاب‌های تاریخی به حساب می‌آوریم. این مجموعه همچنین شامل کتاب‌های انبیای بزرگ (اشعیا، ارمیا، حزقیال) و به اصطلاح انبیای «کوچک» (هوشع و مابقی کتاب‌های انبیای کوچک) است. بخش سوم که با مزامیر شروع می‌شود، به «نوشته‌ها» معروف است و شامل برخی از کهن‌ترین نوشته‌ها و نیز بخش‌هایی است - نظیر کتاب دانیال - که تنها دویست سال قبل از میلاد مسیح مورد ویرایش و پذیرش قرار گرفتند. حتی حدوداً مقارن با روزگار عیسی، هنوز عده‌ای بر سر این بحث می‌کردند که آیا همهٔ قسمت‌های «نوشته‌ها» جزو کتاب‌مقدس است یا نه (به‌طور خاص، کتاب‌های استر و غزل‌غزل‌های سلیمان بحث‌برانگیز بودند.) به دلیل نظر موافق اکثریت، این کتاب‌ها سر جای خود ماندند.

تورات، انبیا، و نوشته‌ها: اینها مجموعاً سی و نه کتاب را تشکیل می‌دهند. به احتمال قوی، تورات و انبیا خیلی زودتر از نوشته‌ها به شکل نهایی خود رسیدند. در هر حال، این سه بخش به فهرست رسمیِ کتاب‌های مقدس یهودیان تبدیل شدند. کلمهٔ یونانی برای این فهرست رسمی «کانُن» است، یعنی «خط‌کش» یا «چوبِ اندازه‌گیری». این کلمه که قبلاً در بحث راجع به انجیل‌ها به آن اشاره شد، از قرن سوم یا چهارمِ مسیحی برای عهدعتیق به‌کار رفته است.

اکثر کتاب‌های عهدعتیق به عبری نوشته شده‌اند. به همین دلیل است که اغلب به عهدعتیق می‌گوییم «کتاب‌مقدس عبری [یا عبرانی]». بخش‌هایی از دانیال و عزرا به علاوهٔ یک آیه در ارمیا و دو کلمه در پیدایش (که اسم خاص تشکیل می‌دهند)، به آرامی هستند. نسبتِ آرامی با زبان عبری کلاسیک، کمابیش به نسبتی می‌ماند که انگلیسی معاصر با انگلیسی قرن پانزدهم دارد. اکثر صاحب‌نظران عهدعتیق با این نظر موافق هستند که اگر نگوییم همه، لااقل اکثر کتاب‌های عهدعتیق تا رسیدن به شکل نهایی، نوعی فرآیند ویرایش را پشت سر گذاشته‌اند. این فرآیند ممکن است چندین قرن طول کشیده باشد و چه بسا شامل بازنویسی‌های متعدد بوده است. با این حال، کتاب‌های متعددی که احتمالاً این مسئله درباره‌شان صدق می‌کند (برای مثال، کتاب اشعیا)، دارای نوعی انسجامِ درونیِ قابل‌ملاحظه هستند. کشف **تومارهای دریای مُرده**، یعنی مدارکی که گمان می‌رود طی دو قرن پیش از میلاد مسیح نوشته شده باشند، به دانش ما دربارهٔ متن عهدعتیق غنای عظیمی بخشیده است. این تومارها شامل نسخه‌هایی از اکثر کتاب‌های عهدعتیق هستند، و نشان می‌دهند نسخه‌های متأخرتری که جریان اصلیِ یهودیت و مسیحیت بر آنها متکی بوده، به استثنای برخی تفاوت‌های خیلی جزئی، قرابت بسیاری به متونی دارند که در روزگار عیسی متداول بوده‌اند.

بیش از دویست سال قبل از عیسی یا در همین حدود، تمام این کتاب‌ها، احتمالاً در مصر، به زبان یونانی ترجمه شدند. این کار به‌خاطر یهودیانی صورت گرفت که بر شمارشان مدام افزوده می‌شد و زبانِ اول‌شان یونانی

بود. کتاب‌مقدس یونانی که بدینوسیله پدید آمد، و شامل قرائت‌های مختلف بود، مورد استفادهٔ اکثر مسیحیان اوّلیه قرار گرفت. این کتاب‌مقدس به «سپتواجینت Septuagint» (برگرفته از لغت لاتین برای «هفتاد») معروف است، زیرا مطابق روایات، هفتاد نفر در این ترجمه دست داشته‌اند.

در این زمان بود که کتاب‌های موسوم به «آپوکریفا» (لفظاً یعنی «چیزهای مخفی و مستور») برای نخستین بار در صحنه نمایان شدند. بحث طولانی و پیچیده‌ای بر سر جایگاه و اعتبار آنها در کلیسا اوّلیه جریان یافت که در قرون شانزدهم و هفدهم از سر گرفته شد. در نتیجهٔ همین بحث و جدل‌ها، برخی از کتاب‌مقدس‌ها شامل آپوکریفا هستند و برخی دیگر نیستند. کتاب‌مقدس‌هایی که شامل آپوکریفا هستند، معمولاً این کتاب‌ها را (گاه به اضافهٔ چند کتاب دیگر در این ردیف) بین عهدعتیق و عهدجدید می‌آورند، اگرچه در **کتاب‌مقدس اورشلیم** Jerusalem Bible و در برخی از دیگر کتاب‌های رسمی کلیسای کاتولیک رومی، آپوکریفا به‌سادگی جزو کتاب‌های عهدعتیق قرار می‌گیرد. متأسفانه، امروز اکثر کسانی که فقط به گوش‌شان خورده که این کتاب‌ها بحث‌برانگیز بوده‌اند، خودشان هرگز آنها را نخوانده‌اند. لااقل می‌توان گفت که کُتُب آپوکریفا (مانند دیگر آثاری که در آن دوره به نگارش درآمده‌اند، از قبیل **طومارهای دریای مُرده** و نوشته‌های یوسفوس) اطلاعات بسیاری دربارهٔ شیوهٔ زندگی و طرزفکرِ یهودیانِ روزگار عیسی به ما می‌دهند. برخی از کتاب‌های آپوکریفا نیز، مانند **حکمت سلیمان**، از این نظر اهمیت دارند که مطالب آنها تا حدی در موازات با برخی از نظرهای عهدجدید است، به‌خصوص برخی از نظرهایی که در نامه‌های پولس مطرح شده‌اند، و بسا که منبع آنها بوده باشند.

بیست و هفت کتاب عهدجدید، طی دو نسل بعد از عیسی به نگارش درآمدند – به عبارت دیگر، حداکثر در پایان قرن اول کار نگارش آنها به اتمام رسیده بود – اگرچه اکثر صاحب‌نظران، نگارش اکثر این کتاب‌ها را قبل از این تاریخ می‌دانند. نامه‌های پولس مربوط به اواخر دههٔ چهل و پنجاه میلادی هستند، و هرچند کماکان بحث در این باره ادامه دارد

که آیا پولس نگارندهٔ تمام نامه‌های مُنتسب به اوست یا نه، این نامه‌ها اوّلین شهادتِ مکتوب دربارهٔ رویدادهای بسیار مهم و تأثیرگذارِ مربوط به زندگی عیسی و اوّلین کلیسای مسیحی هستند.

در فصل هفتم نگاهی انداختیم به بحث‌های جاری دربارهٔ انجیل‌ها، و من روشن کردم که هیچ دلیلی ندارد فرض کنیم کتاب‌هایی مانند انجیل توما - یعنی کتاب‌هایی که گاه «آپوکریفای عهدجدید» خوانده می‌شوند - حتی از نظر زمان نگارش به کتاب‌های کانُنی نزدیک بوده باشند، و این طبعاً شامل محتوای‌شان هم می‌شود. اهمیت کتاب‌هایی که در این رده قرار می‌گیرند، بیش از آنکه به‌خاطر شهادت‌شان دربارهٔ عیسی باشد، به‌خاطر شواهدی است که دربارهٔ اندیشه و عاداتِ دوره‌ای متأخرتر ارائه می‌دهند.

در مقابل، از همان آغاز - یعنی از اوایل تا حداکثر اواسط قرن دوم - مسیحیان چهار انجیل و کتاب اعمال رسولان و سیزده نامهٔ منتسب به پولس را اصیل، معتبر و دارای مرجعیّت دانستند. تردیدها دربارهٔ برخی کتاب‌ها نظیر عبرانیان، مکاشفه و برخی از نامه‌های کوتاه‌تر عهدجدید ادامه یافت. در قرون دوم و سوم، برخی کلیساها و بعضی از معلمان مسیحی، کتاب‌های دیگری نظیر «نامهٔ برنابا» و «شبانِ هرماس» را معتبر دانستند (هر این دو اثر جزو مجموعه‌ای هستند که امروزه به «آثار پدران کلیسا» معروف است، و در آن آثار بسیار قدیمی مسیحی با ترجمه‌ای امروزی گردآوری شده‌اند.)

لازم به تأکید است که شواهد ما در ارتباط با متن عهدجدید، از شواهد موجود برای هر کتابی از دنیای کهن، بیشتر است. ما نویسندگان بزرگ یونانی نظیر افلاطون و سوفوکلس و حتی هومر را از دریچهٔ نسخه‌های بسیار معدودی می‌شناسیم که بیشترشان هم متعلق به دوران قرون وسطی است. شناخت ما از نویسندگان رومی نظیر تاسیتوس و پلینی هم بر مبنای نسخه‌هایی معدود است - که در برخی موارد این نسخه‌ها از یکی دو مورد تجاوز نمی‌کنند و آنها هم بسیار متأخر هستند. در مقابل، صدها نسخهٔ اوّلیه از بخشی یا کُل عهدجدید موجود است که ما را در موقعیتی

ممتاز قـــرار می‌دهد تا با بررسـی تفاوت‌های جزئی کـه وقوع آنها در نسخه‌برداری اجتناب‌ناپذیر است، کلمات متن اصلی را بتوانیم بازسازی کنیم. (وقتی می‌گویـــم «اوّلیه یا قدیمی» منظورم نسـخه‌های مربوط به شش یا هفت قرنِ اول میلادی اسـت، یعنی قرن‌ها پیش از قدیمی‌ترین نسخه‌های موجود از آثار کلاسیک جهان. ما ده‌ها نسخه از عهدجدید در اختیار داریم که تاریخ آنها مربوط به قرن‌های سـوم و چهارم است، و تعدادی از آنها هم به قبل از این تاریخ، یعنی قرن دوم باز می‌گردد.) بله، بعید نیست که نسخه‌برداران یکی دو تغییر جزئی ایجاد کرده باشند، ولی شواهد انبوه موجود دال بر آن است که آنچه امروز در اختیار ما قرار دارد، دقیقاً همان است که از قلم نویسندگان کتاب‌مقدس تراویده.

برخلاف آنچه امروزه گاه گفته می‌شــود، فشاری که کلیسا تحت آن قرار داشـــت تا رسماً فهرسـتی از کتاب‌های مورد قبولش تنظیم کند، از اینجا ناشی نمی‌شد که می‌خواسـت الاهیاتی قابل‌قبول از نظر اجتماعی و سیاسی عرضه کند؛ مباحثات مربوط به اینکه چه کتاب‌هایی باید جزو کانُـن قرار بگیرند، طی دوره‌های جفای شـــدید، گیرم نـه مداوم، ادامه داشــت. باید گفت انگیزهٔ تعیین این فهرست را کسـانی به کلیسا دادند که «کانُن‌های» رقیب را ایجاد می‌کردند. برخی از این افراد، قسمت‌های کلیدی از کتاب‌های عمده را حذف می‌کردند، مثل مارسـیون (مرقیون) که معلمـی رومی در قـرن دوم بود. برخـی دیگر، مانند غنوسـی‌ها (گنوستیک‌ها)، ادعا می‌کردند که تعالیمی سِرّی از آنچه عیسی و رسولان «براسـتی» گفته‌اند، در اختیار دارند و پیرو این مُدعا، کتاب‌های جدیدی از آستین در می‌آوردند که تعالیم آنها یکسر متفاوت بود.

در تاریخ کلیسـا، کلیساهای شـرق مدت‌های مدیدی کتاب‌مقدس را به یونانی، و کلیسـاهای غرب به لاتین می‌خواندند. یکی از مهم‌ترین شعارهای جنبشی که در قرن شـانزدهم برای اصلاحات کلیسا صورت گرفت، این بــود که همه باید بتوانند کتاب‌مقدس را به زبان مادری خود بخوانند. امروزه تقریباً تمام دنیای مسـیحیت با این اصل موافق اسـت. همین اصل بود که موجی در زمینهٔ ترجمه در قرن شانزدهم به راه انداخت

که بوسیلهٔ مارتین لوتر، اصلاحگر آلمانی و ویلیام تیندالِ انگلیسی هدایت می‌شــد. این وضع در قرن هفدهم به این ترتیب تثبیت گردید که دنیای انگلیسی‌زبان در سال ۱۶۱۱ **ترجمهٔ مجــاز** Authorized Version (یا ترجمهٔ موسوم به «**پادشاه جیمز** King James») را به‌عنوان ترجمهٔ معیار پذیرفت و به مدت حدود ســه قرن با آن سر کرد. کشف نسخه‌های بیشتر و بهتر از کتاب‌مقدس، نیاز به ایجاد تغییراتی عمدتاً کوچک ولی جالب را نشــان می‌داد. از این رو، صاحب‌نظران و رهبران مسیحی در اواخر قرن نوزدهم، به این نتیجه رســیدند که ترجمهٔ موجود نیازمند بازنگری است. این امر، دوباره توفانی بزرگ به راه انداخت، به‌گونه‌ای که یکصد سال اخیر شاهد موجی از ترجمه‌ها و بازنگری‌های جدید بوده است و امروزه ده‌ها ترجمهٔ مختلف از کتاب‌مقدس موجود اســت. ترجمهٔ کتاب‌مقدس به زبان‌های دیگر نیز، قصه‌ای مشــابه دارد. سازمان‌هایی نظیر **انجمن کتاب‌مقدس و مترجمان کتاب‌مقدسِ ویکلیف،** برای ترجمهٔ کتاب‌مقدس به زبان‌های مختلف جهان، تلاشــی خســتگی‌ناپذیر به عمل آورده‌اند. ابعاد این کار بسیار وسیع است، ولی اکنون چندین نسل است که کلیسا آن را در صدر وظایف خود قرار داده.

این داستانِ مربوط به نگارش و جمع‌آوری و توزیع کتاب‌مقدس باید بازگو شــود. اما نقل این داستان به شکل حاضر آن، اندکی به این می‌ماند که من بخواهم بهترین دوســتم را با ارائهٔ تحلیلی بیوشیمیایی از ساختارِ ژنتیکــی او، توصیف کنم. اطلاعات فنی مهم اســت. در واقع، دوســتم بدون این ســاختار ژنتیکی، به شخصی که سراغ دارم تبدیل نمی‌شد. امّا این توصیف، چیــز مهمی را کم دارد. اکنون می‌خواهیم به همین ویژگیِ وصف‌ناپذیر بپردازیم.

کلام الهام‌شدهٔ خدا

کتاب‌مقدس به چه دلیل مهم اســت؟ اکثر مسیحیان در طول تاریخ، اهمیت کتاب‌مقدس را در این دانســته‌اند که *الهام‌شده* است. ولی منظور از الهامی بودن کتاب‌مقدس چیست؟

افـــراد تعابیر مختلفی از این واژه داشـــته‌اند. گاه، منظور آنها در اصل ایـــن بوده کـــه کتاب‌مقدس الهام‌بخش اســـت: آنهـــا دریافته‌اند که این کتاب، زندگی جدیدی در وجودشـــان می‌دمد. (بخشـــی از کلمهٔ *الهامی* یا *الهام‌شده* در زبان انگلیســـی (Inspired)، عبارت از «Spired» است که لفظاً یعنی «دَمیده‌شـــده [Breathed]».) منتها این افراد غالباً معنی قدیمی‌ترِ کلمهٔ «الهامی» را در نظر داشـــته‌اند. در این معنی قدیمی، کلمهٔ «الهام» به معنی تأثیری که یک چیز بر ما می‌گذارد نیست، بلکه دلالت بر خصوصیتی دارد که در مورد یک چیز صادق است.

اگر معنی دوم را در نظر بگیریم، مـــردم گاه می‌گویند « انگار غروب الهام‌شـــده بود»، و معنی ایـــن جمله (قاعدتاً) این اســـت که در غروب خصوصیتی وجود داشـــت که در غروب روزهای دیگر وجود ندارد. به همین ترتیب نیز، مردم در توصیف یک قطعهٔ موســـیقی، یک نمایشنامه و یا یک رقـــص می‌گویند که «الهام‌شـــده» بـــود. امّا غـــروب، و حتی باشـــکوه‌ترین سمفونی، بخشـــی از نظام عمومی آفرینش است. «الهامی بودن کتاب‌مقدس» به این معنی نیست که آن را به همان معنایی «الهامی» بدانیم که «آثار شکســـپیر یا هومر» را می‌دانیم. کســـانی که دوست دارند الهامی بودن کتاب‌مقدس را [مثل غروب و سمفونی ...] بخشی از نظام عمومی آفرینش در نظر آورند، شاید عمداً، «الهامی بودنِ» کتاب‌مقدس را در قالبی نظیر جهان‌بینیِ **نگرش اول** قرار می‌دهند.

گاه هدف از اختیار این موضع، اجتناب از دیدگاهی است که در قالب **نگرش دوم** ابراز می‌شـــود و بر طبق آن، «الهام کتاب‌مقدس» فقط و فقط نتیجهٔ مداخله «مافوق‌طبیعی» خداســـت و در این میان، ذهن نویسندگان کتاب‌مقدس هیچ نقشـــی در ماجرا نداشـــته. البته، در شکل غلیظ‌تری از **نگرش دوم**، الهامِ الاهی اساســـاً امکان‌پذیر نیست، زیرا خدا و جهان – از جمله انســـان‌ها – در دو فضای کاملاً متفاوت زندگی می‌کنند و ورطه‌ای عظیم میان آنها فاصله انداخته اســـت. با این حال، بسیاری از کسانی که بر الهامی بـــودنِ کتاب‌مقدس تأکید ورزیده‌اند، با اختیار موضعِ بالا، خدا را در حالی تصویر کرده‌اند که کتاب‌هایی را از دوردســـت به نویسندگان

دیکتـــه می‌کند و یـــا اینکه قابلیّت‌های زبانی بخصوصـــی را از دور و به ناگهان در آنهـــا ایجاد می‌کند. به گمانم بســـیاری از مُنتقدانِ این نظر که کتاب‌مقدس براستی و به معنایی کامل و غنی «الهام‌شده» است، در واقع از طرح موضوع به شـــکل فوق و نتایج عجیب آن انتقاد می‌کنند. چطور می‌توان از این منتقدان ایراد گرفت؟ در هر حال، با نگاهی به پولس، ارمیا و یا هوشع، متوجه می‌شویم که شخصیت این نویسندگان تا چه اندازه در متنی که از خامهٔ آنها تراویده، حضوری عیان و زنده و فعّال دارد.

در اینجا هم، **نگرش سوم** به دادمان می‌رسد. فرض کنید کتاب‌مقدس هم، مانند آیین‌های مقدس کلیسایی، یکی از نقاط تداخل و در هم تافتگیِ آســـمان و زمین اســـت. این نقطه نیز، همانند نقاط دیگری از این دست، اسرارآمیز است. این بدان معنا نیست که می‌توانیم فوراً از آنچه می‌گذرد سر درآوریم. اتفاقاً برعکس، همین نشان می‌دهد که نمی‌توانیم. ولی اگر از این دید به کتاب‌مقدس نگاه کنیم، قادر به گفتن مطالبی خواهیم بود که بیان آنها ضرورت دارد، و به شیوه‌ای جز این، دشوار است.

به‌طور خاص، طرح مســـئله از این زوایه، امکان آن را به ما می‌دهد تا بگوییم که نویسندگان، تدوین‌کنندگان، ویراستاران و حتی گردآورندگانِ کتاب‌مقدس، اشـــخاصی بوده‌اند با شخصیت‌ها، ســـبک‌ها، روش‌ها و مقاصـــد مختلف که بـــا همهٔ این تنوّعات، در جهـــت خدمت به اهداف عجیب خدای عهد به‌کار گرفته شده‌اند - اهدافی که ارتباط او با انسان را شـــامل می‌گردید و لازمه‌اش به نگارش درآمدنِ کلام او بود. به یاری این دیدگاه، همچنین می‌توانیم بگوییم کـــه خدای خالق (خدایی که از همه بالاتر او را از طریق کلامِ زنده‌اش، یعنی عیسی، می‌شناسیم) خودش (به بیانی) سخن‌پردازِ قابلی است. بر مبنای **نگرش سوم**، همچنین می‌توانیم تأکیـــد کنیم که گرچه تخصص خدا فقط در حوزهٔ کلمات نیســـت، ولی این جزو توانمندی‌های محوری اوست. به یاری **نگرش سوم**، همچنین قادر به درک و تشخیص این موضوع می‌شویم که وقتی چنین خدایی بر آن می‌شـــود تا در جهان عمل کند، ترجیـــح می‌دهد کار خود را از طریق انســـان‌های مخلوق خود که حامل صورتش هستند، به انجام رساند و از

جایی که می‌خواهد اهداف خود را حتی‌المقدور با همکاریِ عقلانی آنها پیش ببرد، مایل است با آنها و از طریق آنها، ارتباط کلامی برقرار کند. این نوع ارتباط، روشی است که او در کنار شیوه‌های دیگر خود برای بیان و به انجام رساندنِ امور به‌کار می‌گیرد، ولی ارتباط کلامی در قلبِ این شیوه‌های دیگر قرار دارد.

کتاب‌مقدس، به بیان دیگر، بس فراتر از آن چیزی است که عده‌ای یکی دو نسل قبل اظهار می‌داشتند. این افراد کتاب‌مقدس را صرفاً «گزارش (یا گزارشی) از مکاشفه» به حساب می‌آوردند، طوری که انگار خدا خود را به شیوه‌ای کاملاً متفاوت مکشوف کرده و کتاب‌مقدس صرفاً گزارشی است که مردم از این مکاشفه تهیه کرده‌اند تا در خاطرشان بماند. کتاب‌مقدس خود را بخشی از مکاشفهٔ خدا، و نه شهادتی بر این مکاشفه یا بازتابِ آن، معرفی می‌کند. کلیسا هم معمولاً همین تلقی را از کتاب‌مقدس داشته است. بخشی از مشکلی که با آن روبه‌رو هستیم، این فرض است که ما صرفاً به «مکاشفه» نیاز داریم، یعنی به اینکه نوعی اطلاعاتِ درست و موثق به ما انتقال یابد. البته، کتاب‌مقدس اطلاعات فراوانی به ما عرضه می‌کند، امّا چیزی که در درجهٔ اول به ما می‌بخشد، قوّت و توانِ لازم برای به انجام رساندنِ وظیفه‌ای است که خدا به قوم خود سپرده است. سخن گفتن از الهامِ کتاب‌مقدس، یکی از شیوه‌های بیان این مطلب است که این قوّت و توان، از کارِ روح خدا سرچشمه می‌یابد.

در تمام این بحث‌ها، کاملاً مفید خواهد بود اگر پیوسته به خود یادآوری کنیم که کتاب‌مقدس *برای* چه هدفی به ما اعطا شده است. یکی از معروف‌ترین بیاناتِ خود کتاب‌مقدس در باب موضوع «الهام»، چنین است: «تمامی کتب مقدس الهام[شدهٔ] خداست و برای تعلیم و تأدیب و اصلاح و تربیت در پارسایی سودمند است، تا مرد خدا به کمال برای هر کار نیکو تجهیز گردد» (دوم تیموتائوس ۳:۱۶-۱۷). *برای هر کار نیکو* تجهیز گردد؛ نکته اینجاست. خدا کتاب‌مقدس را می‌دَمَد (کلمهٔ «الهام» در اینجا، *theopneustos*، لفظاً به معنی «دمیده‌شده-بوسیلهٔ-خدا» است) تا

کتاب‌مقدس قوم خدا را برای به انجام رساندنِ کار او در جهان، شکل دهد و آماده سازد.

به بیان دیگر، کتاب‌مقدس صرفاً مرجعی نیست که بخواهیم با رجوع به آن، از درستی دریافت‌های خود اطمینان حاصل کنیم. وجود کتاب‌مقدس برای آن است که قوم خدا را برای تحقق بخشیدن به اهداف او در زمینهٔ عهدجدید و آفرینش جدید، تجهیز کند. هدف کتاب‌مقدس آن است که ایمانداران را در فعالیّت برای عدالت تقویت کند، و روحانیّت آنها را در ضمن این فعالیّت حفظ کند، روابطی را در تمام سطوح به وجود آورد و گسترش دهد، و آفرینش جدیدی را پدید آورد که رنگی از زیباییِ خدا در آن هست. کتاب‌مقدس شباهتی به توصیف دقیقِ مراحل ساخت یک اتومبیل ندارد. بیشتر شبیه تعمیرکاری است که ماشین‌مان را تعمیر می‌کند، یا مثل مأمور پمپ‌بنزین است که باک‌مان را پُر می‌سازد، و یا شبیه مسئول اطلاعات است که راه رسیدن به مقصد را نشان‌مان می‌دهد. و باید گفت مقصدی که راهی آن هستیم، *تحقق بخشیدن به آفرینشِ جدید خدا در جهانِ اوست*، نه آنکه دنبالِ مسیری بی‌خطر در آفرینش قدیمی باشیم.

من اعتراضی ندارم به آنچه عده‌ای برای اثبات آن، کلماتی به‌کار می‌برند نظیر «مصون از خطا» (به این معنی که کتاب‌مقدس فریب‌مان نمی‌دهد) و «خدشه‌ناپذیر» (یعنی در کتاب‌مقدس هیچ‌گونه اشتباهی راه ندارد). با این حال، شخصاً از به‌کار بردن این اصطلاحات پرهیز دارم، چون تجربه به من نشان داده که اتفاقاً مباحثات جاری دربارهٔ اصطلاحاتی از این دست، اغلب سبب غفلت مردم از خود کتاب‌مقدس شده و آنها را درگیرِ نظریه‌هایی کرده است که حق مطلب را دربارهٔ کتاب‌مقدس در کُلیّتش ادا نمی‌کنند، به عبارتی، از توجه به این موارد غافل می‌شوند: داستانِ بزرگ‌تر کتاب‌مقدس، اهداف گسترده‌تر آن، نقطه اوج آن، و این خصوصیتِ فراموش‌نشدنی کتاب‌مقدس که به رُمانی ناتمام می‌ماند و از ما دعوت می‌کند تا به شخصیت‌های صحنه‌ها و اِپیزودهای پایانی‌اش تبدیل شویم. در مقابل، تأکید بر این دیدگاه که کتاب‌مقدس «مصون از خطا» یا «خدشه‌ناپذیر»

اســـت، در فضای فرهنگیِ پیچیده‌ای تکوین یافته اســـت (به‌طور خاص، فرهنگ پروتستانیسم آمریکای شمالی معاصر) که کتاب‌مقدس را دژی از عقاید درســـت می‌داند که از یک طرف در برابر کاتولیسیســـم رومی، و از طرف دیگر در برابر لیبرالیسم الاهیاتیِ معاصر قد افراشته است. متأسفانه، مفروضاتِ هر این دو دنیا، تأثیری چیره‌گر بر محتوای این مباحثات داشته است. بنابراین، تصادفی نیست که این تأکید پروتستان‌ها بر مصون از خطا بودن کتاب‌مقدس، درست از همان زمانی پا گرفت که رُم بر مصون از خطا بودن پاپ تأکید می‌ورزید، و عقل‌گراییِ دوران روشنگری، تبدیل به روش استدلال کسانی شد که با آن پیکار می‌کردند.

بـــه نظر من، این‌گونـــه مباحثات، توجه مـــا را از هدف اصلی وجود کتاب‌مقدس منحرف می‌ســـازند. (به یاد قصّه‌ای دربـــارهٔ کارل بارت[1] افتادم. می‌گویند یک بار زنی از او سؤال کرد که آیا مارِ مذکور در پیدایش، واقعاً حرف زده اســـت یا نه. بارت در جواب گفت: «خانم محترم، اینکه مار حرف زده یا نزده، مهم نیســـت. *مهم چیزی است که گفته!*») نزاع بر ســـر تعاریفِ خاصی از ویژگی‌های کتاب‌مقدس، به نزاعِ زن و شوهری می‌ماند که هر یک ادعا می‌کند فرزندان‌شـــان را بیش از دیگری دوست دارد. به جای این کار، آنها باید نیروی خود را صرف تربیت فرزندان‌شان کنند و سرمشق خوبی برای آنها باشند. هدف از وجود کتاب‌مقدس این است که قوم خدا را برای به انجام رساندن کار خدا در دنیای خدا تقویت بخشد، نه آنکه بهانه‌ای به دست‌شان دهد تا عقب بنشینند و باد به غبغب بیندازند که عالِم بر جمیع حقایق الاهی هستند.

۱ Karl Barth الاهیدان نامدار سوئیســـی در نیمهٔ نخست قرن بیستم که تحولی بنیادین در جریان الاهیات مسیحی پدید آورد و آثار متعدد و متنوع و حجیمی به نگارش درآورده است. (مترجم)

فصل چهاردهم

داستان و وظیفه

یکی از مطالبی که مسیحیان پیوسته دربارهٔ کتاب‌مقدس می گویند، این است که کتاب‌مقدس «دارای اقتدار/ حُجیّت» است. ولی درک منظور ما از این عبارت، دشوار شده.[1]

یکی از عالی‌ترین نقاط برای شروع این بحث، اشاره به همان چیزی است که عیسی خود دربارهٔ ماهیت اقتدار بیان داشت. وی گفت که حاکمان بت‌پرست، بر تابعان خود خداوندی می کنند، امّا شما نباید چنین باشید. در بین شما هر آن‌کس می‌خواهد اوّل باشد، باید خدمتگزار همه شود، زیرا پسر انسان نیامد تا به او خدمت کنند، بلکه آمد تا زندگی خود را همچون فدیه‌ای، برای بسیاری قربانی کند (مرقس ۱۰:۳۵-۴۵). اگر اقتدار خدا به عیسی سپرده شده، و اگر کتاب‌مقدس اقتدار خود را از همین منبع الاهی دریافت می‌دارد، پس منظور ما از اینکه کتاب‌مقدس را «دارای اقتدار» می‌خوانیم این است که کتاب‌مقدس، به‌گونه‌ای، *وسیله‌ای مقتدر می‌شود تا تأثیرات کاری را که خدا از طریق عیسی - و بخصوص با مرگ و رستاخیز او - به انجام رسانید، در زندگی انسان‌ها ظاهر سازد.*

به بیان دیگر، مرگ عیسی تنها زمانی می‌تواند نتیجهٔ مورد نظر خود را داشته باشد که از طریق «کلام» انجیل، به جهان اعلام شود. (همان‌طور که در فصل دهم دیدیم، «کلام» خدا برای مسیحیان اوّلیه، عبارت بود از اعلامِ قدرتمندانهٔ خداوندیِ عیسی.) در کتاب‌مقدس ملاحظه می‌کنیم که ریشه‌های داستان مسیحی در عهدعتیق است و این داستان در عهدجدید به شکوفایی کامل می‌رسد. مسیحیان از همان آغاز، کتاب‌مقدس را که

---

۱ خوانندگان علاقه‌مند به پیگیری مفصل‌تر این بحث را، به کتابی دیگری از تام رایت به نام **کتاب‌مقدس و اقتدار خدا** اِرجاع می‌دهیم که به همین قلم ترجمه شده است. (مترجم)

دربرگیرندهٔ این داستان است، حاملِ کلام قدرتمند مزبور می‌دانستند – کلامی که کاری را که خدا در عیسی به انجام رسانیده، به جهان انتقال می‌دهد و بدین‌گونه آن را مؤثر می‌گردانَد. باید گفت که کتاب‌مقدس صرفاً توصیفی *معتبر* از نقشهٔ خدا برای نجات جهانیان نیست، چنانکه گویی عکسی هوایی از بخشی از یک منطقه باشد. کتاب‌مقدس خودْ *بخشی از این نقشه است.* کتاب‌مقدس بیشتر حُکم راهنمایی را دارد که ما را در این منطقه می‌گردانَد و نشان می‌دهد که چطور از آن منتهای لذت را ببریم.

به همین دلیل است که «اقتدار» کتاب‌مقدس، به شیوه‌ای کلاً متفاوت با «اقتدارِ» مثلاً مدیران یک کلوب گلف عمل می‌کند. البته، کتاب‌مقدس هم شامل فهرستی از قواعد و مقررات است (مثل ده فرمان در باب ۲۰ کتاب خروج) امّا، در مجموع، فهرستی از بایدها و نبایدها نیست. کتاب‌مقدس یک *داستان* است، روایتی کلان و حماسی که از باغ عدن، جایی که آدم و حوا از حیوانات مراقبت می‌کردند، شروع می‌شود و به شهری می‌رسد که عروسِ بره است، و از آن آب حیات برای احیای جهان، جاری می‌شود. در هر حال، کتاب‌مقدس، به معنایی داستان عشق است، گیرم با یک تفاوت. و اقتدار کتاب‌مقدس، اقتدار نوعی داستان عشق است که ما به شرکت در آن دعوت شده‌ایم. از این لحاظ، اقتدار کتاب‌مقدس، بیشتر شبیه «اقتدار» رقصی است که به شرکت در آن دعوت شده‌ایم؛ و یا شبیه اقتدار رُمانی است که هرچند صحنه‌اش چیده شده و پِیرنگ [یعنی طرح داستان] آن به‌خوبی پرورش یافته، و پایان آن از قبل برنامه‌ریزی و مشخص شده، هنوز جنبه‌هایی از آن ناتمام است، و ما دعوت شده‌ایم تا در این داستانی که به سوی هدفش پیش می‌رود، به شخصیت‌هایی زنده و فعّال و اندیشنده و تصمیم‌گیرنده تبدیل شویم.

به کمک این الگو برای «اقتدار»، درمی‌یابیم که چگونه می‌توان کتاب‌مقدس را به‌عنوان کتاب‌مقدسِ مسیحی خواند. «اقتدار» عهدعتیق دقیقاً از جنس «اقتداری» است که در صحنهٔ قبلیِ رُمانی وجود دارد که ما در صحنهٔ *بعدی‌اش* زندگی می‌کنیم. این صحنهٔ قبلی، باید به همان شکل

می‌بود و اهمیّتش از آن جهت است که ترتیب انتقال ما را به صحنهٔ بعدی داده است، جایی که برخی چیزها از بیخ و بُن تغییر کرده‌اند. پِیرنگ داستان جلو رفته است. حتی در پُست‌مُدرن‌ترینِ رمان‌ها هم، شخصیت‌ها در فصل‌های پایانی داستان، معمولاً گفته‌ها و کارهای خود را در اوایل داستان، تکرار نمی‌کنند.

این بدان معنا نیست که ما در وضعیتی از-هر-حیث-آزاد قرار گرفته‌ایم که همه می‌توانند بگویند: «خُب، اکنون ما در نقطهٔ جدیدی از نقشهٔ خدا هستیم و از مراحل قبلی این نقشه هرچه را دوست نداریم، می‌توانیم دور بریزیم.» داستان هنوز همان داستانِ قبلی است؛ و داستان، کماکان دربارهٔ این بوده است و خواهد بود که چگونه خدای خالق، آفرینش را از بندِ عصیان و گسیختگی و تباهی و مرگ آزاد می‌سازد. خدا این کار را از طریق مرگ و رستاخیز عیسای مسیحا، و به منظور تحقق بخشیدن به وعده‌های خود به اسرائیل، و تکمیل داستان قوم خود، به انجام رسانیده است. در کُلیّت و هدف این داستان هیچ تغییری نمی‌توان داد. هر آنچه با آن در تضاد قرار گیرد و یا پایه‌هایش را سست کند، مانع از حرکت رُمان به سوی پایان و نتیجهٔ مورد نظر خواهد شد. پولس در سراسر نامه‌هایش، بارها همین استدلال را تکرار می‌کند، و ما هم باید چنین کنیم.

بنابراین، زندگی در زیر «اقتدار کتاب‌مقدس»، به معنی زندگی در فضای داستانی است که کتاب‌مقدس باز می‌گوید. این بدان معناست که باید خود را، چه به‌عنوان جامعه و چه به‌عنوان فرد، در این داستان جذب و حل کنیم. در واقع، این بدان معناست که رهبران و معلمان مسیحی باید خود به بخشی از این فرآیند تبدیل شوند، به بخشی از روشی که خدا به‌کار می‌گیرد تا نه تنها در جامعهٔ خوانندگانِ-کتاب‌مقدس، بلکه نیز از طریق این جامعه، در دنیای بیرون از کلیسا عمل کند و آن را دگرگون سازد. بدین طریق می‌توانیم با اطمینان خاطر، به تعمق یا طرحِ پیشنهادها و چاره‌اندیشی‌های مبتکرانهٔ خود در این باره بپردازیم که مسیحیان در برخورد با مسائل و مُقتضیات شرایط جدید، چه واکنشی باید از خود نشان دهند. مثلاً یکی از نیازهای فعلی جهان که چاره‌اندیشی دربارهٔ آن،

به یکی از عمیق‌ترین نقشــه‌های کتاب‌مقدس تحقق می‌بخشد، عبارت از مسـئلهٔ عدالت در اقتصاد جهانی است. این بدان معناست که به‌عنوان جامعهٔ مسـیحی، نه تنها باید با کمال دقت به آنچه ســنت‌های ما دربارهٔ کتاب‌مقدس گفته‌اند، توجه کنیم، بلکه نیز باید طوری به مضامین کتاب‌مقدس توجه مبذول داریم که به یاری کتاب‌مقدس، حتی در زندگی زمینی خود نیز بتوانیم مطابق معیارهای آسمان زندگی کنیم.

این همه بدان معناست که ما خوانده شده‌ایم تا قومی باشیم که یاد گرفته اســت صدای خدا را وقتی از متن کُهن کتاب‌مقدس بر می‌خیزد، بشــنود و به مجرایی برای انتقال این کلامِ زنده بـــه دنیای اطراف خود، تبدیل شود.

گوش فرادادن به صدای خدا

خدا البته از طریق کتاب‌مقدس سـخن می‌گوید: هم با کلیسا و هم، اگر خدا بخواهد، از طریق کلیســا با جهان. هر این دو جنبه مهم هستند. درک این موضوع، زمانی برای ما میسر می‌شود که آن را در قالب مفهومی که حال دیگر برای ما آشناسـت، مورد ملاحظه قرار بدهیم، یعنی تداخلِ آســمان و زمین، و اینکه هدف‌های آیندهٔ خدا، در عیسی زودتر از موعد برای ما تحقق یافته‌اند، و اکنون ما موظفیم آنها را پیش از رســیدنِ روزی که خدا همه چیز را نو خواهد ساخت، جامه واقعیّت بپوشانیم.

خواندن کتاب‌مقدس نیز مانند دعا کردن و شرکت در آیین‌های مقدس کلیســایی، یکی از وسایلی است که سبب می‌شـود زندگی آسمان و زمین در هم بتابد. (این همان چیزی اسـت که نویسـندگان قدیمی‌تر، زیر عنوان «وســایل فیض» از آن یاد می‌کردند. البته منظور این نیسـت که بدین‌طریق اختیارِ فیض خدا به دسـت ما می‌افتد؛ باید گفت، جاهایی هسـت که خدا وعده داده به ملاقات ما می‌آید، اگرچه گاه وقتی به این جاها می‌رویم، به نظر می‌رسد که خدا فراموش کرده سَـر قرار حاضر شود! البته، معمولاً عکس این مطلب صادق اسـت.) ما کتاب‌مقدس را به منظور شـنیدن صدای خدا می‌خوانیم که ما را مخاطب می‌سازد – بله ما را، آن‌هم اینجا و اکنون و امروز.

این اتفاق به‌گونه‌ای پیش‌بینی‌ناپذیر و اغلب اسرارآمیز روی می‌دهد. ولی گواهیِ میلیون‌ها مسیحی در طی قرن‌ها، دال بر قطعیت آن است. تکنیک‌هایی به این منظور ایجاد شده تا آسان‌تر بتوانیم صدای خدا را از کتاب‌مقدس بشنویم (مثلاً، برنامه‌های مطالعهٔ شخصی کتاب‌مقدس که به اشخاص کمک می‌کند تا کتاب‌مقدس را بطور منظم و از روی برنامه، در مدت یک یا سه و یا هر چند سال، بخوانند و بر اثر پشت سر هم خواندن هرچهار انجیل، یا خواندن کل کتاب لاویان و اعداد در یک نشست، دچار سوءهاضمه نشوند.) در طی تاریخ کلیسا، شیوه‌های متعددی برای رشد در زندگی روحانی ابداع شده که همهٔ آنها شامل مطالعهٔ کتاب‌مقدس به همراه دعا بوده است. در مسیحیت انجیلی، «خلوت کردن» به منظور خواندن کتاب‌مقدس و شنیدن صدای خدا، شیوه‌ای عمده و محوری برای رشد در زندگی روحانی بوده است؛ بسیاری از انجیلی‌ها به شگفت می‌آیند وقتی می‌شنوند که سن بندیکت[1] و برخی دیگر از معلمان کاتولیک رومی نیز، شیوه‌ای بسیار مشابه، موسوم به *lectio divina*، ابداع کرده‌اند. در برخی از این روش‌های تأمل‌آمیز برای مطالعهٔ کتاب‌مقدس، خوانندگان همراه با دعا می‌کوشند تا به شخصیتی در داستانی که می‌خوانند «تبدیل» شوند، و به گوشِ هوشْ منتظر شنیدن چیزی باشند که همراه با پیشرفت داستان، به آنها گفته یا حتی از آنها خواسته خواهد شد. و البته، در سراسرِ تاریخ کلیسا، واعظان کوشیده‌اند تا چیزی را که کتاب‌مقدس در روزگار خود گفته است، درک کنند و معنی احتمالی آن را برای امروز، به مخاطبان‌شان انتقال دهند. البته، حق مطلب ادا نخواهد شد اگر بگوییم موعظهٔ مسیحی کلاً همین است.

مسلماً خطر کج‌فهمی در میان هست، و با توسل به هیچ تکنیکی نمی‌توان احتمالش را از بین برد؛ و البته، باید هم همین‌طور باشد، زیرا چه بسا که همین تکنیک‌ها صدای روح‌القدس را به‌کلی خاموش سازند. شیوه‌ای که بواسطهٔ آن کتاب‌مقدس را «می‌شنویم»، و بدین‌طریق گوش

1 St. Benedict

به صدای خدا می‌سپاریم که از طریق کتاب‌مقدس با ما سخن می‌گوید، با انواع و اقسام عواملِ «ذهنی» گره خورده است. البته، این لطمه‌ای به موضوع نمی‌زند. اگر عوامل ذهنی دخالتی نداشته باشند، شنیدن صدای خدا، در این معنای خاص، برای ما مقدور نخواهد بود. امّا شنیدن صدای خدا در کتاب‌مقدس، موضوعی نیست که صرفاً به تخصصِ فنی مربوط شود. این موضوع، به محبت ارتباط می‌یابد – و محبت، چنانکه قبلاً اشاره کرده‌ام، شیوه‌ای است برای کسب شناخت و معرفتی که لازمهٔ زندگی در تلاقیِ آسمان و زمین است. امّا محبت ما، شکننده و ناقص است، و بیم‌ها و امیدهای ما سخت با تفسیرمان از کتاب‌مقدس گره خورده‌اند، بنابراین همواره باید چیزی را که معتقدیم صدای خداست که از طریق کتاب‌مقدس با ما سخن گفته، محک بزنیم. یعنی تفسیر خود را با تفسیری که سایر مسیحیان، در گذشته و حال، از کتاب‌مقدس داشته‌اند، مقایسه کنیم و آن را با قسمت‌های دیگر کتاب‌مقدس بسنجیم. این اقتضای عقل سلیم است. گوش سپردن به صدای خدا در کتاب‌مقدس، سبب نمی‌شود که نظرها و دیدگاه‌های ما مصون از خطا شوند. این کار ما را در وضعیتی قرار می‌دهد که خود عیسی را قرار داد: یعنی احساس می‌کنیم وظیفه و رسالتی به ما سپرده شده است که یا برای تمام طول زندگی‌مان است یا برای یک دقیقه. با این حال، درکی که فرد از رسالت خود دارد باید در عمل محک بخورد. چنین است زندگی در محل ملاقات آسمان و زمین.

ولی عمل به این وظیفه و رسالت، چیزی نیست که صرفاً مربوط به سیر و سلوکِ شخصی ما باشد، بلکه مستلزم آن است که به مأموران و عاملانِ دنیای جدید خدا تبدیل شویم – یعنی باید کسانی شویم که برای استقرار عدالت فعالیّت می‌کنند، جویندگان روحانیّت هستند، به ایجاد و اصلاح روابط می‌پردازند، و زیبایی خلق می‌کنند. اگر خدا براستی از طریق کتاب‌مقدس سخن می‌گوید، برای اِعزام ما به این قبیل مأموریت‌هاست. موضوعی که در جای‌جای کتاب‌مقدس مسیحی، چه در شکل و هدفِ کلی و روش استفاده از آن و چه در قسمت‌های جداگانه‌اش بازتاب دارد، نه فقط به هم رسیدنِ آسمان و زمین، بلکه همچنین تداخل و تعاملِ

حال و آینده است. کتاب‌مقدس برای کســانی به نگارش درآمده که در زمان حاضر زندگی می‌کنند، ولی اصول و فضای حاکم بر زندگی‌شــان مُنبعث از آیندهٔ تدارک دیده شده بوسیلهٔ خداست - آینده‌ای که در عیسی فرارسیده است و اکنون باید آن را در زندگی روزمره پیاده و متحقق کرد.

این همه بدان معناست که کتاب‌مقدس مسیحی، درست همانند دعای مســـیحی، دارای شکل و ترکیبِ ویژهٔ خود است. بنابراین، مطالعهٔ آن نیز روشـــی خاص خود دارد و این چیزی است که ظاهراً خود کتاب‌مقدس ایجاب می‌کند. لازم است کمی این نکته را بشکافیم.

البته، تمامی «کتب مذهبی» واجد این خصوصیت نیستند. برای مثال، آثـــار مذهبی بزرگ هندوئیســـم - مانند بهاگاواد گیتـــا، به‌طور خاص - روایتی غالب را عرضه نمی‌دارد که خوانندگانش را دعوت به ایفای نقش در آنها کند. این آثار دربارهٔ خدایی یکتا سخن نمی‌گوید که خالقی بی‌مثل و مانند است و تصمیم می‌گیرد تا اقدامات خود را از میان تمام خانواده‌ها، در خانواده‌ای خاص و در مکانی خاص آغاز کند تا از این راه، کل جهان را در خطاب گیرد. این خصوصیت، هم بر شــکل متن تأثیر می‌گذارد و هم بر محتوایش. حتی یهودیت، که کلیســا کتاب آســمانی‌اش را از آنِ خود کرده است، برخلاف مسیحیت، داستانی ادامه‌دار که خوانندگانش را دعوت کند تا به‌عنوان شخصیت‌های جدید وارد آن شوند، باز نمی‌گوید. در یهودیت، آنچه هم‌تراز جایگاه عیسی در مسیحیت است، البته به فرض آنکه این تعبیر درست باشد، توضیح و تفسیر تورات و دسته‌بندی قوانین مندرج در آن اســـت که در آثار متأخری مانند میشـــنا و تلمود می‌یابیم، اگرچه این مطالب هم، چه به‌لحاظ شکل و هدف و چه به‌لحاظ محتوا، با کتاب‌مقدس مسیحی فرق دارد.

نمی‌خواهیم بگوییم خدایی که هم خداوند تمامی آفرینش است و هم خدای ابراهیم و اسحاق و یعقوب، حرفی برای گفتن از طریق کتاب‌های مذهبی دیگر ندارد. بلکه، مقایسهٔ فوق بدین معناست که اعتقاد مسیحیان دربارهٔ عیسی، روایتی را پدید می‌آورد که شخص به زندگی در آن دعوت می‌شود؛ زیســـتن در چارچوب این روایت، به انسان رسالتی خاص در

جهان می‌بخشد؛ و کتاب‌مقدس، کتابی است که از طریق آن، خدا به تقویت و هدایت کسانی می‌پردازد که می‌کوشند به‌عنوان انسان‌هایی هوشمند، اندیشنده و حاملِ‌ـصورتِ‌ـخدا، مطیعانه به وظیفه و رسالت خود عمل کنند. کتاب‌مقدس پیوسته خوانندگان خود را تشویق می‌کند که به آنچه هستند، اکتفا نکنند. خدا برای این کتاب‌مقدس را به کلیسا ارزانی داشته است تا به هر نسلی یادآور شود که ما باید در تفکر خود رشد کنیم و به درجه‌های بالاتری از انسانیّت برسیم. به این منظور، خدا کلماتی را خطاب به ما بیان می‌دارد - کلماتی که وقتی می‌شنویم، یا با کوته‌فکری یک گوش را در و یک گوش دروازه می‌کنیم، یا عمیق‌تر می‌اندیشیم و برای تحقق نقشهٔ خدا، قدم پیش می‌گذاریم و به خواست خدا از ما، یا به عبارت روشن‌تر، به آنچه خدا می‌خواهد *از طریق* ما انجام دهد، تحقق می‌بخشیم. کتاب‌مقدس به ما کمک می‌کند تا گوشه‌ای از وظیفه‌ای را که پیش رو داریم ببینیم و تبدیل به کسانی شویم که از طریق آنها، این وظیفه عملی می‌شود.

وظیفهٔ دشوارِ تفسیر کتاب‌مقدس

کتاب‌مقدس را چگونه باید تفسیر کرد؟ به یک معنا، تمام این کتاب پاسخی به این پرسش است. پاسخ کامل‌تر این خواهد بود که برای تفسیر کتاب‌مقدس، باید به ماهیت هر کتاب و هر باب و هر جزئی از آن توجه کنیم. همین طور هم باید به زمینهٔ متن و معنی متن در قالب فرهنگ‌های خاص توجه داشته باشیم و دقت کنیم که کتاب، موضوع یا آیه‌ای که مشغول بررسی آن هستیم در قالب فرهنگ و روزگار خود چه جایگاهی داشته و در چارچوب کل کتاب‌مقدس، چه جایگاهی دارد. امروزه با همهٔ امکانات و منابعی که برای بررسی کتاب‌مقدس فراهم است، کندوکاو در این متون با تلاش و توجهی شایسته، همت والا می‌طلبد.

امّا نکات عمده‌ای که باید به آنها توجه داشته باشیم عبارتند از اینکه خدا می‌خواهد ما کتاب‌مقدس را در اختیار داشته باشیم، و چه به صورت فردی و چه به‌صورت دسته‌جمعی، آن را بخوانیم و بررسی کنیم؛ و اینکه،

کتاب‌مقـــدس با قدرت روح‌القدس، به هزار طریق به عیســـی و به آنچه خـــدا از طریق او انجام داده اســـت، گواهی می‌دهـــد. نکته‌ای را که قبلاً گفته‌ام، از جایی که بســـیار مهم است، دوباره تکرار می‌کنم: کتاب‌مقدس صرفاً مخزنی از اطلاعات درست دربارهٔ خدا و عیسی و امید برای جهان نیست. بلکه، بخشی از *ابزاری است که توسط آن*، خدای زنده، با قدرت روح‌القدس، قوم خود و جهان خود را نجات می‌بخشـــد و در ســـفر به ســـوی آفرینش جدیدِ خود، هدایت می‌کند و ما راهیان این مقصد را، به مأموران و عاملانِ این آفرینش جدید مبدل می‌سازد.

اما دربارهٔ عبارت «تحت‌اللفظی» که موقع بحث دربارهٔ کتاب‌مقدس، چه در محافل کلیســـایی و چه بیرون از کلیسا می‌شنویم، چه باید گفت؟ همین چند شـــب قبل، یکی از گزارشـــگران اخبـــار می‌گفت: «همه‌اش بســـتگی به این دارد که شخص بخواهد کتاب‌مقدس را با توجه به معنی ظاهری کلمات آن (literal) تفســـیر کند یا با توجه به معنی استعاری‌شـــان (Metaphorical)»[1] ولی «تفسیرِ نص‌گرایانه یا لفظ‌گرایانهٔ کتاب‌مقدس» به چه معنی اســـت؟ معنی تفسیر «استعاری» چیســـت؟ آیا طرح سؤال در این قالب، اساســـاً فایده‌ای دارد؟ در کل باید گفت که نه! فایده‌ای ندارد. اول باید، تفاوتی را که از قدیم بین «معنی ظاهری» و «معنی استعاری» مرسوم بوده اســـت، کمی سبک و ســـنگین کنیم تا بعد بتوانیم کار مفیدی با این تعاریف انجام دهیم.

---

۱ متأسفانه بازی نویسنده با دو کلمهٔ Literal و Metaphorical در اینجا چندان قابل انتقال نیست. برای روشن شدن مطلب توضیحی عرض می‌کنیم. منظور از Literal، یعنی معنی **ظاهری**، معنی **لفظی**، معنی **لغوی**، **نص کلمات** یا به عبارتی معنی «**حقیقی**» لفظ. (نظریه‌ای را که می‌گوید متن را باید با توجه به صورت ظاهری کلماتش تفسیر کرد، Literalism یا **نص‌گرایی** می‌گویند).
اگر بگوییم، گلی زیبا در گلدان روئیده اســـت، کلمهٔ «گل» را در معنی «حقیقی/ ظاهری/ عینی» کلمه به‌کار برده‌ایم، یعنی واقعاً به گل اشاره داریم. ولی اگر بگوییم «چه پسر گلی!» کلمهٔ «گل» را در غیر معنی حقیقی آن به‌کار برده‌ایم که به این می‌گویند Metaphor/Metaphorical «اســـتعاره» یا «مجاز» یا حتی «تشبیه»، بدین معنا که می‌خواهیم چیزی یا کسی را با نسبت دادن خصوصیات واقعی گل به او، تشـــریح و توصیف کنیم، ولی مسلم اســـت که وجود او/ آن را با گل یکسان نمی‌دانیم. در غیر این صورت، گفتهٔ ما تبدیل به طنز و شوخی خواهد شد! (مترجم)

طنز قضیه در این اســـت که دو کلمهٔ Literal «(= معنی ظاهری)» و قیدی که از این کلمه ســـاخته می‌شود Literally «(= واقعاً/ لفظاً)»، در معانی بسیار متفاوتی به‌کار رفته‌اند. اغلب وقتی گفته می‌شـــود «واقعـــاً (Literally)»، در حقیقت، اشاره به «معنی اســـتعاری» کلمه است. مثلاً شخصی که آفتاب گرفته اســـت، می‌گوید: «تمام بعد از ظهر آفتاب گرفته‌ام و بازوهام واقعاً (Literally) جزغاله شـــده!»، یا یک کارمند می‌گوید: «تلفن از صبح تا حالا *واقعاً* (Literally) یک نفس زنـــگ خورده!». گاهی اوقات، این کلمه معادل «براســـتی و حقیقتاً» بـــه‌کار می‌رود، در حالی که مطلب مورد اشـــاره نه «راســـت» است و نه «حقیقت» دارد و گوینده هم این را می‌داند، مثل این جمله: «رئیس من، *حقیقتاً* شِمر است!»[۱]

امّا زمانـــی که این کلمـــه در ارتباط با کتاب‌مقدس بـــه‌کار می‌رود، مناقشـــهٔ خاصی را تداعی می‌کند: یعنی نحوهٔ تفســـیر داســـتان آفرینش در کتـــاب پیدایش. در آمریکا نیازی به یادآوری این موضوع نیســـت که دو نظر کامـــلاً مغایر در این باب وجود دارد. یـــک گروه همواره اصرار داشته‌اند که آفرینش به معنی واقعی کلمه (Literally) در هفت روز صورت گرفته اســـت. گروه دیگر نیز همواره اصرار ورزیده‌اند که باید فصل اول کتاب پیدایش را با توجه به اصول نظریـــهٔ تکامل، بازخوانی کرد. بحثی کـــه میان این دو جناح تحت عنوان «تکامل یـــا آفرینش» صورت گرفته، انواع مباحثات دیگر را نیز (بخصوص در فرهنگ آمریکا) تحت‌الشـــعاع قرار داده اســـت و به این ترتیب، زمینه‌ای که برای بحث‌های آتیِ جدی دربارهٔ ســـایر قسمت‌های کتاب‌مقدس ایجاد کرده، به هیچ وجه سودمند نیست.

من به تجربه دریافته‌ام که همهٔ خوانندگان کتاب‌مقدس، از هر پیشینه و فرهنگی، به‌طور غریزی می‌دانند که برخی از قسمت‌های کتاب‌مقدس را باید با توجه به معنی ظاهری کلمات و برخی از قســـمت‌های دیگر را با توجه به معنی استعاری‌شان تفســـیر کرد. وقتی عهدعتیق می‌گوید که

۱ در متن انگلیسی آمده: «آدولف هیتلر» است. (مترجم)

بابلیان اورشلیم را تصرف کردند و به آتش کشیدند، منظورش این است که بابلیان به معنی واقعی کلمه، اورشلیم را تصرف کردند و به آتش کشیدند. وقتی پولس می‌گوید که سه مرتبه کشتی‌اش در هم شکست، منظورش این است که *واقعاً* سه مرتبه کشتی‌اش در هم شکست. از طرف دیگر، وقتی می‌گوید که دزد شبانه می‌آید، و شبانگاه زن آبستن به درد زایمان دچار می‌شود، پس شما به خواب نروید و مست نشوید، بلکه بیدار بمانید و زره بر تن کنید (اول تسالونیکیان ۵:۱-۸)، خواننده‌ای که این جملات را حَمل بر معنی ظاهری‌شان کند، از درک یکی از برجسته‌ترین استعاره‌های ترکیبی پولس باز می‌ماند. زمانی که پیکِ پادشاه آشوریان بر مردان حزقیای پادشاه بانگ می‌کشد که مصر «نِی‌ای شکسته است و دست هر کسی را که بر آن تکیه زند، می‌شکافد» (دوم پادشاهان ۱۸:۲۱)، تشخیص استعاری بودن این گفته دشوار نیست، زیرا مصر کشوری است پوشیده از نیزار و بنابراین این استعاره کاملاً بجاست.

یکی دیگر از نمونه‌های بدیهی در این خصوص، مَثَل‌های عیسی است. من کسی را سراغ ندارم که معتقد باشد داستان پسر گمشده واقعاً اتفاق افتاده و اگر مزارع فلسطین را یک به یک بگردیم، سرانجام به مزرعه‌ای خواهیم رسید که پدری پیر با دو پسرش در آن زندگی می‌کنند (با این فرض که آنها به دعوا و مرافعه‌شان پایان داده‌اند). این نکته کمابیش برای تمام خوانندگان کتاب‌مقدس روشن است. عیسی هم گاه به منظور تأکید (البته نه به این دلیل که می‌ترسید خوانندگانش به شبهه بیفتند)، معانیِ «ظاهری و لفظی» را یادآور می‌شد (مثلاً می‌گفت «بروید» و «شما نیز چنین کنید» لوقا ۱۰:۳۷). گاه نویسندگان انجیل‌ها نیز همین کار را کرده‌اند. مثلاً مرقس می‌گوید که کاهنان دریافتند که کنایهٔ فلان مَثَل به آنهاست (۱۲:۱۲). ولی این بدان معنا نیست که تنها «حقیقت» موجود در مَثَل‌ها، معنایی است که فرد از ورای ظاهر کلمات تشخیص می‌دهد. مَثَل‌ها در لایه‌های کاملاً متفاوتی واجد «حقیقت» هستند؛ و بنابراین *نمی‌توان* گفت: «تنها 'حقایقی' که اهمیت دارند، عبارتند از معانی 'روحانی'، یعنی چیزهایی که در عالَم واقعیت 'اتفاق' نیفتاده‌اند.» خدا را

شکر که حقیقت بسیار پیچیده‌تر از این است، زیرا دنیای خدا پیچیده‌تر - و در واقع، جالب‌تر - از این نوع تقسیم‌بندی‌هاست.

در اینجا معضل دیگری ظهور می‌کند که منشاء سردرگمی بی‌پایان است. غیر از استفادهٔ دلبخواه از اصطلاحِ «معنی ظاهری» که کمی قبل به آن اشاره کردم، مردم امروزه اصطلاحات «معنی ظاهری» و «معنی استعاری» را در دو معنای متفاوت به‌کار می‌برند. اولاً، این دو اصطلاح، شیوهٔ *دلالت کلمات را بر چیزها* نشان می‌دهند. «پدر»، در معنی ظاهری کلمه، یعنی کسی که فرزندی از او به وجود می‌آید. «رُز» نیز در همین معنا، به گُلی با این نام اشاره دارد. ولی اگر من به نوه‌ام بگویم: «گُل من»، با اینکه به یک انسان اشاره دارم، از استعارهٔ گل استفاده می‌کنم و با این کار می‌خواهم برخی از خصوصیات گل را به نوه‌ام نسبت دهم (زیبایی، طراوت، بوی خوش؛ ولی البته، نه خار!). وقتی هم که یکی از اعضای مؤمن کلیسا، کشیش را «پدر» خطاب می‌کند، استعاره‌ای به‌کار می‌گیرد که خصوصیات یک پدر را به کشیش نسبت می‌دهد و این ربطی به والد بودن ندارد. در اینجا علت استفاده از کلمات «ظاهری» و «استعاری» این نیست که نشان بدهیم چه چیزهایی «ذهنی» هستند و چه چیزهایی «عینی و واقعی». بحث ما بر سر این است که آیا کلمات «پدر» و «رُز»، به معنی واقعی کلمه، به پدر و رُز اشاره دارند، یا در واقع استعاره‌هایی هستند برای اشاره به انسان‌های واقعی (و نه موجوداتی ذهنی) که هرچند این انسان‌ها به معنی واقعی کلمه، پدر و رُز نیستند، با نسبت دادنِ ویژگی‌های «پدر» و «رُز» به آنها، خصوصیات‌شان را بهتر درک می‌کنیم.

ثانیاً، امروزه «معنی ظاهری» و «معنی استعاری» همچنین بر *"نوع" چیزها دلالت دارند.* وقتی کسی از ما می‌پرسد: «آیا رستاخیز به معنی ظاهری کلمه اتفاق افتاده یا به معنی استعاری آن؟»، همهٔ ما به منظور این سؤال پی می‌بریم: آیا رستاخیز واقعاً اتفاق افتاده یا نه؟ اما استفاده از اصطلاحات «ظاهری» و «استعاری» به این شیوه، هر اندازه هم معمول و متداول باشد، فوق‌العاده گیج کننده است، چون «ظاهری» را در معنای «عینی» و «استعاری» را در معنای «ذهنی» به‌کار می‌برد و یا از معنای

«ظاهری»، معنای «ذهنی» خاصی اراده می‌کند (مثل معنای «روحانی» که یک خروار مسائل گیج‌کنندهٔ دیگر به وجود می‌آورد.)

آنچه آمد، فقط گوشه‌ای بود از بحث‌هایی که در این باب می‌توان مطرح کرد، ولی می‌خواهم به دو نکته تأکید کنم. نکتهٔ اول، نباید گذاشت که بحث‌های بی‌فایدهٔ گذشته در باب تفسیر داستان خلقت، باعث القای این فکر نادرست به ذهن ما شود که اگر کسی تأکید می‌کند که باید برخی از قسمت‌های تاریخی کتاب‌مقدس را با توجه به معنی ظاهری و لفظی‌شان تفسیر کرد، و این بخش‌های تاریخی از رویدادهایی سخن می‌گویند که براستی در عالم واقع اتفاق افتاده‌اند، باید او را آدم ساده‌لوحی دانست که یا نمی‌داند کتاب‌مقدس را چطور تفسیر کند و یا از دنیای واقعیّات به دور است. همچنین نباید تحت تأثیر این جناح‌بندی‌های قدیمی قرار گرفت و کسی را که تأکید می‌کند باید استعاره‌های شکوهمند کتاب‌مقدس را *به‌عنوان* استعاره تفسیر کرد، شخص خطرناکی دانست که هیچ‌یک از رخدادهای کتاب‌مقدس را *واقعی* نمی‌داند و ایمان خود را به حقیقت مسیحیت از دست داده است. این شخص مثلاً ممکن است گفته باشد که «آمدن پسر انسان بر ابرها» استعاره‌ای است که به اثبات حقانیّت و جلال یافتن عیسی اشاره دارد.

کتاب‌مقدس پر از شرح رویدادهایی است که در دنیای واقعی اتفاق افتاده‌اند - و، به همین دلیل، کتاب‌مقدس به نهی و نفیِ رفتارهای خاصی می‌پردازد که در عالم واقع رخ می‌دهند. به هر حال، خدایی که کتاب‌مقدس از او سخن می‌گوید، خالق جهان است. بخشی از موضوعی که کل داستان کتاب‌مقدس به آن اشاره دارد، این است که خدا جهان مخلوق خود را دوست دارد و در فکر نجات آن است، و نقشهٔ خود را برای این کار، از طریق مجموعه‌ای از رویدادهای واقعی در دنیای واقعی، به مرحلهٔ اجرا نهاده و می‌خواهد برنامه‌اش را از طریق زندگی و فعالیّت‌های قوم خود پیاده سازد. امّا کتاب‌مقدس هم مانند تقریباً همهٔ آثار بزرگ جهان، پیوسته و منظماً، به توصیفِ طعم و معنا و تفسیر درست این رویدادها می‌پردازد، رویدادهایی که واقعی و عینی هستند و در قلمرو زمان و مکان رخ داده‌اند. به این منظور، کتاب‌مقدس از گونه‌ها

و صنایع ادبیِ پیچیده و زیبا و تأمل‌انگیزی استفاده می‌کند که استعاره فقط یک نمونه از آنهاست. پذیرفتن معنی ظاهری هر جا که متن اقتضاء می‌کند (و در واقع، گرامیداشت آن)، و کندوکاو در رویدادهای واقعی که این معنی ناظر بر آنهاست، و بررسی جامع معنای استعاری متن - تمام این وظایف را باید در کنار هم نهاد، چون ضروریات تفسیر کتاب‌مقدس را تشکیل می‌دهند.

دومین نکته‌ای که می‌خواهم بر آن تأکید کنم این است که هر خواننده، مفسر یا واعظی می‌تواند در خصوص هر متنی از کتاب‌مقدس، بررسی کند که کدام قسمت‌های آن را باید با توجه به معنی «ظاهری» و کدام قسمت‌هایش را با توجه به معنی «استعاری» تفسیر کرد، و در مورد چه قسمت‌هایی باید هر دو معنی را در نظر گرفت - پس از این مرحله، مفسر می‌تواند بپرسد که آیا قسمت‌هایی که باید با توجه به معنی «ظاهری» تفسیر شوند، براستی و در عالم واقع رخ داده‌اند یا نه. بنابراین، تا این بررسی‌ها را انجام نداده‌ایم، نمی‌توانیم پیشاپیش بگوییم که «تمام مطالب کتاب‌مقدس را باید با توجه به معنی لفظی و ظاهری‌اش تفسیر کرد» یا اکثر مطالب کتاب‌مقدس «دارای معنی استعاری است.»

برای مثال، می‌خواهیم نگاهی بیندازیم به عبارت «پسر انسان» در باب ۷ کتاب دانیال که کمی قبل به آن اشاره کردم. دانیال رویایی می‌بیند که در آن چهار هیولا، «وحش»، از دریا خارج می‌شوند. اگرچه این احتمال وجود دارد که متن فوق مربوط به شخصی واقعی به نام دانیال بوده باشد که رویاهای آشفته‌ای دیده و مشتاق دانستن معنی آنها بوده است، سبک کتاب دانیال، بسیار شبیه یکی از سبک‌های معروف ادبی است که در آن نویسنده، با هوشیاری و آگاهی، پیغام خود را از طریق تشبیهاتی مفصل، در قالب «رویاهایی» غیرواقعی عرضه می‌دارد. (مثالی از این سبک را می‌توان در *سیاحت مسیحی*، اثر جان بانیان، دید). این احتمالی است که لااقل نباید آن را منتفی دانست.

از اینها گذشته، چهار «وحش» - شیر، پلنگ، خرس و هیولای آخر - آشکارا استعاری هستند. بنابراین، فکر نمی‌کنم که اگر از کسی،

چه در دنیای کهن و چه در دنیای امروز، سؤال می‌شد که آیا رویاهای دانیال به حقیقت پیوستند یا نه، وی به تحقیق در این باب می‌پرداخت که آیا چنین حیواناتی در «عالم واقعیت» وجود دارند یا نه - یعنی راه نمی‌افتاد در باغ‌وحش یا طبیعت دنبال این حیوانات بگردد. امّا چهار تا بودن آنها را باید کاملاً در معنی لفظی و واقعی تعبیر کرد. یهودیان کهن (که با ترس و لرز محاسبه می‌کردند که در کدام مرحلهٔ تاریخی قرار دارند)، متن فوق را به شکلی که گفتیم، تفسیر می‌نمودند. همهٔ مفسران جدید هم متن فوق را به همین شکل تفسیر کرده‌اند. نکتهٔ جالب در تفسیر یهودیان این است که در قرن دوم قبل از میلاد، آنها تقریباً بی‌هیچ تردیدی وحش چهارم را همان سوریه می‌دانستند، و در قرن اول با همین میزان اطمینان، از آن تعبیر به روم می‌کردند. این نکته گویای آن است که زبان استعاری، برای اشاره به واقعیتی عینی و ملموس به‌کار گرفته می‌شد، هرچند نسل‌های مختلف یهودیان در این باب که استعارهٔ فوق به چه واقعیت عینی و ملموسی اشاره داشت، نظرهای متفاوتی داشتند.

به‌علاوه، وقتی این رویا می‌گوید هیولاها «از دریا خارج شدند» (۲:۷)، ما تناقضی بین این گفته و تفسیرِ فرشته از آن، نمی‌یابیم: «چهار پادشاه از زمین بر خواهند خاست» (۱۷:۷). بسیاری از یهودیان کهن، دریا را محل آشوب و خطر می‌دانستند؛ و بخشی از هدف باب ۷ کتاب دانیال، تفسیر کتاب پیدایش است، که در آن زندگی از دریا پدید می‌آید و سرانجام یک انسان نظم الاهی را به تمام آفرینش می‌آورد (و جالب است که ما بحث خود را با اشاره به مسئلهٔ تفسیر کتاب پیدایش شروع کردیم!). پادشاهان به معنای استعاری «از دریا» برمی‌خیزند؛ ولی آنها پادشاهانی واقعی هستند صاحب ارتش‌هایی واقعی، و چنین نیست که موجودیت آنها فقط در عالم ذهن باشد. و «آمدن پسر انسان» در ۱۳:۷ به معنای ظاهری و لفظی تفسیر نشده، یعنی منظور انسانی که روی ابرها پرواز کند، نیست. این عبارت، به معنایی استعاری تفسیر شده است، و این معنای استعاری به واقعیتی کاملاً عینی و ملموس اشاره دارد، یعنی

«مقدسانِ حضرت اعلی» (یهودیان وفادار) «که پادشاهی را دریافت می‌دارند و بر آن تملک ابدی می‌یابند» (۱۸:۷).

هدف از تمام این توضیحات، بیان این نکته است که مرزبندی قاطع بین «تفسیر ظاهری» و «تفسیر استعاری» کتاب‌مقدس به هم خورده است و انسان گیج می‌شود. کسانی که خود را در چنبرهٔ این سرگشتگی گرفتار می‌یابند، باید نفس عمیقی بکشند، بعضی از استعاره‌های باشکوه کتاب‌مقدس را بخوانند، به اتفاقات واقعی و مجردی بیندیشند که نویسندگان کتاب‌مقدس به آنها اشاره دارند، و کار را از نو آغاز کنند.

به‌طور خاص باید مواظب طرزفکری باشیم که نامحسوس، ولی بسیار قدرتمند است. به‌آسانی ممکن است تصور کنیم که اگر تفسیر کتاب‌مقدس در «معنی ظاهری» روا نیست، و عمدتاً باید آن را در معنی «استعاری» تفسیر کرد، پس نویسندگان کتاب‌مقدس (و شاید حتی خدا) چندان علاقه و توجه‌ای به این ندارند که ما با امور مُجرد و غیرذهنی زندگی خود، از قبیل بدن‌مان و جنبه‌های اقتصادی و سیاسیِ زندگی‌مان، چه می‌کنیم. اظهار اینکه کتاب‌مقدس را باید «در معنی استعاری و نه ظاهری و لفظی‌اش» تفسیر کرد، فوراً به این پیشنهاد منتهی می‌شود که خدا فقط به جنبهٔ ناملموس و غیرمجرد (یا به‌اصطلاح "روحانیِ") زندگی و افکار و احساسات ما اهمیت می‌دهد. باید گفت، از جایی که این پیشنهاد هرگز کاملاً به‌طور مستقیم بیان نمی‌گردد، قدرت آن بیشتر است. به محض آنکه دیدیم این طرزفکرِ مزخرف از دریا خارج می‌شود، باید تشخیصش بدهیم. این همان دروغ اهریمنی است که اساس بر تقسیمِ جهان به دو قلمروِ کاملاً مجزای روحانی و جسمانی دارد. نیمی از فرهنگ ما این دروغ را با آغوش باز پذیرفته است. کتاب‌مقدس را چه در معنی ظاهری‌اش تفسیر کنیم، چه در معنی استعاری‌اش، و چه به هر طریق و روش دیگری که سراغ داریم، بر این دروغِ اهریمنی چیره می‌شود و نابودش می‌کند. این تلقی، نه در تفکر یهودیانِ قرن اول جایی داشت و نه در تفکر مسیحیان قرن اول.

بنابراین، تفسیـر کتاب‌مقدس وظیفه‌ای دشوار و شگفت‌انگیز است. از همین روسـت که در حد وقت و توان باید به آن پرداخت، و البته این کاری است که نه فقط به صورت فردی باید انجام گیرد، بلکه به صورت دسته‌جمعی و با همکاری تمام اعضای کلیسا، به این معنی که اعضای کلیسـا باید با دقت و دعا به مطالعه و بررسی کتاب‌مقدس بپردازند و از مهارت‌هـای گوناگون و دانش یکدیگر در ایـن زمینه، بهره بگیرند. تنها قاعدۀ مطمئن برای تفسیـر کتاب‌مقدس، به خاطر داشـتن این موضوع است که کتاب‌مقدس براستی هدیۀ خدا برای کلیساست تا کلیسا را برای انجام رسـالتش در قبال جهان تجهیز کند. همچنین باید به خاطر داشت که مطالعه و بررسیِ جدی کتاب‌مقدس، می‌تواند و اصلاً باید هم بتواند، به یکی از جاهایی تبدیل شـود که آسمان و زمین در آن، و به واسطۀ آن، به هم می‌پیوندند و در هم گره می‌خورند و هدف‌های خدا که مربوط به آینده است، در زمان حال فرا می‌رسد. کتاب‌مقدس بخشی از پاسخ خدا به جستجویِ کهن آدمی برای عدالت، روحانیّت، روابط و زیبایی است. بخوانید و ببینید که چنین است.

فصل پانزدهم

ایمان و تعلق

رودخانه و درخت، عکس یکدیگر هستند.

جریان رودخانه، به معنی واقعی کلمه از سراسر منطقه شروع می‌شود. نهری کوچک، جاری از فراز تپه‌ها؛ دریاچه‌ای دوردست که خود از نهرهای متعدد مشروب می‌شود؛ یخچالی در حال ذوب شدن - تمامی اینها و هزاران شاخابه دیگر به هم می‌آمیزند و جریانِ آبی خروشان و شتابان می‌سازند. رفته‌رفته، نهرهای دیگر، رودخانه‌های دیگر نیز به این جریان می‌پیوندند، و از این آب‌های بسیار، رودخانه‌ای واحد پدید می‌آید. من مدتی در ساحل **رودخانهٔ اُتاوا** در کانادا زندگی کرده‌ام، درست بالادستِ جایی که این رودخانه به **سن‌لورنس** می‌پیوندد. در این نقطه، پهنای آن یک مایل است. رودخانهٔ اُتاوا، حاصل به هم پیوستن نهرهای بسیار است.

درخت از یک دانه سر بر می‌آورد. دانهٔ بلوط یا هر دانهٔ دیگری، روی زمین می‌افتد: کوچک، آسیب‌پذیر و تنها. رشد می‌یابد و ریشه‌هایش را به عمق زمین می‌دواند. هم‌زمان با رشد ریشه‌ها، نهالی خاک را چاک می‌زند و در معرض نور و هوا قرار می‌گیرد. ریشه‌ها بلافاصله از هم دور می‌شوند و خاک را در جستجوی آب و مواد غذایی می‌کاوند. نهال تبدیل به تنه می‌شود، که آن هم یکّه و راست است، ولی طولی نمی‌کشد که شاخه شاخه می‌شود. درخت بلوط یا سدر تا می‌توانند شاخه‌های خود را در همهٔ جهات می‌گسترانند. حتی درخت سپیدارِ بلند و باریک هم، فقط تنه‌ای یکّه و راست نیست. نهرهای متعدد به هم می‌پیوندند و رودخانه‌ای واحد جریان می‌یابد؛ درختی واحد رشد می‌کند و شاخه‌های متعدد به هر سو می‌گستراند.

برای درک ماهیت کلیسا، به هر دو تصویر فوق نیاز داریم.

کلیسا از طرفی، مانند رودخانه است. در آخرین کتاب از کتاب‌مقدس، یوحنایی که شاهد رویاهای آسمانی بوده است، جمعیتی انبوه می‌بیند که

از ملـل و اقوام و طوایف و زبان‌های مختلـف، گرد هم آمده و گروهی واحد از سرایندگانی تشکیل داده‌اند که در ستایش خدا سرود می‌خوانند. مانند رودخانه، آنها نیز از جاهای مختلف آمده و نهرهای‌شان اکنون در جریانی واحد به هم آمیخته است. تصویر رودخانه بالاجبار به ما یادآوری می‌کند که هرچند کلیسا، بنا به تعریف از کسانی با خاستگاه‌های بسیار متفاوت تشکیل شده، ولی بخشی از معنی وجود کلیسا این است که تمام این افراد به یکدیگر تعلق دارند، و باید قسمتی از این جریان واحدِ قدرتمندی باشند که اکنون در مسیری واحد پیش می‌رود. به این ترتیب، گوناگونی جا به یگانگی می‌سپارد.

امّا در عین حال، کلیسا مانند درخت است. دانهٔ واحد، یعنی عیسی، در زمینِ تاریک کاشته شد و اکنون گیاهی حیرت‌انگیز پدید آورده است. شاخه‌های آن در همهٔ جهات گسترش یافته‌اند، برخی رو به آسمان رفته‌اند، برخی رو به زمین، برخی هم از دیوار همسایه گذشته‌اند. با نگاه به این شاخه‌های مشتاقِ رشد و افراشته، باورمان نمی‌شود که همگی از یک تنه به وجود آمده باشند. ولی چنین است. یگانگی پدیدآورندهٔ چندگانگی است.

البته این تصاویر را نباید خیلی با معانی انباشت. در فصل آخر کتاب‌مقدس که رودخانه و درختان به صورت بخشی از تصویر خارق‌العادهٔ اورشلیم جدید به یکدیگر می‌پیوندند، رودخانه از سرچشمه‌ای واحد جریان می‌یابد، و درختان برگ‌هایی دارند که همگی به یک اندازه شفابخشند. با این حال، این تصویرِ مضاعف به ما کمک می‌کند که تا حدی بفهمیم منظور مسیحیان از کلیسا چیست؟ یعنی از همان چیزی که به آن می‌گویند قوم خدا، بدن مسیح، عروس مسیح و خانوادهٔ خدا، همان مجموعهٔ هفت رنگ از کسانی که هر چند روز یک بار در ساختمان کهنه‌ای که بالای جاده واقع است، جمع می‌شوند. کلیسا چیست؟ چه کسانی به آن تعلق دارند و چگونه؟ و سؤالی به همین اندازه مهم، اصلاً هدف از وجود کلیسا چیست؟

کلیسا و هدف آن

کلیسا خانوادهٔ واحد ولی تشکیل‌یافته از اقوام و نژادهای مختلف است که خدای خالق قول آن را به ابراهیم داد. کلیسا به‌وسیلهٔ مسیحای اسرائیل، یعنی عیسی، به وجود آمد؛ از روح خدا تقویت یافت؛ و خوانده شد تا خبرِ دگرگون‌کنندهٔ عدالتِ رهایی‌بخش خدا را به گوش سراسر آفرینش برساند. این تعریفِ فشرده‌ای است، و هر تکّه از آن مهم است. اجازه بدهید نگاهی دقیق‌تر به آن بیندازیم و ببینیم که چگونه هم رودخانه و هم درخت به درک ما از کلیسا یاری می‌رسانند.

اولاً، کلیسا رودخانهٔ واحد بزرگی است که از ده‌ها هزار شاخابهٔ پراکنده تشکیل شده. حتی در روزگار کهن هم که قوم اسرائیل خانوادهٔ کمابیش واحدی بود، این اجازه به بسیاری از افراد غیراسرائیلی داده می‌شد تا به خانوادهٔ واحد اسرائیل بپیوندند (نظیر شخصی به نام روت در کتابی به همین نام در عهدعتیق). عیسی پس از آنکه کار خود را به انجام رساند، معیاری جدید برای خانوادهٔ الاهی وضع شد: به این معنی که مردم از هر نژاد و قوم و قبیله و شکل و اندازه، و از هر موقعیّت جغرافیایی و خاستگاه فرهنگی، به حضور در این قومِ نوگشتهٔ الاهی، دعوت و پذیرفته شدند. بنابراین، وقتی کلیسا را «قومِ خدا» می‌خوانیم، به تبعِ اعتقادی که در سراسر مسیحیت اوّلیه رایج بود، تأکید می‌کنیم که بین خانوادهٔ ابراهیم و خانوادهٔ جهانیِ کلیسا، پیوستگی و تداوم وجود دارد. ممکن است اگر این تصویر را مستقلاً در نظر بگیریم، در ذهن ما هم (مانند مسیحیان اوّلیه) سؤال ایجاد کند که پس چرا جمع کثیری از یهودیان، به این خانواده‌ای که عیسی را به‌عنوان خداوند تکریم می‌کرد، نپیوستند.

دوم، کلیسا درخت پرشاخه‌ای است که به دست خدا موقع دعوت ابراهیم کاشته شد: درختی که تنهٔ واحد آن عیسی است، و شاخ و برگ‌ها و هرچه بر آن می‌روید، میلیون‌ها مسیحی و جماعت مسیحی در سراسر جهان است. اگر بخواهیم این حقیقت را با یکی از اصطلاحات محوری کتاب‌مقدس وصف کنیم، باید مانند پولس کلیسا را «بدن مسیح» بخوانیم،

بدن واحدی که در آن هر فردی از مسیحیان، و هر جماعتی از مسیحیان در اقصی نقاط جهان، یکی از اعضا و اندام‌های آن را می‌سازند. «بدن» چیزی بیش از تصویری است که صرفاً وحدت‌در‌کثرت را نمایش می‌دهد؛ با استفاده از نماد «بدن» می‌گوییم که کلیسا خوانده شده تا کار مسیح را/انجام بدهد، و مبدل به ابزاری شود برای عمل و کُنش عیسی در جهان و برای جهان. این درختی که ریشه در اسرائیل کهن دارد، و در عیسی قائم ایستاده است، با شاخه‌های حامل حیات عیسی، گُسترده در همه سو، باید ابزاری باشد برای واقعیت بخشیدن به دستاورد عیسی در سراسر جهان. نگاه کردن به کلیسا از این منظر، شباهت بسیاری به تصویر دیگری دارد که کتاب‌مقدس از کلیسا عرضه می‌کند. این تصویر که آن را هم در عهدعتیق می‌یابیم و هم در تعلیمات خود عیسی، عبارت از این است که قوم خدا تاک هستند، گیاهی واحد با شاخه‌های بسیار.

ایدهٔ «خانواده»، از هیچ‌یک از این دو تصویر دور نیست، ولی ممکن است باعث کج‌فهمی شود. در یک لایه، جایگاه آن محوری است: مسیحیان اوّلیه منتهای تلاش خود را به عمل می‌آوردند تا مانند خانواده‌ای گُسترده زندگی کنند، و چنان به نیازهای یکدیگر رسیدگی کنند که در آن روزگار در خانواده‌های گُسترده باب بود. آنها یکدیگر را «برادر» و «خواهر» خطاب می‌کردند و این را از روی تعارف نمی‌گفتند. مثل اعضای یک خانواده با یکدیگر زندگی و دعا و فکر می‌کردند: مثل فرزندان یک پدر، و تابع یک برادر بزرگ، و دارایی‌های خود را در صورت لزوم، با یکدیگر تقسیم می‌کردند. وقتی از «محبت» حرف می‌زدند، عمدتاً منظورشان همین بود: یعنی زندگی به صورت خانواده‌ای واحد، و به صورت جامعه‌ای که اعضای آن نیازهای یکدیگر را متقابلاً رفع می‌کنند. کلیسا هرگز نباید این دعوت را به فراموشی سپارد.

ولی در عین حال، ایدهٔ «خانواده» ممکن است باعث سوءتعبیر شود. همان‌گونه که بسیاری از واعظان گفته‌اند، خدا نوه ندارد (من شنیده‌ام که این گفته منسوب به بیلی گراهام است)! یکی از بزرگ‌ترین کشمکش‌های

کلیسای اوّلیه کلاً بر سر این بود که کسانی که خارج از جامعهٔ یهود بودند و می‌خواستند به کلیسا بپیوندند، یعنی به آنچه هنوز جامعه‌ای اساساً یهودی بود، آیا اول بایست یهودی می‌شدند؟ یعنی آیا برای پیوستن به قوم خدا که بر محورِ عیسی تعریف جدیدی یافته بود، اول بایست مراسم ورود به «آیین یهود» را به جا می‌آوردند؟ (یعنی اول باید به شریعت یهود عمل می‌کردند و ختنه می‌شدند). پاسخ پولس و بقیهٔ رهبران مسیحی به این پرسش، کاملاً منفی بود. خدا غیریهودیان را همان‌طور که هستند به‌عنوان غیریهودیان می‌پذیرد و لزومی ندارد اول یهودی شوند. از طرفی، خود یهودیان هم دیگر نمی‌توانستند دل به این خوش کنند که امتیازات اجدادی و تولدشان در جامعهٔ یهود، خود به خود آنها را به عضویت خانوادهٔ نوشدهٔ الاهی درمی‌آوَرَد، خانواده‌ای که خدا از طریق مسیحا در حال تشکیل آن بود. همان‌گونه که یحیای تعمیددهنده گفته بود، تیشه بر ریشه‌های درخت نهاده شده است.

به همین ترتیب هم، هیچ‌کس به صِرف تولد یافتن در خانواده‌ای مسیحی، به مسیحا و قوم او، تعلق نمی‌یابد. البته، انکار نمی‌کنیم که خانواده‌ها نقش مهمی در رشد و شکل‌گیری کلیسا ایفا کرده‌اند. بسیاری از مسیحیان اوّلیه با یکدیگر قوم و خویش بودند. گاه در مناطق و دوره‌های خاصی، دو یا سه خانواده کمک بسیار بزرگی به حیات و خدمت کلیسا کرده‌اند. امّا چنانکه همهٔ ما می‌دانیم، اصلاً بعید نیست کسی که در خانواده‌ای مسیحی رشد کرده، به ایمان و حیات خانوادهٔ خود پشت کند. از طرف دیگر، نه فقط محتمل است، بلکه بارها این اتفاقِ باشکوه تکرار شده که کسی که در سالیان رشد هیچ تماسی با پیام انجیل یا کلیسا نداشته است، بعدها به کلیسا پیوسته و تبدیل به عضوی بسیار فعّال شده است. بسیاری از شاخه‌ها از درخت می‌افتند؛ خیلی از نهرها با هم به رودخانه‌ای واحد می‌ریزند. تولد در خانواده‌ای خاص، خود به خود ما را به عضوی از خانوادهٔ خدا تبدیل نمی‌کند.

امروزه برای بسیاری کسان، درک این مفهوم از هویّتِ جمعی مسیحی دشوار است. ما [مسیحیان غرب] بقدری در فردگراییِ فرهنگ امروز

غرب غوطه خورده‌ایم که وقتی می‌شنویم هویّت اصلی ما را خانواده‌ای شکل می‌دهد که به آن تعلق داریم، احساس تهدید می‌کنیم - به‌خصوص هم که این خانواده بقدری گسترده است که به زمان و مکان خاصی محدود نمی‌شود. کلیسا صرفاً مجموعه‌ای از اشخاص منفردی نیست که هر یک به تنهایی و بدون چندان ارتباطی با دیگران، مسیر خود را در رشد روحانی طی می‌کنند. گاه ممکن است چنین به نظر آید، و حتی چنین احساس شود. و البته، شکی دربارهٔ این حقیقت شکوهمند وجود ندارد که هر یک از ما خوانده شده‌ایم تا به‌طور شخصی به دعوت خدا پاسخ گوییم. می‌توان برای مدتی خود را عقب کلیسا، در سایه‌ها پنهان کرد، ولی دیر یا زود باید تصمیم بگیریم که آیا به این جمع تعلق داریم یا نه. امّا (اگر مانند پولس رسول کلیسا را به بدن مسیح تشبیه کنیم) دوباره باید این درس را فرابگیریم که «دست» به‌خاطر تعلق داشتن به کلیّتی بزرگ‌تر، یعنی بدن، چیزی از «دست» بودنش کم نمی‌شود. پا به‌خاطر تعلق یافتن به بدنی که همچنین شامل چشم و گوش است، از آزادی‌اش برای پا بودن، کاسته نمی‌شود. اتفاقاً دست و پا بر اثر همکاری مناسب با چشم‌ها و گوش‌ها و سایر اعضای بدن، منتهای آزادی را کسب می‌کنند تا مطابق آنچه هستند، عمل کنند. اگر دست و پا را قطع کنیم تا آزادی مطلق داشته باشند و به استقلال کامل برسند، نتیجه فاجعه‌بار خواهد بود.

به‌طور خاص، این نوع فردگرایی در حکم انکار هدفی خواهد بود که کلیسا به‌خاطر تحقق آن به وجود آمده است. از نظر مسیحیان اوّلیه، هدف از وجود کلیسا این نبود تا جایی برای اشخاصِ منفرد فراهم سازد تا در آن هر کس به برنامهٔ شخصی خود برای رشد روحانی عمل کند و در پی شکوفا ساختن استعدادهای روحانی خود باشد. هدف از وجود کلیسا این هم نیست که ملجاء و پناهگاهی باشد برای کسانی که می‌خواهند خود را از دنیای شریر پنهان کنند و مطمئن شوند که به سلامت به مقصدِ آن‌جهانی خود خواهند رسید. رشد روحانی شخصی و نجات نهایی، بیشتر دستاوردهای جانبیِ نقشهٔ اصلی و محوری و گسترده‌ای است که

خدا به‌خاطر تحقق آن، ما را خوانده است و می‌خوانَد. این هدف بروشنی در قسمت‌های مختلف عهدجدید بیان شده: از طریق کلیسا، خدا به دنیای بیرون از کلیسا اعلام خواهد داشت که براستی او آفرینندهٔ فرزانه و بامحبت و عادل جهان است، و از طریق عیسی، او بر قدرت‌هایی که این جهان را به تباهی و بند می‌کشند، پیروز شده است؛ و از طریق روح خود، دنیا را شفا می‌بخشد و نو می‌سازد.

به بیان دیگر، کلیسا به‌خاطر چیزی وجود دارد که گاه به آن می‌گوییم «رسالت Mission»: یعنی اعلام این مطلب به جهان که عیسی خداوند آن است. این همان «خبر خوش» است، و هنگامی که اعلام می‌شود، زندگی انسان‌ها و جوامع را دگرگون می‌سازد. رسالت، در وسیع‌ترین و در همان حال متمرکزترین معنایش، عبارت از هدفی است که وجود کلیسا برای تحقق بخشیدن به آن است. خدا می‌خواهد به جهان سامان بخشد، و از طریق عیسی به‌گونه‌ای کاملاً مؤثر، این پروژه را کلید زده است. متعلقان عیسی خوانده شده‌اند تا در همین زندگی حاضر، به یاری قدرت روح‌القدس، تبدیل به مُجریان نقشهٔ خدا برای سامان بخشیدن به جهان شوند. کلمهٔ «رسالت Mission» برگرفته از کلمهٔ «فرستادن» در زبان لاتین است: «همان‌گونه که پدر مرا فرستاد، من نیز شما را می‌فرستم» (یوحنا ۲۱:۲۰).

اکنون می‌خواهیم معنی رسالت را در وجه عمل بررسی کنیم. ولی قبل از آن، نکته‌ای را باید یادآوری کرد. از همان آغاز، عیسی در تعلیمات خود روشن ساخت که کسانی که خوانده شده‌اند تا عاملانِ محبت شفابخش خدا برای سامان بخشیدن به جهان باشند، در عین حال، خوانده شده‌اند تا کسانی باشند که زندگی خودشان نیز توسط همان محبت شفابخش سامان یافته است. به عبارتی، پیام‌آوران باید تجسم پیام خود باشند. از همین رو، با وجودی که خدا کلیسا را برای به انجام رساندن رسالت الاهی فراخوانده است، خودِ فرستاده‌شدگان - یعنی همهٔ مسیحیان - بنا به تعریف، کسانی هستند که سامان و شفا یافته‌اند. اکنون باید مکثی کنیم و معنای دقیق این موضوع را بررسی کنیم.

بیدار شدن با صدای پیامِ خوش

وقتی صبح از خواب بیدار می‌شویم، چه اتفاقی می‌افتد؟

برای عده‌ای، بیدار شدن به شوک می‌ماند و بسیار ناگوار است. زنگ ساعت به صدا در می‌آید و آنها سراسیمه از خواب ناز بیدار می‌شوند و روشناییِ سرد و سنگدل روز را مقابل خود می‌یابند.

برای برخی دیگر، بیدار شدن، اتفاقی است که در سکوت و به‌آهستگی می‌افتد. این افراد ممکن است اول نیمه‌خواب و نیمه‌بیدار باشند و حتی ندانند هنوز خواب هستند یا بیدار، تا اینکه بتدریج، بی‌آنکه احساس شوک یا بیزاری کنند، به بیداری کامل می‌رسند و از آغاز روزی دیگر شاد می‌شوند.

برای اکثر ما پیش آمده که به یکی از این دو حالت بیدار شویم، ولی تجربه‌های ما از بیدار شدن، اغلب چیزی مابین این دو حالت است.

بیدار شدن، یکی از گویاترین تصاویر برای توصیف آن اتفاقی است که نتیجهٔ لمس شدنِ زندگی انسان بوسیلهٔ خداست.

داستان‌هایی کلاسیک از کسانی وجود دارد که چشمان‌شان یکباره به روی حقایق روحانی باز شده است، طوری که انگار با صدای زنگِ ساعت بیدار شده باشند. شائول اهل تارسوس، وقتی عازم دمشق بود، کور از نوری ناگهانی، در بهت و حیرت، دریافت خدایی که می‌پرستید، خود را در عیسای ناصریِ مصلوب و برخاسته از مرگ مکشوف کرده است. جان وسلی گرمای عجیبی در دل خود احساس کرد و دیگر به عقب بازنگشت. اینها و چند نمونهٔ دیگر، مثال‌های معروف هستند، امّا غیر از اینها میلیون‌ها نمونهٔ دیگر هم وجود دارد.

داستان‌های بسیاری دربارهٔ نمونه‌های نیمه‌بیدار و نیمه‌خواب وجود دارد که به معروفیّت داستان‌های فوق نیست. عده‌ای ماه‌ها، سال‌ها و بلکه چندین دهه را در حالتی می‌گذرانند که نمی‌دانند آیا از نقطه‌ای بیرون از ایمان مسیحی به داخل آن نظر دوخته‌اند، یا اینکه داخل ایمان مسیحی هستند و با نگریستن به اطراف می‌خواهند از حقیقی بودن آن مطمئن شوند.

مثل بیدار شدنِ معمولی، بسیاری از افراد جایی بین دو حالت فوق قرار دارند. ولی مسئله این است که چیزی به اسم خواب و چیزی به اسم بیداری وجود دارد. و باید بتوانیم اینها را از هم تشخیص بدهیم و هروقت زمان خروج از بستر و شروع کار رسید، هر کاری که می‌خواهد باشد، از بیداری خود مطمئن باشیم.

وقتی انجیل عیسی - یعنی این خبر خوش که خدای خالق برای سامان بخشیدن به جهان، اقدامی قاطع به عمل آورده است - بر وجدان کسی تأثیر می‌گذارد، اتفاقی می‌افتد که مسیحیان اوّلیه برای وصف آن، بارها از همین تصویرِ «بیدار شدن» استفاده کرده‌اند. این کار دلیل خوبی دارد. «خواب» یکی از شیوه‌های معمول برای سخن گفتن از مرگ در دنیای یهودیت باستان بود. با رستاخیز عیسی، دنیا دعوت می‌شد تا بیدار شود. قدیس پولس رسول می‌نویسد: «ای که در خوابی، بیدار شو! از مردگان برخیز! که مسیح بر تو خواهد درخشید!» (افسسیان ۱۴:۵).

مسیحیان اوّلیه در واقع اعتقاد داشتند که همهٔ انسان‌ها به برخاستن از مرگ نیاز دارند - آن هم نه فقط در پایان، در دنیای جدیدی که خدا سرانجام خواهد ساخت، بلکه همچنین در زندگی حاضر. خدا بر آن است تا در پایان، زندگی جدیدی به ما اعطا کند که در قیاس با آن، زندگی حاضر چیزی جز سایه نیست. او بر آن است تا در آفرینش جدیدِ نهایی خود، زندگی تازه‌ای به ما اعطا کند. *اما آفرینش جدید از هم‌اکنون با رستاخیز عیسی، آغاز شده است* و خدا می‌خواهد تا *هم‌اکنون*، در همین زمان حاضر بیدار شویم و چشمان خود را به روی واقعیت جدید الاهی بگشاییم. ما باید از مرگ به نوع جدیدی از زندگی گذر کنیم؛ باید به فرزندان نور تبدیل شویم، هرچند مابقی جهان هنوز در خواب باشد. باید در ظلمتِ دنیای حاضر، با نور مسیح زندگی کنیم تا به گاهِ برآمدن خورشید، آماده باشیم. یا اگر بخواهم از تصویر دیگری استفاده کنم، ما از هم‌اکنون باید تصویری را طراحی کنیم که یک روز خدا برای رنگ‌آمیزی آن از ما دعوت به همکاری خواهد کرد.

به بیان دیگر، مسئله این نیست که «تجربهٔ مذهبی جدیدی» کسب کنیم. شاید چنین احساسی به ما دست داد، شاید هم نداد. برای عده‌ای، ایمان آوردن به مسیح، تجربه‌ای عمیقاً احساسی است؛ برای برخی دیگر، ایمان آوردن به این معنی است که در آرامش، به پاسخ سؤالاتی می‌رسند که مدتی مدید با آنها کلنجار رفته‌اند. شخصیت هریک از ما به‌گونه‌ای باشکوه، متفاوت است و خدا با هر یک از ما به شیوه‌ای متفاوت و شکوهمند رفتار می‌کند. در هر حال، برخی از تجربیات مذهبی، عمیقاً غیرمسیحی یا ضدمسیحی هستند. دنیای باستان مملو از مذاهب گوناگونی بود که برخی از آنها به‌شدت فرد را از گوهر انسانی‌اش تهی می‌ساختند. شاید ما همیشه هم متوجه نباشیم، ولی دنیای امروز نیز چنین است.

پس شنیدن و لبیّک گفتن به انجیل مسیحی شامل چیست؟ معنی بیدار شدن و چشم گشودن به روی دنیای جدیدِ خدا چیست؟ به بیان دیگر، تبدیل شدن به عضوی از خانوادهٔ خدا، عضوی از قومِ عیسی - یعنی کلیسا، به چه معناست؟

انجیل - یعنی «خبر خوش» دربارهٔ آنچه خدای خالق در عیسی به انجام رسانده است - قبل و مهم‌تر از هر چیز، خبری *است دربارهٔ چیزی که اتفاق افتاده است*. و باید گفت، اوّلین و مناسب‌ترین واکنش انسان در قبال این خبر، *ایمان آوردن به آن* است. خدا با برخیزاندن عیسی از میان مردگان، بواسطهٔ اقدامی قاطع و قدرتمندانه اعلام داشته است که با آمدن عیسی، پادشاهی خدا که قوم خدا از دیرباز به انتظارش بودند، آغاز شده است و (از طریق مرگ عیسی) سرانجام شرارت در سراسر جهان، مغلوب شده است. هنگامی که زنگ ساعت به صدا درمی‌آید، در واقع می‌گوید: «آهای خبر خوش. بیدار شوید و به آن ایمان آورید!»

با این حال، این خبر بقدری دور از واقعیت می‌نماید و خارق‌العاده است که نمی‌توان از مردم انتظار داشت آن را به همان شکلی باور کنند که وقتی می‌گویید بیرون هوا بارانی است، حرف‌تان را باور می‌کنند. با این حال، از کسانی که این پیام را می‌شنوند، لااقل عده‌ای درمی‌یابند که

واقعاً به آن ایمان *دارند*. این پیام برای آنها دارای معناست. البته، منظورم نه آن «معنایی» است که دنیای سکولار [غیردینی] با آن تلقیِ محدود و یکنواختش از حقیقت، در نظر دارد. در دنیای سکولار، فقط چیزهایی مهم هستند که بتوان در بوتهٔ آزمایش یا حساب بانکی گذاشت‌شان. من به «معنایی» اشاره دارم که در دنیای عجیب و جدیدی وجود دارد، دنیایی که بارقه‌ای از آن را برای لحظه‌ای می‌بینیم، درست مانند زمانی که سراپا حیرت، نگاه به نقاشی باشکوهی می‌دوزیم، یا گوش به آهنگ یا سمفونی‌ای می‌سپاریم که با خود به دنیایی دیگر می‌بردمان. این نوع «معنی داشتن» بیشتر شبیه عاشق شدن است تا محاسبهٔ موجودی یک حساب. در نهایت، ایمان به *اینکه* خدا عیسی را از میان مردگان برخیزاند، از ایمان و توکل *به* خدایی سرچشمه می‌یابد که بر چنین کارهایی قادر است، و براستی نیز چنین کرده است.

در اینجاست که کلمهٔ «اعتقاد» ممکن است در ادای مقصود، ناکافی و یا حتی گمراه‌کننده باشد. مسیحیان اوّلیه کلمهٔ «اعتقاد» را به دو معنی به‌کار می‌بردند: اولاً ایمان داشتن به *اینکه* خدا کارهای خاصی را انجام داده است و ثانیاً ایمان داشتن به خدایی که انجام‌دهندهٔ این کارهاست. بنابراین، از نظر مسیحیان اوّلیه، اعتقاد فقط به این معنی نبود که ایمان داشته باشیم خدایی هست، هرچند این معنی را هم شامل می‌شد، بلکه نیز به معنی توکل به خدا همراه با محبت و سپاسگزاری بود.

وقتی از این گوشه به موضوع «معنی داشتن» نگاه کنیم، خواهیم دید که مسئلهٔ اساسی این نیست که موضوعی هست و ما باید حلاجی و تحلیلش کنیم و اقدامی دربارهٔ آن به عمل آوریم. نه، مسئلهٔ اساسی این است که **کسی** ما را، با صدایی بزحمت تشخیص‌دادنی، فرا می‌خوانَد و پیام او برای ما، دعوت‌مان می‌کند تا همزمان دوستش بداریم و از او اطاعت کنیم. دعوت به ایمان آوردن، هر این دو جنبه را شامل می‌شود. بدین‌طریق، انسان دعوت می‌شود تا به خدای حقیقی ایمان آورد، خدای خالق هستی که از فرط علاقه به جهان، جهانی که من و شما هم جزو آن هستیم، در شخصِ **پسرش** آمده و جان داده و از مرگ برخاسته است تا قدرت شرارت را در

هم بشکند و دنیای جدیدی خلق کند که در آن همه چیز سامان خواهد یافت و غم و اندوه جای به شور و شعف خواهد سپرد.

هرچه به ناتوانی خود در درک این موضوع بیشتر پی می‌بریم، و هرچه بیشتر می‌فهمیم که رفتار ما با منزلت حقیقی انسان چه تضاد فاحشی دارد، دعوت فوق را بهتر می‌شنویم. این دعوت، *بخشایش* را به ما ارزانی می‌کند. فرا می‌خواندمان تا هدیهٔ خدا را که پرونده‌ای پاک‌شده و شروعی کاملاً تازه است، بپذیریم. حتی اگر این عطا را به یک آنْ ببینیم، احساسِ هیبت و شکرگزاری، راه بر نفس‌مان خواهد بست و در درون‌مان چشمه‌ای از محبت و سپاسگزاری در پاسخ به محبت خدا، خواهد جوشید. همان‌گونه که نمی‌توانیم پلکانی از منطق و خرد بشری بسازیم و از آن بالا برویم تا نوعی «دلیل» بر وجود خدا بیابیم، همچنان هم نمی‌توانیم پلکانی از اخلاقیّات بشری یا دستاوردهای فرهنگی بسازیم و با صعود از آن، خود را شایستهٔ لطف و عنایت خدا کنیم. گَه‌گاه برخی از مسیحیان تصور کرده‌اند که باید چنین پلکانی بسازند و با تلاش‌های انسانی خود، همه چیز را به گرداب بطالت انداخته‌اند.

امّا این واقعیت که هرگز نمی‌توانیم به اتکاء تلاش‌های اخلاقی خود، شایستهٔ لطف و محبت خدا شویم، نباید باعث فراموش شدن این واقعیت شود که دعوت به ایمان، همچنین دعوتی است به فرمانبرداری و اطاعت. جز این هم نباید باشد، زیرا این دعوت اعلام می‌دارد که عیسی خداوند و سرورِ به‌حق تمامی جهان است. (کلمات و عباراتی که پولس دربارهٔ عیسی به‌کار می‌بُرد، مخاطبانش را فوراً به یاد کلمات و عباراتی می‌انداخت که دربارهٔ امپراتور روم استفاده می‌شد.) از همین روست که پولس دربارهٔ «اطاعت ایمان» سخن می‌گوید. در واقع، کلمه‌ای که مسیحیان اوّلیه برای «ایمان» به‌کار می‌بُردند همچنین به معنی «وفاداری» یا «بیعت و تبعیت» است. این همان چیزی است که امپراتورانِ کهن و جدید همواره بر تابعان خود الزام کرده‌اند. پیام انجیل، عبارت از این خبر خوش است که عیسی، یگانه «امپراتور» حقیقی، بر جهان به روش جدید خود که همانا محبتِ جانبازانه است، حکم می‌رانَد. البته، بدین‌ترتیب

انجیل کلمهٔ امپراتور را عمداً از معنی متداول آن ساقط می‌کند. وقتی مسیحیان اوّلیه کلمات و عباراتی را به‌کار می‌بردند که در مورد امپراتوران رواج داشت، همواره به طنز قضیه آگاه بودند. آخر چه کسی دیده بود امپراتور با مصلوب شدن پیروز شود؟

هنگامی که خود را با ماهیت پادشاهی عیسی می‌سنجیم، و درمی‌یابیم که معیارهایی یکسر متفاوت بر زندگی ما حاکم بوده‌اند، شاید برای نخستین بار درک می‌کنیم که تا چه اندازه از هدفی که برای آن آفریده شده‌ایم، دور افتاده‌ایم. به این درک می‌گوییم «توبه»، یعنی روگردانیِ جدی از الگوهایی که انسانیّت حقیقی ما را مخدوش و نابود می‌کند. توبه صرفاً به معنی پشیمانی به‌خاطر احساساتی خاص نیست، هرچند اغلب این مورد را هم شامل می‌شود. توبه به معنای درک این موضوع است که خدای زنده ما را به شکل انسان آفریده تا صورت او را به جهان بازتاب دهیم، و متأسفانه ما این کار را نکرده‌ایم. (واژهٔ فنی برای این ناکامی، «گناه» است که در درجهٔ اول به معنی «زیر پا گذاشتن قوانین الاهی» نیست، بلکه به معنی «نزدن به هدف است»، یعنی بازماندن از هدفی که همانا رسیدن به انسانیّتِ کامل و اصیل و شکوهمند است.) در اینجا نیز، دوای درد ما نزد انجیل است، یعنی همان پیامی که خداوندی عیسی را اعلام می‌دارد و ما را به اطاعت فرا می‌خواند. چاره‌ای که انجیل ارائه می‌کند، بخشایشِ رایگانی است که انسان نه به‌خاطر شایستگی خود، بلکه به‌خاطر کار عیسی بر صلیب، آن را به دست می‌آورد. در قبال این بخشایش چه داریم بگوییم، جز: «خدایا سپاسگزارم!»

ایمان، محبت و اطاعت (و توبه از ناکامی خود در عمل به این سه مورد): اعتقادی که بر این پایه‌ها استوار باشد، نشانهٔ مسیحی بودن است، یعنی تنها علامت مشخصه‌ای که هویت فرد مسیحی را نشان می‌دهد. از همین روست که در اکثر کلیساهای سُنتی، جماعت برای اعلام ایمان خود، یکی از اعتقادنامه‌های کهن مسیحی را به صدای بلند اقرار می‌کند. این مُهری است که کیستی ما را نشان می‌دهد. با اقرارِ ایمان خود، ما به این خدا، و به نقشه و برنامهٔ او برای نجات جهان، لبیّک می‌گوییم.

نشانهٔ اصلیِ هوّیت ما، و نیز کیستی و چیستی کلیسا، همین است. در ضمن، منظور قدیس پولس رسول از آنچه تحت عنوان «عادل‌شمردگی / برحق‌شمردگی[1] از طریق ایمان» مطرح کرده، همین است. یعنی خدا اعلام می‌دارد که کسانی که در این ایمان سهیم هستند، «در جایگاه درست و برحق[2]» قرار گرفته‌اند. خدا بر آن است تا تمام جهان را سامان بخشد؛ او از قبل این کار را بوسیلهٔ مرگ و رستاخیز عیسی، و فعالیّت روح‌القدس در زندگی مردان و زنان مسیحی آغاز کرده است، فعالیّتی که آنها را به سوی ایمان سوق می‌دهد، و این ایمان تنها نشانهٔ تعلق به عیسی است. وقتی مردم پذیرای ایمان مسیحی می‌شوند، «سامان می‌یابند و در جایگاه درست قرار می‌گیرند»[3] و این نشانهٔ اوّلیه و بخشی از اقدامی است که خدا می‌خواهد در مورد کُل آفرینش به انجام رساند.

ایمان مسیحی نوعی آگاهی مذهبی کُلی نیست. به این معنی هم نیست که بتوانیم برخی موضوعاتِ نامحتمل را باور کنیم. ایمان مسیحی یقیناً نوعی زودباوری هم نیست که رابطهٔ ما را با هرگونه واقعیتِ اصیل بگسلد. ایمان مسیحی، ایمانی است که داستان عیسی را می‌شنود، از جمله این اِعلان را که او خداوند حقیقی عالم است، و با موجی از محبتِ شاکرانه که از صمیم قلب برمی‌آید، در پاسخ به آن می‌گوید: «بله. عیسی خداوند است. او برای گناهان من مُرد. خدا او را از میان مردگان زنده کرد. این حقیقت در کانون هستی جای دارد.» خواه ایمان ما نتیجهٔ نوری باشد که به ناگهان بر قلب‌مان تابیده، و خواه به‌آهستگی از مسیری طولانی و پیچاپیچ گذشته و به ایمان رسیده باشیم، در هر حال به محض

---

۱ به‌طور بسیار خلاصه ـ چون در یک پانویس مجال پرداختن به موضوعی با این حجم و ابعاد نیست و در مقاله‌ای این کار را خواهم کرد ـ نویسندهٔ این کتاب، Justification را که در ترجمهٔ *قدیمی* فارسی به «عادل‌شمردگی» و در ترجمهٔ *هزاره نو* به «پارساشمردگی» برگردانده شده است، بیشتر در معنای «اثبات حقانیّت» (vindication) و «برحق‌شمردگی» مطرح می‌کند. به‌طور سربسته اشاره می‌کنیم که این نتیجهٔ نگاهی (به تعبیر برخی کسان «نو!») به موضوع «عادل‌شمردگی از طریق ایمان» است که در سه دههٔ اخیر مطرح و بسط یافته و الاهیدانان بسیار برجسته‌ای را در جبههٔ طرفدارانش می‌توان یافت نظیر جیمز دان و ریچارد هِیز. (مترجم)

2 In the right; 3 Put in the right

رسیدن به این نقطه (چه بدانیم و چه ندانیم)، علامتی را بر خود خواهیم داشت که نشان می‌دهد ما نیز به اندازهٔ هر مسیحی دیگر در طول تاریخ، بخشی از کلیسا هستیم. به این ترتیب، درک می‌کنیم که بیدار شدن و خود را در دنیای جدیدِ خدا یافتن به چه معناست.

از این گذشته، شواهدی روشن بروز می‌دهیم که نشان می‌دهند زندگی جدیدی آغاز شده است. جایی در عمق وجودمان، چیزی پا به هستی گذاشته که قبلاً وجود نداشت. از همین روست که بسیاری از مسیحیان اوّلیه، برای بیان این موضوع، از کلمات و عبارات مربوط به *تولد* بهره می‌گرفتند. عیسی خود، در گفتگویی معروف با یک معلم یهودی، دربارهٔ «تولد یافتن از بالا» سخن گفت: یعنی اتفاقی که هرچند به تولد انسان شباهت دارد، با آن متفاوت است (یوحنا ۳). بسیاری از مسیحیان اوّلیه، این ایده را اخذ کردند و بسط دادند. همان‌گونه که یک نوزاد، نفس می‌کشد و گریه می‌کند، همچنان هم نشانه‌های زندگی در یک مسیحیِ نوزاد عبارتند از ایمان و توبه، یعنی دَم که همان به سینه کشیدنِ محبت خداست و بازدَم که شامل ابراز آشفتگیِ اوّلیه است. در این مرحله، خدا درست مانند مراقبتی که از یک نوزاد به عمل می‌آید، به فردی که تازه توبه کرده، آرامش می‌بخشد و از او محافظت به عمل می‌آورد و مانند یک مادر، تغذیه‌اش می‌کند.

تعلق یافتن به خانواده

«اگر خدا پدر ماست، کلیسا هم مادر ماست.» این کلمات متعلق به اصلاحگرِ سوئیسی کلیسا، ژان کالوَن، است. قسمت‌های متعددی در کتاب‌مقدس دارای همین مضمون هستند (به‌طور خاص می‌توان به غلاطیان ۴:۲۶-۲۷ اشاره کرد که بازتابی از اشعیا ۱:۵۴ است). این قسمت‌ها بر این واقعیت تأکید دارند که انزوای یک مسیحی به همان اندازه ناممکن و غیرضروری و نامطلوب است که طفلی نوزاد تک و تنها بماند.

کلیسا در درجهٔ اول یک *جامعه* است، یعنی مجموعه‌ای از کسانی که به یکدیگر تعلق دارند چون همگی به خدا تعلق دارند، خدایی که او

را در عیسی و از طریق عیسی می‌شناسیم. با وجودی که ما اغلب کلمهٔ «کلیسا» را برای اشاره به یک ساختمان به‌کار می‌بریم، منظورمان در واقع اشاره به ساختمانی است که *افراد کلیسا در آن گرد می‌آیند*. البته، بحثی در این نیست که ساختمان‌ها خاطراتی را انتقال می‌دهند، و وقتی برای سالیان دراز مردم در یک ساختمان، دعا و عبادت و سوگواری می‌کنند، و جشن می‌گیرند، چه بسا خود این ساختمان هم به شهادتی قدرتمند بر حضور خدایی تبدیل شود که پذیرای انسان‌هاست. امّا در هر حال، مردم هستند که اهمیّت دارند.

علت اساسی وجود کلیسا، تحقق بخشیدن به دو هدفِ بسیار مرتبط است که عبارتند از: عبادت خدا و فعالیّت برای پادشاهی او در جهان. ما حتماً باید به‌طور شخصی و به شیوه‌های مخصوص به خود، خدا را عبادت و برای تحقق پادشاهی او فعالیّت کنیم، ولی پادشاهی خدا در صورتی می‌تواند به جای چرخیدن به دور خود، پیش برود که ما چه به صورت جداگانه و چه در کنار و دوشادوشِ یکدیگر به فعالیّت بپردازیم.

کلیسا هدفِ سومی هم دارد که به تحقق یافتنِ دو هدف دیگر آن یاری می‌رساند: تشویق یکدیگر، بنای همدیگر در ایمان، دعا کردن با هم و برای هم، یاد گرفتن از هم و تعلیم دادن به هم، و الگو بخشیدن به یکدیگر و آگاهانیدن یکدیگر از چالش‌ها و وظایفی که پرداختن به آنها ضرورت دارد. تمام اینها بخشی از آن چیزی است که به‌طور سرسری *مشارکت* می‌خوانیمش. معنی مشارکت صرفاً این نیست که برای همدیگر چای و قهوه درست کنیم. مشارکت کلاً به این معنی است که در قالب این فعالیّت مشترک که در آن تمام اعضای خانوادهٔ الاهی سهیمند و هرکس سهم و جایگاه مناسب خود را دارد، زندگی کنیم.

در این چارچوب است که «خدمات مسیحی» مختلف در کلیسا پدید آمده‌اند. بنا بر اوّلین شواهدی که از کتاب اعمال رسولان و نامه‌های پولس در اختیار داریم، کلیسا در زندگی دسته‌جمعی خود، دعوت‌های مختلفی را برای خدمت، بازشناخته است. خدا به افراد مختلف، عطایای

مختلفی بخشیده تا تمامی جامعهٔ مؤمنان به شکوفایی برسد و رسالتی را که به آن سپرده شده، پیش ببرد.

عبادت، مشـــارکت، و بازتاب دادن پادشـــاهی خدا در جهان، کاری است که در حیات جمعی ما تحقق می‌یابد. اگر می‌خواهیم صورت خدا را بازتاب دهیم و این بازتاب همواره نو و ناب باشد، ناگزیر از بازگشت برای عبادت در جمع ایمانداران هستیم. به همین نحو، عبادت، مشارکت را حفظ و تغذیه می‌کند؛ بدون عبادت، مشارکت به‌سرعت تغییر ماهیت می‌دهـــد و تبدیل به همنشـــینیِ افراد همفکر می‌شـــود، و این نیز مبدل می‌شود به دســـته‌بندی‌های انحصاری - یعنی پدیده‌ای کاملاً در تضاد با آنچه باید هدف قوم عیسی باشد.

حتی وقتی کلیسا درک درستی از همهٔ موضوعات ندارد، باز در بطن کلیساســـت که ایمان مسیحی تغذیه می‌شود و به بلوغ می‌رسد. مانند هر خانوادهٔ دیگری، اعضای کلیســـا در ارتباط با یکدیگر است که به هوّیت خود پی می‌برند. کلیســـاها از نظر تعداد اعضا، تفاوت‌های چشمگیری دارند، از عده‌ای قلیل و پراکنـــده در دهکده‌های دورافتاده تا هزاران نفر که در برخی از نقاط جهان به کلیســـا می‌روند. امّا عالی‌ترین حالت این است که هر مســـیحی بتواند به گروه کوچکی از ایمانداران ملحق شود، جایی که افراد می‌توانند یکدیگر را بشناســـند و برای هم به معنای واقعی کلمه دعا کنند. وی همچنین باید به مشـــارکتِ مسیحی بزرگ‌تری ملحق شـــود که هم از حیث اعضا، هم از حیث شیوه‌های عبادت و پرستش و هم از حیث فعالیّت برای پادشاهی خدا، کاملاً متنوع است. اجتماع محلی مسیحیان هرقدر کوچک‌تر باشد، ارتباط آن با اجتماعی بزرگ‌تر، اهمیّت بیشـــتری می‌یابد. اجتماعات هفتگیِ پرتعداد هم، هرچه بزرگ‌تر باشند (منظورم کلیساهایی اســـت که هر هفته صدها، و یا حتی، هزاران نفر در جلسات‌شـــان شـــرکت می‌کنند)، این امر اهمیّت بیشتری می‌یابد که هر یک از اعضا در گروهی کوچک‌تر نیز عضویت یابد. ایده‌آل این است که گروه‌های حدوداً دوازده نفری برای دعا و بررســـی کتاب‌مقدس و بنای یکدیگر در ایمان، گرد هم جمع بشوند.

عضویّت در کلیسا با مراسمی آغاز می‌شود که مظهر کلِ معنای ایمان و تعلق است. منظورم **تعمید** است.

از طریق آب‌های تعمید

دیگر باید این داستان را بدانیم. یهودیان، از روزگار کهن گرفته تا امروز، این داستان را هر سال با جزئیاتی روشن بازگفته‌اند: اینکه چگونه خدا آنها را از مصر رهایی بخشید. او آنها را از دریای سرخ گذر داد و از راه بیابان به سرزمین موعود رساند. *گذری از آب به آزادی.*

جالب آنکه این داستان از شخص رهبر قوم، یعنی موسی، آغاز شد، به این ترتیب که وقتی او نوزاد بود، والدینش با سرپیچی از دستور فرعون ترتیبی برای حفظ جانش دادند و او را در سبدی ضدآب در نیزارِ ساحلی رود نیل نهادند. موسی بایست (در مقیاسی کوچک) *نجات با گذر از آب* را تجربه می‌کرد، چیزی که بعدها خدا از طریق او تحقق می‌بخشید. پس از مرگ موسی، باز این اتفاق تکرار شد: یوشع قوم خدا را از آب اردن گذر داد و سرانجام آنها را به سرزمین موعود رساند.

این داستان‌ها حتی به زمانی بسیار پیشتر از اینها برمی‌گردند. خود آفرینش، مطابق باب اول کتاب پیدایش، زمانی صورت گرفت که بادی عظیم از جانب خدا، یا نَفَس و یا روح او، مانند کبوتری به حالتِ تخم‌گذاشتن بر فراز آب‌ها قرار گرفت، و خدا آب‌ها را در نقاط مختلف گرد آورد و دستور داد تا خُشکی ظاهر شود. شاید بتوان گفت که خود آفرینش هم، با نوعی خروج یا به عبارتی با نوعی تعمید، آغاز شد. *گذر از آب به زندگی جدید.*

بنابراین جای شگفتی نیست که یکی از معروف‌ترین جنبش‌هایی که در یهودیت صورت گرفت، به شکل جنبشی ظاهر شد که به منزلۀ «خروجی‌ـ‌جدید» و «عبوری‌ـ‌جدیدـ‌از‌ـ‌رودـ‌اُردن» بود. پسرخالۀ عیسی ایمان داشت که خدا او را دعوت کرده است تا مردم را آمادۀ لحظه‌ای کند که از دیرباز در انتظارش بودند، یعنی زمانی که خدای اسرائیل به وعده‌های کهن خود تحقق می‌بخشید. این شخص مردم را به بیابان

اُردن می‌خوانْد تا به گناهان خود اعتراف کنند و در رود اُردن تعمید یابند (تعمید لفظاً به معنی «غوطه‌ور شدن» است). *گذر از آب به عهد جدید خدا.* آنها بایست به قوم تطهیرشدهٔ خدا تبدیل می‌شدند، قومِ عهد-جدید خدا، قومی آماده برای آنکه خدای‌شان به نجات آنها بیاید.

عیسی خود حاضر شد تا از دست یحیی تعمید بگیرد. به این ترتیب وی می‌خواست خود را با کسانی که به نجات‌شان آمده بود، یک کند و به نقشهٔ پدر خود که بر عهد او با قومش استوار بود، تحقق بخشد. هنگامی که عیسی از آب خارج شد، روح خدا مانند کبوتری بر او قرار گرفت، و صدایی از آسمان اعلام داشت که او پسر حقیقی خدا است، یعنی مسیحای اسرائیل، پادشاه. برای عیسی، این عمل نمادین که حکایت از خروج-دوم داشت، به منزلهٔ آغاز نهضت او برای تحقق بخشیدن به پادشاهی خدا بود.

ولی او این اقدام سمبولیک را همچنین اشاره به عملی می‌دانست که خدمت او را به اوج می‌رسانْد. عیسی یک بار از «تعمیدی که در انتظار اوست» سخن گفت – و برای شاگردان روشن شد که عیسی به مرگ خود اشاره داشت. چنانکه قبلاً دیدیم، او برای به چالش کشیدنِ بزرگان و زعمای قوم، ایّام عید پِسَخ، یعنی جشن بزرگ یهودیان را برای گرامیداشت واقعهٔ خروج، انتخاب کرد و بخوبی از نتیجهٔ این کار آگاه بود.

تعمید عیسی و **شام آخر** او با شاگردانش که بدقت برای آن برنامه‌ریزی کرده بود، هر دو به رخداد اصلی خروج (یعنی واقعهٔ-گذر-از-آب) اشاره داشتند، و همچنین به خود آفرینش، و در نهایت به مرگ و رستاخیز عیسی اشاره می‌کردند، یعنی به رخدادی که عهد نو را استوار می‌کرد، آفرینش جدید را تحقق می‌بخشید، و واقعیتی بود که پرتوی نو بر همه چیز می‌انداخت. رسیدن به این احیاء نه فقط مستلزمِ گذر از آب و سر برآوردن از کرانهٔ دیگر بود، بلکه کلاً گذر از توفانیِ عمیق‌تر را ایجاب می‌کرد. به این ترتیب، تمام لایه‌های متعدد معنا که قبلاً در تعمید مستتر بود، اکنون باید بر واقعهٔ مرگ و رستاخیز عیسی، از نو تمرکز می‌یافت. *گذر از آب به دنیای جدید خدا.*

از همین روست که مطابق اوّلین منابع مسیحی که در اختیار داریم، تعمید نه فقط به تعمید عیسی، و نه فقط به واقعهٔ خروج و نخستین آفرینش ارتباط می‌یابد، بلکه همچنین به مرگ و رستاخیز عیسی ارتباط دارد. قدیس پولس رسول در یکی از اوّلین نامه‌هایش، دربارهٔ «مصلوب شدن با مسیحا» و گذر به حیاتی جدید سخن می‌گوید؛ و در بزرگ‌ترین اثرش (یعنی رسالهٔ رومیان) توضیح می‌دهد که در تعمید، ما «با مسیحا» می‌میریم و در حیاتِ قیام‌کردهٔ او شریک می‌شویم. رخدادهای بی‌نظیر و چشمگیری که در قلب داستان مسیحی جای دارند، فقط در پایان زندگی و در حیاتِ پس از مرگ (یعنی پس از فوت و برخاستن از مرگ) نیست که *برای ما اتفاق می‌افتند*، بلکه در همین زندگی برای ما رخ می‌دهند. *گذر از آب به زندگی جدیدی که به عیسی تعلق دارد.*

به همین دلیل، از ابتدا، تعمید مسیحی شیوهٔ ورود به خانوادهٔ مسیحی محسوب می‌شد، و باز از همین رو، با موضوع «تولّد دوباره» مرتبط دانسته می‌شد. البته، چنین نیست که هر تعمیدیافته‌ای، شخصاً طعم محبتِ نجات‌بخش خدا را چشیده و بوسیلهٔ آن دگرگون شده باشد. پولس در جاهای مختلف به خوانندگانش یادآور می‌شود که وظیفه دارند حقیقتِ آنچه را در تعمید برای آنها اتفاق افتاده، در زندگی خود عملاً نمایان سازند. البته پولس نمی‌گوید که تعمید اهمیت ندارد یا مسئله‌ای صوری است. کسانی که تعمید گرفته‌اند، می‌توانند از التزام به ایمان سر باز زنند، همان‌طور که فرزندان قوم اسرائیل می‌توانستند پس از گذر از **دریای سرخ**، در برابر یَهْوِه عصیان کنند. پولس در اول قرنتیان باب ۱۰ و در جاهای دیگر به این نکته اشاره می‌کند. ولی در هر حال، این عصیان، عملِ تعمید را باطل نمی‌سازد: به این ترتیب، خدا آنها را نه بیگانه، بلکه اعضای نامطیعِ خانوادهٔ خود به شمار می‌آوَرَد.

حال درک می‌کنیم که چرا تعمیدِ مسیحی شامل این است که فرد را در نام خدا، یعنی پدر و پسر و روح‌القدس، در آب فرو می‌برند (یا روی او آب می‌ریزند). در واقع، داستانی که تعمید بازمی‌گوید، داستانِ خود خداست، از آفرینش و عهد تا عهد جدید و آفرینش جدید، با عیسی در

کانـــون این عهد و آفرینش جدید، و روح‌القـــدس [همانند پرنده‌ای] بر فراز آن. تعمید *ما* را وارد این داســـتان می‌کند تا یکی از بازیگران نمایشی باشـــیم که خدا می‌نویســـد و به روی صحنه می‌بَرَد. همین که روی سِن قرار می‌گیریم، به یکی از بازیگران تبدیل می‌شـــویم. ممکن اســـت متن نمایشنامه را درست نفهمیم و چه بسا منتهای تلاش خود را برای خراب کردن آن به عمل آوریم! ولی در هر حال، داستان پیش می‌رود، و چه بهتر که بفهمیم آخر به کجا می‌رســـد و چطور می‌توانیم دیالوگ‌های خودمان را یاد بگیریم و نقش خود را در نمایش ایفا کنیم. *گذر از آب برای تبدیل شدن به بخشی از هدف خدا برای جهان.*

فصل شانزدهم

آفرینش جدید، آغاز آن از هم‌اکنون

برخلاف آنچه اکثر مردم فکر می‌کنند، در خانوادهٔ مسیحی و بیرون از آن، هدف مسیحیت «رفتن به آسمان بعد از مرگ» نیست.

عهدجدید به تبعیت از عهدعتیق به این موضوع اشـــاره دارد که خدا بر آن است تا، در پایان، به سراسر آفرینش سامان ببخشد. زمین و آسمان برای این آفریده شـــدند تا با یکدیگر تداخل داشـــته باشند، آن هم نه به شـــکلِ فعلی آن، منقطع و رازآمیـــز و نصفه‌نیمه، بلکه به صورت کامل و شـــکوهمند و تام و تمام. «زمین از جلال خدا پُر خواهد شد، همچنانکه آب‌ها سطح دریا را می‌پوشانند.» این وعده‌ای است که در سراسر داستان کتاب‌مقدس طنین‌انداز است، از اشعیا (و قبل از او، تلویحاً، از پیدایش) تا لحظات بزرگی که پولس بر اســـرار و رموز الاهـــی آگاهی یافت و تا فصل‌های پایانیِ کتاب مکاشفه. نمایش بزرگ با برگرفته شدنِ «روح‌های نجات‌یافتگان» به آســـمان، و خلاصی یافتن آنها از زمینِ شـــریر و جسم فانی که باعث مرگ آنها شـــده، به اتمام نخواهد رســـید، بلکه در صحنهٔ پایانی، اورشلیم جدید از آســـمان به زمین خواهد آمد تا «مسکن خدا با آدمیان باشد» (مکاشفه ۲۱:۳).

کمی بیش از یکصد ســـال قبل، یک کشـــیش آمریکایی به نام مُلتبی باب‌کُک[1] که در شـــمال ایالت نیویورک زندگی می‌کرد، سرود روحانیِ زیبایی به نامِ «**این اســـت دنیـــای پدر من**» نوشـــت و در آن به تجلیل از زیبایی آفرینَش و حضورِ خدای آفریننده در آن پرداخت. این ســـرود در ورای زیبایی حاضرِ آفرینش، که به بی‌ســـامانی و فلاکت مبتلا شـــده، به وضعیت نهایی آفرینش اشـــاره دارد. از قطعهٔ مـــورد بحث، روایت‌های

---

1 Maltbie Babcock

مختلفی وجود دارد، ولی واضح‌ترین‌شان همین است که در زیر آمده:

این است دنیای پدر من؛ این را هرگز فراموش مکن
گرچه اغلب، ناراستی قوی می‌نماید
خداست که بر دنیا حُکم می‌رانَد.
این است دنیای پدر من؛ جنگ هنوز درگیر است؛
عیسایی که مُرد؛ خشنود خواهد شد،
و زمین و آسمان به هم خواهند پیوست.

و زمین و آسمان به هم خواهند پیوست: این آن ترانه‌ای است که باید مانند زنگی که صدایی روشن و شیرین دارد در سراسر زندگی مسیحی ما طنین‌انداز شود و از ما دعوت کند تا در زمان حاضر، مانند افرادی زندگی کنیم که به چنین آینده‌ای خوانده شده‌اند، و در زمان حاضر، در پرتو چنین آینده‌ای زندگی می‌کنند. دو موضوعی که بارها در این کتاب به آنها بازگشته‌ایم - یعنی تداخلِ آسمان و زمین و تداخلِ آیندهٔ خدا با زمان حاضر ما - در اینجا یک بار دیگر به هم می‌رسند، چون قصد بررسی این موضوع را داریم که زندگی تحت خداوندی عیسی در دنیای حاضر، برای اعضای مؤمن و تعمیدیافتهٔ خانوادهٔ خدا به چه معناست. در حالی که این موضوعات، یعنی آغاز آفرینش جدید را در زمان حاضر مورد ملاحظه قرار می‌دهیم، سرانجام در می‌یابیم دعوت ما فقط این نیست که گوش به پژواک‌های صدایی بسپاریم که در بخش اول این کتاب شنیدیم، بلکه خوانده شده‌ایم تا قومی باشیم که از طریق آنها، مابقی جهان این صدا را می‌شنوند و به آن پاسخ می‌گویند.

پولس، یوحنا، خود عیسی، و تقریباً تمامی معلمان بزرگ مسیحی در دو قرن اول میلادی، بر اعتقاد خود به رستاخیز تأکید داشتند. «رستاخیز» به معنی «رفتن به آسمان بعد از مرگ نیست». رستاخیز دربارهٔ «زندگیِ بعد از مرگ» نیست. همان‌طور که در فصل هشتم دیدیم، رستاخیز دربارهٔ «زندگیِ پس *از* "حیاتِ بعد از مرگ"» است. پس از مرگ، ما «با مسیح»

خواهیم بود (و این یعنی "حیاتِ بعد از مرگ")، ولی بدن ما مُرده باقی می‌ماند. توضیحِ اینکه در فاصلهٔ بین مرگ و رستاخیز جسمانی، ما کجا و چگونه خواهیم بود، دشوار است و نویسندگان عهدجدید عموماً تلاشی برای تبیین این موضوع نکرده‌اند. اگر خواستید، این دورهٔ بینابینی را «آسمان» بخوانید، ولی بدانید که هرچه هست، پایان کار نیست. چیزی که بعد از این دورهٔ بینابینی به ما وعده داده شده، زندگی با نوعی بدن جدید، در دنیای جدید خداست (یعنی همان «زندگیِ *پس از* "حیاتِ بعد از مرگ"»).

من در شگفت از آنم که برای بسیاری از مسیحیان امروز، مطلب فوق گیج‌کننده است، در حالی که کلیسای اوّلیه و بسیاری از مسیحیانِ نسل‌های بعد، آن را کاملاً بدیهی می‌دانستند. این چیزی بود که به آن ایمان داشتند و تعلیمش می‌دادند. اگر طوری بار آمده‌ایم که چیزی غیر از این باور داریم و تعلیم می‌دهیم، زمان آن است تا چشمان خود را بمالیم و قسمت‌های مربوط به رستاخیز را در کتاب‌مقدس، از نو بخوانیم. نقشهٔ خدا دست شُستن از این جهان نیست، جهانی که او «بسیار خوب» خواندَش. به جای چنین کاری، خدا بر آن است تا جهان را از نو بسازد. و هرگاه این کار را به انجام رساند، تمامی قوم خود را از مرگ برمی‌خیزاند تا با *بدنی* جدید، در این دنیای جدید زندگی کنند. این است وعدهٔ انجیلِ مسیحی.

بله، در این دنیای جدید زندگی خواهیم کرد؛ و همچنین بر آن حُکم خواهیم راند. در اینجا رازی نهفته است که امروزه فقط عده‌ای انگشت‌شمار باب تعمق دربارهٔ آن را گشوده‌اند. هم پولس و هم کتاب مکاشفه تأکید دارند که در دنیای جدیدِ خدا، زمام امور به دست کسانی سپرده خواهد شد که به مسیحا تعلق دارند. مراقَبت از آفرینش اوّل به مخلوقاتِ حامل‌ـصورت‌ـخدا سپرده شد. آفرینش جدید به نظارتِ خردمندانه و شفابخشِ کسانی سپرده خواهد شد که «در معرفت حقیقی نو شده‌اند» (کولسیان ۳:۱۰).

در دنیای جدید خدا، البته نقش محوری از آنِ عیسی خواهد بود. از همین روست که از آغاز، کلیسا همواره دربارهٔ «بازگشت دوباره»

عیسی سخن گفته است، هرچند با توجه به موضوعِ تداخل آسمان و زمین، مناسب‌تر خواهد بود که همانند برخی از مسیحیان اوّلیه، به جای «بازگشت» بگوییم «ظاهر شدنِ دوبارهٔ عیسی». در حال حاضر، عیسی در کنار ما حضور دارد، ولی پنهان در پشت این پردهٔ نامرئی است که آسمان و زمین را از هم جدا نگه می‌دارد. این همان پرده‌ای است که در لحظاتی نظیر دعا، اجرای آیین‌های کلیسایی، مطالعهٔ کتاب‌مقدس، و خدمت به بینوایان، آن را می‌شکافیم، زیرا در چنین مواقع بسیار نازک می‌شود. امّا یک روز این پرده بالا خواهد رفت؛ آسمان و زمین یک خواهد شد؛ عیسی شخصاً حضور خواهد داشت، و هر زانویی به نام او خم خواهد شد؛ آفرینش نو خواهد گردید؛ مُردگان زنده خواهند شد؛ و دنیای جدید خدا سرانجام برقرار خواهد گردید مملو از چشم‌اندازها و امکاناتِ نو. تصویر مسیحیت از نجات - کلمه‌ای که من تا اینجا از آن احتراز کرده‌ام چون اغلب مورد کج‌فهمی واقع شده - همین است.

امّا اگر مقصد نهایی ما این دنیای جدید است، از چه راهی باید به آن رسید؟

زندگی مابینِ آسمان و زمین

تصویر ما از راهی که از اینجا به آنجا می‌رود، یعنی از آفرینش به آفرینش جدید - منظورم روش زندگی ما در این دنیاست - نه فقط بستگی به تلقی ما از مقصد نهایی دارد، بلکه بسته به درکی که کلاً از خدا و جهان داریم، شکل متفاوتی به خود خواهد گرفت.

اکنون یک بار دیگر باید به سراغ سه نگرشی برویم که قبلاً برای درک شیوهٔ ارتباط خدا و جهان، مطرح کردیم. **نگرش اول** قائم بر این بود که خدا و جهان اساساً یک چیز هستند و همین حالا هم تقریباً به‌طور کامل تداخل دارند. پانتئیست‌ها، و به میزانی کمتر پان‌ئن‌تئیست‌ها، می‌کوشند تا با محرک‌های الاهیِ حاضر در جهان و در وجود خود، مرتبط یا هماهنگ شوند. چنانکه دیدیم، در چارچوب این نگرش به‌سختی می‌توان از امور شریرانه سخن گفت. بسیاری از پانتئیست‌ها اشخاصی بسیار پایبند

اخلاق هستند و در صدد توضیح این موضوع برآمده‌اند که انسان چگونه می‌تواند هماهنگ با ذات حقیقی الاهی که در ساختارِ هستی است، زندگی کند. امّا این نگرش نمی‌تواند هادی ما به اخلاقیّاتی شود که اصول آن کاملاً منطبق بر ایمان مسیحی است.

نگرش دوم قائم بر این بود که خدا و جهان را کاملاً از یکدیگر جدا و مستقل بدانیم. امروزه بسیاری در مواجهه با مسئلهٔ اخلاق مسیحی، این الگو را در نظر می‌گیرند و این را بدیهی می‌دانند که اگر خدا بخواهد انسان رفتارهای خاصی را پیشه کند، حتماً تعلیمات لازم را به او خواهد داد. یکی از دیدگاه‌های بسیار متداول در جامعهٔ غرب، لااقل در دویست سال گذشته، این بوده که قانون اخلاقی جهانشمولی وجود دارد که بین تمامی انسان‌ها مشترک است، و با اینکه ممکن است در وجدان آدمی مکتوب شده باشد، باید دربارهٔ آن به تأمل و تعمق و استدلال پرداخت و آن را آموزش داد. اکثر مردم بر این باورند که وقتی پولس رسول دربارهٔ «قانون/ شریعت» سخن می‌گفت، در واقع اشاره‌اش به همین نظامِ اخلاقی جهانشمول بود. این دیدگاه، اخلاق مسیحی را تبدیل می‌کند به تلاشی سخت برای پیروی از نوعی قانونِ تحمیلی که خدایی دوردست آن را وضع کرده است. مطابق این نگرش، «گناه» چیزی نیست جز زیر پا گذاشتن این قوانین؛ و «نجات» رهایی بخشیدن انسان‌ها از مجازاتی است که این خدای دوردست بر ناقضانِ فرمان‌هایش اِعمال می‌کند. این نگرش نیز با وجود بازتاب‌هایی که از ایمان مسیحی دارد، منطبق بر ایمان مسیحی نیست.

نگرش اول و **نگرش دوم** با واکنشی که در یکدیگر برمی‌انگیزند، باعث تقویت هم می‌شوند. پانتئیست یا پان‌ئن‌تئیست با ملاحظهٔ **نگرش دوم**، از فکرِ این خدای دور و بی‌اعتنا، با آن قوانین تحمیلی و رفتار خودخواهانه و ظاهراً بدخواهانه‌اش نسبت به نوعِ بشر، به چندش می‌افتد. چیزی هم که دئیست را مشمئز می‌کند، دیدن عقایدی شبه‌بت‌پرستی در **نگرش اول** است که بر طبق آنها، فقط باید با نیروها و محرک‌های موجود در جهان، آن هم به همین شکلی که هست، ارتباط برقرار کرد. این فضا بر تمام

بحث‌های معاصر حاکم است، از سیاست گرفته تا سکس و تا معنای صلیب. و البته در این میان، هدف اصلی گم شده.

بر طبق **نگرش سوم**، خدا و جهان با یکدیگر تفاوت دارند، ولی از هم جدا نیستند. دریچه‌هایی بوده و هست، یعنی لحظات و اتفاقاتی که در آنها، آسمان و زمین با یکدیگر تداخل می‌یابند و در هم می‌تابند. یهودیان دیندارِ قرن اول، فکر نمی‌کردند که توراتْ احکامی است که خدایی دوردست بر آنها تحمیل کرده، بلکه برای آنها تورات عبارت بود از منشورِ عهدی که اسرائیل را به **یَهْوِه** پایبند و متعهد می‌ساخت. تورات، مسیری بود که انسان با پیمودن آن، معنی انسان بودن را کشف می‌کرد. برخی از معلمان یهودی اعلام می‌داشتند که اگر تمام اسرائیل فقط برای یک روز به تورات عمل کند، **عصرِ جدید** آغاز می‌شود. تورات راهی بود منتهی به آینده‌ای که خدا تدارک دیده است. صد البته!، چراکه تورات نیز همانند معبد، جایی بود که آسمان و زمین تداخل می‌یافتند و هیچ بعید نبود که در این حالت، گوشه‌ای از اتحادِ کامل و نهاییِ آنها، بر انسان آشکار شود. آنچه گفتیم دربارهٔ **حکمت**، همان تصویر کُلی از آفرینش و رفتار شایستهٔ بشری نیز صادق است.

مسیحیان اوّلیه ضمن تأیید این دیدگاه، اعلام داشتند که معبد و تورات و حکمت در عیسای ناصری گرد آمده‌اند و اصلاً به صورت عیسای ناصری تجلی کرده‌اند، همان مسیحای اسرائیل، خویشتنِ دوم خدا، «پسر» خدا. بدین طریق، آیندهٔ تدارک دیده شده بوسیلهٔ خدا، در زمان حاضر، در شخصیت عیسی، فرارسیده است، و این آیندهٔ الاهی که بدین نحو فرا رسیده، با نیروهای شرارت درگیر و بر آنها چیره شده و راه را به سوی دنیای جدید خدا، برای اتحادِ ابدی آسمان و زمین، گشوده است. در شکلِ مسیحی نگرش سوم، نه فقط آسمان و زمین بلکه آینده و حال نیز، با یکدیگر تداخل می‌یابند و در هم می‌تابند. و آنچه سبب می‌شود تا این درهم‌تافتگی، امری واقعی باشد و نه خیالی، کار قدرتمندانهٔ روح خداست.

دقیقاً از این نقطه است که زندگیِ مشخصاً مسیحی آغاز می‌شود. راه زندگی مطابق مسیحیت، این نیست که صرفاً با اعماق باطن خود ارتباط برقرار کنیم. یقیناً این هم نیست که به احکام و فرایضِ خدایی دوردست گردن نهیم. زندگی مسیحی، عبارت از راهی جدید برای انسان بودن است، راهی عیسی-گونه برای زندگی، راهی مبتنی بر صلیب-و-رستاخیز برای زندگی، مسیری که روح‌القدس گام‌های‌مان را در پیمودن آن هدایت می‌کند. این راه برای زندگی، در زمان حاضر مقدّمات رسیدن به انسانیّتِ غنی و کامل و سعادتمندی را فراهم می‌کند که یک روز وقتی خدا همه چیز را نو بسازد، به آن خواهیم رسید. اخلاق مسیحی این نیست که کشف کنیم در دنیا چه می‌گذرد و خود را با آن هماهنگ سازیم. این هم نیست که کارهایی انجام دهیم که ما را شایستهٔ لطف و عنایت الاهی سازد. همچنین اخلاق مسیحی، تلاش برای اطاعت از قوانینِ مندرج در کتاب‌هایی متعلق به عهد دقیانوس یا سرزمینی دوردست نیست. اخلاق مسیحی این است که در زمان حاضر به تمرین نغمه‌هایی بپردازیم که در دنیای جدید خدا، خواهیم سرود.

اجتناب و کشف دوباره

حال که این موضوع برای ما روشن شده، نوبت آن است تا شرحی نو از مفهوم زندگی مسیحی ارائه کنیم - و در این چارچوب، لااقل اشاره‌ای فهرست‌وار به پاسخ‌هایی داشته باشیم که زندگی مسیحی به پژواک‌های مذکور در **بخش** اول این کتاب می‌دهد.

زندگی مسیحی به معنی مُردن با مسیح و زنده شدنِ دوباره است. همان‌طور که دیدیم، این بخشی از معنی تعمید، یعنی نقطه آغازِ سیر و سفر مسیحی است. سیر و سفر مثال خوبی برای منظور ماست، زیرا تعمید شامل بازتاب‌هایی است از خروجِ فرزندان اسرائیل از مصر و رهسپار شدن آنها به **سرزمین موعود**. اکنون تمامی جهان، سرزمین مقدس خداست، و خدا این سرزمین را که هدف نهاییِ تمامی سرگردانی‌های ماست، احیاء و نو خواهد کرد.

ما سـفر خود را با مرگ و رستاخیز عیسـی آغاز می‌کنیم. هدف ما، احیای آفرینشـی اسـت که در حال حاضر گرفتار تباهی است. این امر روشن می‌سازد که راهی که باید از میان بیابان طی کنیم، یعنی راه سفرمان، به‌طور خاص شامل دو چیز خواهد بود: اجتناب و کشف دوباره.

اجتنـاب. دنیا در وضعیت حاضر آن، با هــدف نهایی خدا در تضاد است، و در دنیا چیزهای زیادی هست که برخی از آنها عمیقاً در تار و پود تخیّل و شـخصیت ما تنیده شده و یگانه پاسخ ایمان مسیحی به آنها «نه» اسـت. عیسی به پیروانش گفت که اگر خواهان پیروی از او هستند، باید خود را انکار کنند و صلیب‌شان را بردارند. عیسـی گفت که تنها راهِ یافتن خود، انکار کردن خود است (این گفتار در تضادِ بارز با شعار فلسفه‌های امروز، یعنی «کشف‌ـ‌کیستی‌ـ‌خود» قرار دارد). از همان آغاز، نویسندگانی چون پولس و یوحنا تشـخیص دادند که آنچه عیسی از پیروانش انتظار دارد، نه تنها دشـوار بلکه اساسـاً غیرممکن است. انسـان باید در عالم اخلاق زور رُستم دستان را داشته باشد تا از پس این کار برآید. بنابراین، تنها راه این اسـت که با سهیم شدن در مرگ و رستاخیز عیسی از طریق تعمید، برای کسب نیرو به منبعی خارج از وجود خودمان، یعنی به قوّت و قدرت روح خدا، متوسل شویم.

کشـف دوبـاره. آفرینـش جدید در حکـم انکارِ گوهر انسـانی ما نیسـت، بلکه تأیید و تصدیق دوبارۀ آن است؛ در سفر زندگی مسیحی، با بسـیاری چیزها روبه‌رو خواهیم شـد که برخی از آنها سخت دور از انتظار و در ابتدا گیج‌کننده اسـت، ولی پاسخ ایمان مسیحی به آنها «بله» اسـت. بر مبنای رستاخیز عیسی، این موضوع برای ما روشن می‌شود که چرا زندگی مسـیحی فقط به معنی کشف حقیقت باطنی دنیا، آن هم در وضعیت موجود آن، نیست، و چرا به این معنی هم نیست که راهی برای زندگـی فراب‌گیریم که در انطباق با دنیایی متفاوت اسـت، دنیایی که در نتیجۀ همین تفاوت، از هر نظر با دنیای فعلی ناسـازگار اسـت. زندگی مسیحی در حکم دیدن بارقه‌ای از این حقیقت است که در آفرینش جدید خدا، که رستاخیز عیسی سرآغاز آن است، تمام نیکویی‌های آفرینش اول،

از نو تأیید و اِبقا می‌شود. تمام چیزهایی هم که آفرینش اول را فاسد و تباه کرده - از جمله بسیاری از چیزهایی که چنان در تار و پود جهان جا خوش کرده‌اند که نمی‌توانیم زندگی را بدون آنها تصور کنیم - حذف خواهند شد. زندگی مطابق اصول مسیحی، به این معنی است که یاد بگیریم مانند انسانی نوشده زندگی کنیم، و چشم‌انتظارِ تحقق نهایی آفرینش جدید باشیم، در دنیا و با دنیایی که کماکان در اشتیاقِ این رهایی واپسین، ناله سر می‌دهد.

مسئله این است که به هیچ وجه روشن نیست از چه چیزی باید دوری کرد و چه چیزی را باید از نو یافت. چگونه می‌توانیم به چیزهایی نَه بگوییم که ظاهراً بقدری جزو زندگی ما شده‌اند که اجتناب از آنها مانند چشم‌پوشی از بخشی از آفرینش نیکوی خداست؟ چگونه می‌توانیم به چیزهایی که از نظر بسیاری مسیحیان، نه خوب و درست بلکه خطرناک و فریبنده است، بله بگوییم؟ چگونه می‌توانیم هم از ثنویت‌گرایی احتراز کنیم و هم از بت‌پرستی (باز همان سؤال قدیمی)؟ به طریقی باید بتوانیم مشخص کنیم که کدام روش‌ها برای رفتار و زندگی، به شرارتِ فسادانگیز دنیا تعلق دارد و برای ظهور آفرینش جدید باید از آنها اجتناب کرد، و کدام روش‌ها برای رفتار و زندگی، به آفرینش جدید تعلق دارد و باید پذیرای آنها شد، و برای پیاده شدن‌شان تلاش کرد و گرامی داشتن‌شان.

این کار اعصابی فولادین می‌خواهد و جُستن و طلبیدن حکمت. هادی ما در این امور باید زندگی، تعلیم، مرگ و رستاخیز عیسی باشد؛ هدایت روح‌القدس باشد؛ حکمتی باشد که در کتاب‌مقدس می‌یابیم؛ واقعیت تعمیدمان باشد با تمام چیزهایی که مشمول آن است؛ همچنین، حضور خدا و هدایتی باشد که از راه دعا کسب می‌کنیم؛ و مشارکت با مسیحیان دیگر باشد، هم معاصران و هم مسیحیان اعصار گذشته، که زندگی و آثارشان همچون اختری تابان، بر راه ما نور می‌اَفشانَد. فهرست کردن این موارد به طریق فوق، این برداشت را ایجاد می‌کند که انگار با منابعی مستقل طرف هستیم، ولی در واقعیت چنین نیست، چون این موارد به شیوه‌های مختلف با یکدیگر همکاری دارند. هنرِ مسیحی بودن

بخشی به این اســت که یاد بگیریم نســبت به همهٔ این موارد تأثیرپذیر باشــیم، و چیزی را که فکر می‌کنیم از یک بخش می‌شــنویم با آنچه در بخش دیگر گفته می‌شود، بسنجیم.

تنهـا زمانی که جایگاه تمام این موارد برای ما کاملاً روشــن شــد، می‌توانیم از «دستورها» ســخن گوییم. تردیدی در این نیست که به هر حال دســتورهایی وجود دارند. عهدجدید دستورهای بسیاری را شامل می‌شــود. اعانه را همیشــه در خفا بدهید. هرگز مســیحیان را به دادگاه نکشــانید. هرگز از کسی انتقام شــخصی نگیرید. مهربان باشید. همواره مهمان‌نواز باشــید. از مال خود با خوشی هدیه بدهید. مضطرب و نگران نباشید. در مسائلی که به وجدان شخص مربوط می‌شود، دربارهٔ مسیحیان دیگر قضاوت نکنید. همیشه خطاهای دیگران را بر آنها ببخشید، و غیره. مســئلهٔ نگران‌کننده دربارهٔ این فهرســتی که موارد آن تصادفی انتخاب شده‌اند، این است که اکثر مسیحیان، اکثر این موارد را اکثر اوقات نادیده می‌گیرند. بنابراین، مسئله این نیست که دستورهای روشنی در اختیار ما قرار ندارد؛ به عقیدهٔ من، مشکل اساسی نداشتن تعلیمی است که توجه ما را به آنچه در مدارک اوّلیه‌مان [یعنی متن کتاب‌مقدس]، خاصه در تعلیم شخص عیسی موجود است، جلب کند.

این دســتورها را نباید در حکم قوانینی تحمیلی دانســت که خدایی دوردست آنها را وضع کرده تا تفریح و لذت را بر ما حرام کند (یا در عالم اخلاق چیزی شبیه حلقه‌های سیرک‌بازان درست کند و برای آزمودن ما بخواهد از داخل‌شان جست بزنیم). این دستورها را باید علایمی بدانیم به ســوی راهی برای زندگی که در آن آسمان و زمین تداخل می‌یابند، و آیندهٔ خدا مُقتدرانه وارد زمان حاضر می‌شــود و مــا در عمل، به معنای انسانیّتِ حقیقی پی می‌بریم.

وقتی کم‌کم گوشه‌هایی از این حقیقت برای ما باز می‌شود، درمی‌یابیم که پژواک‌هایی که در ابتدای این کتاب شــنیدیم، براســتی مبدل به یک صدا شــده‌اند. و البته این صدا، صدای عیسی است که ما را فرامی‌خواند تــا از پِی او برویم و بــه دنیای جدید خدا گام گذاریــم - دنیایی که در

آن، نشانه‌ها، رَهنماها، و پژواک‌های جهان حاضر مبدل به واقعیت جهان دیگر می‌شوند. البته، قبلاً، تا حدی به‌تفصیل، روحانیّتی را که انجیل مسیحی باید ایجاد و حفظ کند، مورد ملاحظه قرار دادیم. در پایان به سه «پژواک» دیگر می‌پردازیم: عدالت، روابط، و زیبایی.

دیدار دوباره با عدالت

خدا براستی بر آن است تا به دنیا سامان بخشد. هرگاه خطایی نسبت بـــه ما یا دیگران صورت می‌گیرد، حـــس عدالت‌خواهی در درون‌مان به غلیان درمی‌آید. این احساس، پاسخی است به اشتیاق و خواست خدای زنـــده‌ای که نمی‌خواهد هرج و مرج اخلاقی بر دنیای او حاکم شـــود و پیروزی همواره با زورگویان باشد، بلکه می‌خواهد دنیای او محل عدل و انصاف و راستی و درستی و صداقت باشد.

امّا برای رسیدن از این اشتیاق و خواســـت به عدالتی که مورد نظر خداسـت، باید مسیری بپیماییم بسـیار متفاوت با آنچه دنیا انتظار دارد و حتی الزام می‌کند. زبان اکثریت دنیا در این خصوص، زبان خشـونت است. قدرتمندان دنیا هرگاه با اموری مواجه می‌شوند که خلاف میل‌شان است، به بمباران و گسیل تانک‌های خود متوسل می‌شوند. کسانی هم که دست‌شـــان به جایی بند نیست، وقتی با اموری خلاف میل خود روبه‌رو می‌شـــوند، پنجره‌ها را خُرد می‌کنند و خودشـــان را در اماکن پرجمعیت منفجر می‌سـازند و هواپیماها را به سـاختمان‌ها می‌کوبند. متأسفانه با وجـــودی که هر این دو روش در ایجاد تغییر کاملاً ناکام مانده‌اند، باز هم تکرار می‌شوند.

بر صلیب، خدای زنده خشـــم و خشونت جهان را بر خود گرفت و ستمی سهمگین بر او رفت – داسـتان‌های کتاب‌مقدس بر این موضوع تأکید دارند – و با این حال، او حاضر نشـــد پاسـخ ایـــن بی‌عدالتی را با تهدید و لعن و نفرین بدهد. بخشـــی از آنچه مسیحیان «الاهیات مبتنی بر کفاره» خوانده‌اند، عبارت از این اعتقاد است که عیسی به معنایی، قدرتِ بنیادین شرارت را از رمق انداخت و در هم کوبید، به این ترتیب که وقتی

زیر بار آن جان می‌داد، حاضر نشد انتقالش بدهد یا با ارتکاب شرارت، چرخهٔ آن را حفظ کند. رستاخیز عیسی آغاز جهانی است که در آن، نوعِ جدیدی از عدالت وجود دارد. از طریق کار دشوار دعا، متقاعدسازی و فعالیّت سیاسی می‌توان به دولت‌ها و گروه‌های انقلابی این حقیقت را نشان داد که برای حل و فصل معضلات، راهی جز خشونت وحشیانه و مقابله به مِثْل وجود دارد. انقلاب‌های (عمدتاً) آرام و توأم با دعا که دولت‌های کمونیستی اروپای شرقی را سرنگون کرد، مصداقی عالی از این حقیقت است. فعالیت برجستهٔ دزموند توتو در آفریقای جنوبی نیز مثالی دیگر از این مورد است. نمونه‌ای دیگر نیز عبارت از تلاش برای اجرای برنامه‌های موسوم به «عدالتِ بازپَرورَانه» در کار پلیس و نظام‌های کیفری است. در هر مورد، ناظران به ابراز این نظر وسوسه شده‌اند که شیوهٔ مبتنی بر عدم‌خشونت به نظر ضعیف و بی‌اثر می‌رسد. ولی نتایج چیز دیگری می‌گویند.

فعالیّت در راه عدالتی که در پی شفا و اصلاح و بازپروری است - چه در روابط فردی، چه در روابط بین‌المللی، یا در هر نقطه‌ای میان این دو - از وظایفِ بنیادین مسیحی است، و قلمرو کاملی از رفتار مسیحی را تعیین می‌کند. بدین‌ترتیب، چنانکه عهدجدید بروشنی اعلام می‌دارد، راه‌حل را به هیچ وجه نباید در خشونت و انتقام‌گیریِ شخصی جُست. یکایک مسیحیان خوانده شده‌اند تا در تمام سطوح زندگی، به ابزاری برای مصالحه و احیاء در جهان تبدیل شوند، و بدین‌ترتیب فعالانه در انتظار روزی باشند که خدا سراسر جهان را اصلاح و بسامان خواهد کرد.

این به معنای آن نیست که از نوعی هرج و مرجِ به اصطلاح مقدس در یک جامعه حمایت کنیم که در آن نه نظم و نظامی هست، نه دولتی و نه وسیله‌ای برای اجرای قوانین. جالب آنکه پولس بلافاصله پس از منع انتقام‌گیری شخصی (انتهای رومیان ۱۲)، بروشنی تمام می‌گوید خواست خدا این است که جوامع از نظم خوبی برخوردار باشند و با صلابت تمام اداره شوند (آغاز رومیان ۱۳). خدا به‌عنوان خالق فرزانه، از متولیان امور، حتی زمانی که اعتنایی به او ندارند و حتی زمانی که

مرتکب اشتباهات بسیاری می‌شوند، استفاده می‌کند تا نظمی ولو اندک به دنیای خود ببخشد. اگر متولیان و ضابطان امور نباشند، شاهد نابودی نظم اجتماعی و فرهنگی خواهیم بود، شرایطی که در آن بُرد همواره با زورمندان و ثروتمندان خواهد بود. دقیقاً از جایی که خدا با تمام وجود در فکر ضعیفان و تنگدستان است، ارادهٔ او بر این تعلق دارد که دولت‌ها و متولیانی وجود داشته باشند که با نظارت بر افراد، اجازه ندهند تا آنها با سوءاستفاده از قدرت خود و از روی طمع، به بهره‌کشی از ضُعفا بپردازند. تردیدی نیست که خدا ترجیح می‌دهد تا حاکمان امور، او را به رسمیّت بشناسند و بکوشند قوانین خود را بیشتر با ارادهٔ او هماهنگ سازند. در واقع، مسیحیان باید در این زمینه مجاهدت کنند - مثلاً، در مواردی چون بخشوده شدن بدهی‌های کشورهای فقیر - و البته مسیحیان با در نظر گرفتن منافع کل جامعهٔ بشری دست به این تلاش‌ها می‌زنند و نه به این خاطر که عقایدشان چنین اقتضا می‌کند. با این حال، حتی زمانی که حاکمان امور وقعی به خدا نمی‌گذارند، او از آنها استفاده می‌کند تا شرارت را تا جای ممکن مهار کند و فضایل را گسترش دهد. یکی از سؤالات عمده‌ای که امروزه با آن روبه‌رو هستیم این است که مطالب فوق، برای جامعهٔ بین‌المللی که دهکدهٔ جهانی را تشکیل می‌دهد، و همچنین برای کشورهای مستقل، چه معنایی دارد.

به‌علاوه، تلاش در زمینهٔ مصالحه و اجرای عدالتِ احیاءکننده، به معنی انکار این واقعیت نیست که چیزی به اسم شرارت وجود دارد. اتفاقاً چنین تلاشی مستلزم آن است که اعمالِ شریرانه را بسیار جدی بگیریم. مصالحه فقط زمانی ممکن خواهد بود که این اعمال، مشخص و به آنها اقرار شود و مورد رسیدگی قرار گیرند. وگرنه، آنچه خواهیم داشت فقط تقلیدی مسخره از انجیل خواهد بود، نوعی فیضِ ارزان[1] که

---

۱ «فیض ارزان» یکی از اصطلاحات معروف الاهیدان شهید آلمانی، دیتریش بونهافر است. این اصطلاح بطور خلاصه به این معنی است که بخواهیم ایمان مسیحی را با تمامی امتیازات آن بپذیریم، اما حاضر نشویم کوچک‌ترین رنجی برای ایمان خود متقبل شویم. تعدادی از آثار این الاهیدان برجسته به فارسی نیز ترجمه شده‌اند. (مترجم)

در آن همه وانمود خواهند کرد که همه چیز درست و مرتب است، حال آنکه به‌خوبی می‌دانند چنین نیست. امروزه، یکی دیگر از وظایف عمدهٔ ما آن است که کشف کنیم چگونه باید با مسئلهٔ شرارت، در سطح محلی و جهانی، برخورد کرد. انجیل ما را برمی‌انگیزد تا در زمینه‌هایی از اخلاق رشد کنیم که اکثر قسمت‌های جهان، حتی خواب آن را هم ندیده‌اند.

بنابراین، کلیسای مسیحی باید موجب تقویتِ فریاد عدالت‌خواهیِ جهان شود، چون این کار پاسخی مناسب به صدای خدای زنده است. انجیل عیسای مسیح و قدرت روح‌القدس مشعر بر این حقیقت هستند که امکان پیشرفت در این زمینه مهیاست. این دعوت باید به طرح نقشه‌ها و برنامه‌هایی در زمینه‌های مختلف بینجامد، از موضوع جهانی‌شدن و تجارت منصفانه تا اصلاحات در دولت و جامعه، از تأکید بر حقوق اقلیّت‌های محروم تا جلب افکار عمومی به اعمال دولت‌های مقتدری که مخالفان خود را در داخل و خارج لِه و لورده می‌کنند. مسیحیان باید با تمام نیرو به حمایت و تعقیبِ عدالتی بپردازند که تمامی انسان‌ها مشتاق آن هستند، عدالتی که به شکلی نو و نامنتظر، از طریق عیسی، مقتدرانه وارد جهان شد.

کشف دوبارهٔ روابط

روابط در سراسر زندگی انسان، نقشی محوری دارد. حتی راهبان گوشه‌نشین نیز به کسی نیاز دارند تا برای‌شان آب و غذا بیاورد، و بسیاری از گوشه‌نشینان، بخشی از وظایف روزمرهٔ خود را به دعا برای افرادِ دور و نزدیک اختصاص می‌دهند. عدالت از نظم و سامان بخشیدن به روابط‌مان در تمامی سطوح سخن می‌گوید، به‌خصوص در مقیاس وسیع‌ترِ جامعه و مقیاس کلی جهان؛ لیکن اشتیاق برای روابط عمیق‌تر از آن است که صرفاً به معنی احتراز از بی‌انصافی و رسیدن به حقوق خود باشد. اشتیاق برای روابط از صمیمیت سخن می‌گوید، از دوستی، از لذت متقابل، تحسین، و احترام. از آن چیزی سخن می‌گوید که سبب می‌شود برای اکثر مردم، اکثر اوقات، زندگی ارزش زیستن داشته باشد. عهدجدید مُکرراً روشن

می‌سازد که جامعهٔ مسیحی خوانده شده تا الگوهای جدیدی برای روابط بشری، و معیارهای تازه‌ای برای چگونگی رفتار با یکدیگر، ایجاد کند.

البته، در زمینهٔ مورد بحث ما، کلمهٔ کلیدی «محبت» است که دربارهٔ آن مطالب بسیاری نوشته شده. امّا می‌خواهم توجه‌مان را به موضوع دیگری جلب کنم - چیزی که در هیاهو برای دستورهای بهتر و روشن‌تر برای رفتار مسیحی، اغلب مغفول واقع شده: اینکه ما باید به نحو سازنده‌ای نسبت به یکدیگر مهربان باشیم. «با یکدیگر مهربان و دلسوز باشید و همان‌گونه که خدا شما را در مسیح بخشوده است، شما نیز یکدیگر را ببخشایید. پس همچون فرزندانی عزیز، از خدا سرمشق بگیرید. و با محبت رفتار کنید، چنان که مسیح هم ما را محبت کرد و جان خود را همچون قربانی و هدیه‌ای عطرآگین در راه ما به خدا تقدیم نمود» (افسسیان ۴:‏۳۲-۵:‏۲). جستجو برای عدالت به‌سادگی تمام تغییر ماهیت می‌دهد و مبدل می‌شود به مطالبهٔ حقوق *من* یا حقوق *ما*. دستور مهربانی به یکدیگر، ایجاب می‌کند که به جای تمرکز بر خودمان و نیازها و حقوق‌مان و «خطاهایی که نسبت به ما ارتکاب‌شده و باید اصلاح شوند»، نگاه خود را به سوی دیگران و نیازها و فشارها و دردها و خوشی‌های‌شان متوجه سازیم. مهربانی راهی عمده برای رشد در انسانیّت و ایجاد و حفظِ غنی‌ترین و عمیق‌ترین روابط انسانی است.

از همین روست که مسیحیان خوانده شده‌اند تا راهِ مهار زدن بر خشم را یاد بگیرند. خشم و عصبانیت در هر حال به سراغ‌مان خواهد آمد، چون بخشی از نابسامانی و ازهم‌گسیختگیِ دنیاست. برای اینکه زودخشم نباشیم، باید پوست‌مان را کلفت کنیم. امّا سؤال این است که با عصبانیّت خود چه باید کرد؟ در این مورد نیز، دستور پولس روشن، صریح و عملی است. خشم گیرید ولی گناه نورزید (احتمالاً آنچه او می‌گوید تلمیحی از مزمور ۴:‏۴ است). مبادا غروب که می‌رسد، شما هنوز خشمگین باشید! موضوع را کِش ندهید - به عبارتی، قضیه را دامن نزنید و بدتر نکنید. تلخی موقوف، خشم، عصبانیّت، ناسزاگویی، بدخواهی یا بدرفتاری هم موقوف. همین طور هم دروغ‌گویی

(افسسیان ۴:۲۵-۳۱؛ کولسیان ۳:۸-۹). چه خوب می‌شود اگر دربارهٔ شیوهٔ رفتار و روابط مردم با یکدیگر، تعمق کنیم و از خود بپرسیم که این رفتارها و روابط چه تغییری می‌کرد اگر مردم، حتی شده در اصول، تصمیم می‌گرفتند بر طبق دستورهای اخلاقی فوق زندگی کنند. اگر این نوع زندگی غیرممکن می‌نماید، پاسخ این است که بخشایش باید همیشه در دستور کار قرار گیرد. این انتظاری است که باید از کسانی که **دعای ربانی** را می‌خوانند، داشته باشیم.

در اینجا نیز تحت عنوان «اخلاق»، پیروزیِ صلیب عیسای مسیح و قدرت روح‌القدس را مشاهده می‌کنیم. توصیهٔ عهدجدید دربارهٔ راهی نو برای رابطه با یکدیگر - یعنی راه مهربانی، راهی که واقعیت خشم را می‌پذیرد ولی اجازه نمی‌دهد تا خشم، شیوهٔ برخورد با موضوع را تعیین کند - از بیخ و بُن بر دستاورد عیسی استوار است. مرگ او وسیلهٔ بخشایش ما را فراهم کرده؛ و حال نوبت ماست تا به همین نحوی که با ما برخورد شده، خطاهای یکدیگر را ببخشیم. ما باید مُبدل به، و معروف به، کسانی شویم که اهل کینه و ترشرویی نیستند. باید کسانی شویم که می‌دانند چطور «عذرخواهی» کنند، و می‌دانند وقتی دیگران عذرخواهی می‌کنند، چه عکس‌العملی از خود نشان بدهند. براستی جالب است که بعد از این همه وقتی که کلیسای مسیح صرف تفکر دربارهٔ موضوع بخشایش کرده، و بعد از این همه نیرویی که صرف تفسیر عهدجدید شده، با وجودی که نصیحت آن کاملاً روشن است، باز هم برای مردم عمل به این سفارش آسان نیست. شاید علت این است که تلاش کرده‌ایم، البته اگر هرگز تلاش کرده باشیم، تا از آن مانند دستوری ظاهری اطاعت کنیم - و بعد که دیده‌ایم نمی‌توانیم، از خیر آن گذشته‌ایم، به‌خصوص که توفیق دیگران هم بیشتر از ما نبوده. شاید وضع فرق کند اگر به خود یادآوری کنیم که ما برای زندگی در دنیای جدید خدا آماده می‌شویم، و مرگ و رستاخیز عیسی، که از طریق تعمید هویّت جدید ما را می‌سازد، انگیزه و توان لازم را به ما می‌بخشد تا باری دیگر و این بار به شیوه‌ای نو، دست به تلاش بزنیم.

تقریباً در محور هر بحثی دربارهٔ روابط، به موضوع مسائل جنسی می‌رسیم. در اینجا نیز، موضع عهدجدید قاطع و صریح است، و همانند بحث خود دربارهٔ خشم، کلمات متعدد و متفاوتی را به‌کار می‌گیرد. گویی نمی‌خواهد هیچ‌یک از انحرافات جنسی انسان را (که در دنیای کهن به اندازهٔ دنیای امروز شناخته بود) از قلم بیندازد. در دنیای غرب، سری به یک کیوسک روزنامه‌فروشی بزنید و اخبار مربوط به منازعات را از زیر چشم بگذرانید؛ گشتی در شهرهایی بزنید که جمعیت انبوهی در خود جای می‌دهد - و بعد دربارهٔ قسمت‌های زیر از عهدجدید تعمق کنید:

> آیا نمی‌دانید که ظالمان وارث پادشاهی خدا نخواهند شد؟ فریب نخورید! بی‌عفتان، بت‌پرستان، زناکاران، لواط‌گران - چه فاعل و چه مفعول، دزدان، طمع‌ورزان، میگساران، ناسزاگویان و شیّادان وارث پادشاهی خدا نخواهند شد. بعضی از شما در گذشته چنین بودید، امّا در نام عیسای مسیح خداوند و توسط روح خدای ما شسته شده، تقدیس گشته و پارسا شمرده شده‌اید.
> (اول قرنتیان ۶:۹-۱۱)

> مباد که در میان شما از بی‌عفتی یا هرگونه ناپاکی یا شهوت‌پرستی حتی سخن به میان آید، زیرا اینها شایستهٔ مقدّسان نیست. گفتار زشت و بیهوده‌گویی و سخنان مبتذل نیز به هیچ‌روی زیبنده نیست؛ به‌جای آن باید شکرگزاری کرد. زیرا یقین بدانید که هیچ بی‌عفت یا ناپاک یا شهوت‌پرست، که همان بت‌پرست باشد، در پادشاهی مسیح و خدا نصیبی ندارد. مگذارید کسی شما را با سخنان پوچ بفریبد، زیرا به‌خاطر همین چیزهاست که غضب خدا بر سرکشان نازل می‌شود.

پس با آنها شریک مشوید. شما زمانی تاریکی بودید، امّا اکنون در خداوندْ نور هستید. پس همچون فرزندان نور رفتار کنید. زیرا ثمرهٔ نور، هر گونه نیکویی، پارسایی و راستی است. بسنجید که مایهٔ خشنودی خداوند چیست. (افسسیان ۵:۳-۱۰)

پس، هر آنچه را در وجود شما زمینی است، بکُشید، یعنی بی‌عفتی، ناپاکی، هوی و هوس، امیال زشت و شهوت‌پرستی را که همان بت‌پرستی است. به‌سبب همینهاست که غضب خدا بر سرکشان نازل می‌شود. شما نیز در زندگی گذشته خود به این راهها می‌رفتید. امّا اکنون باید همهٔ اینها را از خود دور کنید، یعنی خشم، عصبانیت، بدخواهی، ناسزاگویی و سخنان زشت را از دهان خود. (کولسیان ۳:۵-۸).

مشکل اینجاست که دنیای جدید، مثل بخش بزرگی از دنیای کهن، به جایی رسیده که چیزی به اسم «زندگی فعّال جنسی» را نه فقط معیار و هنجار می‌داند، بلکه معتقد است اگر کسی عقل به کله داشته باشد، نمی‌تواند از آن صرف‌نظر کند. بنابراین، تنها سؤال مهم این است که فرد از چه نوع فعالیّت جنسی کاملاً به شوق می‌آید و لذت می‌بَرَد و ارضا می‌شود؟ در اینجا، سنت اوّلیه و الزام‌آورِ مسیحی، همگام با سنت بزرگ یهودی، به مخالفت با نظر بت‌پرستانِ کهنه و نو می‌پردازد و به نگرش آنها در قبال مسائل جنسی، خشمگینانه می‌گوید: نه!

عیسی خود به‌تندی دربارهٔ تمناهای گناه‌آلودی سخن گفت که از قلب انسان برمی‌آیند: بی‌عفتی، دزدی، قتل، زنا، طمع، بدخواهی، حیله، هرزگی و غیره (مرقس ۷:۲۱-۲۲). در اینجا، گناهان جنسی در کنار مواردِ به همان اندازه مهمِ دیگر، فهرست شده‌اند، ولی این دلیل نمی‌شود که آنها را هم مثل بقیه تلَقی کنیم و بگوییم چندان مهم نیستند. در تمام چند قرن اول مسیحیت، زمانی که در جوامع کهنِ یونانی و رومی، همه

نوع رفتار جنسی کاملاً مرسوم بود، مسیحیان مانند یهودیان تأکید داشتند که فعالیّت جنسی باید به حریم زندگی زناشوییِ مرد و زن محدود شود. ولی بقیهٔ دنیا، در آن زمان نیز مثل امروز، فکر می‌کرد مسیحیان دیوانه‌اند. منتها فرق آن زمان با اکنون در این است که، متأسفانه، امروزه بخشی از کلیسا هم بر چنین گمانی است![۱]

مسیحیان دیوانه نبودند. خصوصیت آفرینش جدید این است که *آفرینش جدید* است. و با اینکه به ما گفته شده تولید مثل در دنیای جدید خدا ضرورت نخواهد داشت (چون دیگر کسی نخواهد مُرد)، همین تصاویرِ کتاب‌مقدس برای توصیف دنیای جدید خدا - یعنی ازدواج بره (در کتاب مکاشفه)، یا زاده شدنِ دنیای جدید از رحم دنیای قدیمی (در کتاب رومیان) - حاکی از آن است که رابطهٔ مرد و زن، با آن نقشِ محوری‌اش در داستان آفرینش (فصل‌های ۱ و ۲ پیدایش)، پدیده‌ای تصادفی یا موقتی نیست، بلکه نمادی از این واقعیت است که خود آفرینش، حامل زندگیِ خدا-داد با تواناییِ تولید مثل است. حتی اگر مسئله را از این زاویه در نظر بگیریم، متوجهٔ تضاد آشکار دیدگاه کتاب‌مقدس با نگرش دنیای غرب به امور جنسی خواهیم شد، نگرشی که سبب شده فعالیّت جنسی تقریباً یکسر از هدف اصلی خود که ساختن جوامع و روابط است، منحرف شود و بر اثر تغییر ماهوی، تبدیل یابد به وسیله‌ای برای رسیدن فرد به لذت مطلوب خود، آنهم به شیوه‌ای که ترجیح می‌دهد. اگر بخواهیم مسئله را صریح عنوان کنیم: امروزه روابط جنسی به جای اینکه آیینی مقدس باشد، به اسباب‌بازی تبدیل شده.

---

۱ در اینجا نویسنده گوشه‌ای می‌زند به جناحی از مسیحیان لیبرال که علی‌الاصول با آزادی‌های جنسی که مسیحیت سنتاً با آنها مخالف بوده، موافقند و به‌خصوص رفتارهای همجنس‌گرایانه را نادرست نمی‌دانند و حتی به این نوع رفتارها رسمیّت بخشیده‌اند. در زمان ترجمهٔ این کتاب، نگارندهٔ محترم آن که اسقفی بسیاری صاحب‌نام در کلیسای انگلیکن است، به دلیل مواضع انعطاف‌ناپذیر و قاطعش در زمینهٔ منع دستگذاری همجنس‌گرایان برای خدمات کلیسایی، و اتخاذ مواضعی در امتداد مواضع سنتی مسیحیت در خصوص اخلاق جنسی، به شدت زیر حمله منتقدان لیبرال قرار دارد. (مترجم)

استدلالی که پولس در اول قرنتیان به‌کار می‌گیرد، با توجه به بحثی که دربارهٔ رفتار مسیحی داشته‌ایم، بسیار آموزنده است. او می‌گوید کاری که ما با بدن خود انجام می‌دهیم، مهم است، زیرا «خدا به نیروی خود، هم خداوند (عیسی) را برخیزانید و هم ما را بر خواهد خیزانید» (اول قرنتیان ۱۴:۶). به بیان دیگر، دقیقاً به این دلیل که هدف نهایی، نه زندگیِ بدون بدن در آسمان است و نه اتخاذ ترتیباتی تازه برای زندگی در دنیای حاضر، ما دعوت شده‌ایم که هم*اکنون* طوری در بدن‌های خود زندگی کنیم که مقدمه‌ای است برای زندگی در دنیای *آیندهٔ* خدا. وفاداری در زندگی زناشویی، بازتابی است از وفاداری خدا به کل آفرینش و تمهیدی است بر کاری که خدا از روی این وفاداری برای آفرینش انجام خواهد داد. شیوه‌های منحرف برای فعالیّت جنسی، نماد و تجسمی از انحرافات و مفاسدِ دنیای حاضر هستند.

به بیان دیگر، اخلاق جنسی مسیحی، صرفاً مجموعه‌ای از دستورها و مقررات قدیمی نیست که اکنون ما به این بهانه که دانشی بالاتر از گذشتگان داریم، آزاد باشیم از آنها صرف‌نظر کنیم (این نوع تلقی، از خطرات **نگرش دوم** است). همچنین نمی‌توانیم برای مخالفت با عهدجدید، دلیل بیاوریم که هر تمایلی که در اعماق وجود ما، حتماً تمایلی خدادادی است (ادعایی که از مفروضات **نگرش اول** است). عیسی در این باره صراحت کامل داشته است. بله، خدا به عمیق‌ترین تمایلات و تمناهای ما آگاه است؛ دعای قدیمی معروفی وجود دارد که (لرزْ لرزان) به این واقعیت اذعان می‌کند، ولی متعاقب آن نمی‌گوید که پس حالا باید این تمایلات را همان‌طور که هستند ارضا کرد، بلکه از لزومِ پاک‌شدن و شفای آنها سخن می‌گوید:

> ای خدای قادر متعال که قلب تمامی آدمیان را می‌شناسی، ای تو که بر جمیع تمایلات ما آگاهی، و هیچ سِر و رازی از تو پوشیده نیست: به‌واسطهٔ عمل **روح مقدس** خود، قلب‌های ما را پاک بساز تا بتوانیم به تمامی وجود،

دوستت بداریم، و به‌شایستگیْ نام مقدس تو را برافرازیم؛
به نام خداوندمان مسیح، آمین.

دعای قدیمی معروف دیگری وجود دارد که به مراتب صریح‌تر است:

ای خدای قادر متعال که تنها تو می‌توانی به ارادهٔ سرکش و تمناهای انسانیّت گنهکار، نظم و نسق ببخشی: به قوم خود فیض اعطا کن تا آنچه را فرمان می‌دهی، دوست بدارند و آنچه را وعده می‌دهی، آرزو کنند. فیض اعطا کن تا در میانهٔ تغییراتِ بسیار این جهان، دل‌های ما بر فرمان و وعدهٔ تو استوار شود، جایی که سعادت حقیقی را می‌توان یافت؛ در نام خداوندمان مسیح، آمین.

ما مدتی مدید در دنیا، و صد افسوس باید گفت در کلیسایی بوده‌ایم که این دعا وارونه شده است: در جایی که ما زندگی می‌کنیم، خواست‌ها و علایق انسان‌ها را در هاله‌ای از تقدس پوشانده‌اند، در اینجا از خدا خواسته می‌شود تا فرمانی صادر کند باب دل ما، و وعدهٔ چیزی را بدهد که مشتاق آن هستیم. مذهب ضمنیِ اکثر مردم روزگار ما، به‌سادگی این است که کیستی خود را کشف و بر طبق آن زندگی کنند - و این رَویه، همان‌طور که بسیاری دریافته‌اند، به انسانیّتی آشفته و ازهم‌گسیخته و ناکارآمد می‌انجامد. منطق صلیب و رستاخیز، و آفرینش جدیدی که به کل زندگی مسیحی واقعی شکل می‌دهد، رو به مسیر دیگری دارد. یکی از نام‌های مهم این مسیر، شور و شوق است: شور و شوقِ یافتنِ روابطی که شفا و ارتقاء یافته‌اند، شور و شوق تعلق به آفرینش جدید، و شوق یافتن چیزی که از قبل نداشتیم و اکنون خدا مشتاقِ بخشیدن آن به ماست. فروتنی، در کانون اخلاق مسیحی است؛ و تکبر، در کانون تقلیدهای مسخره از فروتنی. راه‌های متفاوت به مقصدهای متفاوت منتهی می‌شوند، و این مقصد است که به شخصیتِ راهیان خود شکل می‌بخشد.

تولد دوبارهٔ زیبایی

سرانجام به زیبایی می‌رسیم. اشـــتیاق برای زیبایی، و احساس لذت و حتی آرامشـــی که با کشف آن به ما دســـت می‌دهد، (همچنانکه قبلاً اشـــاره شد) با معماهای متعددی همراه است. زیبایی از لای انگشتان‌مان فرو می‌لغزد؛ گل نرگس پژمرده می‌شود، غروب ناپدید می‌گردد، زیباییِ انسان رو به تحلیل می‌گذارد و از بین می‌رود. هرچه به زیبایی نزدیک‌تر می‌شـــویم، گیج‌ترمان می‌کند. اگر دنیا را چنانکه هســـت در نظر بگیریم، با تمام شـــورانگیزی و ظرافت و شکوهش، یا به سوی احساسات‌گراییِ پانتئیسم رانده می‌شویم یا به سوی «ددمنشی و درنده‌خوییِ» دنیایی که در آن چیزی جز قدرت مهم نیست، و انگار خدا از آن رفته است. (جان‌مایهٔ مکتب «بروتالیســـم[1]» در معماری نیز که هنوز ســـاختمان‌های سیمانیِ بدقواره‌اش در برخی از شهرهای ما دیده می‌شوند، کمابیش همین بود.)

راه‌حلی که من قبلاً پیشنهاد کردم این بود که ما بارقه‌ای از زیبایی را در آفرینش می‌بینیم، و بهترین راه برای درک این زیبایی، آن است که بخشی از یک کُل بزرگ‌تـــر بدانیمش، و این کل بزرگ‌تر زمانی به کمال خواهد رسید که خدا آسمان و زمین را نو بسازد. یکی از نمادهایی که آشکارا به این موضوع اشاره دارد، تصویر تأثیرگذارِ «درخت» در کتاب‌مقدس است. درختِ «دانش» در باغ عدن، میوهٔ ممنوعه را به بار آورد. این میوه حکمتی را عرضه می‌داشـــت که بدون تسلیم به خالق می‌شد از آن برخوردار شد. حکمتی وحشـــتناک، به بهایی وحشتناک؛ و درخت «حیات» همچنان از دسترسِ بشـــرِ مطرود دور ماند. امّا بعدها، در اوج این حماسه، فردی از نســـل زن بر درخت دیگری آویخته شد، درختی که پرده از زنجیرهٔ دراز شرارت برمی‌داشت: خشـــونت، تحقیر، اهاناتِ تشکیلات مذهبی یهود، درنده‌خوییِ امپراتوری روم، و خیانت یاران. و با این حال، چندان نپایید

---

۱ Brutality در لفظ به معنی درنده‌خویی و ســـبعیت و حیوان‌خویی و خشونت است و در اواسط قرن بیستم، Brutalism به معماری خاصی اطلاق شد که در آن هیچ اهمیتی به ظرافت و نازک‌طبعی و زیبایی داده نمی‌شود. نتیجه ساختمان‌هایی است تهی از هرگونه تجلیّات هنری. (مترجم)

که مسیحیان اوّلیه وقتی از صلیب سخن می‌گفتند، از آن نه همچون نشانهٔ شومِ حاکمیّتِ امپراتور سـنگدل، بلکه چون مکاشفهٔ نهاییِ محبت خدا یاد می‌کردند. و در صحنهٔ پایانی، در اورشـلیم جدید، جایی که آسمان و زمین به یکدیگر می‌رسـند، درخت حیات آزادانه بر کرانهٔ رود می‌روید، و برگ‌هایش برای اُمت‌ها شـفا به ارمغان می‌آوَرَد. این نشـانهٔ نجات و رهایی، مقتدرانه از احیای «زیبایی» سخن می‌گوید، از چیزی در آفرینش اوّلیه که خراب شـده بود و اکنون سـامان می‌یابد. این موضوع، علامتی است به سوی مسـیری که اکنون باید در آن گام بگذاریم، مسیری که بار دیگر بوسیلهٔ صلیب و رستاخیز مشخص شده است.

چیزی که می‌خواهـم در این صفحات پایانیِ کتاب پیشـنهاد کنم، این اسـت که کلیسا باید اشـتهای خود را برای زیبایی، در همهٔ سطوح، از نو بیدار سازد. این کاری اسـت واجب و ضروری. یکی از مهم‌ترین وظایف ما مسیحیان این است که نیکویی آفرینش را تحسین کنیم، دربارهٔ بی‌سـامانی فعلی آن به تعمق بپردازیم و تا جای ممکن، پیشاپیش، شفای جهان و آفرینش را جشن بگیریم. هنر، موسیقی، ادبیّات، رقص، تئاتر، و بسیاری دیگر از جلوه‌های لذت و حکمت انسان را می‌توان به شیوه‌هایی نو مورد بررسی قرار داد.

نکته این اسـت: هنرهای گوناگـون، اجزایی زیبا ولـی نامربوط و سـرگردان در مرز واقعیت نیستند، بلکه شـاهراه‌هایی هستند منتهی به کانـون واقعیتی که به هیچ طریق دیگـر نمی‌توان بارقه‌ای از آن دید، چه رسـد به درک آن. دنیای حاضر، نیکو ولی بی‌سامان و در هر حال ناکامل است؛ انواع هنرها به ما کمک می‌کنند تا ابعاد گوناگون این پارادوکس را درک کنیم. لیکن دنیای حاضر، همچنین برای اتفاقی ساخته شده که هنوز در پیش است. از این نظر به ویولونی می‌مانَد که هنوز از آن استفاده نشده: یعنی زیبا و خوش‌دسـت اسـت - و با این حال تا نوازنده‌ای را در حال اسـتفاده از آن نبینیم، باورمان نمی‌شود که زیبایی آن دارای ابعادی است که هنوز رو نشده. چه بسا خصوصیت هنر نیز چنین باشد، یعنی می‌تواند بارقـه‌ای از امکانات آینده‌ای را بنماید که هنوز زمان حال به آن آبسـتن

است. به جام شـــراب می‌مانَد: خوش‌ظاهر و در دست خوشایند، لیکن در انتظار پُر شدن از شراب. شـــرابی که خود به حقایق آیینی اشاره دارد و به جام معنای کامل وجودش را می‌بخشـــد. شاید به یاری هنر بتوانیم به فراســـوی زیباییِ حاضر با همهٔ معماهایش، نظر اندازیم و بارقه‌ای از آفرینش جدیدی را ببینیم که نه فقط معنای کامل «زیبایی»، بلکه همچنین معنای کل هستی، و ما را هم با آن، آشکار می‌کند. شاید!

بنابراین، هنرمند می‌تواند به فعّالان در راه عدالت، و کســـانی که در راه ایجاد روابط رهایی‌بخش میان انســـان‌ها تلاش می‌کنند، ملحق شود و همه دوشـــادوش یکدیگر به تشـــویق و تقویت کسانی بپردازند که در جســـتجوی روحانیتی اصیل و رهایی‌بخشند. تمام این فعالیّت‌ها فقط در پرتـــو نگاه به آینده، معنا و مفهوم می‌یابند. نـــگاه خود را متوجهٔ آینده‌ای کنید که زمین با معرفت و جلال خداوند پر خواهد شد، همچنانکه آب‌ها دریـــا را فراخواهند گرفت؛ و آنگاه، در زمـــان حاضر، در پرتو این وعده زندگـــی کنید و به تحقق نهایی آن مطمئن باشـــید، زیرا خدا قبلاً با کاری که در **روز قیام** برای عیســـی انجام داد، و یـــک بار هم برای کل آفرینش خواهد کرد، به وعدهٔ خود تحقق بخشـــیده اســـت. به‌تدریج بارقه‌ای از حقیقتی را می‌بینیم که هرچه بر آن تأکید کنیم، کم اســـت: اینکه وظایفی که در انتظار ما مســـیحیان اســـت، راه‌هایی که باید بپیماییم و درس‌هایی که باید یاد بگیریم، بخشـــی از دعوت بزرگی هســـتند که در کلام خدا – کلام انجیل، کلام عیسی و روح‌القدس، با آن روبه‌رو می‌شویم. ما خوانده شده‌ایم تا بخشی از آفرینش جدید خدا باشیم، خوانده شده‌ایم تا *عاملان* این آفرینش جدید باشیم، اینجا و اکنون. خوانده شده‌ایم تا در سمفونی‌ها و زندگی خانوادگی، در عدالتِ احیاءکننده و در شـــعر، در قداســـت و خدمت، و در سیاســـت و نقاشی، آفرینش جدید *را به نمایش بگذاریم و الگویی از آن عرضه کنیم.*

بعد از دیدن طلوع، دربـــارهٔ غروب طور دیگری فکر می‌کنیم. «گناه» صرفاً به معنی نقض قانون نیست، بلکه از دست دادن یک فرصت است. حال که پژواک‌های یک صدا را شنیده‌ایم، دعوت‌مان این است که بیاییم

و با **منبع** آن ملاقات کنیم. دعوت شده‌ایم تا این صدا دگرگون‌مان سازد، این صدایی که همان کلام انجیل است - کلامی که اعلام می‌دارد شرارت داوری شده، و دنیا سامان یافته است، و زمین و آسمان برای ابد به هم پیوسته‌اند، و آفرینش جدید آغاز شده است. ما خوانده شده‌ایم تا کسانی باشیم که این کلام را در گفتار و زندگی و نقاشی و سرودهای خود متجلی می‌کنند و به این ترتیب، سبب می‌شوند تا کسانی که آنها هم پژواک‌های فوق را شنیده‌اند، بیایند و برای اجرای پروژهٔ بزرگ‌تر دست یاری دراز کنند. این فرصتی است که همچون عطیه و امکان، فرا روی ما قرار دارد. قداست مسیحی (برخلاف تصور غالب مردم) به معنی انکار چیزهای خوب نیست، بلکه به معنای رشد یافتن و رسیدن به چیزهای به مراتب بهتر است.

ما برای زندگی روحانی خلق شده‌ایم، امّا غرق در خودکاوی می‌شویم. برای شور و شعف خلق شده‌ایم، امّا کام‌جویی پیشه می‌کنیم. برای عدالت خلق شده‌ایم، امّا برای انتقام‌گیری هیاهو به راه می‌اندازیم. برای رابطه خلق شده‌ایم، امّا فقط بر خواست‌های خود پای می‌فشاریم. برای زیبایی خلق شده‌ایم، امّا به احساسات بسنده می‌کنیم. ولی عزیزان، آفرینش جدید آغاز شده، و خورشید در حال برآمدن است. مسیحیان خوانده شده‌اند تا هر آن چیزی را که به بی‌سامانی و تباهی دنیای حاضر برمی‌گردد، پشت سر، در قبر عیسی واگذارند. زمان آن رسیده تا در قدرت روح‌القدس، با ظهور در نقش شایسته و کاملاً انسانی خود، عاملان و مُنادیان و ناظرانِ روز جدیدی باشیم که در حال دَمیدن است. در یک کلام، مسیحی بودن یعنی همین: رفتن از پِی عیسی به دنیای جدید، دنیای جدید خدا، که عیسی باب آن را بر ما گشوده است.

پیگیری موضوعات ...

این کتاب در حکم مدخلی بوده بر شمار بسیاری از موضوعات جالب و پیچیده. برای کسانی که علاقه‌مند به پیگیری این موضوعات هستند و دوست دارند بحث‌های خلاصهٔ این کتاب را دنبال کنند و موضوعات را شخصاً بیشتر بکاوند، کتاب‌های بسیاری موجود است که از سطح ابتدایی تا آکادمیک را شامل می‌شود. یکی از اوّلین واجبات تحقیق، دسترسی به یک ترجمهٔ جدید و خوب از کتاب‌مقدس است. البته، داشتن دو ترجمهٔ متفاوت بهتر است، چون هیچ ترجمه‌ای کامل نیست و گهگاه خواندن ترجمه‌های مختلف، مفید واقع می‌شود. یکی از معتبرترین و خوش‌خوان‌ترین ترجمه‌های انگلیسی، ترجمهٔ موسوم به New Revised Standard Version **[ترجمهٔ معیار بازبینی‌شدهٔ جدید]** است؛ New American Standard Version **[ترجمهٔ معیارِ آمریکایی جدید]** مورد استفادهٔ جمع وسیعی است. New International Version **[ترجمهٔ بین‌المللی جدید]** بسیار مقبول عام است، امّا در بعضی موارد، به‌خصوص ترجمه‌اش از نامه‌های پولس، قابل‌اعتماد نیست. The New English Bible **[کتاب‌مقدس جدید انگلیسی]** و جانشین آن Revised English Bible **[کتاب‌مقدس بازبینی شدهٔ انگلیسی]**، ترجمه‌های با ارزشی هستند، امّا در برخی موارد منعکس‌کنندهٔ دیدگاه‌های شخصی و غیرقابل‌اعتمادند؛ Jerusalem Bible **[کتاب‌مقدس اورشلیم]** و جانشین آن، New Jerusalem Bible **[کتاب‌مقدس جدید اورشلیم]**، در مواردی درخشان است و در مواردی خواننده را به اشتباه می‌اندازد. امّا در هر حال مهم‌ترین نکته این است که ترجمه‌ای معاصر از کتاب‌مقدس به دست بگیریم و شروع به خواندنش کنیم.

تعداد زیادی «فرهنگ‌لغات کتاب‌مقدس» موجودند که هنگام خواندن کتاب‌مقدس می‌توانید به آنها مراجعه کنید. در بین تازه‌ترینِ این فرهنگ‌ها

می‌توان از این دو نام برد: *فرهنگ لغات کتاب‌مقدس هارپرکالینز* (نسخهٔ بازبینی شده)[1] و *فرهنگ لغات کتاب‌مقدس اِردمَنز*.[2] دو کتاب مَرجعی که دامنهٔ وسیعی از تاریخ و عقاید کلیسای مسیح را در برمی‌گیرند، عبارتند از *فرهنگ آکسفورد: کلیسای مسیح* (ویراست سوم)[3] و *فرهنگِ آکسفورد: مدخلی بر تفکر مسیحی*.[4]

برای آشنایی بیشتر با عیسی، شخصیت محوری مسیحیت، می‌توانم کتاب خود یعنی *چالش عیسی*[5] را پیشنهاد کنم که ضمن ارائهٔ فشرده‌ای از موضوعاتی که من و دیگران در سطحی تخصصی‌تر به آنها پرداخته‌ایم، ارتباط این موضوعات را با وظایف پیروان عیسی در دنیای معاصر نشان می‌دهد.

با این همه، نمی‌خواهم این برداشت نادرست برای ما ایجاد شود که پس از خواندن این کتاب، پیگیری به این معنا خواهد بود که صرفاً کتاب‌های بیشتری بخوانیم. کلیسا، با همهٔ معایبش، ذاتاً جامعهٔ کسانی است که می‌کوشند از عیسی پیروی کنند، و بر اثر مصاحبت و مجالست با آنها، کسانی که میل دارند موضوعات مطرح‌شده در این کتاب را شخصاً بکاوند، از یاری و تشویق و حکمتِ لازم، برخوردار خواهند شد. همان‌گونه که به کسی که بتازگی با لذت موسیقی آشنا شده است می‌گویند: فقط ننشین گوش بده، برو سازی بردار و دسته ارکستری پیدا کن و مشغول شو!

پایان ترجمهٔ فارسی
تهران
۳۰ دی ۱۳۸۸/ ۲۰ ژانویهٔ ۲۰۱۰

1 HarperCollins Bible Dictionary (revised edition), edited by Paul J. Acthemeier; 2 Eerdmans Dictionary of the Bible, edited by D. N. Freedman; 3 Oxford Dictionary of the Christian Church (third edition), edited by F. L. Cross and E. A. Livingstone; 4 Oxford Companion to Christian Thought, edited by Adrian Hastings; 5 The Challenge of Jesus